USERS
PRODUCCIÓN MUSICAL PROFESIONAL
EVENTOS
¿Todavía no te registraste en RedUSERS?

USERS

**TÍTULO:** CREACIÓN DE DISTRIBUCIONES LINUX

**AUTOR:** Claudio Alejandro Peña Millahual

**COLECCIÓN:** Manuales USERS

**FORMATO:** 17 x 24 cm

**PÁGINAS:** 336


Impreso en Argentina. Libro de edición argentina. Primera impresión realizada en Sevagraf, Costa Rica 5226, Grand Bourg, Malvinas Argentinas, Pcia. de Buenos Aires en mayo de MMIX.

**ISBN 978-987-1347-99-5**

Peña Millahual, Claudio Alejandro
Creación de distribuciones Linux. - 1a ed. - Banfield - Lomas de Zamora : Gradi, 2009. 336 p. ; 24x17 cm. - (Manual users; 166)

ISBN 978-987-1347-99-5

1. Informática. I. Título
DD 005.3

# CREACIÓN DE DISTRIBUCIONES LINUX

## PERSONALIZACIÓN EXTREMA PARA CADA NECESIDAD

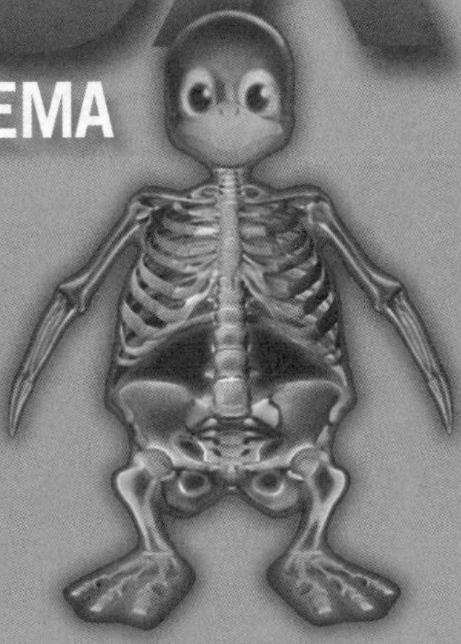

# Claudio Alejandro Peña Millahual

Es un autor que con escasos 27 años de edad ya cuenta con tres libros dedicados a la Informática: **101 Secretos de Vista, Solución de problemas PC** y el libro que hoy usted tiene en sus manos. Desde niño su vida transcurrió en una pequeña localidad del sur de Chile, lugar que trascendió en su carrera de autor ya que le proporcionó las bases que definieron su temprano interés por la Informática y la posterior pasión por escribir.

Ha pasado mucho tiempo desde que tuvo su primer contacto con una computadora, pero los años no han disminuido la curiosidad, las ganas de seguir aprendiendo y, por supuesto, el deseo de volcar el conocimiento adquirido en libros como éste.

**Email:** alejandroclaudio@hotmail.es

## Dedicatoria

Este libro está dedicado a mi hija, Yessenia, quien no comparte mi afición por las computadoras, por lo que decidió emprender un rumbo diferente, pero de igual forma hace que me sienta orgulloso. Me veo en vos cada día, gracias por acompañarme.

## Agradecimientos

Son muchas las personas que de una u otra manera han ayudado en el camino que desemboca en este momento. Todos quienes me alentaron a seguir adelante, aun cuando la vida parecía más y más difícil. Todos los que confiaron en mí, para pequeños y grandes proyectos y, por supuesto, los que me guiaron y acompañaron por los senderos que decidí emprender.

Mi esposa Elisa, quien compartió mis éxitos y proporcionó refugio en los momentos de fracaso.

Diego y Damián, mis contactos con la editorial que me vio nacer y crecer como autor.

A todos ellos, gracias.

# PRÓLOGO

Mi relación con los sistemas Linux se remonta a varios años atrás, cuando tímidamente tuve un primer contacto con un sistema cuyo nombre me pareció un tanto extraño: **Debian**. Esa primera experiencia con Linux se vio limitada a una expresión de desconcierto ya que su interfaz gráfica distaba mucho de la espectacularidad que en ese momento me ofrecía el imponente **Microsoft Windows 95**. La consola de comandos que Linux tenía se presentaba como un poco atractivo modo de texto, que me hizo pensar que la Informática retrocedía hacia los orígenes de **D.O.S.**

Por algún tiempo, el uso de Linux fue desestimado, pero la curiosidad que generó ese primer contacto ya había rendido sus frutos y no tardé mucho en conseguir una copia, para mi sorpresa, de forma completamente gratuita desde la red. Después siguieron muchos días de constante investigación y demasiados errores antes de poder presumir de un flamante sistema Linux instalado en mi computadora.

Con el paso del tiempo fueron apareciendo diversos entornos de escritorio, así como también muchas aplicaciones libres que fueron dotando a mi sistema de mayores funcionalidades. Pero mi experiencia con Linux no terminó allí: realicé numerosas instalaciones de diferentes distribuciones Linux, en cada una de las cuales encontré elementos interesantes y también algunas características que no me agradaron.

Con esos elementos en mente, me entregué a la tarea de recopilar las diversas formas en las cuales podría personalizar y construir una distribución propia, basándome en la que me invitó a explorar el mundo de Linux, **Debian**, y en su derivada más popular, **Ubuntu**.

Este libro representa el conocimiento que nos simplificará la tarea de contar con un sistema Linux adaptado a nuestras necesidades, así como también toda mi admiración y respeto por este sistema y los valores que él representa. Espero lo disfruten.

*Claudio Alejandro Peña*

# EL LIBRO DE UN VISTAZO

Este libro está enfocado en los usuarios intermedios y avanzados de Linux que deseen utilizar las diversas herramientas disponibles para crear y personalizar su propia distribución Linux. En cada uno de los capítulos se muestran las diversas alternativas para crear una distribución personalizada basándose en Debian y derivadas, como Ubuntu y Knoppix.

## Capítulo 1

**LINUX**

Linux ha ido ganando un terreno muy importante como sistema operativo a través del tiempo, pero aún no es un sistema tan popular como Microsoft Windows. En el primer capítulo de este libro conoceremos y detallaremos las diversas y novedosas características que hacen de las distribuciones Linux una opción perfecta para uso personal y empresarial.

## Capítulo 2

**OPCIONES DE PERSONALIZACIÓN**

En este capítulo conoceremos las opciones que nos ofrecen diversas distribuciones Linux para personalizarlas según nuestras necesidades. Desde la utilización de aplicaciones específicas, hasta el uso de distribuciones como gNewSense.

## Capítulo 3

**CREAR DISTRIBUCIÓN BASADA EN DEBIAN**

En este apartado revisaremos y caracterizaremos Debian como una de las distribuciones presentes en el mundo Linux. Gracias a las herramientas Live-Helper y Live-Magic aprenderemos la forma de utilizarla como base para crear un Live-CD personalizado y adaptado a nuestro gusto, definiendo una orientación adecuada a nuestras necesidades.

## Capítulo 4

**CREAR NUESTRA PROPIA DISTRIBUCIÓN PERSONALIZADA BASADA EN UBUNTU**

Este apartado nos permitirá conocer las particularidades de Ubuntu como una de las distribuciones Linux de propósito general disponibles para los usuarios. Además, detallaremos los pasos necesarios para crear una distribución basada en ella, utilizando herramientas específicas para este fin, tales como Ubuntu Remastersys, Ubuntu Reconstructor y Ubuntu Customization Kit.

## Capítulo 5

**CREAR DISTRIBUCIÓN PARA USB**

En este capítulo haremos una revisión de las diversas opciones disponibles para instalar una distribución Linux en un pendrive. Además, aprenderemos a crear una distribución Linux personalizada dentro de un dispositivo USB, con todas las adaptaciones que deseemos.

## Capítulo 6

**CREAR DISTRIBUCIÓN USANDO SQUASHFS**

Dentro de este capítulo revisaremos los pasos necesarios para llevar a cabo la creación de una distribución Linux completamente personalizada basada en Ubuntu.
Para realizarlo, utilizaremos las herramientas squashfs-tools y mkisofs, que nos permiten crear un sistema de archivos y una imagen personalizada.

## Capítulo 7

**CREAR UNA DISTRIBUCIÓN USANDO GARFIO**

En este capítulo conoceremos otra forma de crear nuestra propia versión personalizada de una distribución Linux. Para esto nos basaremos en una instalación de Ubuntu y usaremos una herramienta llamada Garfio. Describiremos y conoceremos esta aplicación, así como también la forma de instalarla y utilizarla.

## Capítulo 8

**CREAR UNA DISTRIBUCIÓN LIVE BASADA EN KNOPPIX**

Revisaremos las características que hacen de Knoppix una de las distribuciones Live Linux más utilizadas. Además, aprenderemos los pasos necesarios para adaptar Knoppix a nuestras necesidades y crear, así, una nueva distribución Live Linux.

## Capítulo 9

**MODIFICAR EL KERNEL DEL SISTEMA**

En este capítulo podremos conocer la importancia que tiene el kernel, también conocido como núcleo de los sistemas operativos. Aprenderemos la manera adecuada para recompilarlo y configurarlo de tal forma que podamos bloquear y acceder a nuevas características que dotarán a nuestra versión personalizada de Linux de nuevas funcionalidades.

## Apéndice

**ALOJAMIENTO DE SOFTWARE Y GRUPOS DE USUARIOS**

Analizaremos algunos conceptos que cobrarán importancia una vez que nuestra distribución de Linux esté creada. Primero expondremos Sourceforge como una de las alternativas existentes que nos permiten alojar nuestro proyecto en la web, y luego analizaremos las características y actividades típicas, junto con la importancia que cobran los grupos de usuarios.

## Servicios al lector

En el último apartado encontraremos un índice temático con acceso directo a las palabras más significativas de la obra.

## ! INFORMACIÓN COMPLEMENTARIA

A lo largo de este manual encontrará una serie de recuadros que le brindarán información complementaria: curiosidades, trucos, ideas y consejos sobre los temas tratados.
Cada recuadro está identificado con uno de los siguientes iconos:

{ } CURIOSIDADES E IDEAS

✱ ATENCIÓN

III DATOS ÚTILES Y NOVEDADES

▶ SITIOS WEB

# CONTENIDO

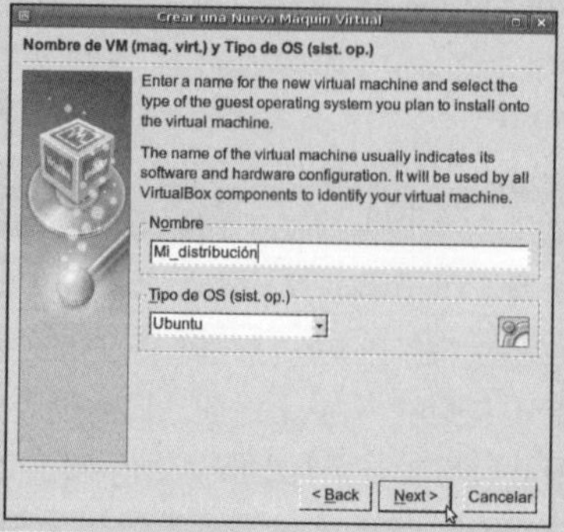




## Capítulo 7

### CREAR UNA DISTRIBUCIÓN USANDO GARFIO



## Capítulo 8

### CREAR UNA DISTRIBUCIÓN LIVE BASADA EN KNOPPIX



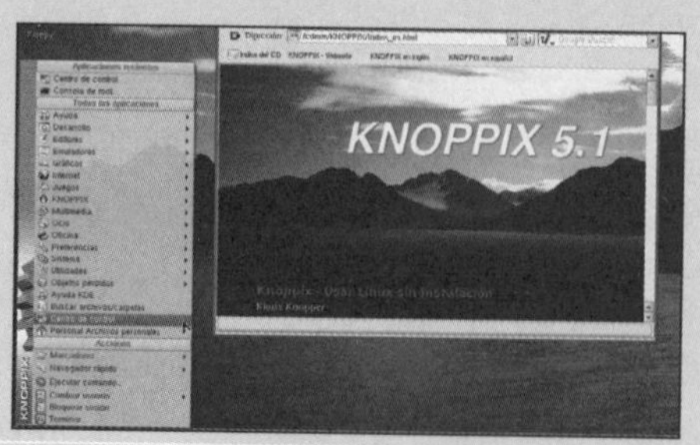




## Capítulo 9

### MODIFICAR EL KERNEL DEL SISTEMA



## Apéndice

### ALOJAMIENTO DE SOFTWARE Y GRUPOS DE USUARIOS



## Servicios al lector

# INTRODUCCIÓN

Aunque aún es muy común encontrarnos con afirmaciones que se refieren a GNU/Linux como "un sistema complicado" o "que es sólo para informáticos", no podemos desconocer que GNU/Linux se ha encargado de escribir un importante episodio en la historia de la Informática. Lo que comenzó como un pequeño proyecto impulsado por algunos entusiastas de las computadoras, es hoy una gran iniciativa que mueve muchas organizaciones, empresas y usuarios alrededor de todo el mundo.

Nos hemos acostumbrado a la presencia de distribuciones GNU/Linux en diversos ámbitos, tanto educativos, como empresariales y personales. Todo esto presume de las importantes características que este sistema operativo puede ofrecernos. Desde beneficios tales como la gratuidad de la mayoría de las distribuciones y aplicaciones, hasta la libertad de modificarlas según nuestras necesidades.

Entre las ventajas de utilizar GNU/Linux, podemos destacar que es un sistema operativo libre, por lo que sólo necesitamos los conocimientos adecuados para crear nuestras propias distribuciones o modificar las existentes a nuestro gusto, sin que esto nos ocasione inconvenientes. De igual forma, podemos copiar y redistribuir el sistema y los programas asociados a él cuantas veces deseemos.

Otra característica que destaca a los sistemas Linux es la existencia de muchas versiones o distribuciones, las cuales están preparadas para funcionar en, prácticamente, cualquier computadora, no importando si son modernas o antiguas. También es posible realizar tareas propias de un servidor, centro de entretenimiento, recuperación de sistemas y actividades de oficina, entre muchas otras. Con todo esto, podemos afirmar que existe un Linux para todo. De igual forma, si necesitamos realizar actividades específicas, siempre es posible modificar las opciones que nos ofrece nuestra distribución preferida o crear una que nos entregue lo que necesitamos.

Por otro lado, la dificultad de uso que caracterizaba a los sistemas Linux en sus comienzos es sólo parte de su historia, actualmente las distribuciones han simplificado muchos de sus procesos de instalación, uso y configuración, haciéndolas más cercanas al usuario final. También es importante destacar la importancia de los grupos organizados de soporte que existen para proporcionar ayuda a quienes se aventuran en el uso de alguno de los sistemas operativos GNU/Linux disponibles.

Para finalizar, debemos destacar que, al igual que Mac OS, Linux está basado en el núcleo Unix, lo cual le proporciona una estabilidad y seguridad muy superior a otros sistemas comerciales.

Todas las características antes mencionadas, junto con muchas otras, nos permiten comprender la masificación en el uso de este tipo de sistemas. Pero no todo son ventajas, entre los puntos débiles de GNU/Linux podemos mencionar los siguientes: la multiplicidad de distribuciones existentes a veces termina por confundir a los usuarios que muchas veces optan por migrar hacia una alternativa comercial, la instalación de algunas aplicaciones necesita que se realice un proceso denominado compilación, algo nuevo e intimidante para la mayoría de los usuarios que provienen desde sistemas Windows, en donde el doble clic es la forma predominante para poder contar con nuevo software, y también la imposibilidad de conseguir ciertos programas desarrollados para Windows (por ejemplo, Photoshop, Illustrator o Dreamweaver).

Si analizamos en conjunto las ventajas y debilidades de GNU/Linux podemos aventurarnos a decir que en muchos aspectos es superior a Microsoft Windows.

Para concluir, afirmamos que GNU/Linux es una opción que debemos tener en cuenta, ya que su acelerado desarrollo se ocupa de corregir las deficiencias en tiempos muy reducidos y su actual crecimiento hace que, poco a poco, las empresas desarrolladoras de software opten por crear aplicaciones nativas para este sistema, por lo que las debilidades comentadas muy pronto serán parte del pasado.

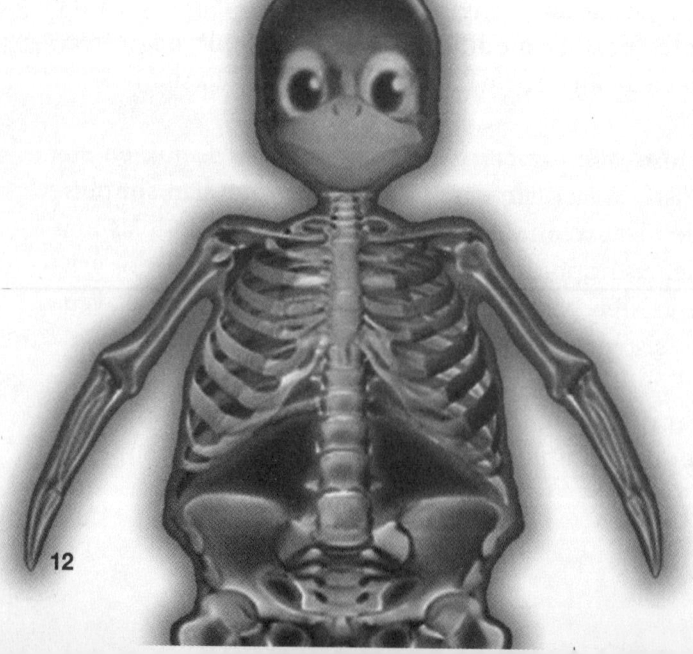

Capítulo 1

# Linux

Linux ha ido ganando terreno como sistema operativo a través del tiempo, pero aún no es tan popular como Microsoft Windows. Su fama de ser un sistema complicado y sólo para expertos ha cambiado, en parte por la gran cantidad de distribuciones existentes orientadas a diversos propósitos. En este capítulo conoceremos Linux como una alternativa que nos ofrece características que otros sistemas no poseen.

# EVOLUCIÓN DE LINUX

Al igual que Microsoft Windows, **Linux** es un sistema operativo. Es una implementación libre de Unix, desarrollada para funcionar en computadoras personales, servidores y estaciones de trabajo. Originalmente se orientó a procesadores i386. En la actualidad, soporta máquinas basadas en DEC ALPHA, SPARC, MAC/AMIGA, POWERPC y MOTOROLA, entre otras.

Durante el año 1983, **Richard Matthew Stallman** dio inicio al proyecto GNU, con el objetivo de crear un sistema operativo de libre distribución compatible con UNIX y con los estándares POSIX. En 1985 creó la Fundación de Software Libre y escribió la **Licencia Pública General** de **GNU**. Esto dio como resultado la creación de múltiples programas en muy poco tiempo, por lo que en el año 1990 ya existía el software disponible para crear un nuevo sistema operativo, pero el núcleo aún faltaba.

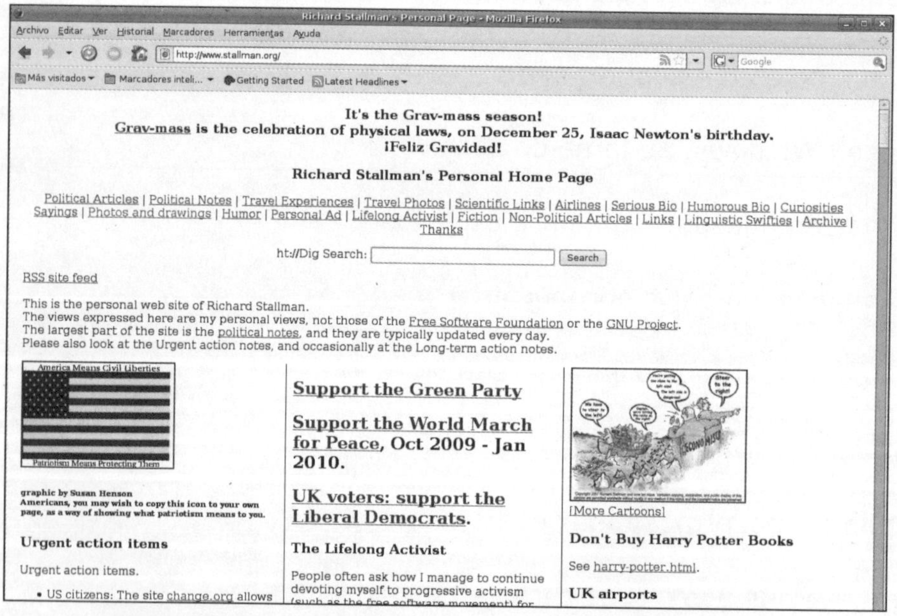


***Figura 1.*** *La web de Richard Stallman* ***www.stallman.org*** *reúne información personal, fotografías y artículos publicados por él.*

## FREAX VERSUS LINUX

Linus Torvalds había adoptado el nombre Freax para el núcleo del sistema y había almacenado los archivos iniciales de creación con ese nombre durante algo más de seis meses. Desechó Linux por considerarlo muy egocéntrico, pero Ari Lemmke utilizó Linux como nombre en el servidor FTP, con lo que fue popularizado y finalmente aceptado por Linus Torvalds.

El núcleo Linux hace su aparición por primera vez durante el año 1991, y lo hace como una afición de un joven estudiante de Informática finlandés, llamado **Linus Torvalds**, que había gestado la idea de crear un sistema operativo Unix para los usuarios de **Minix**, creado por Andy Tanenbaum.

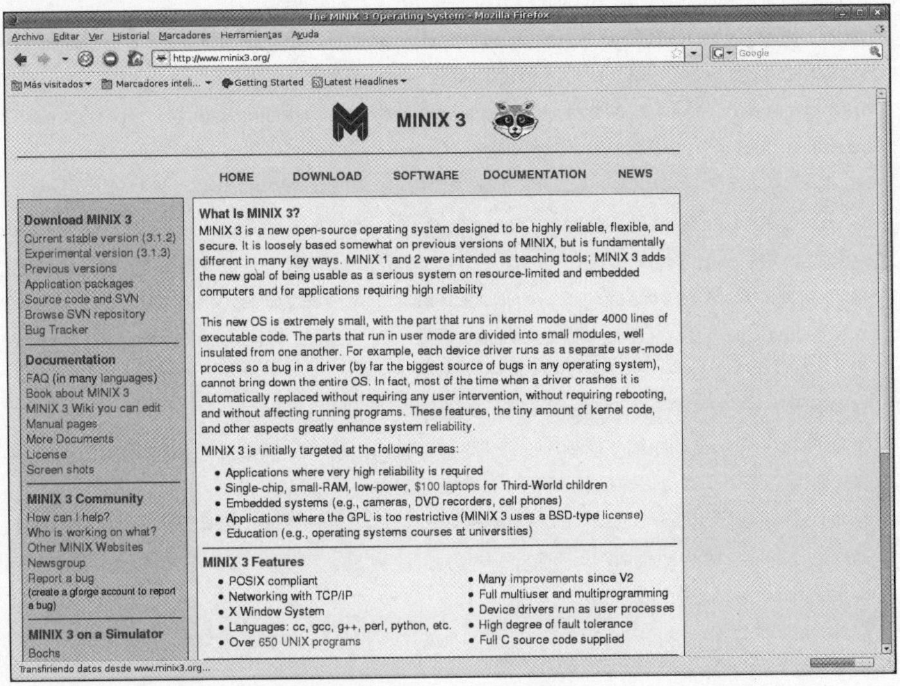


***Figura 2.** Podemos encontrar más información y capturas de pantalla sobre Minix en la web **www.minix3.org**.*

En la **Tabla 1** se detallan los hechos cronológicos más importantes de la evolución de Linux como sistema operativo orientado al usuario final.

| AÑO | SUCESO |
|---|---|
| 1983 | Se crea el Proyecto GNU por Richard Matthew Stallman. Nace con la idea de desarrollar un sistema operativo libre y compatible con Unix. |
| 1989 | Se escribe la primera versión de la Licencia Pública General de GNU. |
| 1991 | Linus Benedict Torvalds, estudiante finlandés, crea el núcleo Linux y lo anuncia el 25 de agosto. El 17 de septiembre se pone a disposición de los usuarios a través de un servidor de FTP. |
| 1992 | El núcleo Linux se acoge a la Licencia Pública GNU y comienzan a crearse las primeras distribuciones que, por supuesto, aún no están orientadas al usuario común por carecer de entornos gráficos que faciliten el uso por parte de los usuarios. |
| 1993 | Diversos programadores comienzan a apoyar el desarrollo del núcleo Linux para adaptarlo a GNU. De la mano de este acontecimiento, se crean muchas aplicaciones para el nuevo sistema. En este año comienza a desarrollarse el proyecto Wine, se libera por primera vez la distribución Slackware y se comienza el desarrollo de Debian. |

| AÑO | SUCESO |
|---|---|
| 1994 | Es liberada la versión 1.0 del núcleo Linux y se pone por primera vez a disposición de los usuarios a través de la red. Aparece el proyecto XFree86 creado para desarrollar una interfaz gráfica para el nuevo sistema. También son liberadas las versiones 1.0 de las distribuciones Red Hat y Suse. |
| 1995 | Es liberada la versión 1.2 del núcleo Linux y es portado a DEC y a SUN SPARC. |
| 1996 | Aparece la versión 2.0 del núcleo Linux que incorpora, como novedad, la capacidad para utilizar varios procesadores al mismo tiempo. |
| 1997 | Se liberan muchos programas no libres para ser utilizados en el sistema operativo Linux: StarOffice, Netscate, Applixware y Adabas D son ejemplos de ello. |
| 1998 | Es anunciado el soporte para Linux por parte de grandes empresas como IBM, Compaq y Oracle. Se presenta la necesidad de dotar una mayor facilidad de uso a Linux para orientarlo al usuario final. Es por esto que comienza el desarrollo de la interfaz gráfica KDE. |
| 1999 | Se libera la versión 2.2 del núcleo Linux y se mejoran el soporte SMP y los códigos de red. Se comienza a trabajar en el desarrollo del que será el competidor directo de KDE en la búsqueda de una interfaz de usuario que entregue un nivel de usabilidad aceptable para los usuarios finales: Gnome. |
| 2000 | La suite ofimática StarOffice se acoge al licenciamiento GNU. |
| 2001 | Se libera la versión 2.4 del núcleo Linux. Entre las mejoras que entrega se encuentran el soporte para dispositivos USB, sistemas de 64 bits, y la incorporación de un sistema de archivos journaling. |
| 2002 | Se libera la versión 1.1 de la suite de oficina OppenOffice y el navegador web Mozilla. Hace su aparición el primer gusano para Linux: Slapper-worm. |
| 2003 | Se libera la versión 2.6 del núcleo Lixux. |
| 2004 | El desarrollo de XFree86 se congela y en su lugar se crea la fundación X.Org, que entrega rapidez en el desarrollo del servidor X para Linux. |
| 2005 | Comienza el proyecto openSUSE para crear una distribución libre de la comunidad Novell. |
| 2006 | Aparece el uso de efectos de escritorio por hardware de la mano de XGL de Novell y AIGLX de Red Hat. Novell y Microsoft anuncian cooperación para lograr una mayor interoperabilidad. |
| 2007 | Dell se convierte en el primer fabricante en anunciar la venta de computadoras personales con Linux preinstalado. |

***Tabla 1.** Cronología de los hechos más importantes ocurridos en torno de la creación y el establecimiento de Linux como sistema operativo.*

En un principio, Linus Torvalds utilizó el término Linux para referirse sólo al núcleo del sistema, pero con el tiempo se fue usando la palabra para el conjunto de

## PROYECTO GNU HURD

El proyecto Hurd fue creado con la finalidad de desarrollar un núcleo para el sistema proyectado por Richard Stallman. Su desarrollo no fue muy activo, ya que la detección de errores es una tarea muy difícil. En este punto apareció Linus Torvalds con el núcleo Linux, que con el tiempo se convirtió en el centro de GNU Linux.

núcleo del sistema y todas las aplicaciones que lo acompañan. Richard Stallman, frente a la popularización del uso de Linux como nombre para el sistema completo, solicitó que fuera desigando el nombre **GNU Linux** como una forma de no desconocer la importancia del software GNU que es utilizado en el sistema operativo.

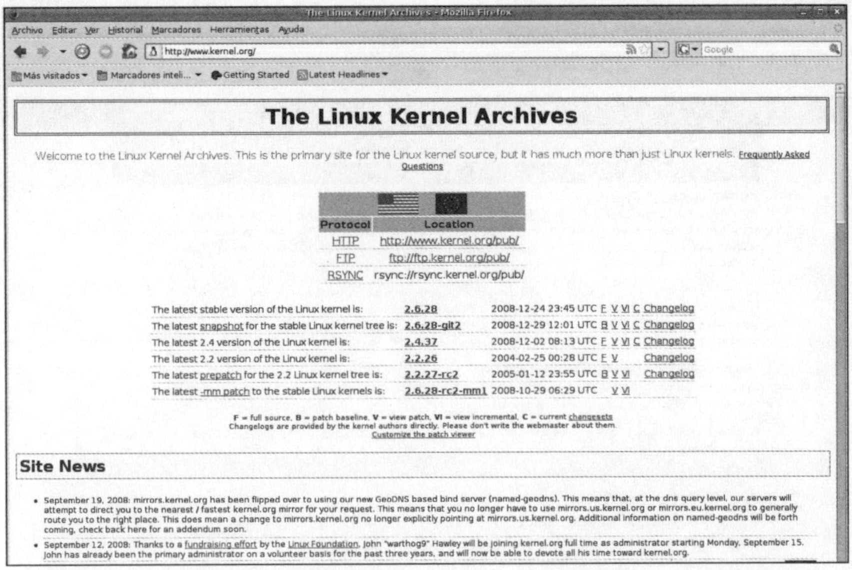


***Figura 3.** La página **www.kernel.org** nos permite revisar y descargar los archivos fuente del kernel o corazón del sistema operativo Linux.*

Actualmente, por comodidad y simplicidad, el sistema final es nombrado Linux, aunque proyectos tan importantes como Debian han adoptado el nombre GNU Linux.

# VENTAJAS Y DESVENTAJAS

Las ventajas de Linux como sistema operativo son muchas, pero sin duda entre las que más se destacan están las siguientes: la posibilidad de adaptarlo según nuestras

## ALTERNATIVA A GNU

FreeBSD acompaña a Linux como uno de los sistemas operativos libres que existen en la actualidad. Aunque FreeBSD es el sistema BSD con más adeptos y cuenta con un sistema de ports que permiten adaptar aplicaciones creadas para otros sistemas operativos, no ha llegado a ganar el grado de popularidad que hoy ostenta Linux, a través sus diversas distribuciones gratuitas.

necesidades y la libertad para copiarlo y distribuirlo gracias a estar acogido a la **Licencia Pública General** (General Public License o GNU)

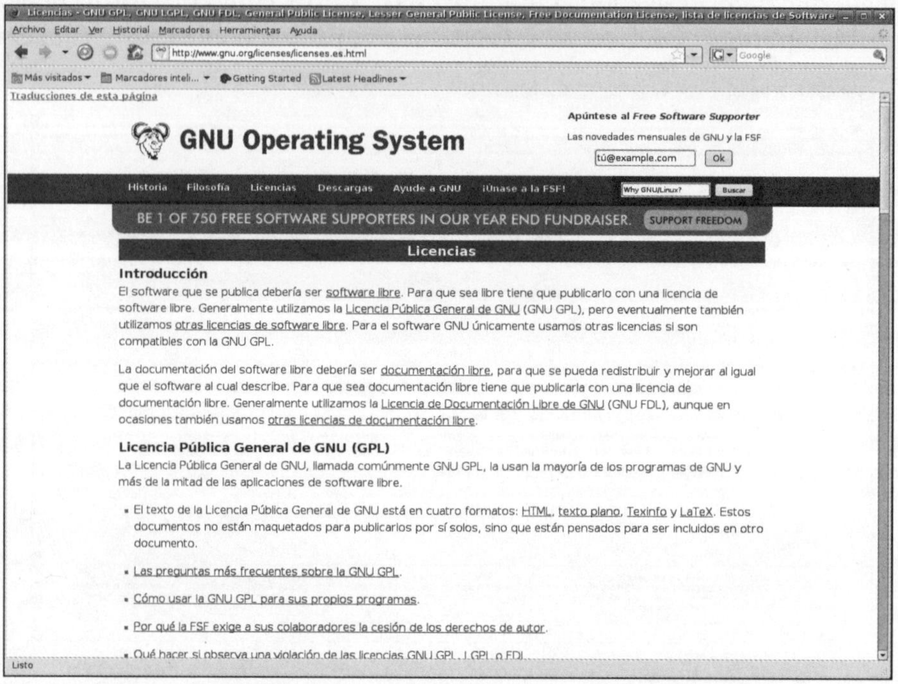


***Figura 4.** El detalle de la Licencia Pública GNU está disponible en la web **www.gnu.org/licenses/licenses.es.html**, así como también la descripción de otros tipos de licenciamiento similares.*

Pero estas características están muy lejos de ser las únicas que definen y presentan a Linux como uno de los mejores sistemas operativos que se encuentran en la actualidad. Lejos de ello, existe una infinidad de opciones que hacen de Linux una alternativa más que eficiente y diferente de otras como Windows o MacOSX.

En la **Tabla 2** se presenta una relación de las principales características del sistema Linux, que también son sus principales ventajas.

| CARACTERÍSTICA | DETALLE |
|---|---|
| Multitarea | Linux tiene la habilidad de ejecutar muchos programas informáticos al mismo tiempo. Incorpora la llamada multitarea preventiva, que nos asegura que todos los programas que estén abiertos en cierto momento sean ejecutados, ya que es el sistema operativo quien asigna los tiempos de utilización del microprocesador. |
| Multiusuario | Permite que muchos usuarios empleen la máquina al mismo tiempo, ya sea en varias sesiones en una máquina o al iniciar sesión varios usuarios a través de una red. |
| Multiplataforma | Linux puede ser utilizado en diversas plataformas, entre ellas están i386, i486, Amiga, Atari, Alpha, ARM, Mips, PowerPC, Intel y SPARC, entre otras. |

| CARACTERÍSTICA | DETALLE |
|---|---|
| Multiprocesador | Linux soporta el trabajo con más de un microprocesador en plataformas Intel y SPARC. |
| Memoria | En Linux la memoria funciona en modo protegido, de esta forma un mal funcionamiento en la ejecución de un programa no puede colgar el sistema completo.<br>La memoria es gestionada como un recurso unificado para todos los programas de usuarios y caché del disco. Esto asegura que toda la memoria pueda utilizarse como caché y, a la vez, ser reducida cuando sea necesario ejecutar programas de gran tamaño. |
| Ejecutables | Linux utiliza la llamada carga de ejecutables por demanda, esto quiere decir que sólo se leen y cargan del disco las partes de un programa que son necesarias en el momento. |
| Escritura | Es implementada una política de copia en escritura para la compartición de páginas entre ejecutables, es decir, varios procesos pueden utilizar una zona de la memoria para ejecutarse. Esto da como resultado un aumento en la velocidad y una reducción en el uso de la memoria. |
| Memoria Virtual | Linux emplea la paginación, por lo que no se intercambian procesos completos al disco. |
| Disponibilidad | Todos los archivos de código fuente del núcleo, herramientas de desarrollo, drivers y todos los programas de archivos fuente de usuario están disponibles para ser modificados y redistribuidos con total libertad. Aunque también existen programas comerciales que son ofrecidos a Linux sin código fuente. |
| Consolas virtuales | Linux presenta la posibilidad de utilizar múltiples consolas virtuales independientes, que son accesibles a través de combinaciones de teclas especiales. |
| Acceso a MS-DOS | Posee un acceso totalmente transparente a particiones MS-DOS, utilizando un sistema de archivos especial.<br>No es necesario ejecutar algún comando particular para acceder a este tipo de particiones, ya que éstas se presentan como un sistema de archivo propio de un sistema operativo Unix. |
| UMS-DOS | Este sistema de archivos propio de Linux permite que sea instalado sin problemas en una partición MS-DOS. |

***Tabla 2.** Características más destacadas de los sistemas operativos Linux.*

Gracias a sus múltiples ventajas, Linux es una muy buena alternativa frente a otros sistemas operativos. Además de la evidente superioridad por un tema de costos y sus notables características, posee también otras funciones importantes.

Frente a otras versiones de **Unix** para PC, la velocidad y la confiabilidad de Linux son evidentemente mayores. Además, la disponibilidad de una cantidad enorme de aplicaciones hacen que Linux sea muy superior a sistemas tales como Solaris, Xenix o SCO.

## FACILIDAD DE INSTALACIÓN

Linux es cada vez más fácil de instalar, ya que incorpora asistentes que en muy pocos pasos nos permiten obtener un sistema completo, incluyendo aplicaciones de escritorio y gráficas, entre otras. Para obtener una copia de Linux sólo debemos descargar la imagen del CD o DVD desde la página oficial o servidor de FTP.

***Figura 5.*** *La web de Solaris* ***www.sun.com/tryandbuy/index.jsp*** *nos permite descargar el sistema operativo y probar su funcionamiento antes de proceder a comprarlo.*

Si comparamos Linux con las diversas versiones de Microsoft Windows, el primero se destaca por presentar menores requisitos de hardware y permitir, así, aprovechar de mejor forma las capacidades de una computadora, pudiendo recuperar viejas máquinas que no soportan una instalación de Windows XP o Windows Vista.

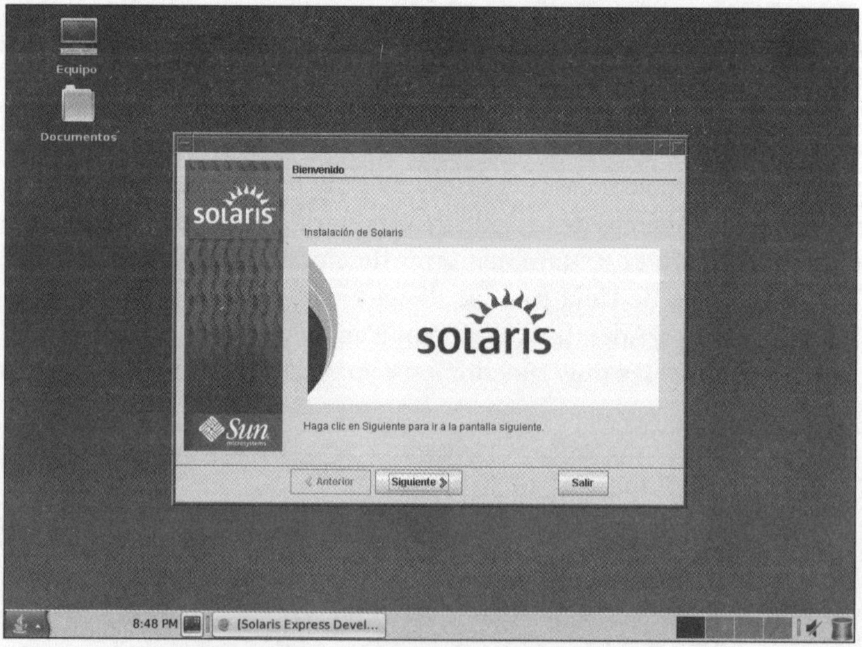


***Figura 6.*** *Solaris es un sistema operativo de tipo Unix, al igual que Linux, pero está basado en la rama de BSD.*

Otro punto importante que destaca a Linux por sobre otros sistemas operativos es la multitud de entornos gráficos y manejadores de ventanas existentes. Los manejadores de ventanas son los que entregan al usuario elementos como ventanas, barras de títulos y bordes de ventana, entre otros. Existen muchos manejadores de ventanas, y se adaptan a cada una de las necesidades de los usuarios finales. Entre ellos se encuentran Fluxbox, BlackBox, AfterStep, Enlightment, FVWM, Windows Maker, Metacity IceWM y Sawfish.

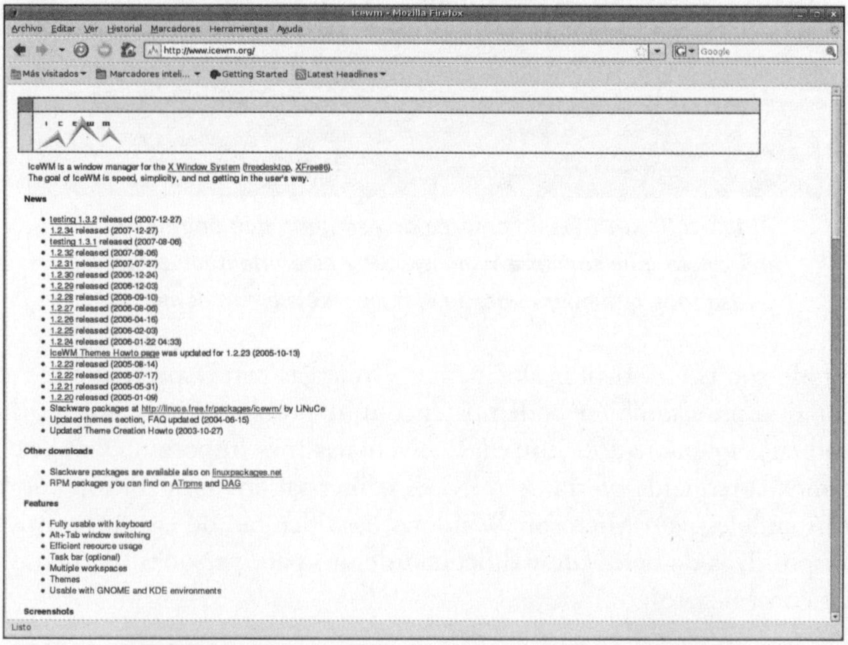


***Figura 7.*** *El manejador de ventanas IceWm puede ser descargado de forma libre desde la web* ***www.icewm.org.***

Por su parte, los entornos o ambientes de escritorio entregan un conjunto de aplicaciones que brindan características como iconos, manejo gráficos de archivos, copiar, pegar y eventos de sonido, entre otros. Los ambientes de escritorio más utilizados son Gnome, KDE y XPDE.

## CRECIMIENTO DEL NÚCLEO LINUX

Desde que fue creado por Linus Torvalds, utilizando el lenguaje C, el núcleo Linux ha estado marcado por un constante crecimiento, primero por la convicción de su creador y luego por el empuje de miles de desarrolladores que se han empeñado en hacerlo cada vez más perfecto y completo.

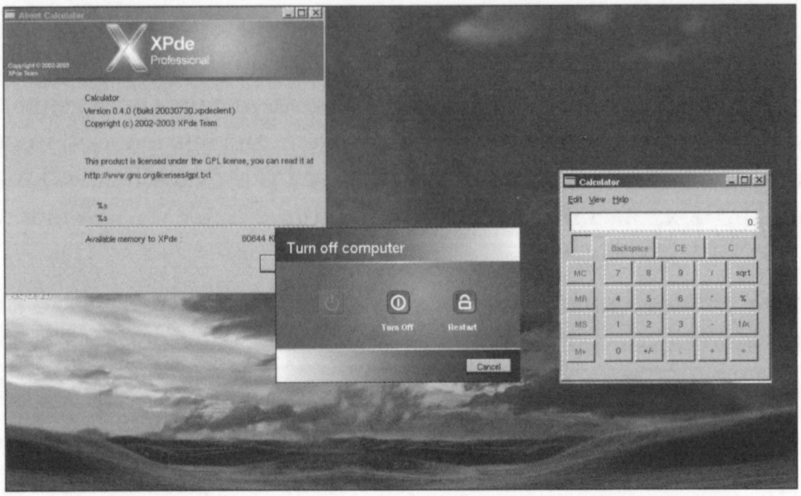


***Figura 8.*** ***XPDE es un entorno de escritorio que entrega una apariencia muy similar a Windows XP y está orientado a que los usuarios que migran desde Windows se sientan cómodos.***

Pero no todo son características alucinantes y ventajas con respecto a otros sistemas. Alrededor de Linux también podemos encontrar problemas que aún no han sido completamente solucionados. Entre las desventajas más importantes de este sistema encontramos la reducida oferta de software comercial en comparación con los programas disponibles para Microsoft Windows, la dificultad de encontrar drivers para ciertos dispositivos de hardware y dificultad de uso para personas inexpertas, si contrastamos con Microsoft Windows.

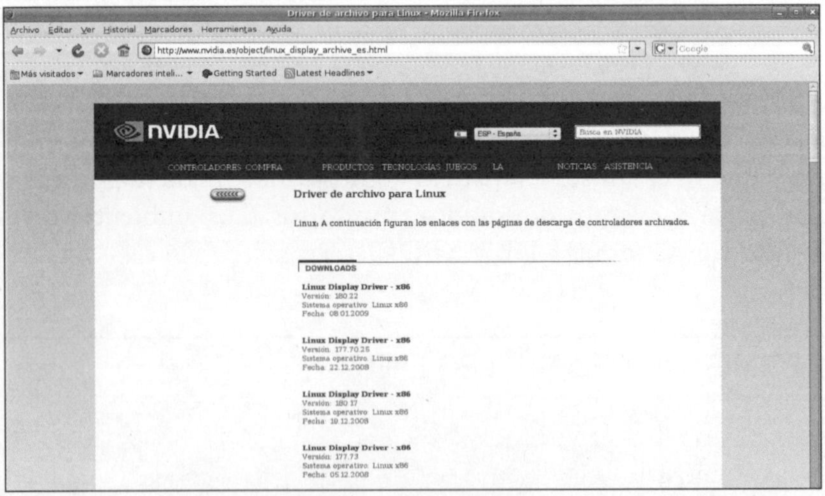


***Figura 9.*** ***Los drivers para Linux han sido un tema no completamente solucionado. Afortunadamente fabricantes como NVidia han puesto a disposición drivers específicos en su web: www.nvidia.es/object/linux_display_archive_es.html.***

Aunque en el último tiempo se ha avanzado mucho para corregir las dificultades de Linux, aún queda bastante camino por recorrer.

# DISTRIBUCIONES

Una **distribución** de Linux es un paquete que incluye el núcleo Linux o kernel, los métodos de instalación, el mantenimiento del sistema y también una selección de aplicaciones preinstaladas. De esta manera, una distribución Linux puede ser vista como una forma de facilitar la instalación y la configuración de un sistema GNU Linux en una computadora.

Originalmente, las diversas distribuciones Linux se limitaban a recopilar y empaquetar aplicaciones para ser distribuidas. Actualmente, además de esto, incorporan interfaces de instalación gráfica cada vez más fáciles de seguir, así como también **autodetección de hardware**, que requiere cada vez menos intervención del usuario final.

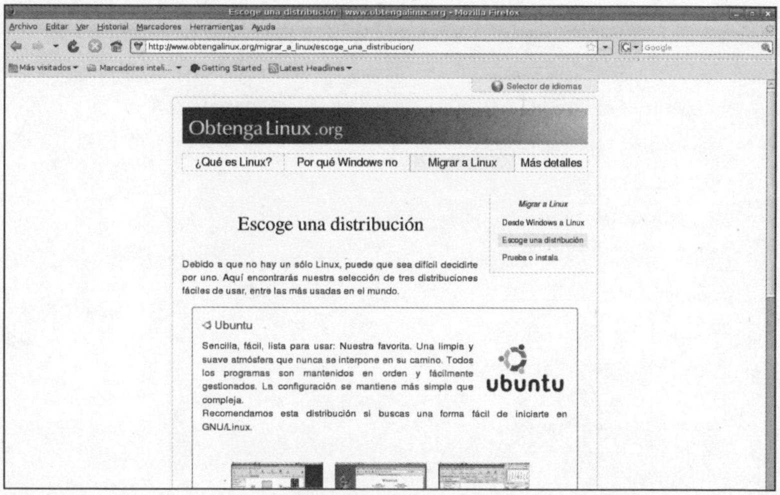


***Figura 10.** El sitio web **www.obtengalinux.org/migrar_a_linux/escoge_una_distribucion** nos ofrece información sencilla sobre algunas de las distribuciones Linux más populares.*

## DISTRIBUCIONES LINUX COMERCIALES

En contrario a lo que muchos piensan, es importante destacar que no todas las distribuciones Linux son gratuitas, ya que también existen algunas que se distribuyen en forma comercial. Entre ellas están Corel Linux y Linspire, basadas en Debian, Yellow Dog Linux, basada en Fedora, CentOS, creada para arquitecturas PPC y Xandros, basada en Corel Linux y TurboLinux.

Existen varias distribuciones, tanto comerciales como gratuitas. Las más destacadas son Red Hat, Suse, Mandriva y Corel Linux, entre muchas otras. Debian sobresale entre todas por ser una de las que se mantiene como iniciativa no comercial y sus usuarios son quienes forman la comunidad que la mantiene actualizada.
Entre las distribuciones más utilizadas en la actualidad se encuentran Ubuntu, Suse, Mandriva, Debian, Red Hat y Slaxware, entre otras. En la **Tabla 3** se muestran algunas de las características de las distribuciones Linux más populares.

| NOMBRE DE LA DISTRIBUCIÓN | ARQUITECTURAS SOPORTADAS | HERRAMIENTAS DE ADMINISTRACIÓN DE PAQUETES | FORMATO DE LOS PAQUETES |
|---|---|---|---|
| Debian | alpha, amd64, arm, PA-RISC, i386, IA-64, m68k, Mips, Mipsel, PowerPC, zSeries/s390, SPARC | aptitude, apt-get, synaptic, dpkg, adept[1] ; sources.list | .deb |
| Ubuntu | amd64, i386, PowerPC | aptitude, apt-get, synaptic, dpkg; sources.list | .deb |
| Linux Mint | amd64, i386, PowerPC | aptitude, apt-get, synaptic, dpkg; sources.list; MintSoftware | .deb |
| Knoppix | i486 | aptitude, apt-get, synaptic, dpkg, adept; sources.list | .deb |
| Fedora | i386, IA-64, PowerPC, x86-64, IBM:eServer, zSeries y S390 / i386, PowerPC, PowerPC-64, s390, s390x, x86-64 | up2date[2] , Red Hat Network[3] , autoupdate[4] , apt-rpm[5] -[6] | .rpm |
| Gentoo | x86 (i686), x86-64, IA-64, PPC, PPC-64, SPARC64, HPPA, alpha | Ebuild. Emerge, Kuroo | .tar.gz/fuentes |
| Slackware | i486(x86), alpha, SPARC, s390 | Gslapt, Slackpkg, Swaret | .tgz |
| Opensuse | i586, IA-64, PowerPC, s390, s390x, x86-64 /i586,PowerPC, x86-64 | YaST | .rpm |
| PCLinuxOS | i586 | apt-get, synaptic | .rpm |
| Mandriva | i586, IA-64 | urpmi, drakxtools | .rpm |
| Arch Linux | i686, x86-64 | ABS, AUR | .tar.gz/fuentes |
| Mepis | i686, x86-64 | aptitude, apt-get, synaptic, dpkg, adept; sources.list | .deb |

***Tabla 3.** Distribuciones más utilizas junto con sus principales características.*

## Suse

Suse es una de las distribuciones más completas, incluye gran cantidad de software y está orientada a usuarios personales y empresariales. Por un lado, presenta una instalación gráfica muy fácil de seguir, acompañada de herramientas que hacen que su configuración y actualización sean sencillas. Además brinda la potencia de aplicaciones que la hacen ideal para montar servidores y ofrecer servicios más complejos.

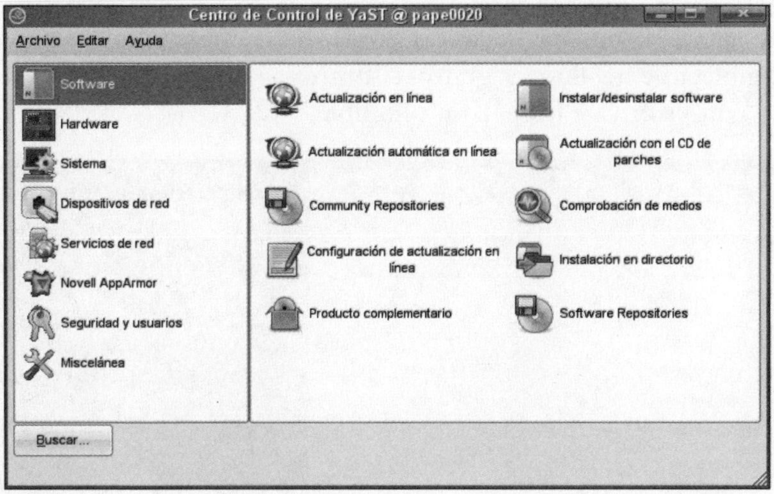


***Figura 11.*** *Una de las herramientas incorporadas en Suse es Yast. Con esta aplicación es posible configurar el sistema de forma completa, desde el manejo de aplicaciones hasta la creación de particiones.*

Suse reúne las características que la hacen una distribución ideal para todo tipo de usuarios, aunque en su versión gratuita no incorpora todas las aplicaciones y herramientas de la versión de pago.

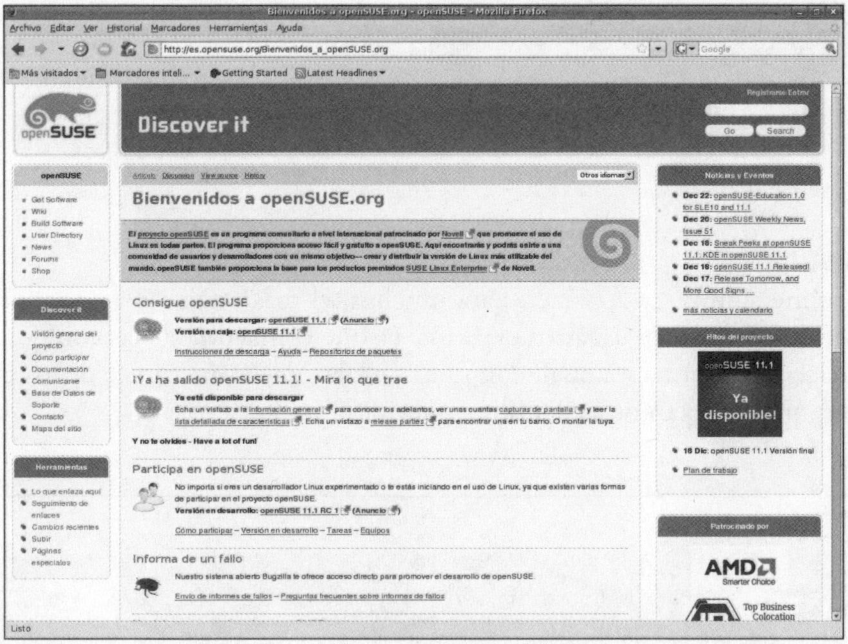


***Figura 12.*** *La web* ***http://es.opensuse.org/Bienvenidos_a_openSUSE.org*** *nos entrega información importante sobre esta distribución, así como también la posibilidad de descargarla para luego proceder con su instalación.*

openSUSE mantiene muchas de las características de Suse, pero destaca frente a ella por ser completamente libre y gratuita. Entre las aplicaciones que incorpora se encuentran tanto software libre, como no libre.

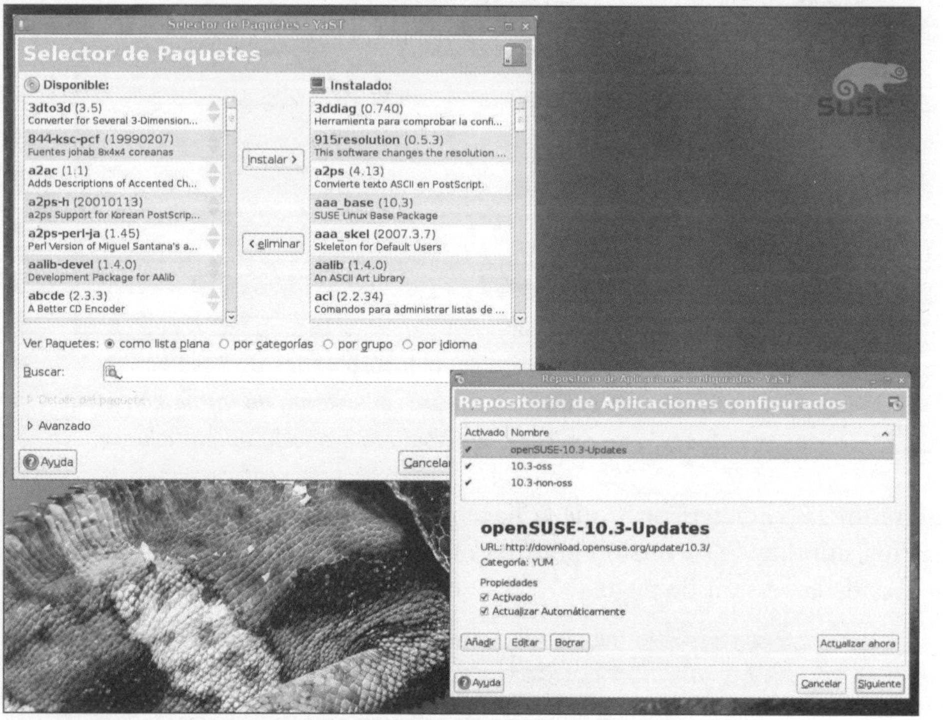


***Figura 13.** openSUSE utiliza por defecto el entorno de escritorio KDE, pero también incluye Gnome y XFCE, entre otros.*

## Slackware

Fue el primer Linux en aparecer. Para muchos, el más estable y avanzado. Es una distribución orientada a usuarios expertos, ya que la mayoría de las configuraciones deben hacerse de forma manual, con una consola. Slackware carece de los cuidados asistentes que entregan otras distribuciones.

### III DEVIL-LINUX

Este Live CD nos permite configurar un servidor proxy, servidor DNS, servidor de correo con soporte TLS, servidor web, servidor FTP, servidor de archivos, servidor DHCP y servidor NTP, entre otros. No utiliza entorno gráfico para minimizar el consumo de recursos y hacer al sistema más seguro. Puede ser descargado desde la web **www.devil-linux.org**.

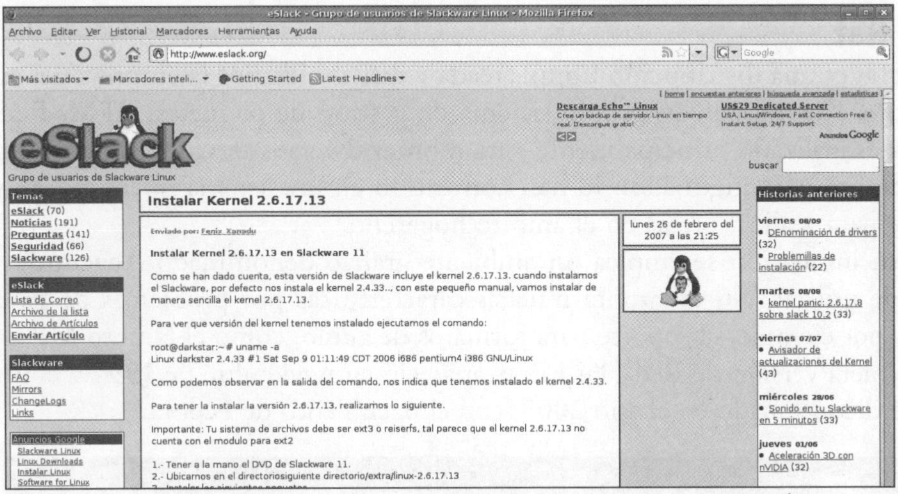


***Figura 14.*** *Si accedemos a la página del grupo de usuario de Slackware, ubicada en* ***www.eslack.org****, podremos encontrar soporte e información útil sobre el uso de esta distribución Linux.*

# Mandriva

Mandriva Linux es producida y comercializada por una empresa francesa. Es considerada como una de las mejores distribuciones para usuarios finales, por sus asistentes, que permiten realizar practicamente cualquier tarea sin complicaciones, y por la sencillez en su uso. Se distribuye en versiones Free, One, Powerpack y Mini.

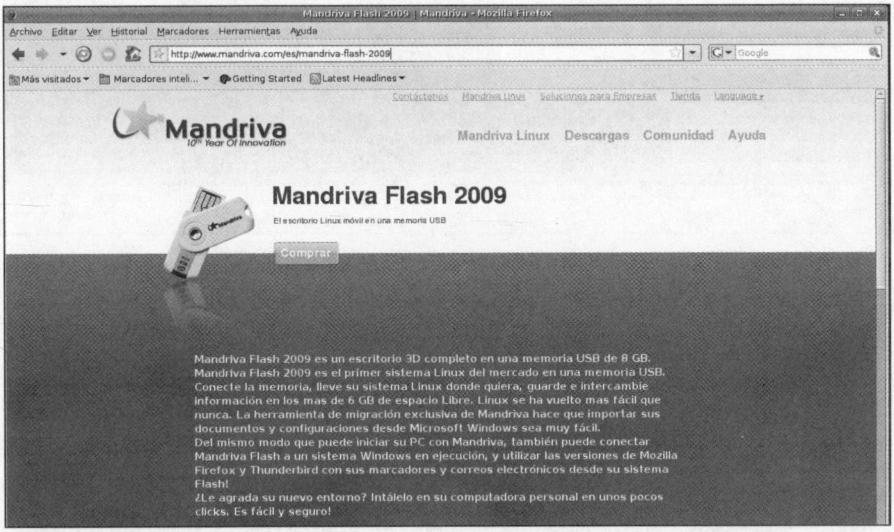


***Figura 15.*** *Uno de los avances importantes de Mandriva es la distribución del sistema operativo en memorias USB, que podemos adquirir en* ***www.mandriva.com/es/mandriva-flash-2009****.*

## Red Hat

Red Hat es una distribución Linux creada y distribuida por la empresa del mismo nombre. Cuenta con su propio sistema de gestión de paquetes: RPM. Red Hat Linux es utilizado principalmente para montar diversos servidores, pero su facilidad de uso y configuración lo han convertido en un sistema operativo muy eficiente para realizar tareas en el ámbito hogareño.

Para su instalación se emplea un ambiente gráfico denominado **Anaconda**, muy fácil de utilizar. No incorpora muchas características por problemas de patentes, como por ejemplo, el soporte para formatos de audio, como el famoso MP3.

La primera versión de Red Hat Linux apareció en noviembre de 1994 y el proyecto fue dicontinuado en el año 2003, con el nacimiento de Fedora.

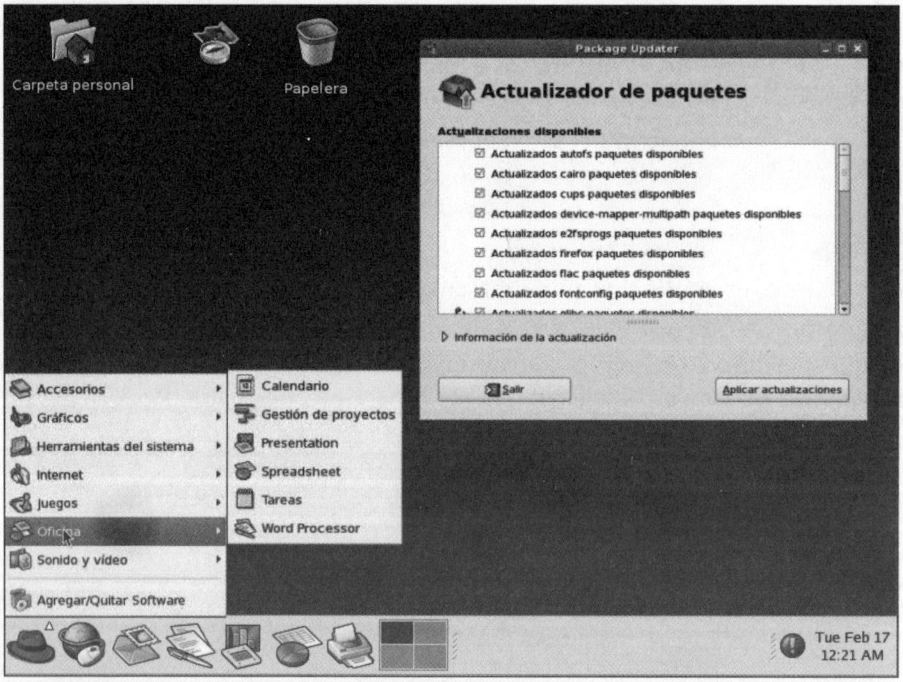


***Figura 16.*** *El escritorio de Red Hat se caracteriza por ser poco recargado, no tan atractivo como otras distribuciones y actualmente está descontinuado.*

### LYCORIS DESKTOP

Esta distribución Linux fue desarrollada por un ex empleado de Microsoft. Fue creada pensando en que los usuarios que migran desde el sistema operativo Windows se sientan a gusto con Linux. Gracias a su sistema de detección de hardware, la instalación se desarrolla sin problemas. Por defecto instala el entorno de escritorio KDE.

## Fedora

Fedora fue creado a finales del año 2003, cuando el proyecto Red Hat fue discontinuado. Utiliza Yum como administrador de los paquetes de software en el sistema, y en forma predeterminada emplea repositorios que proveen sólo paquetes libres.

**Figura 17.** *La web* ***http://fedoraproject.org/es/*** *nos permite obtener ayuda relacionada con el uso e instalación de Fedora Linux, además de descargarla a nuestra computadora.*

Las actualizaciones de Fedora están disponibles también para otras distribuciones, ya que los desarrolladores hacen los cambios directamente en los archivos fuente.

**Figura 18.** *Fedora en sus distintas versiones, además de su estabilidad y facilidad de uso, se ha caracterizado por presentar un escritorio con líneas muy cuidadas, lo cual lo hace perfecto para el usuario final.*

## Gentoo

Gentoo es una distribución Linux que está orientada principalmente a usuarios con experiencia en el manejo de este tipo de sistemas operativos. Utiliza Portage, un sistema de ports basado en BSD (Berkeley Software Distribution), para contener las descripciones de todos los paquetes instalables en el sistema.

Para proceder con la instalación de alguna aplicación, Portage descarga y compila los archivos fuente en el momento. En cierta medida es similar al APT de Debian, diferenciándose en que APT utiliza binarios precompilados.

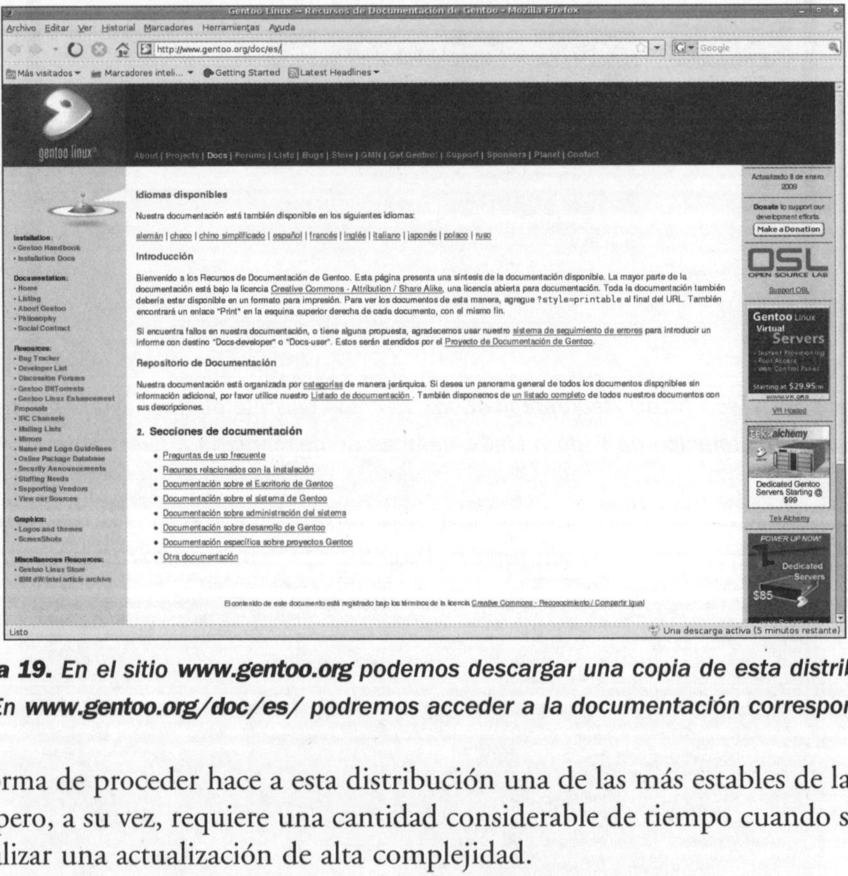


***Figura 19.*** *En el sitio **www.gentoo.org** podemos descargar una copia de esta distribución Linux. En **www.gentoo.org/doc/es/** podremos acceder a la documentación correspondiente.*

Esta forma de proceder hace a esta distribución una de las más estables de la actualidad, pero, a su vez, requiere una cantidad considerable de tiempo cuando se necesita realizar una actualización de alta complejidad.

### GOBOLINUX

GoboLinux, es una mini distribución que presenta la particularidad de no tener la típica distribución de directorios de los sistemas operativos de tipo Unix. En vez de ello encontraremos carpetas como /Programs. Necesita un mínimo de 64 MB de memoria RAM y se puede obtener en el sitio web **www.gobolinux.org**, ingresando a la sección de descargas.

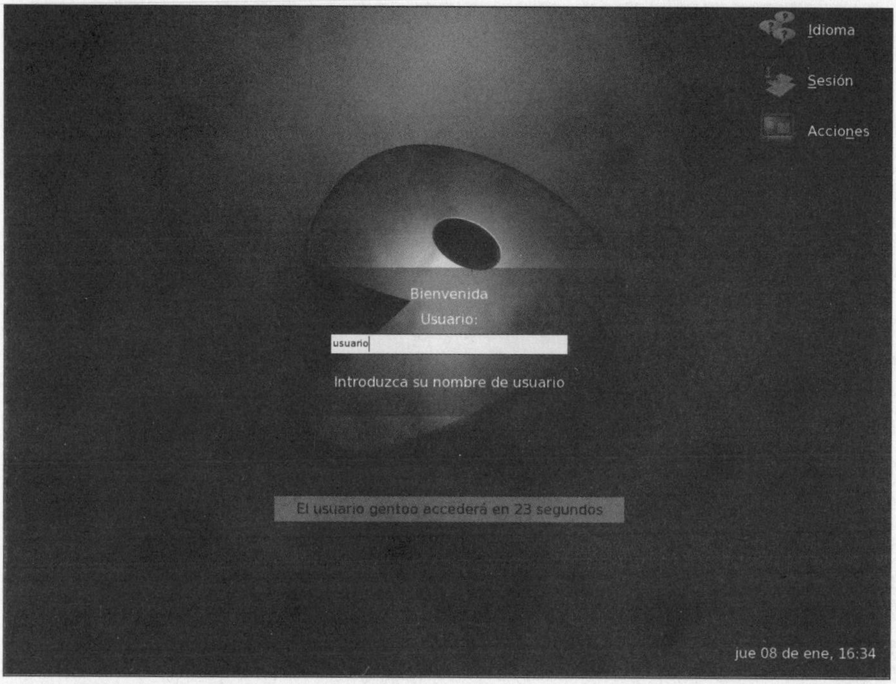


***Figura 20.*** *Gentoo es una distribución desarrollada en Estados Unidos. Utiliza en forma predeterminada el entorno de escritorio XFCE y Gnome.*

## Debian

**Debian** se ha caracterizado, desde su aparición, por ser concebida como una distribución desligada de todo tipo de intereses comerciales y empresariales. Es la única que se compone practicamente en su totalidad por software libre. También hace diferente a Debian la gran comunidad que la respalda, compuesta por las mismas personas que la utilizan en su computadora de manera diaria.
Ha sido desarrollada por los miembros de su gran comunidad, independiente de cualquier empresa. Fue fundada en 1993 por Ian Murdock.
Entre las características de Debian encontramos la disponibilidad para muchas **arquitecturas** (once en la versión estable): i386 – x86-32, amd64 – x86-64, alpha – DEC Alpha, sparc – Sun SPARC, arm – ARM architecture, powerpc – Arquitectura PowerPC, hppa – Arquitectura HP PA-RISC, ia64 – Arquitectura Intel Itanium (IA-64), mips, mipsel – Arquitectura MIPS (big-endian y little-endian), s390 – Arquitectura IBM ESA/390 y z/Architecture, m68k – Arquitectura Motorola 68k en Amiga, Atari, Macintosh, y varios sistemas embebidos VME.
Existen aproximadamente 18733 paquetes disponibles en la versión 4.0. Se destacan herramientas como APT, Aptitude, Dpkg, Synaptic, Dselect, /etc/sources.list para que el usuario final pueda ver facilitado, en gran medida, el proceso de instalación, actualización y configuración del sistema operativo.

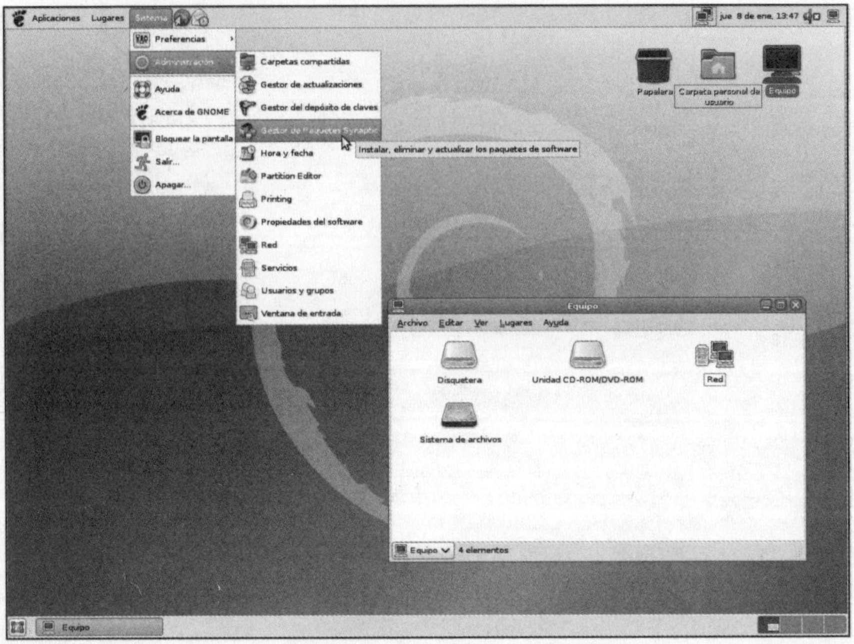


***Figura 21.** Debian puede ser utilizada con diversos entornos de escritorio, tales como Gnome, KDE, o Enlightment. Para instalarlos podemos recurrir a Synaptic.*

El historial de lanzamientos del proyecto Debian ha sido sostenido, siendo una de las distribuciones más esperadas por sus adherentes.
En la **Tabla 4** , que vemos a continuación, se describen los lanzamientos de las diversas versiones de esta distribución y el límite de soporte, entre otros datos.

| NOMBRE | VERSIÓN | PAQUETES | LÍMITE DE SOPORTE | ARQUITECTURAS SOPORTADAS | FECHA DE LANZAMIENTO |
|---|---|---|---|---|---|
| Debian Buzz | 1.1 | 474 aprox. | 1996 | 1 | 17 de junio de 1996 |
| Debian Rex | 1.2 | 848 aprox. | 1996 | 1 | 12 de diciembre de 1996 |
| Debian Bo | 1.3 | 974 aprox. | 1997 | 1 | 02 de junio de 1997 |
| Debian Hamm | 2.0 | 1500 aprox. | 1998 | 2 | 24 de julio de 1998 |
| Debian Slink | 2.1 | 2250 aprox. | 2000 | 4 | 09 de marzo de 1999 |
| Debian Potato | 2.2 | 3900 aprox. | 2003 | 6 | 15 de agosto de 2000 |
| Debian Woody | 3.0 | 8500 aprox. | 2006 | 11 | 19 de julio de 2002 |
| Debian Sarge | 3.1 | 15400 aprox. | 2008 | 11 | 06 de junio de 2005 |
| Debian Etch | 4.0 | 18733 aprox. | 2009 | 11 | 08 de abril de 2007 |

***Tabla 4.** Versiones y características de los lanzamientos de la distribución Debian Linux.*

Debian puede ser adquirido de diversas formas: los vendedores de CD, descarga de ISO de CD o DVD desde la web **www.debian.org**, instalación por red o mediante la obtención de una computadora que incorpore esta distribución preinstalada.

***Figura 22.*** *La web* ***www.debian.org*** *reúne toda la información necesaria sobre esta distribución, así como también nos permite acceder a la descarga de los CD o DVD para realizar su instalación.*

## Ubuntu

Ubuntu Linux está enfocado en computadoras personales, aunque también dispone de versiones que ofrecen soluciones para servidores.

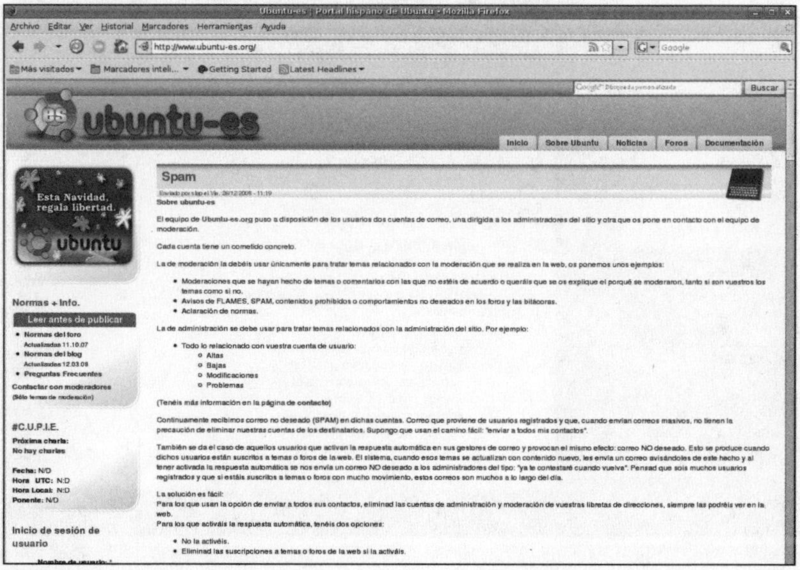


***Figura 23.*** *La web* ***www.ubuntu-es.org*** *es un punto de reunión para usuarios de esta distribución. Aquí podremos encontrar interesante información y consejos.*

Está basada en Debian y actualmente es una de las más importantes a nivel mundial. Ha concentrado sus esfuerzos en la facilidad de instalación, uso y configuración, pensando siempre en el usuario doméstico. Es creada y mantenida por la empresa Canonica, fundada por Mark Shuttleworth.

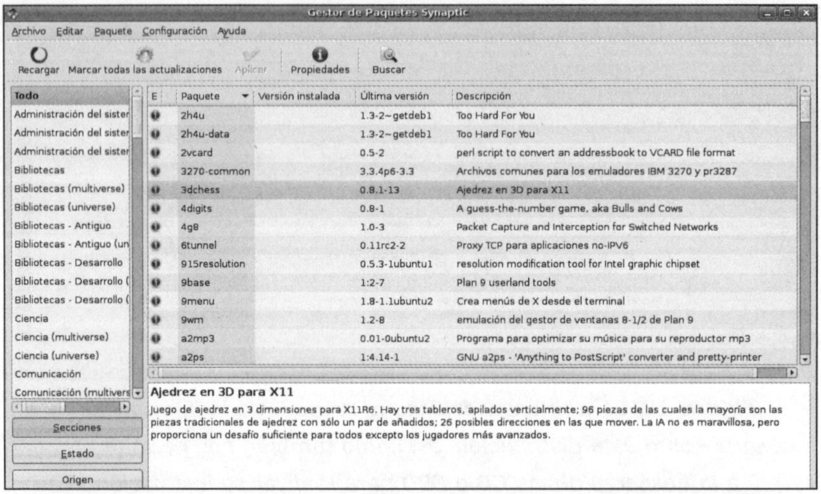


***Figura 24.** Ubuntu utiliza Synaptic como gestor de paquetes, el cual nos permite instalar, eliminar y actualizar todo el software del sistema.*

Ubuntu pone a disposición de los usuarios nuevas versiones cada seis meses.

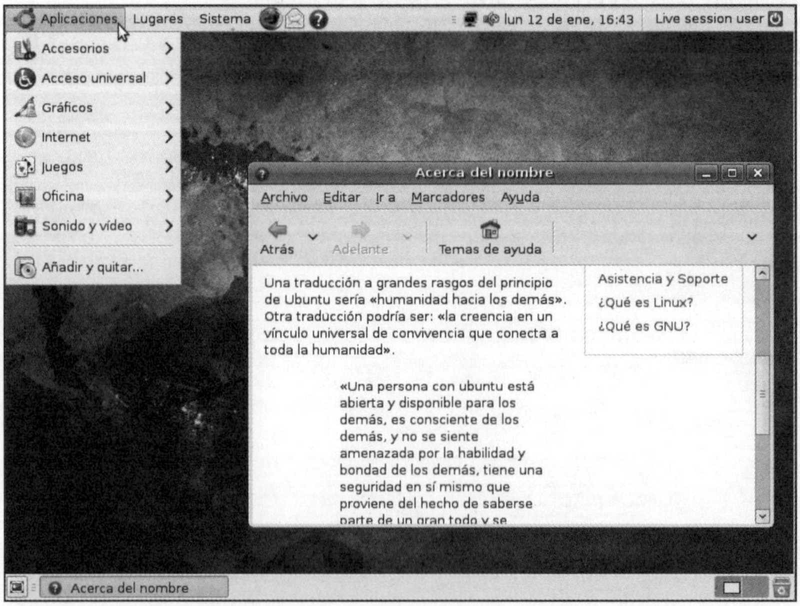


***Figura 25.** Ubuntu Intrepid Ibex es la última versión de esta distribución puesta a disposición del público.*

En la **Tabla 5** se muestran las características de las versiones de Ubuntu Linux.

| NOMBRE | VERSIÓN | FECHA DE LANZAMIENTO | CARACTERÍSTICAS |
|---|---|---|---|
| Warty Warthog | 4.10 | 20 de octubre de 2004 | - Primer lanzamiento.<br>- Soporte para x86, x86-64 y PowerPC.<br>- Servicio de envío de CDs. |
| Hoary Hedgehog | 5.04 | 08 de abril de 2005 | - Inclusión de update-manager/upgrade-notifier.<br>- Compatibilidad con Kickstart.<br>- Mejorado el soporte para portátiles. |
| Breezy Badger | 5.10 | 13 de octubre de 2005 | - Barra de progreso en la carga del sistema (USplash)<br>- Soporte para instalación OEM<br>- GCC 4.0. |
| Dapper Drake | 6.06 LTS | 01 de junio de 2006 | - Primera en ser distribuida en un solo CD las versiones Live-CD e instalable.<br>- LTS (Long Term Support). |
| Edgy Eft | 6.10 | 26 de octubre de 2006 | - Upstart.<br>- Reporte automático de errores. |
| Feisty Fawn | 7.04 | 19 de abril de 2007 | - Asistente de migración.<br>- KVM.<br>- Instalación de códecs y drivers propietarios.<br>- Gnome Control Center.<br>- Efectos de escritorio.<br>- Fácil configuración de redes wireless (WPA soportado).<br>- Se deja oficialmente de dar soporte para PowerPC. |
| Gutsy Gibbon | 7.10 | 18 de octubre de 2007 | - Compiz Fusion instalado de forma predeterminada.<br>- eBox para administración de servidor.<br>- Instalación desatendida.<br>- Cambio rápido de usuario.<br>- Escritura en particiones NTFS.<br>- AppArmor.<br>- Herramienta de configuración gráfica para X.Org.<br>- Sistema de impresión renovado.<br>- Soporte a particiones NTFS (driver NTFS-3G). |
| Hardy Heron | 8.04 LTS | 24 de abril de 2008 | - LTS (Long Term Support)<br>- Mejor integración con Tango.<br>- Mejoras en la integración con Compiz Fusion.<br>- Integración de Tracker.<br>- Brasero, Transmission y Vinagre de forma predeterminada.<br>- PulseAudio.<br>- Firefox 3.<br>- Wubi. |

| NOMBRE | VERSIÓN | FECHA DE LANZAMIENTO | CARACTERÍSTICAS |
|---|---|---|---|
| Intrepid Ibex | 8.10 | 30 de octubre de 2008 | - Tema de escritorio alternativo rediseñado.<br>- Habilidad para aprovechar el ancho de banda donde sea que se encuentre el usuario (Internet omnipresente).<br>- Mejoras en el soporte para todo tipo de máquina de escritorio: desde una máquina de trabajo moderna hasta escritorios con Pentium III.<br>- Soporte 3G<br>- Sesión de invitados.<br>- Cifrado de carpetas. |

**Tabla 5.** *Versiones de Ubuntu Linux y sus principales características.*

En poco tiempo, Ubuntu se ha ubicado entre las grandes distribuciones Linux, su facilidad de uso y disponibilidad de software han hecho de ella una de las más utilizadas.

**Figura 26.** *Ubuntu envía copias de los CDs de instalación en forma totalmente gratuita a cualquier parte del mundo.*

Una de las características más destacadas de Linux como sistema operativo es la posibilidad de adaptarse a nuestras necesidades. Esta facilidad ha dado como resultado la proliferación de distribuciones Linux, que se han basado en algunas de las más conocidas y utilizadas.

Entre las distribuciones basadas en Debian encontramos las siguientes: Linux Tiger, 2X ThinClientOS, 64 Studio, Adamantix, Amber Linux, AGNULA, Aquamorph, ARMA, tcc Omoikane, ArtistX, ASLinux, B2D Linux, Baltix, Bayanihan Linux, BeatrIX, Bluewall GNU/Linux, Big Linux, Bonzai Linux, BOSS, Canaima, Càtix, CensorNet, College Linux, Debian-BR-CDD, DeveLinux, Dzongkha Linux, Elive, Epidemic GNU/Linux, ERPOSS, Euronode, Freespire (basada en Linspire),

Gibraltar Firewall, gnuLinEx, Lihuen GNU/Linux, IndLinux, Insigne Linux, K-DEMar, Kanotix, KarachiOS, GNU/Linux Kinneret, Knoppix, LinEspa, Local Area Security Linux (L.A.S.), NepaLinux, Olive, OS Desktop, PAIPIX, PilotLinux, Piren, RAYS, Resulinux, Rxart, Symphony OS, Swecha LiveCD, Taprobane GNU/Linux, Thisk Server, Tilix Linux, Trinux, Tuquito, Ubuntu, ULAnix, Ulteo, Vyatta, Webconverger, WIENUX, X-Evian y Xfdl, entre mucha otras.

**Figura 27.** *Tuquito es una distribución basada en Debian. Podemos descargarla desde la web* ***www.tuquito.org.ar.***

Ubuntu es también una distribución que ha sido la base para la creación de muchas variantes, entre ellas se cuentan las siguientes: Alinex, andLinux, AbulÉdu, Admelix (LiveCD), Baltix, BeaFanatIX, Ciberlinux, ComFusion, Edubuntu, LliureX, eAR OS, EHUX, Elbuntu, FEINIX-Arq, Fluxbuntu, Freespire, Freezy Linux, Geubuntu, Gobuntu, Goobuntu, gOS, Guadalinex, gNewSense, Gnoppix,

## UBUNTU LINUX

Ubuntu es una palabra de origen africano, que en realidad no tiene una traducción literal en el idioma español. A grandes rasgos, hace referencia a la creencia de que existe un lazo que se encarga de unir a toda la humanidad. Es decir que una persona Ubuntu es quien está siempre dispuesta y alegre de poder colaborar con el prójimo.

Hiweed, ImpiLinux, PingüinOS, Ichthux, Kalango, Kubuntu, KadedeOS, Linspire, Urli, Linux Mint, Phoenix, Lazarux, LinuxTLE, LUC3M, Maryan Linux, MAX, MEPIS, Miniubuntu, Molinux, Mythbuntu, NUbuntu, Olá! Dom, OpenGeu, Poseidon, LinuxRuntu, Sibu, SLinux, Super Ubuntu, Ultima Edition, Ubuntu Christian Edition, Ubuntulite, Ubuntu Muslim Edition, UbuntuiES, Ubuntu JeOS, Ubuntu Studio, UEx Linux, Ufficio Zero, Urli, UserLinux, Vacarm Linux, Xandros, Xubuntu, Greenie Linux y LiveCD Zen Linux, entre otras.

**Figura 28.** *Linspire es una distribución comercial que puede ser adquirida desde la web* ***www.linspire.com.***

Otras **distribuciones Linux** también han sido usadas como base para crear versiones del sistema operativo. En la **Tabla 6** se describe una lista de algunas de las distribuciones que han sido creadas basándose en algunas de las versiones de Linux más utilizadas.

## KURUMIN LINUX

La distribución Linux **Kurumin** fue creada pensando en un sistema operativo compacto. En sus primeras versiones cabía en un mini CD. Presenta una gran compatibilidad con muchos tipos de **softmodems** y puede ser ejecutado directamente desde el CD. Soporta los paquetes del tipo .DEB, ya que fue creada basándose en **Knoppix** y **Debian**.

| DISTRIBUCIÓN BASE | DISTRIBUCIONES CREADAS A PARTIR DE ELLA |
|---|---|
| Knoppix | Big Linux, Augustux, Damn Small Linux, Hikarunix, Feather Linux, Flonix, EduKnoppix, Julex, Kaella, Kanotix, Kalango, KnoppMyth, Kurumin, mediainLinux, MeNTOPPIX, Morphix, GNUStep LiveCD, PAIPIX, GIS-Knoppix, PelicanHPC, Quantian Linux, VMKnoppix |
| Gentoo | BinToo, epiOS, Fantoo, Flash Linux, Gentoox, Kororaa, Knopperdisk, Litrix Linux, Mayix XliveCD, Medeix, Navyn OS, PapugLinux, Pentoo, Phoronix Test Suite, redWall, Sabayon Linux, SystemRescueCd, Ututo, VidaLinux |
| Red Hat Enterprise Linux | ASPLinux server, Asianux, CentOS, Elastix, trixbox, VicidialNOW, Endian, Fedora, Pie Box Enterprise Linux, Pingo Linux, Scientific Linux, StartCom Linux, White Box Enterprise Linux, YOUrOS. |
| Fedora | ADIOS Linux Boot CD, AnNyung Linux, AsianLinux, ASPLinux, ATmission, Aurora, SPARC Linux, Aurox, Berry Linux, BioBrew Linux Distribution, BLAG, Boston University Linux, ClarkConnect Gateway/Server, Co-CreateLinux, EduLinux, Ekaaty Linux, ELX Linux, EnGarde Secure Linux, Everest Linux, EzPlanet One Linux, Freedows, FTOSX Desktop, Fox Linux, Gelecek Linux, Haansoft Linux, Hancom Linux, Honeywall CDROM, IDMS Linux, Ignalum Linux, K12LTSP, Linpus Linux, Linux XP, Magic Linux, myLinux, Network Security Toolkit, NuxOne Linux, O-Net, One Laptop Per Child, OpenLX, OpenNA Linux, Openwall GNU/Linux, Pingo Linux, SuliX, Vixta, Xteam Linux, Yellow Dog Linux |
| Slackware Linux | Absolute Linux, Adrenalinux, Alixe, Austrumi, BackTrack, Bluewhite64 Linux, College Linux, Cytrun Linux, DARKSTAR, DeepStyle, easys GNU/Linux, Floyd GNU/Linux, Frugalware, Hardened Linux, Kate OS, Kwort, Linomad, GoblinX, HostGis, KWort, Mekano Linux, Mutagenix, Myah OS, Naulcapan, NetSecL, NimbleX, Nonux GNU/Linux, Open Community Slackware Install DVD, OpenLab GNU/Linux, Plamo Linux, RIPLinuX, RUNT Linux, Salocin, Sauver, Slackintosh, Slamd64, SLAMPP, SLAX, BackTrack, DNALinux, SLAMPP, Splack Linux, STX GNU/Linux, Topologi, Truva Linux, TumiX, Ultima Linux, Vector Linux, Wifislax, Zenwalk Linux |
| SUSE Linux | openSUSE, JackLab Audio Distribution, StressLinux, SUSE Linux Enterprise Server, SUSE Linux Enterprise Desktop, SUSE Linux Enterprise Real Time, SUSE Linux Enterprise Edition, Java Desktop System, Linkat |
| PCLinuxOS | CAE Linux, Lapix Linux, TinyMe, Ultumix, Granular Linux, |
| Arch Linux | Archie Live CD, linuX-gamers Live DVD, Underground Desktop. |

***Tabla 6.** Distribuciones Linux más utilizadas y las creadas a partir de ellas.*

# DISTRIBUCIONES LIVE CD

A diferencia de las tradicionales distribuciones que nos permiten instalar un sistema Linux en una partición del disco duro de la computadora, los **Live CD** de Linux nos ofrecen la posibilidad de ejecutar un sistema Linux completo sin necesidad de instalar ni modificar absolutamente nada en el equipo en que deseamos correrlo. Sólo hace falta iniciar la computadora con el CD o DVD de la distribución elegida en la unidad correspondiente y arrancar desde él.

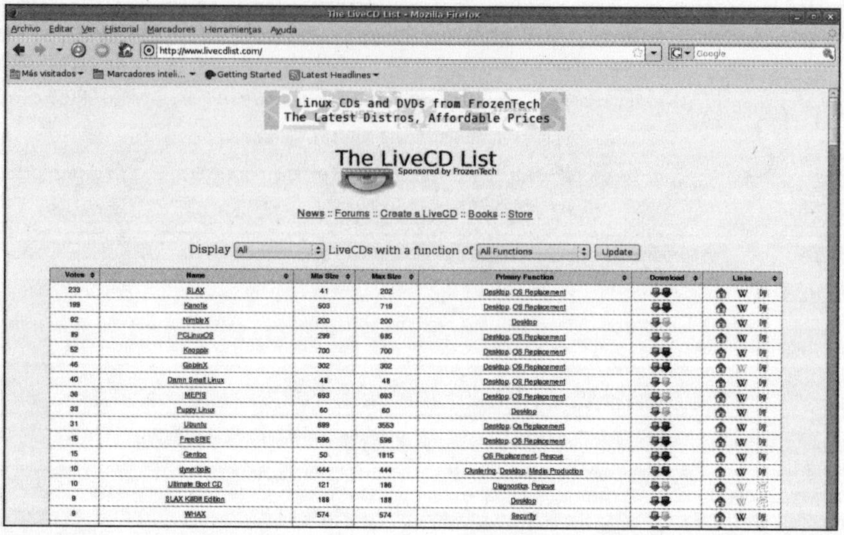


***Figura 29.** La web **www.livecdlist.com** nos entrega un listado de distribuciones de tipo Live que podemos ordenar de acuerdo con diversas categorías.*

## Austrumi

Es un Live CD que pesa aproximadamente 50 MB, basado en la distribución **Slackware**. Entre sus herramientas se encuentra la posibilidad de cambiar una contraseña olvidada de sistemas Windows.

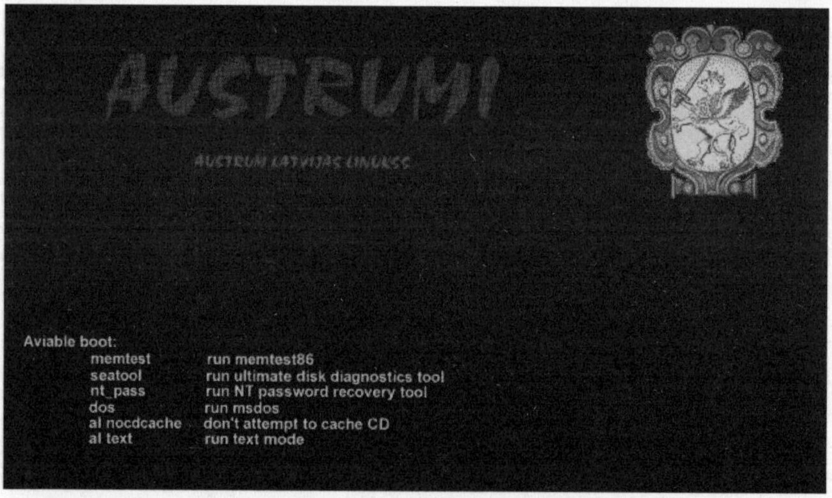


***Figura 30.** Austrumi permite especificar parámetros al inicio del CD, como **nt_pass**, que nos permitirá cambiar una contraseña olvidada.*

Austrumi ocupa muy poco espacio, pero incluye aplicaciones tales como manejadores y visores de imagen, navegadores web, aplicaciones multimedia, juegos, aplicaciones de

 

oficina, redes y desarrollo, entre otras. Para ser utilizado requiere de, al menos, 96 MB de memoria RAM, aunque también puede ser iniciado con menos memoria, ingresando el parámetro **al nocdcache** al inicio.
Austrumi puede ser descargado desde su sitio web **http://cyti.latgola.lv/ruuni**.

## Cool Linux CD

Utiliza el manejador de ventanas IceWM y su principal característica es su bajo consumo de recursos, sólo precisa de 32 MB de memoria RAM para funcionar.

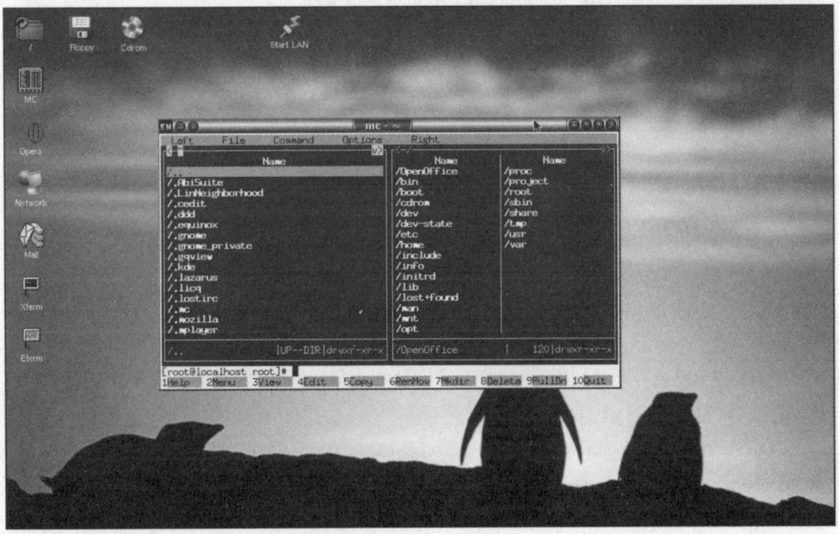


***Figura 31.** Cool Linux CD se presenta como una distribución completa que proporciona diversas aplicaciones, tanto de escritorio como para desarrollo.*

## Damn Small Linux

En tan sólo 50 MB **Damn Small Linux** entrega una distribución completa con diversas aplicaciones, como visores de imágenes, aplicaciones de oficina, desarrollo, Internet y juegos, entre otras.

### RICHARD STALLMAN

Richard Stallman es un excelente programador. Entre sus creaciones se encuentran el editor Emacs y el compilador gcc. Es el responsable de la Licencia Pública GNU y del concepto copyleft. Entre sus excentricidades se encuentran la no utilización de teléfonos móviles y la convicción de no beber Coca-Cola.

***Figura 32.** Damn Small Linux utiliza FluxBox como gestor de ventanas, lo cual hace que sea muy funcional y veloz.*

## Knoppix

Es uno de los Live CD Linux más conocidos y utilizados. Soporta dispositivos USB, SCSI e incluye autodetección de hardware.

Knoppix emplea el llamado sistema de descompresión en demanda, es decir, una aplicación se descomprime en memoria sólo cuando es necesaria. Por esto Knoppix puede incluir muchas más aplicaciones ejecutables que cualquier otro Live CD.

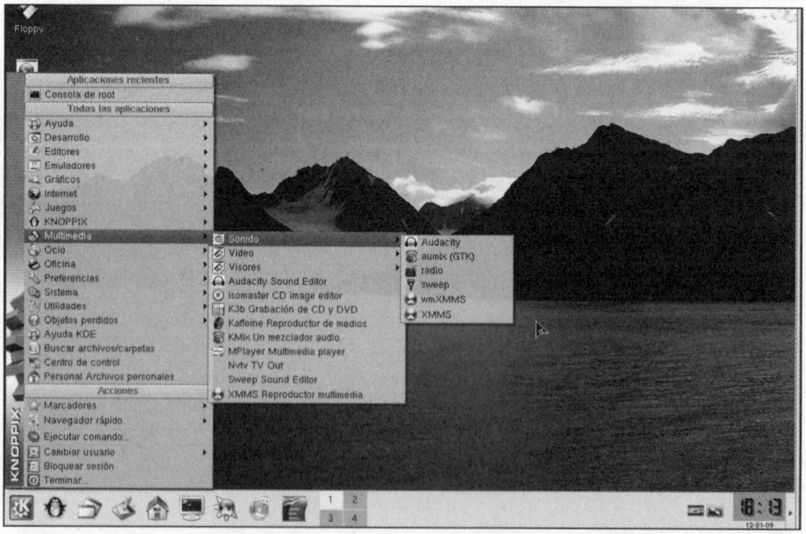


***Figura 33.** Knoppix utiliza el ambiente de escritorio KDE por defecto, aunque también incluye otros que consumen menos recursos.*

## Slax

Slax es un Live CD basado en la distribución Slackware Linux. Su característica más sobresaliente es que se puede ampliar con módulos que agregan más características.

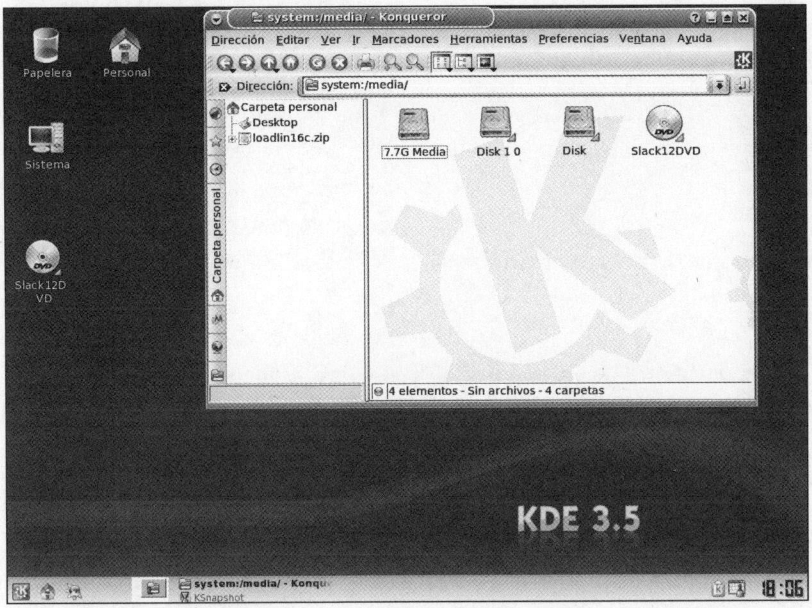


***Figura 34.** Slax incluye los entornos de escritorio Kde y FluxBox, lo que nos permite utilizarlo en computadoras con muchos o pocos recursos.*

Slax detecta y monta discos y dispositivos de forma automática al iniciar el sistema. Requiere de tan sólo 32 MB para funcionar en modo texto, 64 MB en modo gráfico usando FluxBox y 128 MB en modo gráfico utilizando KDE.
La web **www.slax.org** pone a nuestra disposición la distribución y entrega información relevante sobre los procesos de instalación.

### ... RESUMEN

**En este capítulo revisamos los fundamentos básicos de Linux. Conocimos sus ventajas y debilidades más importantes respecto de otros sistemas. Describimos qué es una distribución y revisamos las características más importantes de las más conocidas y utilizadas. Además, aprendimos que una de las ventajas más sobresalientes de este sistema es la capacidad de crear nuestras propias versiones o distribucione. Analizamos algunas distribuciones basadas en Ubuntu y Debian. Finalmente, revisamos las distribuciones Live.**

## ACTIVIDADES

### TEST DE AUTOEVALUACIÓN

**1** ¿Qué es Linux?

**2** Describa las características que definen a los sistemas Linux.

**3** ¿Cuáles son los hechos que marcan la evolución de Linux?

**4** Defina qué es una distribución

**5** Nombre y caracterice algunas de las distribuciones más utilizadas.

**6** Nombre y caracterice algunas de las distribuciones Live más utilizadas.

**7** ¿Cuáles son las distintas versiones lanzadas de Debian?

**8** ¿Cuáles son las distintas versiones lanzadas de Ubuntu?

**9** Nombre algunas distribuciones creadas basándose en Debian y en Ubuntu.

**10** Defina algunas de las ventajas y desventajas de los sistemas Linux.

### EJERCICIOS PRÁCTICOS

**1** Visite la página www.kernel.org y descargue los archivos fuente del kernel Linux.

**2** Inicie una distribución Linux instalada y utilice las herramientas disponibles para instalar o eliminar algún paquete de software.

**3** Visite la web de una distribución Linux y descárguela.

**4** Visite la web de una distribución Linux Live y descárguela.

**5** Inicie la computadora con un Live CD de Linux y explore el sistema.

Capítulo 2

# Opciones de personalización

En este capítulo conoceremos las opciones que nos ofrecen diversas distribuciones Linux para personalizarlas según nuestras necesidades, con la utilización de aplicaciones específicas y con gNewSense, una distribución que incorpora las herramientas necesarias para crear nuestra propia versión de Linux.

# PROCESO DE UTILIZACIÓN DE GNEWSENSE

gNewSense es una distribución Linux basada en Ubuntu, que a su vez está basada en Debian. Incorpora todas las aplicaciones necesarias para utilizar en una computadora personal, como programas para navegar en Internet, juegos, ofimática, edición de imagen, reproducción de sonido y video.

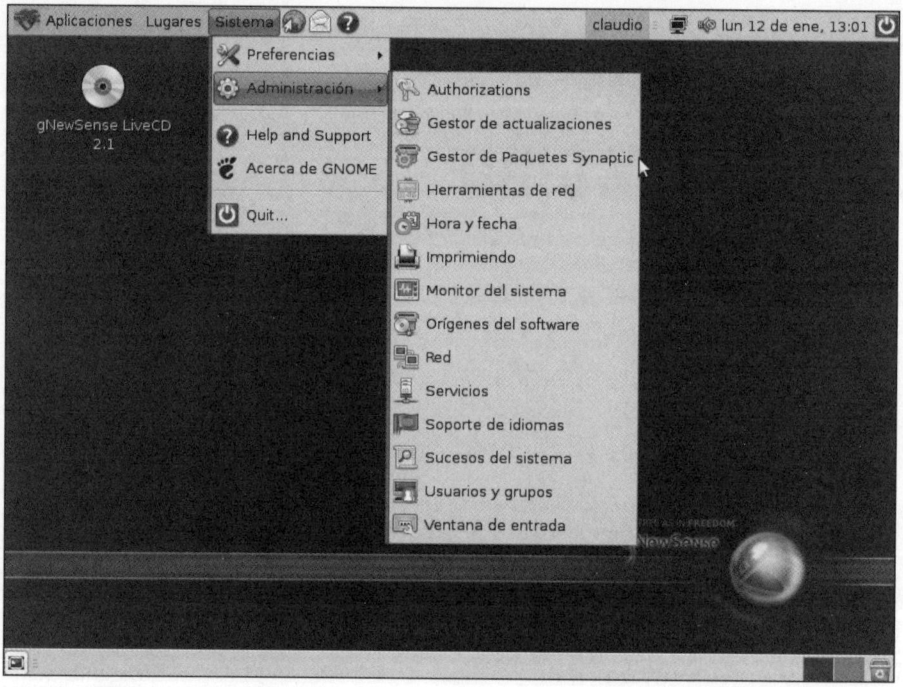


***Figura 1.*** ***gNewSense utiliza por defecto el entorno de escritorio Gnome, lo cual le entrega una interfaz de usuario muy parecida a Ubuntu.***

gNewSense se destaca de otras distribuciones disponibles en el ambiente Linux, por haber eliminado todo el firmware del núcleo y los programas no libres, además de tener incluidas herramientas de programación y Builder, una aplicación que podemos utilizar para generar nuestra propia distribución.

## ORIGEN DE GNEWSENSE

El origen de la distribución Linux gNewSense se remonta a una conversación entre Mark Shuttleworth y Richard Stallman en la Cumbre Mundial de la Sociedad de la Información, que se llevó a cabo en Túnez durante el año 2005. En 2006 se anuncia el lanzamiento de esta distribución. La versión 1.0 es publicada en noviembre.

En la **Tabla 1** se describen las principales características de esta distribución Linux.

| CARACTERÍSTICA | DESCRIPCIÓN |
|---|---|
| Creador | Brian Brazil y Paul O`Malley |
| Nacionalidad | Irlanda |
| Interfaz gráfica | Gnome |
| Plataformas | X86 |
| Administrador de paquetes | DPKG |
| Licenciamiento | Sólo licencias libres |
| Método de actualización | APT |

***Tabla 1.*** *Principales características de gNewSense.*

Para utilizar gNewSense Linux, en primer lugar debemos descargar la imagen distribuida en formato ISO desde el sitio web **www.gnewsense.org**.

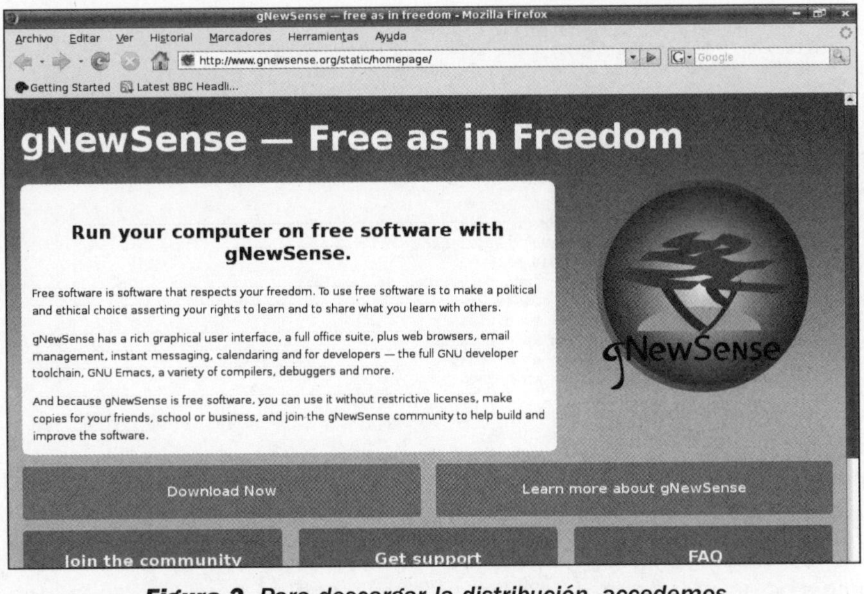


***Figura 2.*** *Para descargar la distribución, accedemos a la web oficial **www.gnewsense.org/Main:es/gNewSense**.*

## III IMPORTANCIA DEL USUARIO ROOT

El usuario root tiene los privilegios de administrador en un sistema operativo Linux. Sólo debe ser utilizado para las tareas administrativas. Por regla general, para acciones cotidianas debemos acceder al sistema como un usuario normal. De esta forma, nuestro sistema estará protegido ante ataques y fallas del usuario.

Si queremos construir nuestra distribución basándonos en el Builder utilizado para la creación de gNewSense, primero debemos contar con una instalación de Ubuntu Dapper sin actualizar, de preferencia recién finalizado el proceso de instalación. Además, necesitamos un disco duro con, al menos, 35 GB de espacio libre y tener los repositorios de los archivos fuentes habilitados. Luego debemos seguir estos pasos.

## ■ Crear distribución con gNewSense — PASO A PASO

**1** Primero deberá generar una llave GPG. Para esto, abra una consola de comandos y escriba **gpg —gen-key**. Presione **ENTER** y siga los pasos indicados. Deje la contraseña en blanco y apunte la huella digital o fingerprint de la llave.

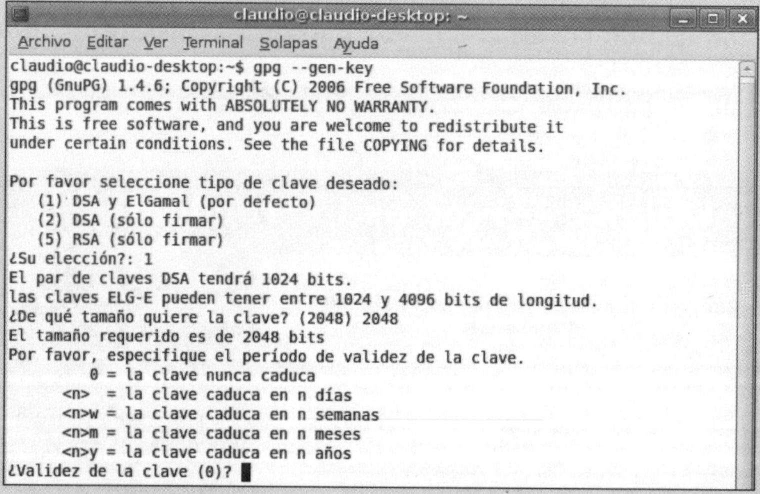


**2** Agregue la llave pública al root. En la misma consola escriba **gpg —export | sudo gpg –import**. Presione **ENTER**.

**3** Como opción, puede crear un servidor de respaldo para los repositorios que contienen paquetes de software **ubuntu main** y **universe.** Abra una consola de comandos y escriba **debmirror —nocleanup —verbose —progress —method=http —host=ie.archive.ubuntu.com —arch=i386 **
**—source —dist=dapper,dapper-security,dapper-updates,dapper-backports —section=main,main/debian-installer,universe **
**—ignore-release-gpg —root=ubuntu /the/target/directory**. Presione **ENTER** y espere mientras el proceso finaliza. También puede configurar Apache para acceder al repositorio vía http. Este paso no es absolutamente necesario, pero evitará tener que realizar las descargas posteriormente.

▶

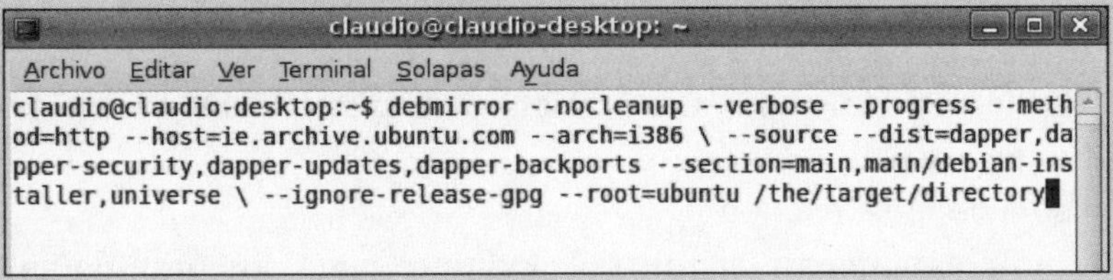


**4** Para continuar, deberá instalar los paquetes necesarios para poder utilizar Builder sin complicaciones. En una consola escriba las siguientes líneas y presione **ENTER** después de cada una.

**sudo apt-get install reprepro imagemagick debmirror build-essential**
**sudo apt get install apache2 subversion cdebootstrap kernel-wedge**
**sudo apt-get install squashfs-tools netpbm syslinux bittornado fakeroot**
**sudo apt-get install devscripts equivs sharutils debootstrap**
**sudo apt-get build-dep linux-image-$(uname -r) ubiquity update-manager**
**sudo apt-get install ubuntu-artwork base-files ubuntu-meta**

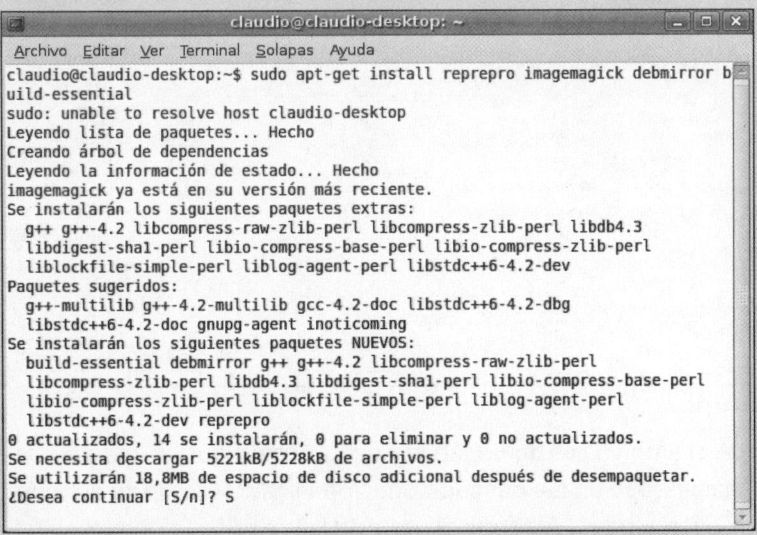


## SOFTWARE NO LIBRE EN LINUX

Aunque la mayoría de las distribuciones Linux están orientadas al uso de software libre, también existen aplicaciones propietarias diseñadas para funcionar bajo una distribución Linux. Además, existen paquetes como Wine, DosEmu, Cedega, VMWare y Bochs que nos permiten instalar y ejecutar aplicaciones para otros sistemas operativos dentro de Linux.

5 Luego escriba lo siguiente y presione **ENTER**:
**apt-get build-dep launchpad-integration grub system-tools-backends example-content gnome-panel**
En la misma consola escriba
**apt-get build-dep gnome-app-install kubuntu-meta kubuntu-default-settings firefox usplash hal**
Presione **ENTER** y escriba lo siguiente:
**svn co http://svn.gnewsense.svnhopper.net/gnewsense/builder/trunk builder**
Para finalizar, teclee las siguientes líneasy presione **ENTER** después de cada una:
**cd builder**
**chmod +x gen-* do-update fixup-kernel-wedge**
**sudo ./fixup-kernel-wedge**

6 Descargue el Builder desde la web **http://svn.gnewsense.svnhopper.net/gnewsense/** y abra el archivo config en un editor de texto como **gedit**.

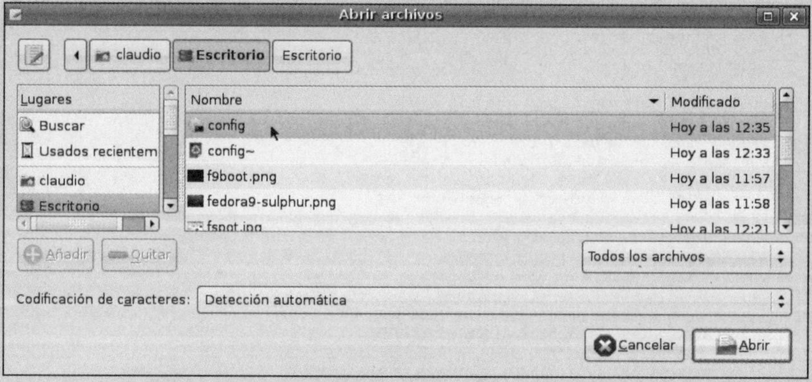


7 Modifique el archivo **config** según la configuración que desee aplicar a su distribución, basándose en las descripciones de la Tabla 2, que se encuentran al finalizar este paso a paso. Al terminar, guarde las modificaciones y cierre el archivo.

## LINUXISO.ORG

Una buena forma de obtener una imagen ISO de Linux es acudir al sitio oficial adecuado, pero si no conocemos la dirección correcta y no tenemos tiempo de buscarla, una muy buena alternativa es visitar **www.linuxiso.org**. Esta página reúne en un solo lugar las últimas versiones de muchas de las distribuciones Linux más conocidas.

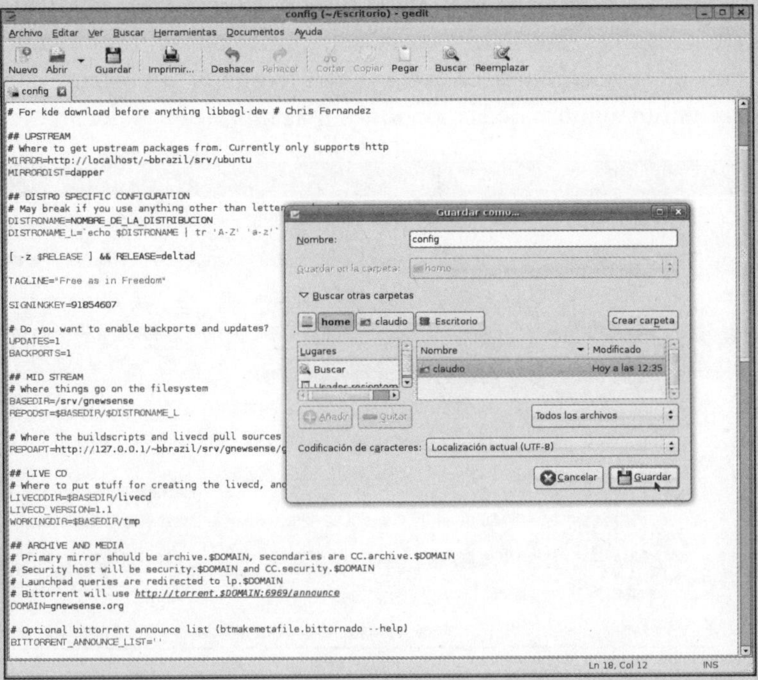


**8** Para generar el repositorio abra una consola y escriba **./gen-repo && ./do-update** como usuario con privilegios de administrador. Presione **ENTER**. Este paso tomará algún tiempo.

**9** Finalmente, para generar un Live CD, abra una consola y escriba **sudo ./gen-livecd**. Presione **ENTER**. Luego escriba las siguientes líneas y presione **ENTER** después de cada una
**./gen-cdsource**
**./stage-cd**
La imagen de CD se creará en **$LIVECDDIR/$NOMBREDISTRO_L-livecd-$LIVECD_VERSION.iso**

## VERSIONES DE GNEWSENSE

Las versiones de gNewSense Linux y sus fechas de publicación son las siguientes: la versión 1.0 Deltad (basada en Ubuntu 6.06) fue publicada en noviembre de 2006, la versión 1.1 fue publicada en enero de 2007, la versión 2.0 Deltah (basada en Ubuntu 8.04) fue publicada en abril de 2008 y la versión 2.1 comenzó a distribuirse en agosto de 2008.

La real modificación y personalización de la distribución se hace mediante la modificación del archivo **config**. Este archivo contiene líneas que son responsables de distintas características de la versión que crearemos, por lo que es importante conocerlas. En la **Tabla 2** se muestran algunas de las secciones más importantes del archivo **config**.

| SECCIÓN | DESCRIPCIÓN |
|---|---|
| DISTRONAME | Aquí debemos escribir el nombre de nuestra distribución. Sólo podemos utilizar letras y números. |
| RELEASE | Aquí escribiremos la versión de nuestra distribución. Sólo podemos utilizar letras minúsculas. |
| LOGOLETTER | Aquí irá la letra que será el logo de nuestra distribución. |
| SIGNINKEY | Aquí debemos escribir el fingerprint GPG que apuntamos en el paso a paso anterior. No debemos escribir ningún espacio. |
| MIRROR | Aquí apuntaremos el servidor de réplica que configuramos en el paso a paso anterior. Si no lo tenemos, podremos utilizar un servidor de réplica de Ubuntu. |
| MIRRORDIST | La distribución en el servidor de réplica por lo general será Dapper. |
| BASEDIR | El directorio donde se pondrán el Live CD, repositorio y archivos temporales. |
| *_VERSION | Los números que se agregan a los paquetes creados. Cuando comencemos, será recomendable establecer este número en 1. |
| META_*_{ADD,REMOVE} | Desde aquí controlaremos qué paquetes deseamos agregar o quitar de ubuntu-meta. |

***Tabla 2.** Secciones más importantes del archivo config con sus respectivas descripciones.*

La utilización del Builder proporcionado por gNewSense nos entrega una fácil opción de personalización con la sola modificación de un fichero de comandos. Por esto se presenta como una de las opciones más adecuadas para dar los primeros pasos en la creación de nuestra distribución personalizada.

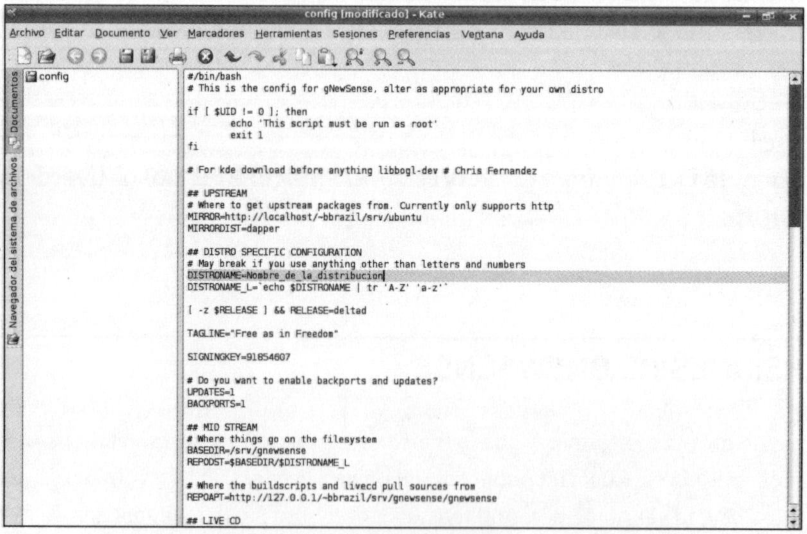


***Figura 3.** Para efectuar los cambios sólo debemos modificar las secciones adecuadas del archivo config.*

# PERSONALIZAR FEDORA CON REVISOR

Fedora es una distribución Linux creada por la empresa Red Hat, que llegó a reemplazar la versión libre del descontinuado Red Hat Linux. Está basada en RPM y aunque es respaldada por Red Hat se mantiene gracias al apoyo de una gran comunidad mundial. A diferencia de otras distribuciones, Fedora no busca incluir sólo paquetes de software libre, sino que también existe en él el espacio para aplicaciones no respaldadas por la Licencia Pública GNU.

Fedora se distribuye de varios modos, entre los que se encuentran un DVD que contiene los paquetes disponibles, Live CD, imágenes que pueden ser utilizadas sin necesidad de instalarse, imágenes de CD o USB para ser instaladas, e imágenes de rescate para recuperar sistemas con problemas.

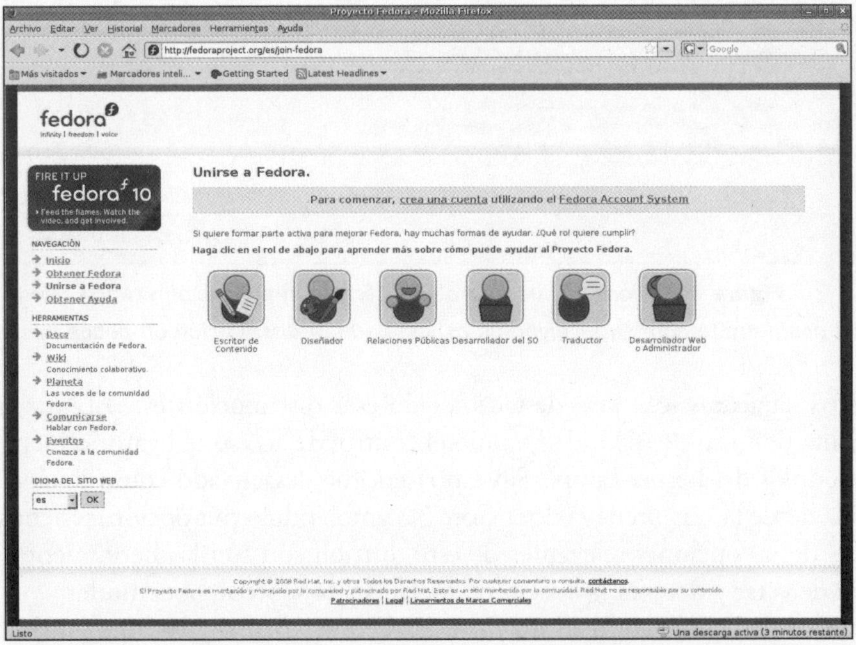


**Figura 4.** *Para participar en el desarrollo de Fedora podemos unirnos a su comunidad si accedemos a la web* ***http://fedoraproject.org/es/join-fedora.***

## PARÁMETROS DE ARRANQUE

Los parámetros de arranque o cheatcodes son comandos que podemos utilizar para afectar el proceso normal de arranque y carga de un sistema Linux. Por ejemplo, podemos deshabilitar la detección de un tipo específico de hardware, ignorar login de entrada o desactivar el sonido, entre otras interesantes funciones.

El administrador de paquetes de Fedora es Yum, una aplicación que funciona mediante comandos de consola. También es posible agregar repositorios extra para acceder a paquetes que no están disponibles en forma predeterminada para el sistema.

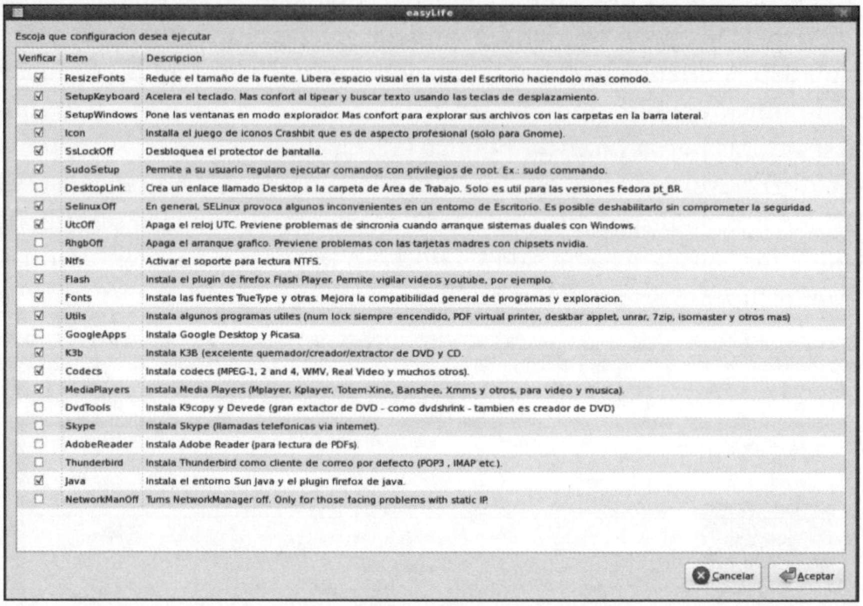


***Figura 5.*** *Fedora 10 incorpora* ***Easy Life****, una aplicación gráfica que nos permite configurar diversos aspectos de la distribución en pocos pasos.*

Una de las características más destacables de esta distribución es SELinux, porque implementa políticas de seguridad, como el control de acceso obligatorio incorporado en los módulos del kernel Linux. Sin embargo, fue desactivado como opción predeterminada desde la versión de Fedora Core 3, cambiándolo por opciones menos estrictas. Otras de las opciones relevantes de esta distribución son las herramientas que le permiten detectar y detener la acción de rootkits y la sobrecarga de buffer.
Las versiones de Fedora son Fedora Core 1 a Fedora Core 6 y Fedora 7 a Fedora 10. Fedora Core 1 "Yarrow" fue la primera versión de Fedora, liberada durante el año 2003 y basada en Red Hat Linux 9 con el kernel Linux 2.4.19.

## COYOTE LINUX

Coyote Linux fue creada para montar un servidor básico. Mediante su instalación y configuración podremos, por ejemplo, compartir Internet desde un servidor principal configurado con Coyote a varios clientes en una red. Su principal ventaja es la versatilidad que presenta y su bajo peso, cabe en un disquete de 1.44 MB.

Fedora Core 2 "Tettnang" se lanzó en el año 2004 e incluyó en kernel Linux 2.6. También incluía SeLinux, que fue desactivado posteriormente. En esta versión de Fedora fue reemplazado el antiguo Xfree86 por X.Org. Fedora Core 3 "Heidelberg" apareció también durante el año 2004 y como novedades incorporó Mozilla Firefox, GRUB y el repositorio Extras.
Fedora Core 4 "Stentz" apareció en el año 2005, con el kernel 2.6.11. Incluyó el tema ClearLock, OpenOffice 2.0 y Xen.
Fedora Core 5 "Bordeaux" fue liberada en 2006 e incluyó Mono.

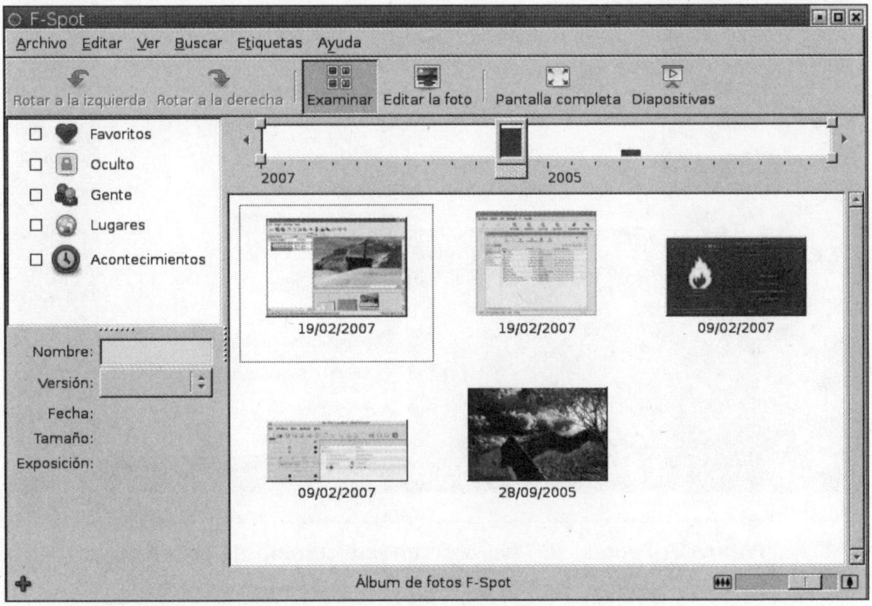


***Figura 6.** Fedora Core 5 incorporó aplicaciones creadas con Mono, como F-Spot y Beagle, entre otras y simplificó su proceso de instalación.*

Fedora Core 6 "Zod" fue liberada en el año 2006 e incluyo Firefox 1.5 y soporte para Compiz y AIXGL.
Fedora 7 apareció durante el año 2007. Como novedad, los repositorios Core y Extras se convirtieron en uno solo.

## PROBLEMAS CON ENTORNOS GRÁFICOS

Slax, en sus diversas ediciones, ha presentado errores al cargar el entorno gráfico para ciertos tipos de hardware. En este caso es necesario arrancar en modo texto y utilizando el editor **Vi**, modificar las preferencias del archivo **xorg.conf**. El editor **Vi** no se incluye en la edición PopCorn de Slax, pero sí en Slax Standar y Slax Kill Bill.

Fedora 8 "Werewolf" fue liberada durante el año 2007 e incluyó como novedades, pulseaudio, system-config-firewall, NetworkManager y IcedTea, entre otros.
Fedora 9 "Sulphur" apareció en el año 2008. Entre sus nuevas características contó con Gnome 2.22 y KDE4, PacakageIt, Firefox 3 y FastX, entre otros.
Fedora 10 "Cambridge" fue liberada en noviembre del 2008.

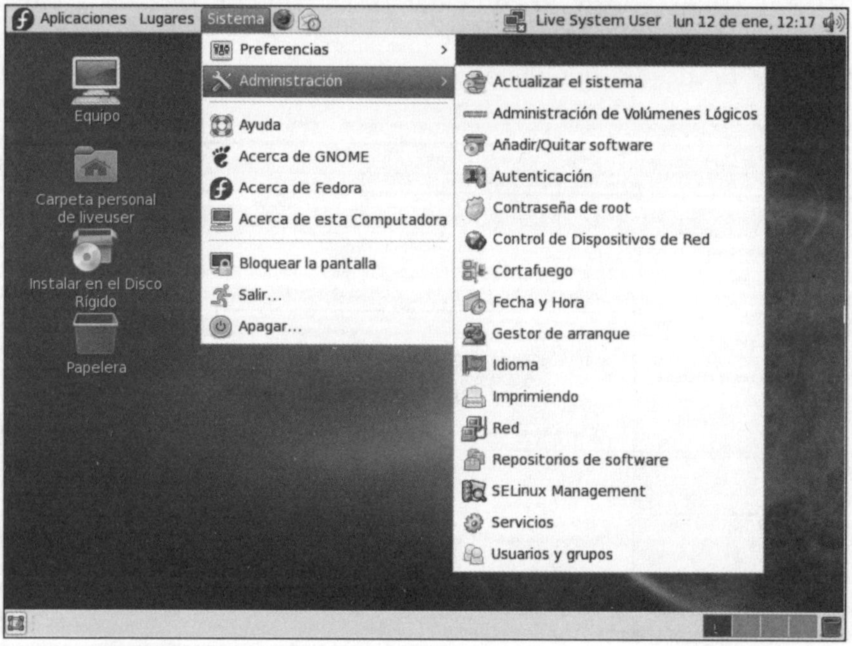


***Figura 7.** Fedora 10 incorporó un nuevo tema de escritorio llamado Solar, el cual le entrega una apariencia agradable.*

Fedora 10 proporciona un arranque mucho más veloz que las anteriores versiones, un nuevo gestor de paquetes, mejor soporte para webcam, soporte para el sistema de ficheros ext4 y NetBeans 6.1, entre otras novedades.
Fedora es una distribución que ha servido como base para la creación de muchas variantes de Linux. En la **Tabla 3** podemos ver un listado de algunas de las distribuciones basadas en Fedora.

## X.ORG

X.Org es una implementación del sistema Xwindow, encargada de manejar la parte gráfica de un sistema Linux. X.Org ha reemplazado al antiguo Xfree86 en la mayoría de las distribuciones actuales, es libre y de código abierto, y proporciona soporte para dispositivos de entrada y salida, tales como el monitor y el teclado, entre otros.

| NOMBRE DE LA DISTRIBUCIÓN | CARACTERÍSTICAS |
|---|---|
| Linux XP | Esta distribución se presenta como una alternativa a Windows XP para usuarios domésticos. |
| Vixta.org | Esta distribución posee una apariencia similar a Windows Vista gracias a la personalización de KDE 4. |
| Yellow Dog Linux | Distribución Linux especialmente creada para PowerPC y consolas Play Station 3. |
| MythDora | Distribución basada en MythTV. |
| Fox Linux | Esta distribución se destaca por estar diseñada sólo para la realización de tareas básicas. |
| ASPLinux | Esta distribución incluye soporte para controladores como NVIDIA y ATI, además de controladores de audio y video propietarios. |
| BLAG Linux | Como novedad incluye el sistema de gestión de paquetes APT, propio de Debian. |
| Aurora SPARC Linux | Distribución diseñada para plataformas SPARC. |

***Tabla 3.** Descripción de algunas de las distribuciones que han sido creadas basándose en Fedora.*

La facilidad con que han aparecido distribuciones basadas en Fedora se debe en gran medida a la posibilidad de utilizar una aplicación llamada Revisor.

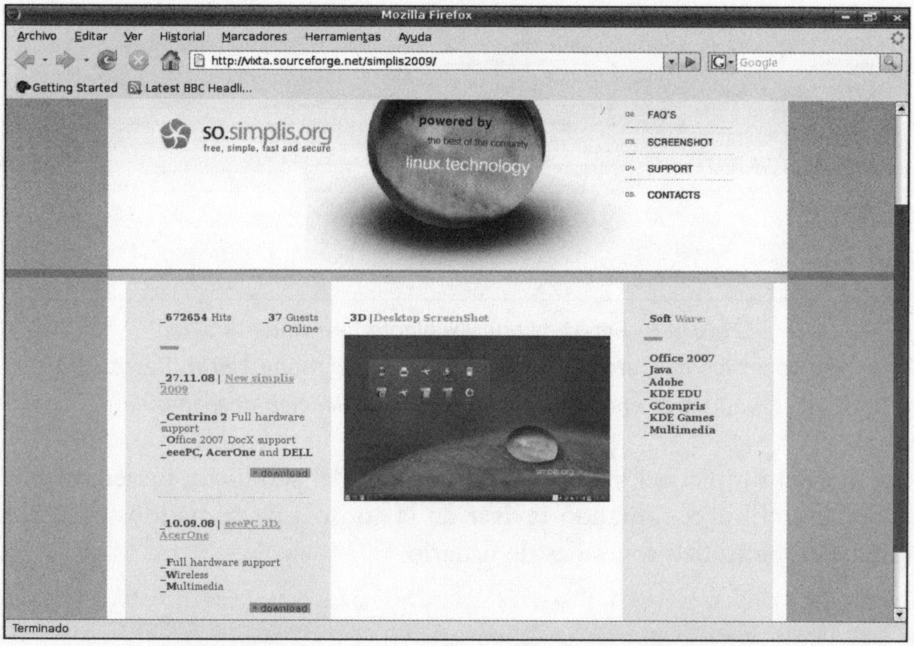


***Figura 8.** Podemos descargar la distribución Vixta.org desde la web **http://vixta.sourceforge.net/simplis2009/**.*

Revisor es un paquete para Fedora que funciona en modo gráfico, y nos ofrece la posibilidad de personalizar los soportes de instalación de la distribución para lograr crear nuestro Linux personalizado. Esta aplicación brinda la posibilidad de descartar e incluir nuevos paquetes de aplicación y definir el aspecto que deseamos para

el escritorio, entre otras opciones para usuarios de nivel avanzado, mediante la modificación de archivos de configuración.
Para instalar Revisor debemos abrir una consola de comandos y escribir **yum install revisor**. Luego presionamos **ENTER** y esperamos mientras el proceso se realiza.
La instalación también puede hacerse con alguna aplicación gráfica que nos permita manipular los paquetes instalados en el sistema.

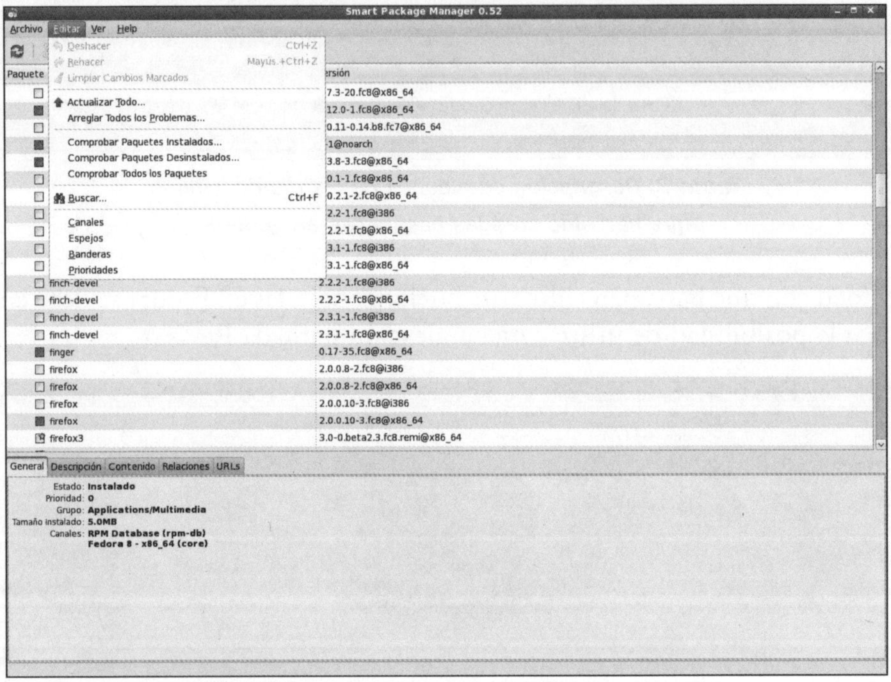

***Figura 9. Smart** es una excelente herramienta para gestionar los paquetes de Fedora. A través del menú **Editar/Buscar...** podremos encontrar fácilmente la aplicación deseada.*

Una vez que se completa el proceso de instalación del producto, podemos iniciar la aplicación al escribir el comando **revisor** en la consola de comandos o al seleccionarlo desde el menú de programas de usuario.

## YUM

YellowDog Update Modified es una aplicación que permite gestionar los paquetes de software en sistemas basados en RPM, como lo son Fedora y OpenSuse. Yum revisa automáticamente las dependencias necesarias para el paquete seleccionado, las ubica, descarga y finalmente instala. Su funcionamiento es parecido al conocido DPKG de Debian.

## ■ Crear distribución utilizando Revisor PASO A PASO

1 Una vez iniciado, podrá acceder a la ventana principal del programa. Presione el botón **Get Started** para comenzar.

2 Seleccione el tipo de soporte y siga las instrucciones detalladas en las próximas pantallas, presionando el botón **Forward** cada vez.

3 En la pantalla **Package Selection** deberá marcar los paquetes que desea incluir o descartar de la distribución que creará. Las pestañas **By Category** y **List** le permitirán navegar por el listado de paquetes disponibles.

▶

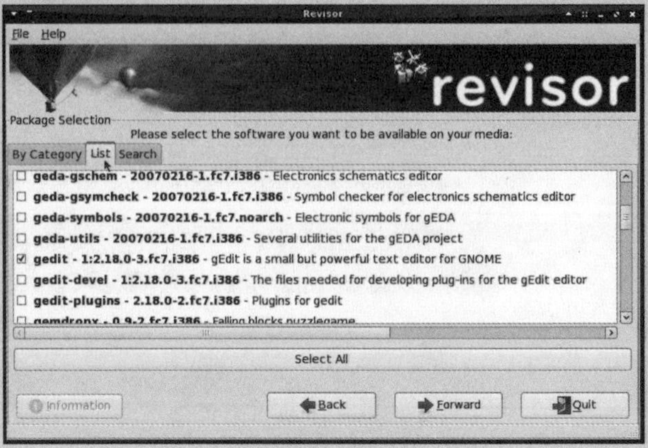


**4** Mediante la pestaña **Search** podrá realizar una búsqueda, filtrando los paquetes por el término deseado. Cuando encuentre las aplicaciones indicadas, seleccione las casillas correspondientes y presione el botón **Forward**.

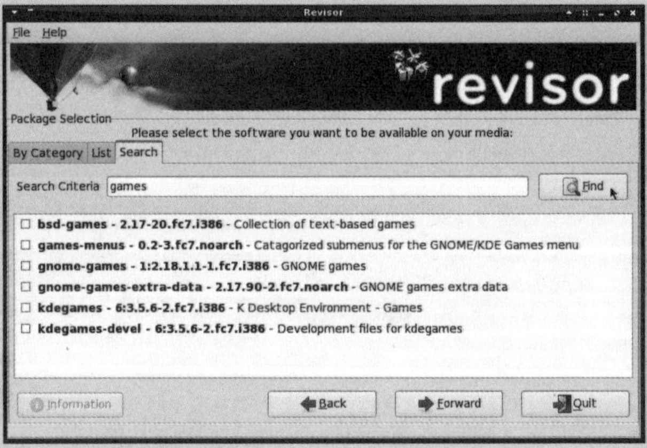


**5** Para finalizar, complete las opciones deseadas en la pantalla **Configure Revisor** y presione el botón **Forward**.

## CREADORES DE REVISOR

Revisor es una aplicación respaldada por The Fedora Unity, la cual funciona como una iniciativa comunitaria que pretende ofrecer aplicaciones y contenidos que mejoren la experiencia de los usuarios al utilizar la distribución Fedora. Además de Revisor, el proyecto cuenta con wikis, sitios web y versiones o Re-spins de Fedora para diversos usuarios.

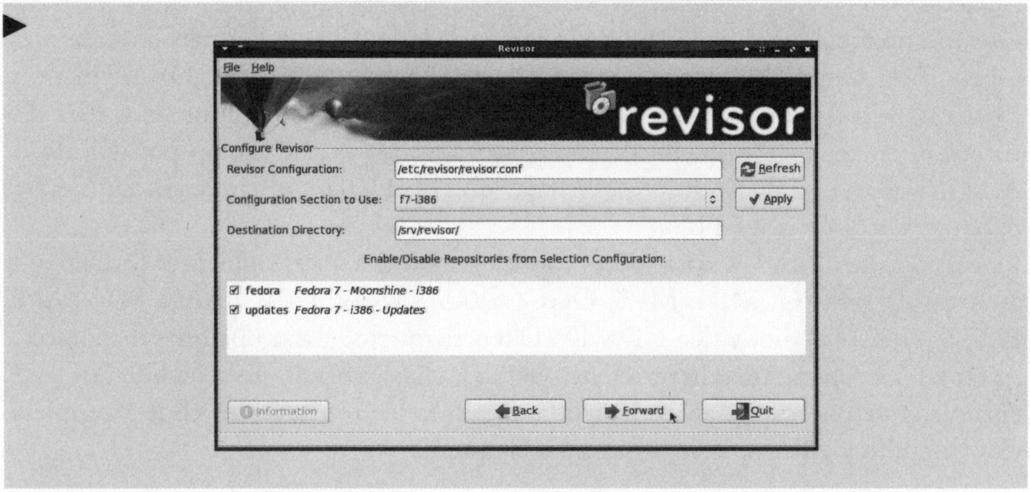


# PERSONALIZAR DREAMLINUX CON MK-DISTRO

DreamLinux es una distribución Linux creada en Brasil. Está basada en Debian Lenny. Como interfaz gráfica podemos seleccionar Gnome o XFCE, lo cual le entrega la posibilidad de funcionar en equipos modernos y en otros con recursos limitados.

***Figura 10.** DreamLinux presenta una apariencia muy similar al sistema operativo MAC OSX, gracias a su barra lanzadora de aplicaciones.*

DreamLinux incluye variadas aplicaciones, entre las que se encuentran Thunderbird, Openoffice, Gimp, Inskape, Gxine, MPlayer, Blender 3D, Kino DV, Avidemux, Evince, Audacy, Orage y GnomeBaker, entre muchas otras herramientas. Esta distribución en su versión 2.2 incorpora como novedad la instalación por defecto de AIXGL y Beryl, destacándose las ventajas que brinda la configuración automática para tarjetas NVidia y ATI.
La versión identificada como 3.0 es capaz de reproducir los siguientes formatos de archivo: AVI, MPG, MP4, MP3, OGG, OGM, MOV, FLAC, AAC, WAV, APE, FLV, SWF, CD audio, video CD y DVD, entre muchas otras opciones disponibles. Además, incorpora una herramienta llamada Easy Install. Esta aplicación es la encargada de proporcionarnos la ayuda necesaria para instalar los códecs propietarios de audio y video que se utilicen en el sistema.

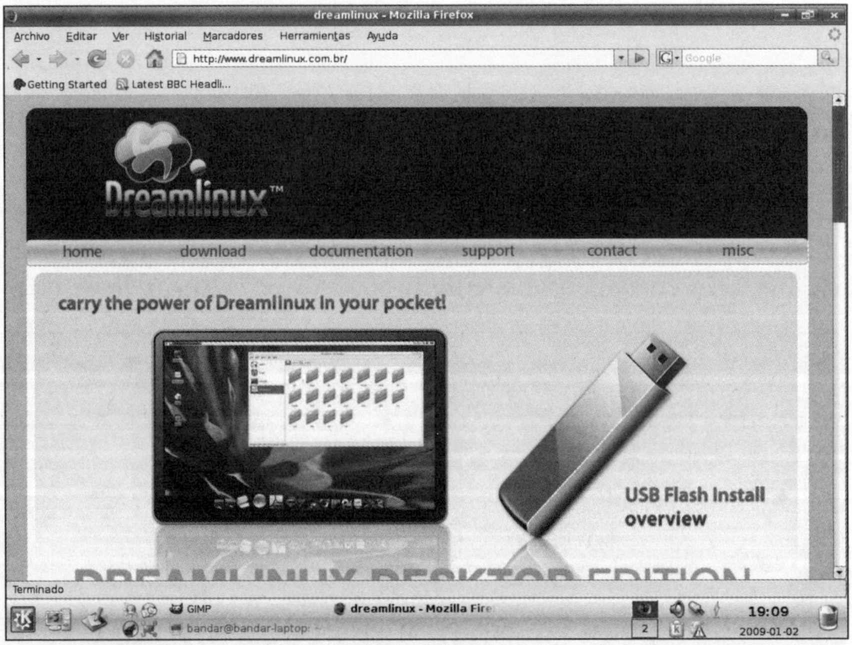


**Figura 11.** ***Podemos descargar una copia de la distribución DreamLinux si visitamos la dirección web www.dreamlinux.com.br.***

DreamLinux es una distribución que cuenta con la ventaja de ser modular y que además nos permite agregar o quitar diversos módulos según nuestros requerimientos. También es importante destacar que incorpora una herramienta llamada MKDistro, la cual fue creada para asistirnos de manera gráfica en la creación de una nueva distribución Linux, basándonos en DreamLinux.
Una vez que hayamos descargado DreamLinux desde la web oficial, grabamos la ISO en su soporte definitivo e iniciamos la computadora con el CD en la unidad correspondiente para iniciar el sistema operativo.

## ■ Crear distribución con MKDistro PASO A PASO

**1** Cuando se presente la pantalla de bienvenida, seleccione el entorno de escritorio que desee. Elija Gnome si posee una máquina con recursos suficientes o XFCE si la computadora tiene recursos limitados. Luego presione **ENTER**.

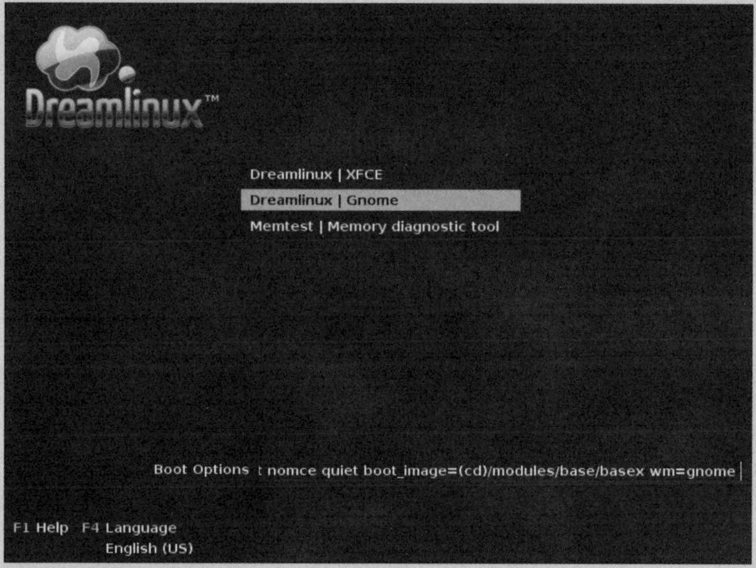


**2** Haga clic en el menú superior **Applications**, luego seleccione **System Tools** y finalmente haga clic sobre **Engage Admin**.

▶

**3** Seleccione las aplicaciones que desee agregar a la barra de programas inferior y agréguelas con un clic en el botón **Add**.

**4** Cuando finalice, presione el botón **OK** y luego haga clic sobre **Close**.

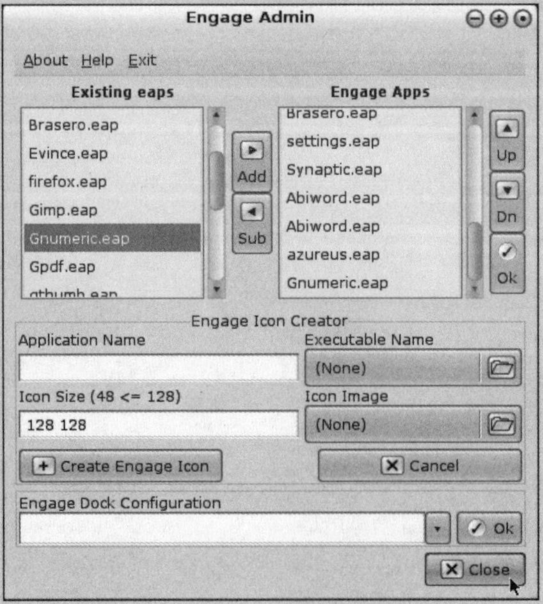

5 Puede personalizar su distribución con el instalador de aplicaciones automático ubicado en **Applications/System Tools/Easy Install**. La opción **Applications/System Tools/DCP-Control Panel** le entregará más opciones para finalizar con la remasterización de DreamLinux.

6 Cuando haya terminado, haga clic en el menú superior **Applications**, luego seleccione **Programming** y finalmente haga clic sobre **MKDistro LiveRemaster**.

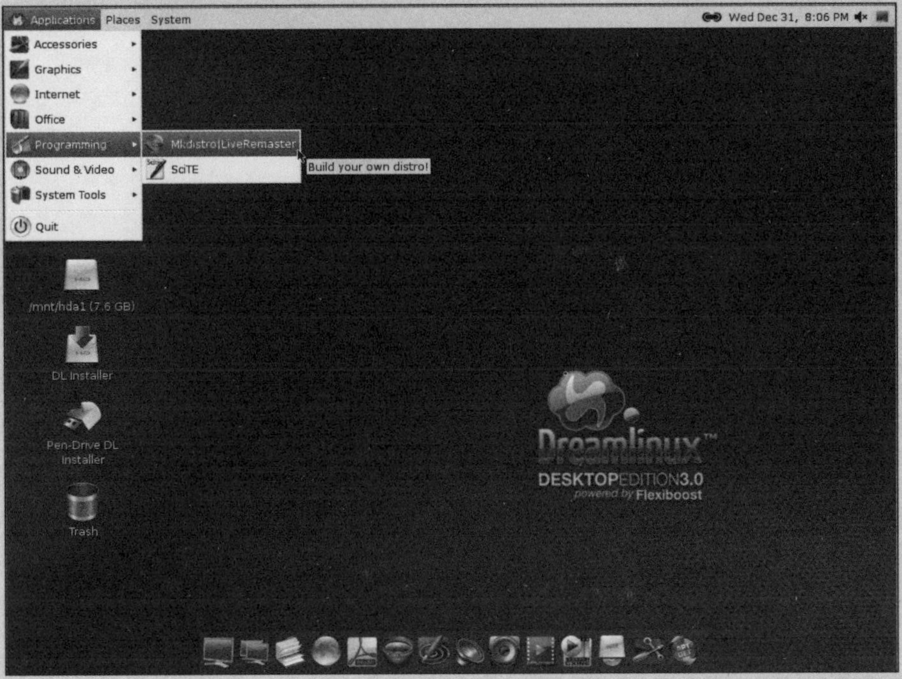


7 En la pantalla inicial de la aplicación deberá seleccionar la partición sobre la cual desea trabajar, luego presione el botón **Select** y finalmente haga clic en **Apply**.

## EFECTOS 3D EN DREAMLINUX

DreamLinux incorpora CompizFusion preinstalado. Esto le entrega una apariencia innovadora gracias a la presentación de efectos 3D. Para activar Compiz debemos acceder al panel de Control y abrir la opción **En/Dis(able)CompizFusion**. Para configurar los efectos en el panel de control abrimos **Compiz Settings**.

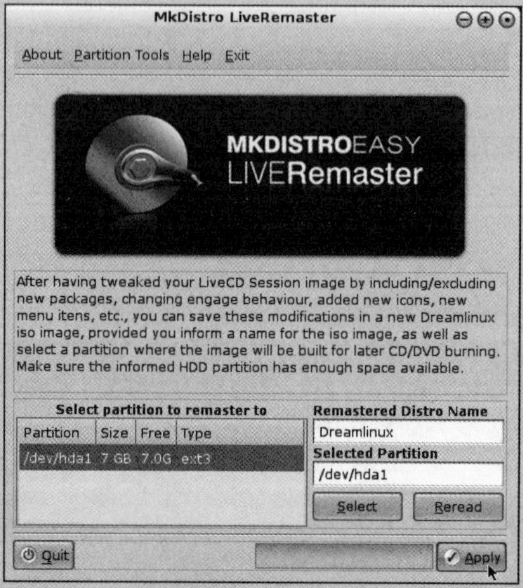


8 Espere mientras la partición seleccionada es preparada para trabajar y se copian los archivos de DreamLinux sobre ella. Este proceso puede tardar algunos minutos. Cuando todos los archivos hayan sido copiados a los directorios correspondientes, cierre la aplicación.

9 Para terminar, abra la partición en la cual trabajó y encontrará una imagen ISO lista para grabar. Utilice el software de grabación que desee.

# PERSONALIZAR DISTRIBUCIONES ANTES DE DESCARGAR IMAGEN

La gran variedad de distribuciones Linux y las opciones disponibles para personalizarlas y adaptarlas a nuestras necesidades son una de las mayores ventajas que ofrece el sistema operativo Linux.

Además de las posibilidades que presenta el Builder de gNewSense, MKDistro de DreamLinux y Revisor de Fedora, existen variadas alternativas que con mayor o menor complejidad nos entregan las herramientas necesarias para obtener nuestra propia versión de Linux.

Slax y Nimblex son dos distribuciones que facilitan la tarea de crear nuestro sistema utilizándolas como base. Nimblex es una distribución Linux que funciona como Live CD. Está basada en Slackware y nos proporciona programas mediante los cuales podremos navegar en Internet, reproducir archivos de audio y video, utilizar aplicaciones ofimáticas y jugar, entre muchas otras tareas. Aunque es un sistema muy completo, también puede ser ejecutado en computadoras de pocos recursos.

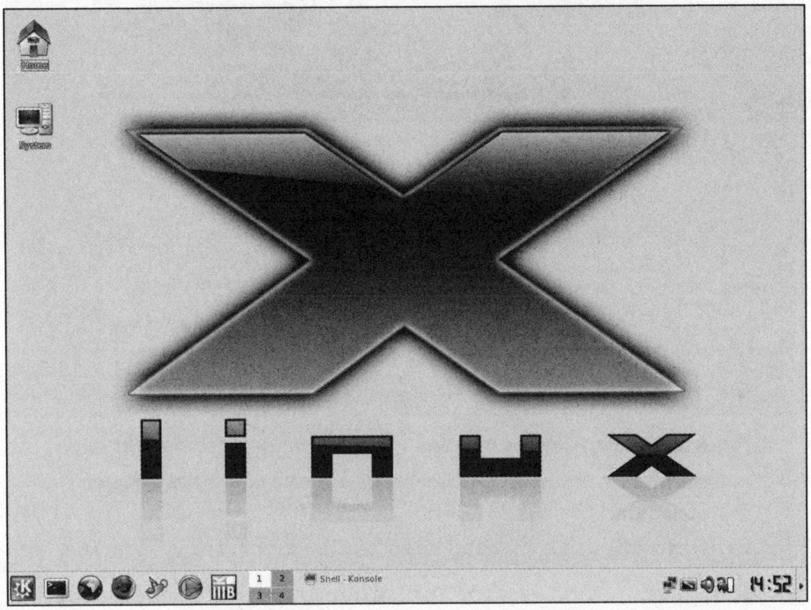


**Figura 12.** *Nimblex posee una agradable interfaz gráfica basada en KDE, aunque también es posible utilizar otros entornos de escritorio.*

Una de las principales características de NimbleX, que la elevan por sobre otras distribuciones Live, es la capacidad de detectar y montar automáticamente todas las particiones que se encuentren en el sistema. Así, es posible acceder a todos los archivos almacenados tanto en particiones Linux como Windows. Gracias a esta característica, NimbleX comúnmente es utilizado como un Live CD de emergencia que permite recuperar archivos desde sistemas operativos inaccesibles.
Para trabajar con NimbleX existen dos opciones que esta distribución pone a nuestra disposición: utilizar Custom NimbleX para personalizar una copia del sistema o descargar la versión por defecto.

## III CARACTERISTICAS DE SLAX LINUX LIVE

Una de las características más importantes de Slax es su novedoso sistema modular, que entrega la posibilidad de modificarlo fácilmente para crear versiones a medida de los usuarios. La web oficial de Slax dispone de herramientas que facilitan la creación de distribuciones personalizadas.

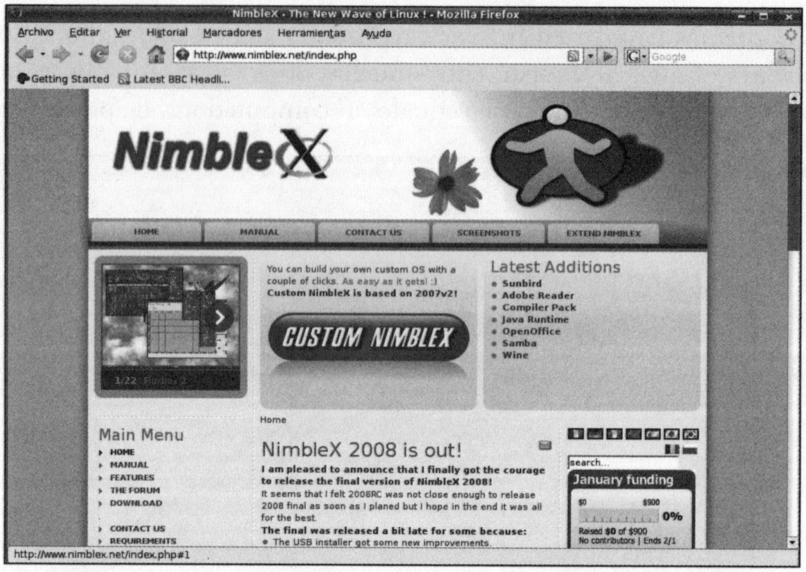


**Figura 13.** *Para descargar las versión por defecto de Nimblex debemos acceder al sitio web* ***www.nimblex.net/index.php.***

Custom Nimblex es una herramienta que nos permitirá generar una ISO con las aplicaciones que necesitemos. Entre los programas que podemos seleccionar se encuentran Blender, Gimp, Firefox, juegos y herramientas de oficina, entre otros. La versión básica tiene un tamaño de aproximadamente 200 MB. Desde ahí podremos agregar paquetes de software hasta el máximo tamaño permitido en un CD.

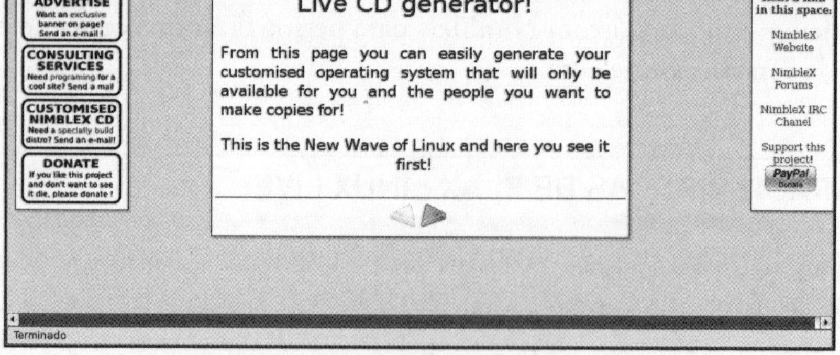


**Figura 14.** *Custom Nimblex funciona en modo on-line. Para utilizarlo debemos acceder a la web* ***http://custom.nimblex.net.***

Custom Nimblex ofrece un proceso sencillo de personalización, sólo debemos seguir las indicaciones que se detallan a continuación, en el siguiente paso a paso.

## ■ Personalizar NimbleX con Custom NimbleX — PASO A PASO

**1** Ingrese en **http://custom.nimblex.net** y haga clic en la flecha > ubicada en el recuadro de bienvenida, para comenzar el proceso de creación de la distribución.

**2** En la pantalla **Select the categories that interest you:** marque las casillas correspondientes a las categorías de programas que desee incluir en su versión de NimbleX: **Office**, **Games**, **Network**, **Graphics**, **Multimedia**, **System**, **Develop**, **Libraries**, **Drivers**. Para continuar con el proceso presione la flecha >.

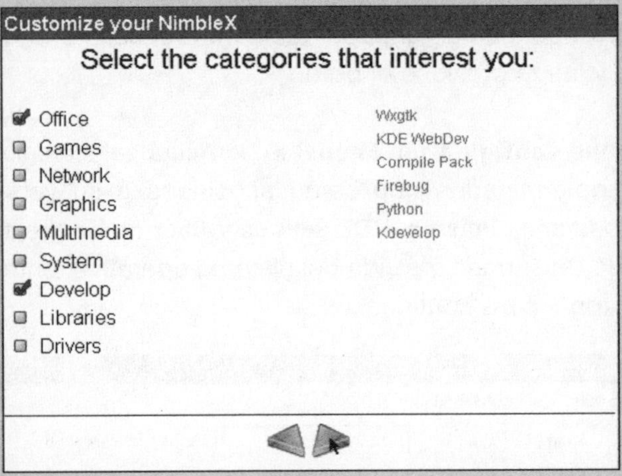


**3** En el siguiente apartado deberá seleccionar las aplicaciones que desee incluir en su ISO personalizada. Los programas se mostrarán de acuerdo con las categorías que marcó en el paso anterior. Para seleccionar un programa sólo deberá marcar la casilla que corresponda. Cuando finalice, presione la flecha >.

▶

## {} APARIENCIA DE GNOME Y KDE

Gnome y KDE son dos opciones que proporcionan herramientas que permiten cambiar su apariencia de una forma muy sencilla, personalizándola para la creación de una nueva versión o distribución de Linux. Los sitios web **www.gnome-look.org** y **www.kde-look.org** ofrecen una importante variedad de temas que nos ayudarán en esta tarea.

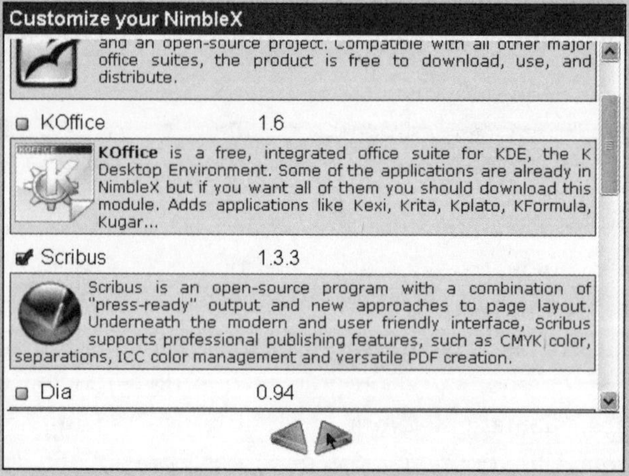


**4** Para continuar deberá elegir el papel tapiz para el escritorio de su distribución personalizada y luego presione el botón >.

**5** La pantalla **Sound Configuration Pannel** le permitirá seleccionar las preferencias y sonidos predeterminados que serán asociados a su versión de NimbleX. Mediante las pestañas **Volume**, **KDE Sounds** y **Boot audio greeting** podrá seleccionar el sonido de entrada y salida del sistema operativo, entre otras opciones. Presione el botón > para continuar.

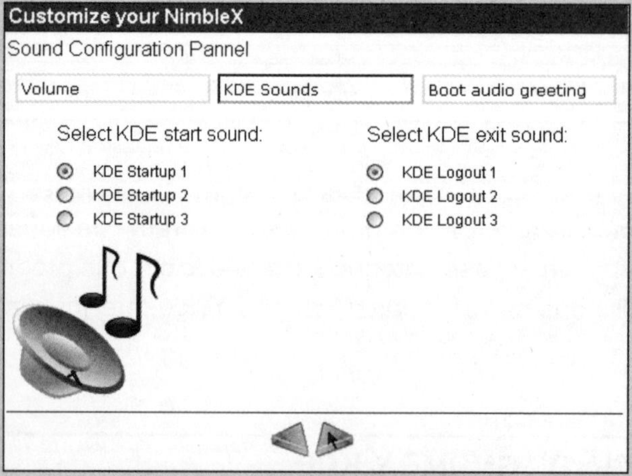


**6** En la siguiente pantalla podrá configurar la contraseña para el usuario con privilegios de administrador o root. Podrá crear un nuevo usuario especificando un nombre y una contraseña. Presione el botón > para continuar.

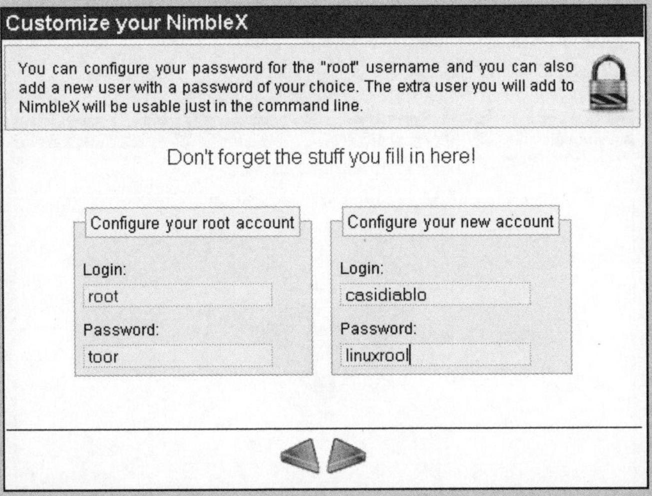


**7** Seleccione el idioma que desee para el entorno de escritorio KDE desde el menú desplegable. El idioma por defecto es inglés. Presione el botón > para continuar.

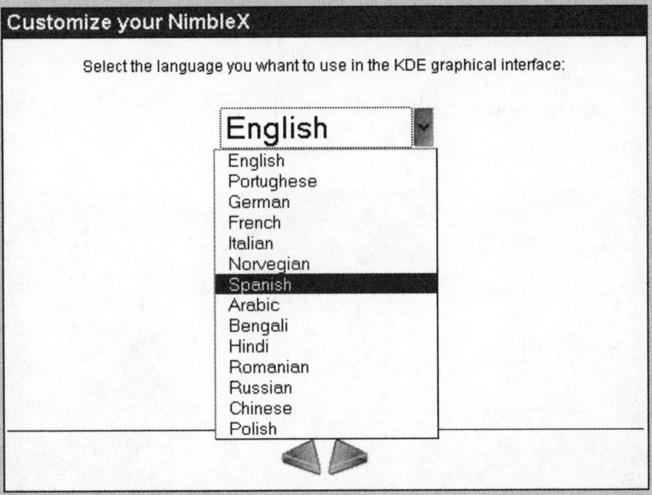


## III PARÁMETRO DE ARRANQUE EN SLAX

Slax soporta parámetros de inicio que pueden ser utilizados en otras distribuciones, pero también incorpora algunos propios. El parámetro **nohd** se emplea para no montar los discos duros. Otros, como **toram** o **copy2ram**, sirven para copiar la distribución a la memoria RAM, acelerando, así,el desempeño de Slax.

8 Cuando la imagen ISO esté generada, podrá acceder a su descarga con un clic en el botón correspondiente.

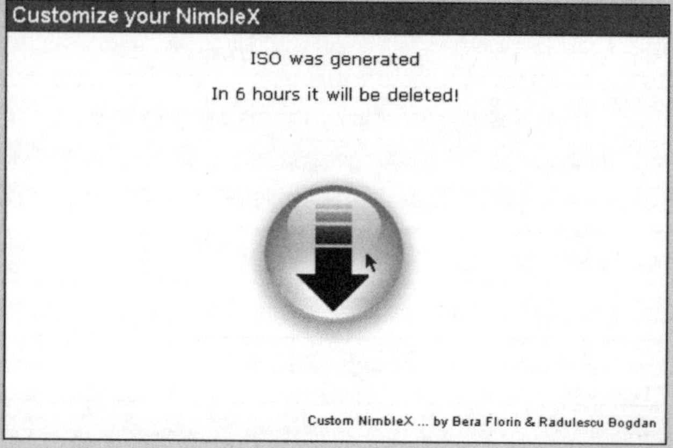


9 La imagen ISO creada permanecerá disponible para descargar por seis horas aproximadamente. Después de ese tiempo será definitivamente eliminada.

Slax es una distribución que está basada en Slaxware que, al igual que NimbleX, es una alternativa que funciona como Live CD.

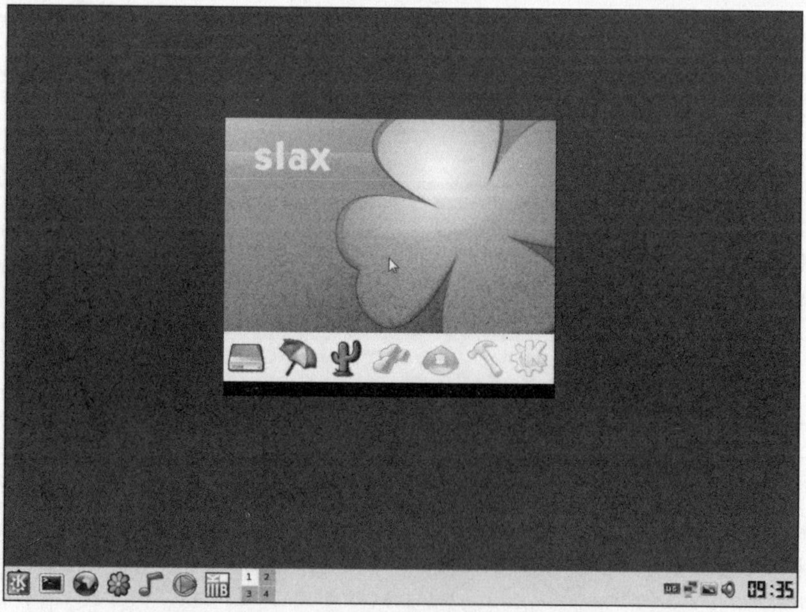


***Figura 15.** Slax utiliza el entorno de escritorio KDE como predeterminado en su edición estándar y Kill Bill.*

Además de la posibilidad de utilizar Slax iniciando la computadora con el CD en la unidad correspondiente, esta distribución funciona en equipos que no disponen de disco duro, y también incorpora una función para arrancar el sistema operativo desde la memoria RAM, así la unidad de CD/DVD queda libre para tareas de grabación y lectura de medios.
Slax se caracteriza por ser una distribución estable, rápida y modular. Su tamaño es de aproximadamente 190 MB, pero incluye muchas aplicaciones preinstaladas, entre las que se encuentran el núcleo de Linux 2.6.24, X.org 6.8.1, UnionFS y SquashFS, KDE 3.5.3, Koffice 1.5.0, MPlayer 1.0pre6a con KPlayer, Rdesktop, Hotplug, Cdrtools, Mutt y wget, entre muchos otros.

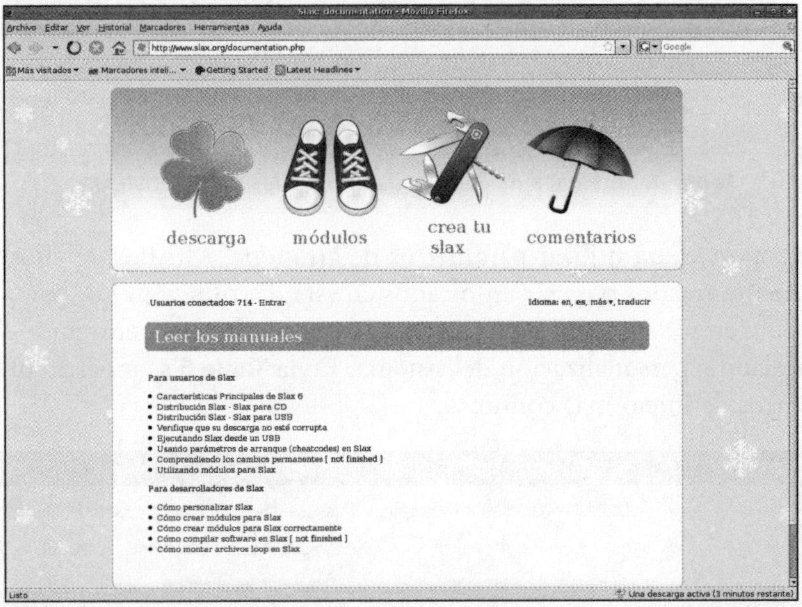


***Figura 16.*** *En la web **www.slax.org/documentation.php?lang=es** está disponible la documentación de Slax, tanto para usuarios como para desarrolladores.*

Slax se distribuye en varias versiones que están orientadas a distintos tipos de usuarios y también a propósitos específicos.

## SLAX COMO SISTEMA MULTILENGUAJE

Slax es un sistema multilenguaje. Hasta ahora tiene soporte para 28 idiomas diferentes: catalán, croata, danés, holandés, estoniano, francés, gallego, alemán, griego, hebreo, húngaro, inglés, noruego, noruego del Oeste, polaco, portugués, rumano, ruso, eslovaco, esloveno, español, sueco y turco, entre otros.

En la **Tabla 4** se muestran las versiones de Slax junto con sus principales características.

| VERSIÓN DE SLAX | CARACTERÍSTICAS PRINCIPALES DE LA VERSIÓN |
|---|---|
| Slax Standard Edition | Esta versión de Slax es muy rápida y fácil de utilizar. Emplea el entorno de escritorio KDE. Entre el software que incorpora se encuentran Konkeror, Juk, Kplayer, Copete y KOffice. |
| Slax Kill Bill Edition | Es similar a la versión Standard de Slax, pero además incorpora como novedad aplicaciones para emular otros sistemas operativos como QEmu, Dosbox y Wine, instaladas por defecto. |
| Slax Popcorn Edition | También esta versión es muy similar a las anteriores. La característica que la diferencia es la sustitución de KDE por el entorno de escritorio XFCE. |
| Slax Frodo Edition | Esta versión fue creada pensando en la recuperación de sistemas inaccesibles. Es una llamada "distribución de rescate". No posee entorno gráfico, por lo que funciona en modo texto o de consola. |
| Slax Server Edition | La versión de Slax orientada a servidor aún está en desarrollo. Incorpora paquetes para servidores como DNS, DHCP,SMB, HTTP, FTP, MySQL, SMTP, POP3, IMAP y SSH. |
| Slax Professional Edition | Esta versión de Slax aún está en desarrollo. Incorpora todas las características de las demás versiones. Contendrá también gcc, make y los archivos fuentes del kernel. |

***Tabla 4.** Versiones de Slax y sus principales características.*

Slax tiene soporte para utilizar parámetros de arranque. Muchos de ellos han sido específicamente creados para ser empleados en esta distribución. Los parámetros de arranque pueden ser muy útiles y es necesario conocerlos para enfrentar el proceso de modificación y personalización del sistema. En la **Tabla 5** se muestra una lista de los parámetros de inicio más comunes.

| PARÁMETRO DE INICIO | DESCRIPCIÓN Y CARACTERÍSTICAS |
|---|---|
| acpi=off<br>nohotplug<br>nopcmcia<br>noagp | Con estos parámetros de arranque podemos deshabilitar la detección del hardware que deseemos, por ejemplo, las tarjetas PCMCIA y AGP, entre otras. Es muy útil en caso de que un dispositivo ocasione fallas o cuelgues en el sistema. Con la utilización de este parámetro el hardware especificado no será detectado en absoluto. |
| nodma | Este parámetro deshabilitará el DMA para todas las unidades de CD y discos presentes en la computadora. |
| Noauto | Si utilizamos este parámetro de arranque deberemos montar los discos manualmente cuando deseemos utilizarlos. |

## SLAX BOOT CD

La versión Slax Boot CD de esta distribución Linux nos permite arrancar el sistema operativo desde una unidad USB en computadoras que lo permitan. También contempla la posibilidad de arrancar desde una imagen de CD alojada en el disco duro. Su peso es de aproximadamente 5 MB. Fue lanzada el 9 de octubre del año 2006 y sólo funciona en modo texto.

| PARÁMETRO DE INICIO | DESCRIPCIÓN Y CARACTERÍSTICAS |
|---|---|
| Nohd | Este parámetro impide la detección de los discos duros presentes en la computadora. |
| Nocd | Igual que el anterior, pero impide la detección y uso de las unidades de CD con que cuente la computadora. |
| Nosound | Silencia el sistema operativo. |
| from=/dev/hda1/Slax.iso<br>from=path/to/Slax.iso<br>from=/dev/hda1<br>from=path/to/Slax/<br>passwd=nuevacontraseña | Mediante este parámetro existe la posibilidad de cargar los datos de Slax desde un lugar diferente del dispositivo de arranque, ya sea CD o USB. Por ejemplo, podremos arrancar desde una imagendel disco duro. |
| passwd=ask<br>changes=/dev/device<br>changes=/dev/device/file.dat<br>changes=/path/<br>changes=/path/file.dat | Establece la contraseña de administrador o pide al usuario que ingrese una nueva clave. |
| changes=/dev/device/path/ | Posibilita que los cambios que realicemos en Slax sean almacenados en un dispositivo especificado por nosotros, por lo cual cada modificación que hagamos en la distribución no será eliminada cuando reiniciemos la computadora. |
| toram<br>copy2ram | Estos parámetros copiarán a la memoria RAM todos los archivos de la distribución. Esto hará que el proceso de carga se haga más lento, pero la ejecución de Slax se hará de una forma mucho más veloz. |
| Load=module<br>noload=module | Este parámetro carga módulos opcionales desde el directorio /optional/. |
| noload=module[1];module[n] | Este parámetro nos permite deshabilitar la carga de los módulos que no deseamos utilizar. |

***Tabla 5.*** *Parámetros que pueden ser utilizados al inicio de Slax con su correspondiente descripción y características.*

Para ejecutar los parámetros de arranque en Slax debemos iniciar la computadora con el CD de la distribución en la unidad correspondiente y luego esperar hasta que debamos seleccionar la entrada del menú de arranque. Marcamos la entrada del menú que vayamos a utilizar, presionamos la tecla **TAB**, navegamos hasta el final del archivo de comandos, escribimos las líneas que correspondan a los parámetros de arranque que deseemos cargar y luego continuamos con el proceso de arranque.
Slax nos entrega diversas herramientas que hacen posible su personalización. El directorio **/slax/rootcopy/** es copiado por completo al directorio raíz cada vez que el sistema es iniciado. Esta característica es útil si queremos, por ejemplo, utilizar nuestro propio fondo de pantalla, ya que sólo deberemos reemplazar el de Slax en esta ubicación.
Si estamos trabajando con la versión de Slax para USB, sólo debemos realizar las modificaciones correspondientes. Si trabajamos con la versión para CD, primero debemos llevar a cabo una copia del contenido, realizar las modificaciones y finalmente escribir una nueva imagen ISO.

## ■ Modificar imagen ISO de Slax — PASO A PASO

**1** Primero deberá crear una carpeta de trabajo y copiar en ella todo el contenido del CD de Slax. Espere mientras la operación se realiza. Cuando la operación de copia haya terminado puede proceder a realizar los cambios que considere necesarios: agregue o quite módulos, archivos o directorios.

**2** Cuando las modificaciones estén realizadas deberá crear nuevamente la imagen ISO. Para esto abra una consola de comandos y escriba lo siguiente:
**cd /ruta_del_directorio_de_trabajo/**
**./make_iso.sh /tmp/mi_version_slax.iso**
Presione **ENTER** después de cada línea. Debe poner atención en reemplazar la ruta del directorio y el nombre de la imagen ISO por los datos adecuados.

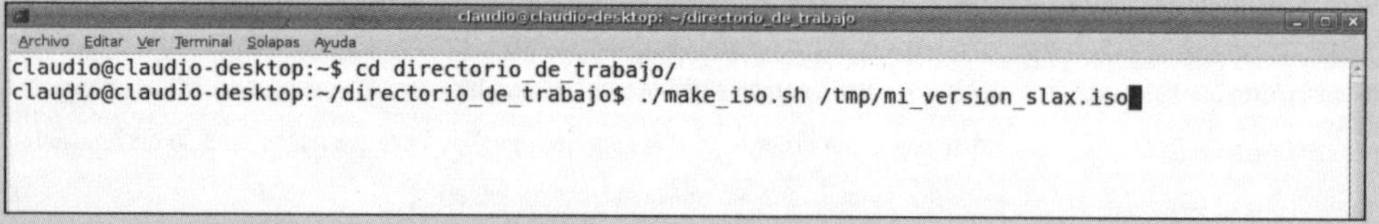


**3** Si está trabajando en un sistema operativo Microsoft Windows, abra una consola de comandos y escriba lo siguiente:
**cd c:\directorio_de_trabajo**
**make_iso.bat c:\new-slax.iso**
Presione **ENTER** después de cada línea.

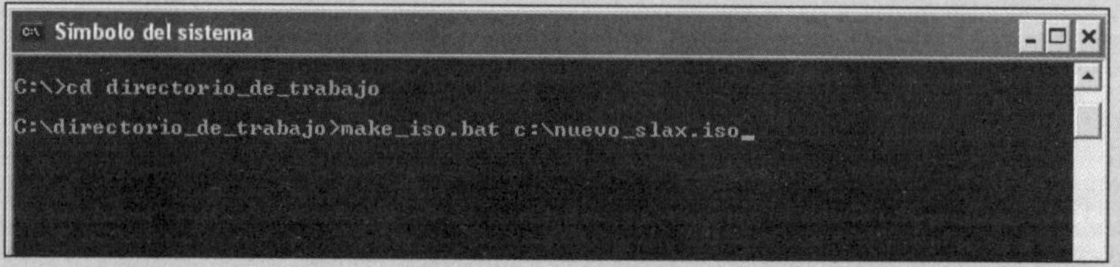


**4** Después de estos pasos, la nueva imagen ISO autoarrancable será creada con las modificaciones que usted realizó.

La creación de módulos para Slax puede ser una forma de personalizar aún más nuestra versión de esta distribución.
Para crear un nuevo módulo debemos descargar Linux-live scripts desde la web **www.linux-live.org**. Abrimos una consola de comandos, nos situamos en la carpeta donde la aplicación fue descargada y ejecutamos el siguiente comando como administrador: **./install**.

Ubicamos el paquete de software TGZ de Slackware que vayamos a convertir en módulo de Slax y escribimos lo siguiente en una consola: **tgz2lzm nombre_del_paquete.tgz nombre_del_paquete.lzm**. Luego, presionamos **ENTER**. Para modificar el paquete antes de convertirlo en u módulo, escribimos en una consola **installpkg -root / ruta_donde_se_instalará nombre_del_paquete.tgz**. Aquí hacemos las modificaciones adecuadas y después convertimos en un módulo con el siguiente comando: **dir2lzm /ruta_del_directorio nombre_del_paquete.lzm**.

Si no queremos crear nuestros módulos, también es posible obtener módulos listos para instalar en nuestra versión personalizada de Slax. La web **www.slax.org/modules.php** nos entrega una selección de diversos módulos para Slax ordenados por categorías para una fácil localización del indicado.

Entre las categorías de módulos que podemos encontrar en esta web están: diseño, gráficos, educativos, juegos, editores, multimedia, red, seguridad, sistema, desarrollo, controladores, idioma, consola, biblioteca y utilidades.

Si queremos modificar un módulo de Slax que ya ha sido creado debemos ejecutar una consola de comandos y extraer el contenido del módulo a un directorio que nosotros especifiquemos, escribiendo los siguientes comandos:

```
mkdir /tmp/directorio
lzm2dir nombre_del_modulo.lzm /tmp/directorio
```

Presionamos **ENTER** después de cada línea. Cuando la operación de extracción finalice, realizamos las modificaciones y volvemos a crear el módulo con el comando **dir2lzm /tmp/directorio nombre_del_modulo.lzm**. Para montar el contenido de un módulo sin extraerlo a un directorio escribimos en una consola de comandos:

```
mkdir /mnt/directorio
mount -t squashfs -o loop /path/nombre_del_modulo.lzm /mnt/directorio
```

Presionamos **ENTER** después de cada línea.

Cuando hayamos seleccionado o modificado los módulos que queramos incluir en nuestra versión de Slax sólo debemos copiarlos al directorio **/module**.

## RESUMEN

**En este capítulo recorrimos opciones de modificación y personalización de algunas de las distribuciones Linux como gNewSense, Fedora, DreamLInux, Slax y NImblex. Conocimos las principales características de gNewSEnse y aprendimos a utilizar su Builder para crear nuestra propia versión modificada de Ubuntu. Caracterizamos a Fedora como una distribución fácil de utilizar y aprendimos a modificarla gracias al paquete Revisor. Describimos DreamLInux y seguimos los pasos necesarios para personalizarlo con MK-Distro, una herramienta creada especialmente para esta distribución. Revisamos las acciones para modificar las distribuciones Live Nimblex y Slax, para crear una versión adaptada a nuestras necesidades.**

## ACTIVIDADES

### TEST DE AUTOEVALUACIÓN

**1** ¿Qué es el Buider de gNewSense?

**2** ¿Qué opción nos ofrece Fedora para personalizarla?

**3** ¿Mediante qué herramienta podemos personalizar Dreamlinux?

**4** ¿Qué son los parámetros de inicio?

**5** Nombre algunos parámetros de inicio que se pueden utilizar en Slax.

**6** Describa algunas de las distribuciones que se han basado en Fedora.

**7** ¿Cuáles son las principales características de Dreamlinux?

**8** ¿Qué nivel de personalización ofrecen Revisor y MK-Distro?

**9** Describa qué es un módulo de Slax.

**10** ¿En qué versiones se distribuye Slax?

### EJERCICIOS PRÁCTICOS

**1** Descargue alguno de los módulos que se encuentran en el sitio oficial de Slax y siga los pasos necesarios para modificarlo.

**2** Cree una versión de Dreamlinux personalizada con MK-Distro.

**3** Personalice un CD de Fedora con la aplicación Revisor.

**4** Modifique un archivo de imagen de Slax.

**5** Cree una versión de Ubuntu con el Builder de gNewSense.

Capítulo 3

# Crear distribución basada en Debian

En este capítulo conoceremos y caracterizaremos a Debian como una de las distribuciones presentes en el mundo Linux. Gracias a las herramientas Live-helper y Live-magic aprenderemos la forma de utilizarla como base para crear un Live-CD personalizado y adaptado a nuestras necesidades. Además, analizaremos la importancia de realizar una adecuada selección de paquetes para entregar la orientación apropiada a nuestra distribución.

# DEBIAN GNU/LINUX

**Debian** es una de las distribuciones Linux disponibles para los usuarios. El proyecto Debian fue concebido por **Ian Murdock** en el año 1993 y nació con el deseo de crear una distribución libre que se apegara a los ideales de Linux y el proyecto **GNU**. En un comienzo, quienes respaldaban a Debian se reducían a un pequeño grupo de hackers, pero con el tiempo la comunidad se convirtió en una de las más grandes y mejor organizadas con que puede contar una **distribución**.

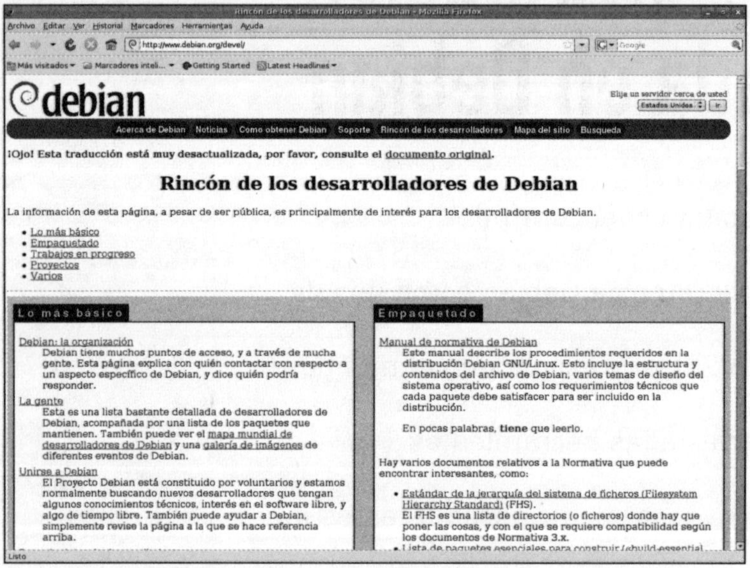


***Figura 1.** Podemos revisar el rincón de los desarrolladores de Debian si accedemos a la dirección **www.debian.org/devel/**.*

El continuo y sostenido avance en el desarrollo de Debian es posible gracias a cerca de un millón de desarrolladores voluntarios alrededor del mundo, que se comunican a través de listas de correo en **lists.debian.org** y también IRC en el canal **#debian** en **irc.debian.org**.

**Debian GNU/Linux** trabaja con el núcleo Linux creado por **Linus Torvalds** y es mantenido por muchos desarrolladores a través del mundo, al igual que otras distribuciones Linux. Actualmente, se encuentra en desarrollo **Debian GNU/Hard**. Esta iniciativa pretende ofrecer Debian con el núcleo **Hard**, kernel o corazón del sistema desarrollado y soportado por el **Proyecto GNU**.

Debian entrega, junto con el **kernel** o núcleo del sistema, aplicaciones de oficina, juegos, herramientas para desarrollo, programas para mantenimiento del sistema y opciones multimedia, entre otros. En total, más de 18.700 paquetes de software precompilado y empaquetado para una fácil instalación, son accesibles de forma completamente gratuita en un sistema Debian.

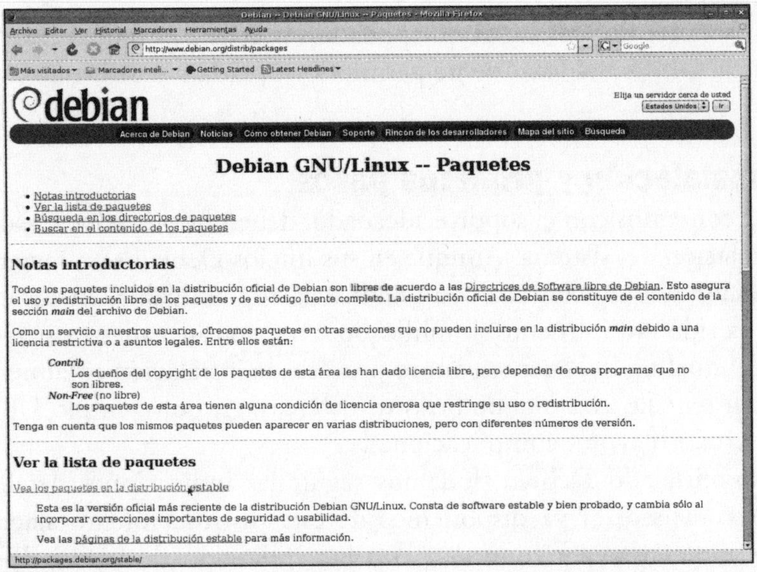


***Figura 2.** En total, 18.733 paquetes son ofrecidos en la última versión estable de Debian. Podemos consultar una lista detallada de las aplicaciones si accedemos a la web **www.debian.org/distrib/packages**.*

La filosofía de Debian apunta a la utilización de paquetes de software libre y las aplicaciones que se distribuyen con este sistema son consistentes con esta visión. A pesar de esto, Debian está consciente de que muchas personas precisan tener software no libre instalado en su computadora y es por esto que varios de los paquetes que se incluyen han sido desarrollados con el propósito de facilitar la instalación de aplicaciones que no son libres en un sistema Debian GNU/Linux.

La obtención de Debian puede hacerse de muchas formas: si tenemos acceso a una conexión de Internet que cuente con una velocidad razonable, sin duda la forma más fácil es descargar la imagen de CD o DVD correspondiente, accediendo a la web **www.debian.org/distrib**. También existe la posibilidad de comprar una copia de Debian a un distribuidor autorizado pagando un costo mínimo que corresponde al soporte y a otros procesos implicados. Otras opciones son la instalación a través de Internet con un CD que podemos descargar desde **www.debian.org**, o realizar una

## III INSTALACIÓN DE DEBIAN GNU/LINUX

La instalación de Debían no es una tarea complicada, pero aun así podemos necesitar soporte en algunas situaciones. Podremos obtener la ayuda de dos formas: al consultar la documentación que se encuentra en la página **www.debian.org/doc** y al acceder a las páginas de soporte en **www.debian.org/support**.

copia de un soporte de Debian al que podamos acceder, ya que al estar respaldada por la Licencia GNU está legalmente permitido copiarla y redistribuirla.

## Debian, instalación y primeros pasos

Una vez que contemos con el soporte adecuado, debemos proceder a realizar el proceso de instalación del sistema. Aunque en sus inicios Debian se caracterizó por ser una distribución que no contaba con una instalación amigable, en sus últimas versiones esto ha sido radicalmente simplificado, acercándose cada vez más a los usuarios finales. Actualmente, cuenta con un proceso de instalación totalmente gráfico, que no es tan sencillo como el de otras distribuciones, por ejemplo Ubuntu, pero aun así, no ofrece mayores complicaciones.

Si no hemos instalado Debian podemos seguir las indicaciones detalladas en el siguiente paso a paso. Si ya disponemos de esta distribución instalada podemos omitir estas indicaciones y continuar con la explicación de **Live-helper**, en este mismo capítulo, para crear nuestra distribución Live basada en Debian.

### ■ Proceso de instalación de Debian — PASO A PASO

**1** Inicie la computadora con el CD o DVD de Debian en la unidad que corresponda para arrancar desde él. Cuando la pantalla de inicio se presente, deberá presionar la tecla **ENTER**, para comenzar el proceso de instalación. Para realizar la instalación en modo gráfico deberá escribir **installgui** y luego presionar **ENTER**.

▶

**2** Cuando el instalador termine de cargarse, deberá seleccionar el idioma adecuado, el país o región en el que se encuentra y la distribución de su teclado. Para continuar, presione el botón **Continuar** después de cada pantalla.

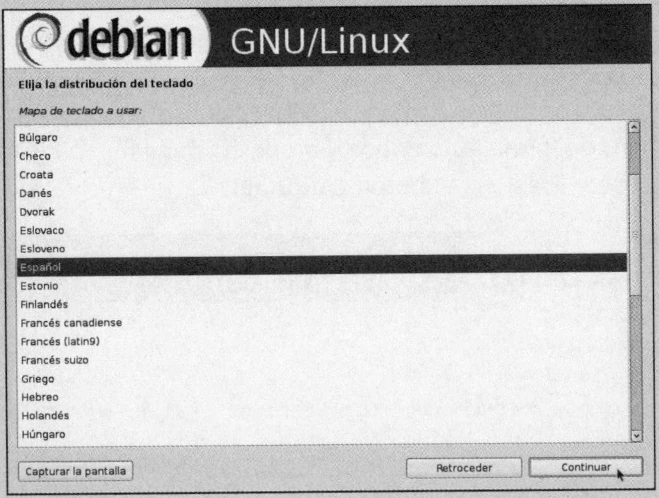


**3** Espere mientras se detecta y monta la unidad de CD, se cargan los componentes del instalador y se configura la red. Estos procesos pueden llevar algún tiempo.

**4** Para finalizar la configuración de la red deberá introducir un nombre para que su computadora sea ubicada en la red y luego el nombre del dominio correspondiente. Es posible que deba consultar al administrador de su red para averiguar los datos adecuados. Presione el botón **Continuar**.

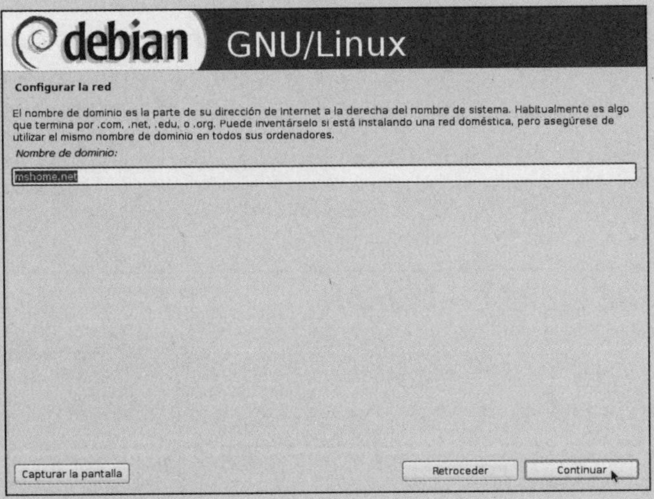

**5** En la pantalla siguiente deberá seleccionar la zona horaria que pertenece a su país o región para proceder con la correcta configuración del reloj del sistema. Después presione el botón **Continuar**.

**6** A continuación, el instalador le proveerá las herramientas necesarias para particionar su disco duro y así poder preparar un espacio para que la instalación de Debian se realice. La opción **Guiado – Utilizar todo el disco**, realizará el proceso de particionado de forma automática. La opción **Manual** le permitirá definir cada paso del proceso. Presione el botón **Continuar**.

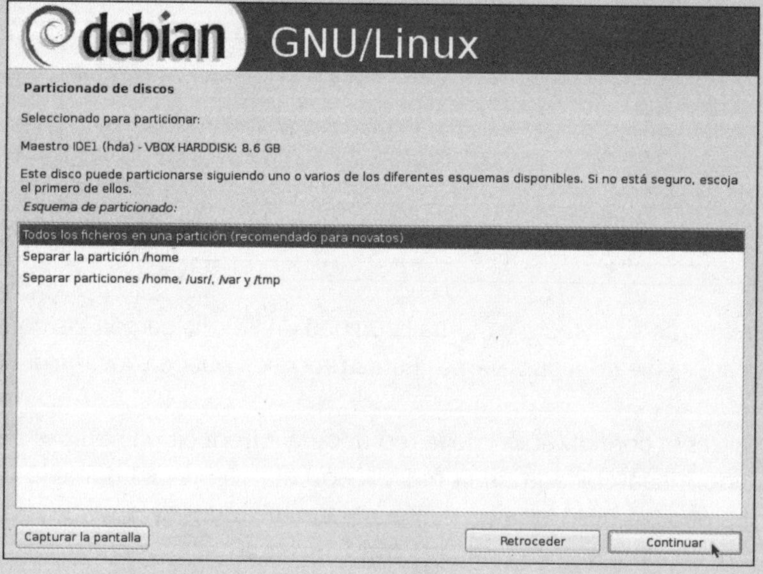


**7** Revise cuidadosamente las opciones presentadas, seleccione **Finalizar el particionado y escribir los cambios en el disco** y presione el botón **Continuar**. En el apartado **¿Desea escribir los cambios en el disco?** Marque la opción **Si** y presione el botón **Continuar**.

## SOFTWARE LIBRE EN DEBIAN

Entre las personas que desarrollan **aplicaciones** y luego dejan que sean distribuidas y modificadas libremente, se encuentran algunas que lo hacen como una forma de evitar los altos precios del software propietario, y otras que lo hacen como una manera de agradecer el software libre que han recibido de la **comunidad**.

**8** Espere mientras la instalación del sistema base se realiza, luego ingrese una contraseña para el usuario root y especifique un nombre y contraseña para que un nuevo usuario sea creado. Presione **Continuar** después de cada pantalla.

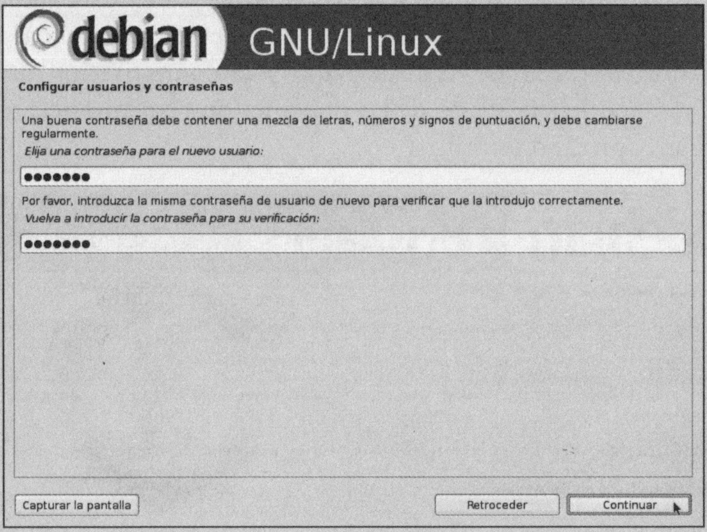


**9** En la pantalla siguiente se analizará su soporte de instalación para agregarlo a la lista de repositorios.También podrá agregar los CDs o DVDs que contengan paquetes adicionales para ser instalados en Debian. Presione el botón **Continuar**. Luego podrá seleccionar la utilización de una réplica de red e indicar si desea participar en la encuesta sobre el uso de los paquetes.

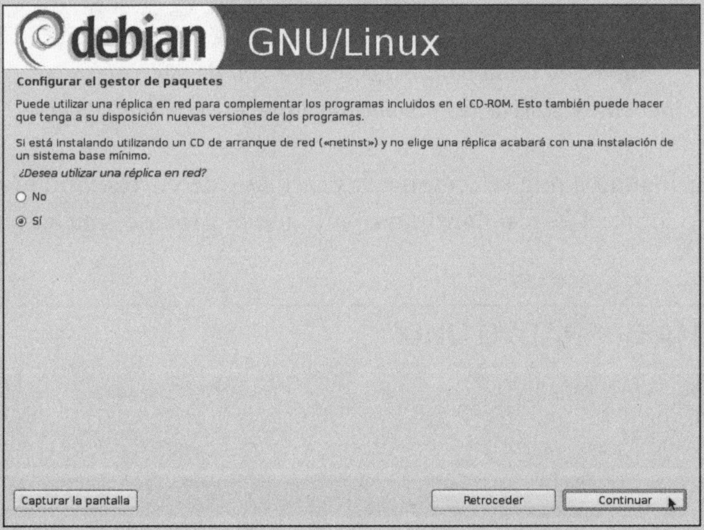

En este punto, ya deberá estar instalado el sistema base Debian en nuestra computadora, para obtener las aplicaciones y funcionalidades adicionales que necesitamos. Debemos especificar qué grupos de paquetes deben ser instalados y configurados. Entre los grupos de **paquetes** que pueden ser instalados tenemos: **Entorno de escritorio**, **Ordenador portátil**, **Servidor de web**, **Servidor de DNS** y **Sistema Estándar**. Las opciones **Entorno de escritorio** y **Sistema base** están seleccionadas por defecto y no se recomienda descartarlas. La instalación y la configuración de los paquetes seleccionados tardará dependiendo de las opciones que hayamos elegido. Debemos esperar mientras el proceso se realiza.

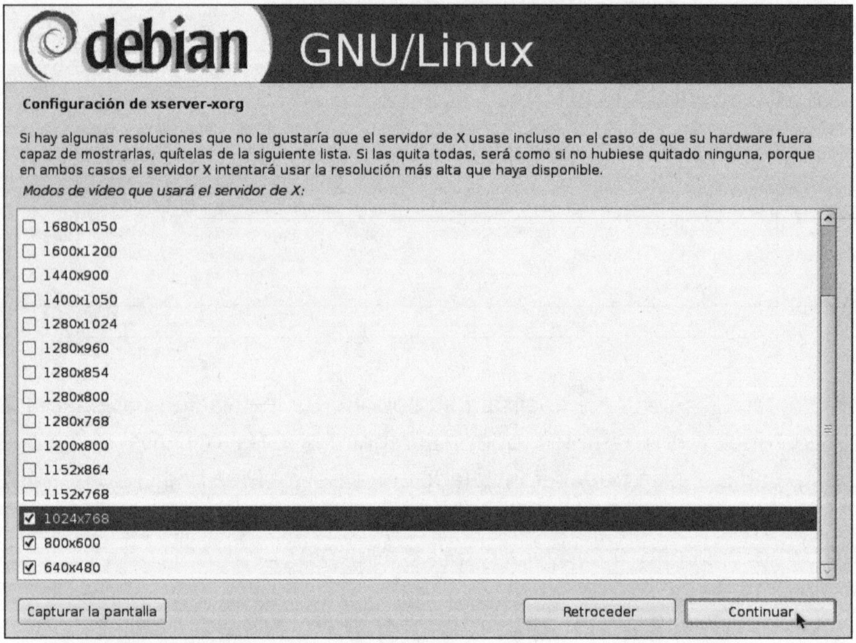


***Figura 3.** En la pantalla configuración de xserver-xorg debemos marcar las resoluciones que el servidor X usará.*

Para proceder, tenemos que seleccionar las casillas que correspondan y a continuación hacer clic sobre el botón **Continuar** para que el proceso siga su curso.

## III SISTEMA OPERATIVO UNIX

**Unix** es un sistema operativo que tiene como características principales el ser portable, multitarea y multiusuario. Fue desarrollado durante el año 1969. Los sistemas operativos **Linux** y **BSD** son calificados como similares a Unix. Sólo los sistemas certificados por **Single Unix Specification** pueden ser denominados Unix.

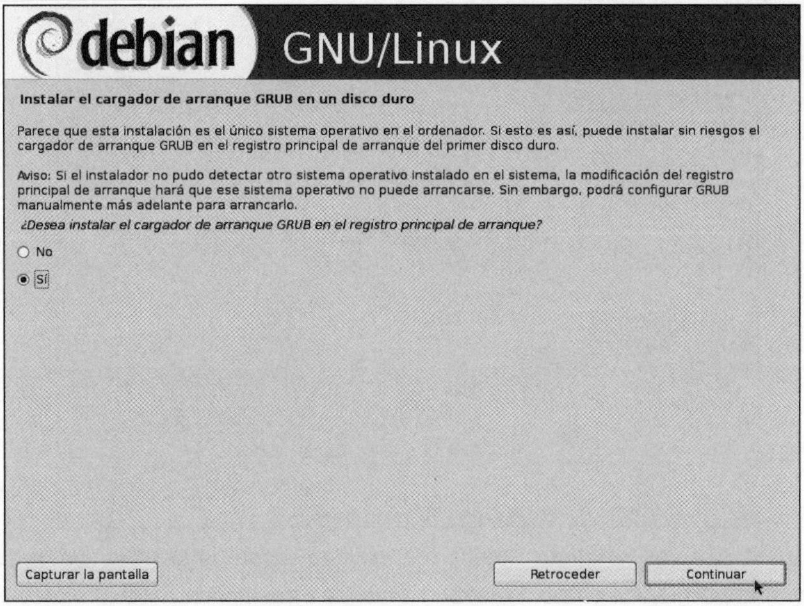


***Figura 4.** En la pantalla **Instalar el cargador de arranque GRUB en un disco duro** debemos marcar la opción **Si** y presionar el botón **Continuar**.*

Cuando la instalación se complete, debemos quitar el CD o DVD de la unidad y presionar el botón **Continuar** para que la computadora sea reiniciada y podamos utilizar el nuevo **sistema operativo**.

Una vez que el sistema haya sido completamente configurado, podremos iniciar una sesión con el usuario y la contraseña que ingresamos durante el proceso de instalación. Cuando el entorno de escritorio se haya cargado, podremos personalizar el sistema operativo e instalar las aplicaciones que necesitemos con una **consola de comandos** o con el gestor de paquetes **Synaptic**.

**Debian GNU/Linux** se instala de manera predeterminada con el entorno de escritorio **Gnome**, que provee una gran cantidad de aplicaciones preinstaladas. Éstas nos permitirán realizar diversas tareas, como personalizar y adaptar el sistema operativo, escuchar archivos de música y ver videos, montar y configurar diversos servidores, navegar en Internet y jugar, entre muchas otras.

## USUARIO DE DEBIAN

Aunque Debian no es la distribución más utilizada por los usuarios, cada vez más personas y organizaciones grandes y pequeñas han migrado sus sistemas a Debian, privilegiando su estabilidad. En la página **www.debian.org/users** existe una lista de organizaciones de importancia que adoptaron Debian como sistema operativo.

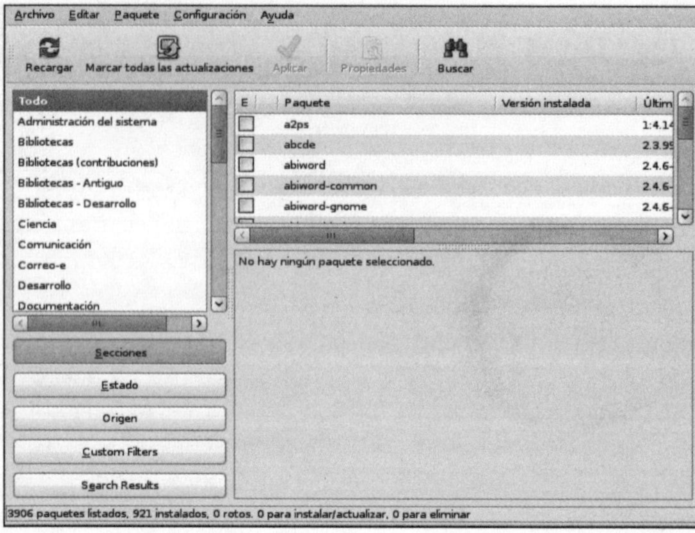


***Figura 5.* Una vez instalado, Debian presenta un escritorio sencillo con un fácil acceso a herramientas como *Synaptic* y muchas otras aplicaciones preinstaladas.**

También es posible instalar otros entornos de escritorio como **XFCE**, si tenemos una computadora con recursos limitados, o descargar una imagen de CD que contenga **KDE** en vez de **Gnome**. Para instalar XFCE debemos abrir una consola y escribir el comando **apt-get install xfce4** como usuario con privilegios de administrador, presionar **ENTER** y esperar a que el proceso se complete. La instalación de un entorno de escritorio es un proceso largo, ya que la cantidad de paquetes de software y dependencias que acompañan al entorno son muchos.

Las opciones de **personalización** en Debian GNU/Linux son muy amplias si sólo deseamos instalar esta distribución y adaptarla a nuestras necesidades, o si queremos crear nuestra propia versión basada es este sistema.

## Live-helper

**Live-helper** es una aplicación desarrollada con la finalidad de entregar una herramienta que ayude en la creación de un **Live CD** personalizado basado en

### BSD

**BSD** o **Berkeley Software Distribution** es un sistema operativo que se desarrolló a partir de Unix. Fue creado en la Universidad de California, en Berkeley. Existen sistemas operativos como SunOS, FreeBSD, NetBSD, OpenBSD y Mac OS X que se basan en BSD. Características como el manejo de memoria virtual paginado por demanda provienen de este sistema.

la distribución **Debian GNU/Linux**. Una distribución Live creada a partir de Debian nos entregará la potencia y la estabilidad que siempre han caracterizado a este sistema, junto con la comodidad que supone utilizar un sistema operativo sin tener la necesidad de instalarlo. Además, **Live-helper** incorpora la posibilidad de modificar y personalizar nuestra distribución para lograr, así, un sistema operativo **Linux** adaptado a nuestras necesidades. Esta aplicación se encuentra disponible en los repositorios de la versión Lenny y Sid de Debian, además de Ubuntu.

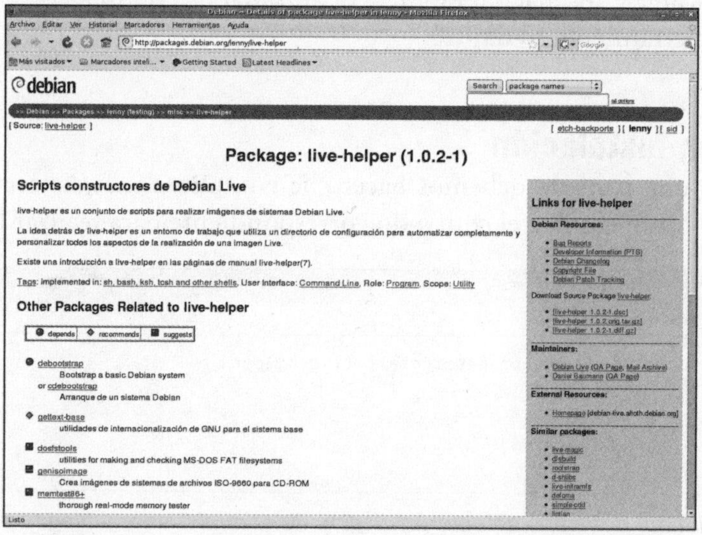


***Figura 6.*** *Para instalar Live-helper en* ***Debian Etch*** *podemos descargarlo desde la web* ***http://packages.debian.org/lenny/live-helper***.

En versiones anteriores se distribuía el paquete **Live-packager**, que cumplía una función similar y actualmente se encuentra descontinuado.

Al igual que la mayoría de los sistemas de este tipo, el Live CD creado con Live Helper podrá funcionar en equipos que tengan, al menos, 256 MB de memoria RAM. Si deseamos que el Live CD funcione con una cantidad menor de memoria RAM, debemos tener la precaución de configurar nuestro CD con un entorno de escritorio más liviano, como por ejemplo, **XFCE**.

## LENGUAJE PYTHON

**Python** es un lenguaje de programación creado en 1990 por Guido van Rossum. Es administrado por la **Python Software Foundation** y se conoce como un proyecto de código abierto, al igual que los sistemas operativos **GNU/Linux**. La mayoría de las distribuciones entregan las herramientas necesarias para realizar desarrollos con él.

# CREAR DISTRIBUCIÓN CON LIVE-HELPER Y LIVE-MAGIC

Antes de proceder con la creación del **Live CD** personalizado basado en Debian, debemos instalar Live-helper. Para **Debian Etch** descargamos el paquete desde el sitio web indicado en el punto anterior. Si utilizamos Debian Lenny o Sid podemos realizar la descarga e instalación de manera automática con una consola de comandos o con la herramienta **Synaptic**.

## Live-helper, instalación

Si utilizamos una **consola** debemos hacer clic en **Aplicaciones/Accesorios/Terminar** para abrirla y luego escribir el comando correspondiente para realizar la instalación.

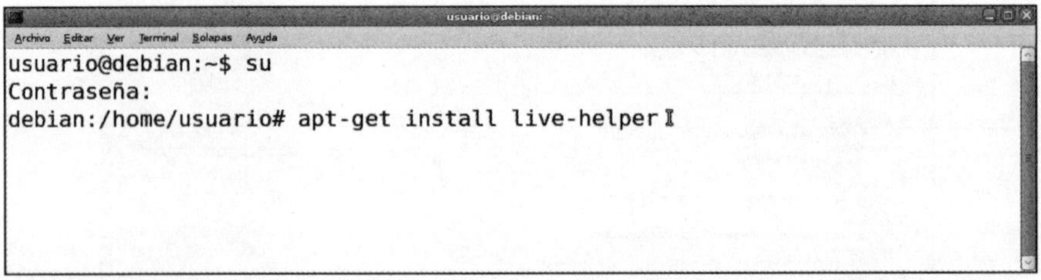


***Figura 7.** Primero debemos obtener privilegios de administrador y luego escribir apt-get install live-helper. Presionamos ENTER para que el comando sea ejecutado.*

Después debemos esperar a que el paquete sea descargado del repositorio correspondiente. Posteriormente será instalado y configurado. Para instalar Live-helper con **Synaptic**, hacemos clic en **Sistema/Administración/Gestor de paquetes Synaptic** y una vez que Synaptic esté cargado, debemos presionar el botón **Buscar**, escribir **live-helper** y luego presionar la tecla **ENTER**.

En la lista que se presenta en nuestra pantalla debemos ubicar el paquete denominado **live-helper**. Luego hacemos clic sobre él con el botón secundario del mouse y seleccionamos la opción **Marcar para instalar**.

### III SYNAPTIC O CONSOLA

Existen varias formas de instalar un **paquete de software** en Debian. Podemos utilizar una herramienta llamada **Synaptic** o una consola de comandos. Al contrario de lo que pueda parecer, la utilización de una consola reduce cualquier instalación a un comando muy sencillo: **apt-get install (nombre del programa)**.

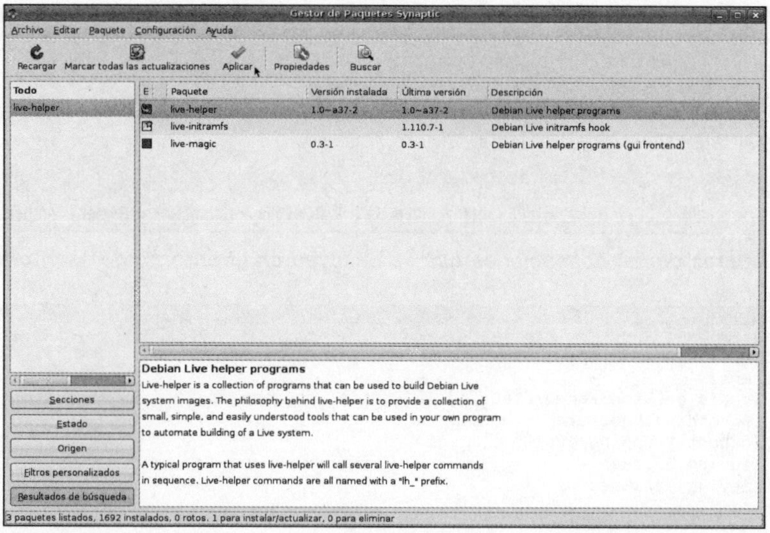

***Figura 8.** Para proceder con la instalación del paquete seleccionado debemos hacer clic sobre el botón **Aplicar** y esperar a que las operaciones se lleven a cabo.*

## Live-helper, utilización y comandos básicos

Cuando la instalación de **Live-helper** se haya completado, podremos proceder a la creación de nuestro Live CD personalizado. Live-helper no cuenta con una **interfaz gráfica**. Debemos utilizarlo mediante una consola. Los comandos que podemos emplear para la creación del CD son detallados en la **Tabla 1**.

| COMANDO | DESCRIPCIÓN |
|---|---|
| lh_config | Este comando creará un directorio para guardar la configuración completa del CD que se creará. El directorio de trabajo utilizado es config. |
| lh_build | Este comando es el encargado de crear la imagen de CD basándose en la configuración especificada en el directorio config. |

***Tabla 1.** Comandos básicos para la creación de un **Live CD** con Live-helper.*

La utilización de estos **comandos básicos** nos entregará como resultado un Live CD de Debian sin entorno gráfico y sólo con los paquetes de software que corresponden al **sistema base** de Debian GNU/Linux.

Es importante destacar que podemos especificar que la creación del Live CD se haga con el entorno de escritorio que deseemos. Para esto debemos acompañar el comando **lh_config** con algunos **parámetros** específicos.

**Gnome** es un entorno de escritorio desarrollado para sistemas **Unix**, posee iconos y un menú que nos permiten acceder de una forma rápida y sencilla a los archivos y aplicaciones instalados en el sistema. Incorpora muchas aplicaciones que son instaladas por defecto, algunas de ellas se muestran en la **Tabla 2**.

| TIPO DE APLICACIÓN | PROGRAMAS INCLUIDOS EN GNOME |
|---|---|
| Oficina | Gnome Office, Planner, GnuCash, Dia. |
| Multimedia | Gstreamer, Totem, Cheese, SoundJuice, Listen. |
| Redes e Internet | Epiphany, Ekiga, Galeon, XChat, Pidgin. |
| Diseño y fotografía | Gimp, Inskape, Sodipodi. |
| Otros | Gparted, Gedit, Nautilus, Fille Roller, Evince, GnomeBaker, Brasero, Tomboy. |

***Tabla 2.** Algunas de las aplicaciones que se incluyen en el entorno de escritorio **Gnome**.*

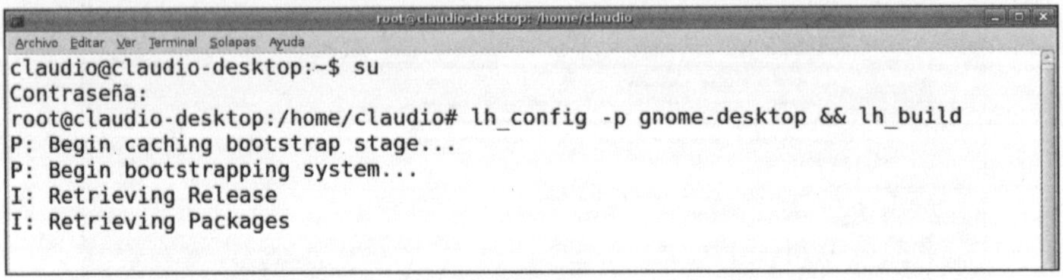


***Figura 9.** Para crear un CD con **Gnome** debemos escribir el comando **lh_config -p gnome-desktop && lh_build**, presionar **ENTER** y esperar a que **Live-helper** ejecute las acciones adecuadas.*

**KDE** es un entorno de escritorio desarrollado para sistemas Unix con un aspecto gráfico similar a **Windows** o **MacOSX**. El proyecto KDE fue creado por **Mattias Ettrich** en el año 1996. KDE es utilizado como entorno de escritorio por defecto en muchas distribuciones Linux y entre ellas se encuentran Kubuntu, Famelix, Fedora, Pardus, OpenSuse, Slax, Tuquito, Kurumin, Kanotix, Aurox, FreeSpire y Sabayon Linux.

***Figura 10.** KDE, en su versión 4.0, ha sido rediseñado mostrando un gran avance en comparación con las interfaces gráficas de otros entornos de escritorio.*

Para especificar la creación de un CD con el **entorno de escritorio** KDE debemos escribir el comando **lh_config -p kde-desktop && lh_build** y luego presionar **ENTER**. **XFCE** es un entorno de escritorio para sistemas Unix. Entre las distribuciones que utilizan XFCE como entorno de escritorio podemos destacar a VectorLinux, Xubuntu, Slax Popcorn, College Linux, Kate OS, DreamLinux, Archie, Slackware y Linespa, entre otras alternativas disponibles.

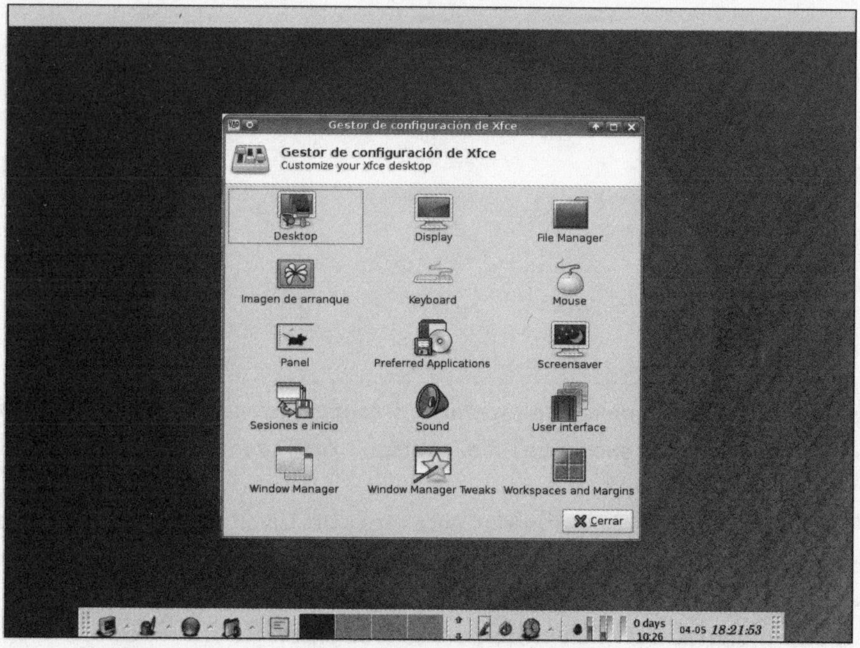


***Figura 11.** La principal diferencia de **XFCE** con **Gnome** y **KDE** radica en que consume menos memoria RAM, por lo que puede ser instalado en sistemas con recursos más limitados.*

Para especificar la creación de un CD con el entorno de escritorio XFCE debemos escribir el comando **lh_config -p xfce-desktop && lh_build** y luego presionar **ENTER**. Además de KDE, Gnome y XFCE podemos especificar la instalación de otros entornos de escritorios o configuraciones predeterminadas.

## ENTORNOS DE ESCRITORIO

Además de Gnome, KDE y XFCE existen otros entornos de escritorio disponibles para sistemas Linux. **LXDE** es uno de ellos. Fue desarrollado en el año 2006 con la finalidad de crear un entorno muy liviano, pero que no descuidara su presentación gráfica. La única distribución que lo lleva por defecto es **U-Lite**, basada en Ubuntu.

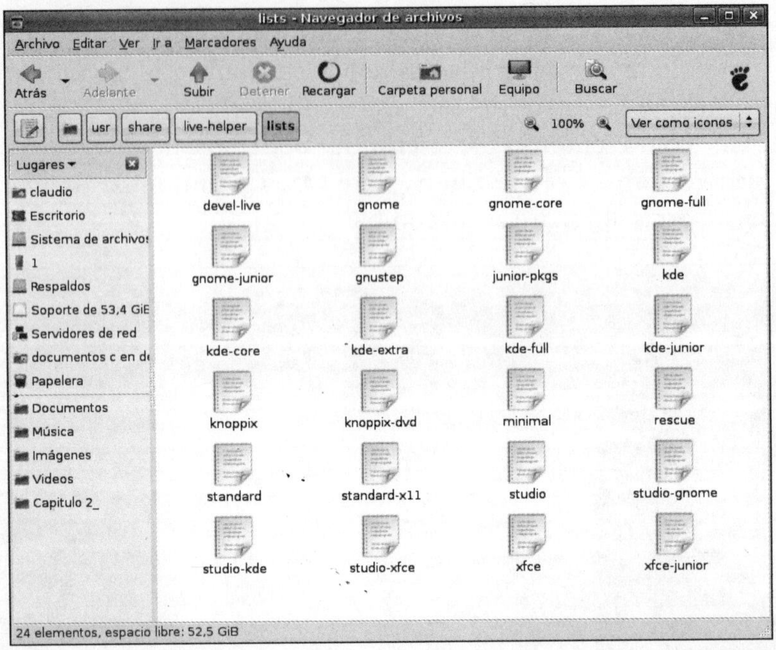


***Figura 12.** La lista completa de escritorios y configuraciones que podemos utilizar con Live-helper se encuentra en el directorio /usr/share/live-helper/lists/.*

Entre las configuraciones predefinidas para crear un Live CD se encuentran gnome, gnome-core, gnome-full, gnome-junior, kde-core, kde-extra, minimal, rescue, standard, studio-gnome, studio-kde, studio-xfce, kde y xfce-junior, entre otras.

Un Live CD preparado con **Live-helper**, se crea en base a los repositorios de la versión estable de Debian y no serán utilizados los repositorios que hayamos especificado en el **sources.list** de la instalación de Debian que estemos ejecutando.

Para comprender mejor este tema, es importante señalar que los **repositorios** son sitios en donde se guardan paquetes de software para **sistemas Linux**. Estos pueden ser instalados mediante la utilización de un gestor de paquetes como, por ejemplo, hemos indicando anteriormente, utilizando **Synaptic.**

Para especificar los repositorios y arquitecturas adecuadas para el Live CD debemos seguir los puntos especificados en el siguiente Paso a paso.

## LENGUAJE PERL

**Perl** es un lenguaje de programación utilizado para diversos fines. Se presenta como **software libre** y tiene la posibilidad de ser ejecutado en ambientes Linux y Windows. Puede ser instalado de una forma muy fácil en la mayoría de las **distribuciones** Linux, tales como Debian, OpenSuse, Mandriva, Gentoo, Fedora y REdHat entre muchas otras.

## ■ Especificar repositorios y arquitecturas PASO A PASO

**1** Para crear una imagen ISO a partir de otra rama de Debian deberá agregar el parámetro **–d** al comando **lh_config**, por ejemplo:
**lh_config -d lenny -p gnome-desktop && lh_build** creará una imagen de CD con el escritorio Gnome, basada en la versión testing o Lenny de Debian.
El comando **lh_config -d lenny -p kde-desktop && lh_build** creará una imagen de CD con el escritorio KDE, basada en la versión testing o Lenny de Debian.

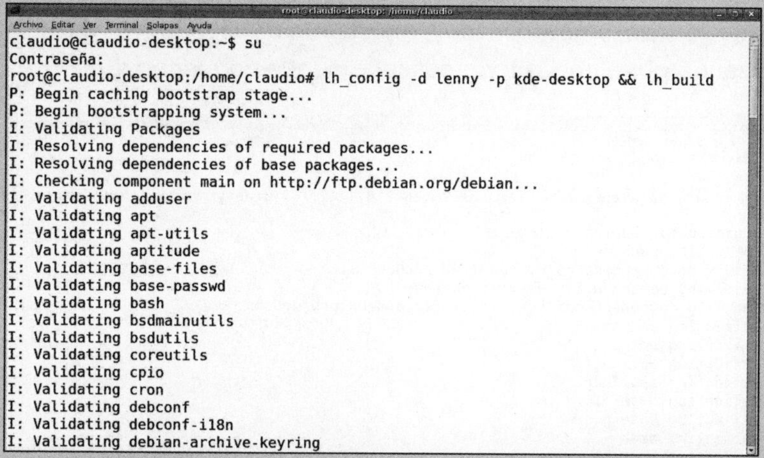


**2** Para especificar la arquitectura, deberá agregar el parámetro **–a** al comando **lh_config**. El comando **lh_config -a amd64 -p gnome-desktop && lh_build** creará una imagen de CD para arquitecturas AMD de 64 bits. De igual forma, el comando **lh_config -d lenny -a amd64 -p gnome-desktop && lh_build** creará una imagen de CD con el escritorio XFCE para AMD de 64 bits.

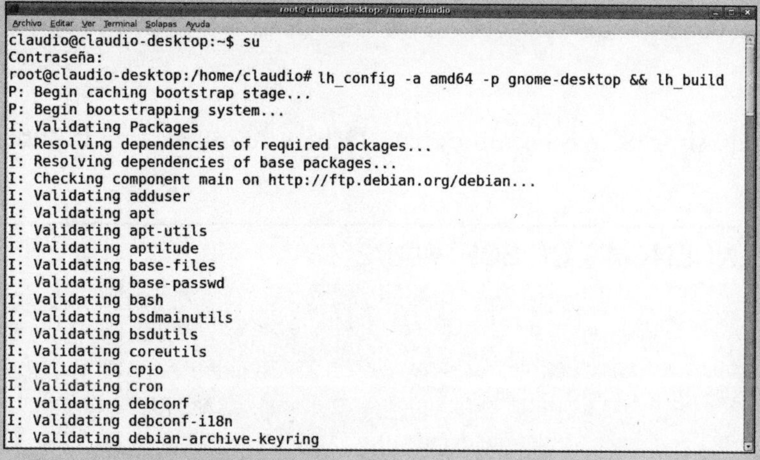


►

**3** Para especificar un repositorio o mirror que desee que Live-helper utilice a lo largo del proceso de creación de la imagen de CD, deberá escribir el siguiente comando:
**lh_config —mirror-bootstrap "http://ftp.debian.org/debian/"**, reemplazando por el repositorio deseado donde corresponda.

**4** Para agregar un repositorio al **sources.list** de la distribución live que será creada, deberá usar el siguiente comando:
**lh_config —mirror-binary "http://ftp.debian.org/debian/"**,
reemplazando por el repositorio deseado donde corresponda.

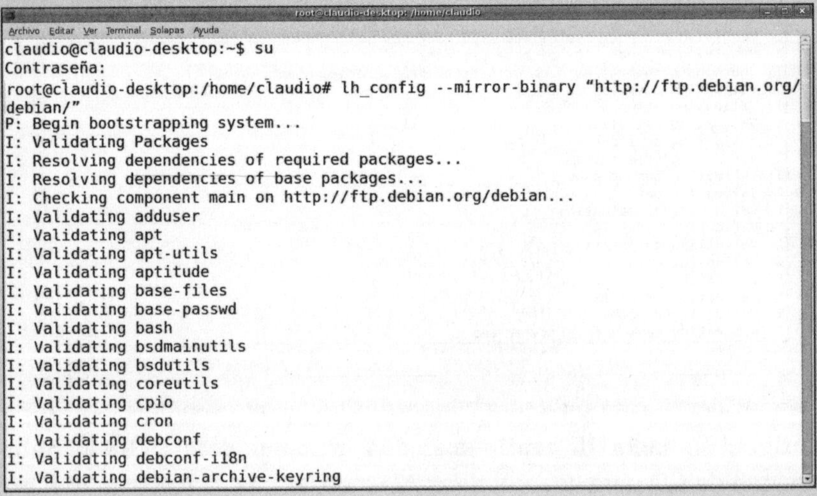


**5** Los comandos **lh_config —mirror-chroot-security** y **lh_config —mirror-binary-security** tienen como función brindarle la posibilidad de especificar los repositorios de seguridad que desea utilizar en este caso.

La lista de repositorios más comunes para Debian se muestra en la **Tabla 3**.

## DEPENDENCIAS DE SOFTWARE

La gran mayoría de los paquetes de software disponibles para sistemas Linux tienen **dependencias**, es decir, otros paquetes de software que deben ser instalados y configurados para que el principal funcione bien. Los gestores de paquetes como **APT** se encargan de resolver automáticamente las dependencias de una aplicación.

| VERSIÓN DEBIAN | REPOSITORIOS |
|---|---|
| Debian Stable Sarge | Debian Stable (sarge)<br>deb http://ftp.br.debian.org/debian/ sarge main contrib non-free<br>deb-src http://ftp.br.debian.org/debian/ sarge main contrib non-free<br><br>Actualizaciones de seguridad<br>deb http://security.debian.org/ sarge/updates main contrib<br>deb-src http://security.debian.org/ sarge/updates main contrib |
| Debian Stable Etch | Debian Stable (etch)<br>deb http://ftp.es.debian.org/debian/ stable main contrib non-free<br>deb-src http://ftp.es.debian.org/debian/ stable main contrib non-free<br>Actualizaciones de seguridad<br>deb http://security.debian.org/ stable/updates main contrib<br>deb-src http://security.debian.org/ stable/updates main contrib |
| Debian Testing Lenny | Debian Testing (lenny)<br>deb http://ftp.de.debian.org/debian/ testing main contrib non-free<br>deb-src http://ftp.de.debian.org/debian/ testing main contrib non-free<br><br>Actualizaciones de seguridad<br>deb http://security.debian.org/ testing/updates main contrib<br>deb-src http://security.debian.org/ testing/updates main contrib |
| Debian Unstable Sid | Debian Unstable (sid)<br>deb http://ftp.it.debian.org/debian/ unstable main contrib non-free<br>deb-src http://ftp.it.debian.org/debian/ unstable main contrib non-free |

***Tabla 3.*** *Repositorios más comunes para las distintas versiones de la distribución Debian GNU/Linux.*

Es importante destacar que el grado de personalización que se le puede dar a un Live CD se debe, en gran medida, a la posibilidad de seleccionar los paquetes de software que serán instalados en él. Podemos ver de manera detallada el tipo de paquetes disponibles para las distintas distrubuciones si nos dirigimos al **Punto número 3 de este mismo capítulo, Selección de paquetes**.

## III LA IMPORTANCIA DEL CÓDIGO FUENTE EN EL SOFTWARE LIBRE

**Software libre** no es sinónimo de **software gratis**, aunque en la mayoría de los casos esto se aplica sin problemas. Un software libre entrega a los usuarios la libertad para poder copiar, usar, modificar y redistribuir la aplicación sin ningún tipo de restricciones legales. El acceso al **código fuente** es un requisito fundamental.

Existen muchas alternativas para agregar **paquetes** a la **imagen ISO** que se convertirá en Live CD. Dependiendo del número de paquetes que desee agregar, será recomendable una u otra opción. Las formas adecuadas de incorporar aplicaciones a la imagen ISO se describen en el siguiente paso a paso.

## Agregar paquetes de software — PASO A PASO

**1** Primero debe determinar cuántos paquetes desea agregar al CD. Si la cantidad seleccionada resulta ser reducida, puede utilizar el parámetro **—packages** junto con el comando **lh_config**. Por ejemplo, el comando **lh_config -p kde-desktop —packages "xmms"** creará una imagen ISO con el entorno de escritorio KDE, que incluirá el paquete de software **xmms**.

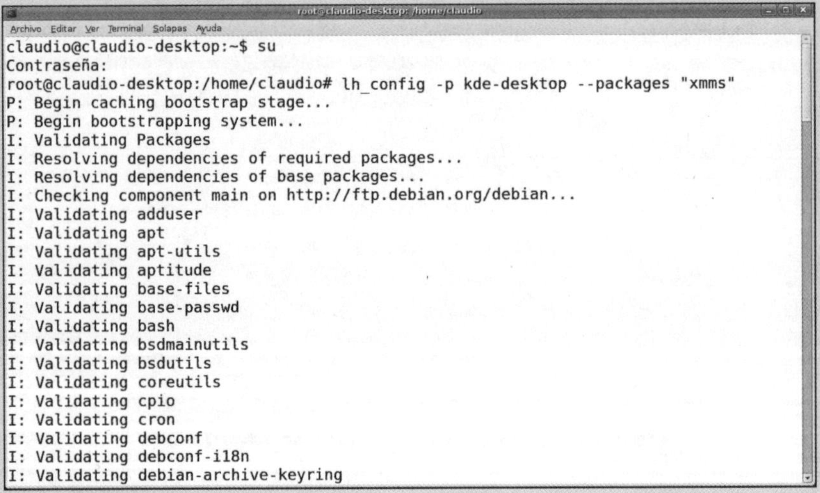


**2** Cuando la lista de paquetes es mayor, se recomienda la creación de un archivo que contenga el listado de paquetes. Abra un editor de texto como **gedit**, escriba la lista de paquetes que desea agregar y guarde el archivo.

## III DISTRIBUCIÓN GENTOO LINUX

**Gentoo Linux** está orientada a usuarios que tienen un cierto grado de experiencia en el manejo de este tipo de sistemas operativos. Fue creada por Daniel Robinson, que se basó en la distribución **Enoch Linux**, actualmente desaparecida. Distribuciones como Bintoo, Pardus, Gentoox y Kokoraa están basadas en Gentoo.

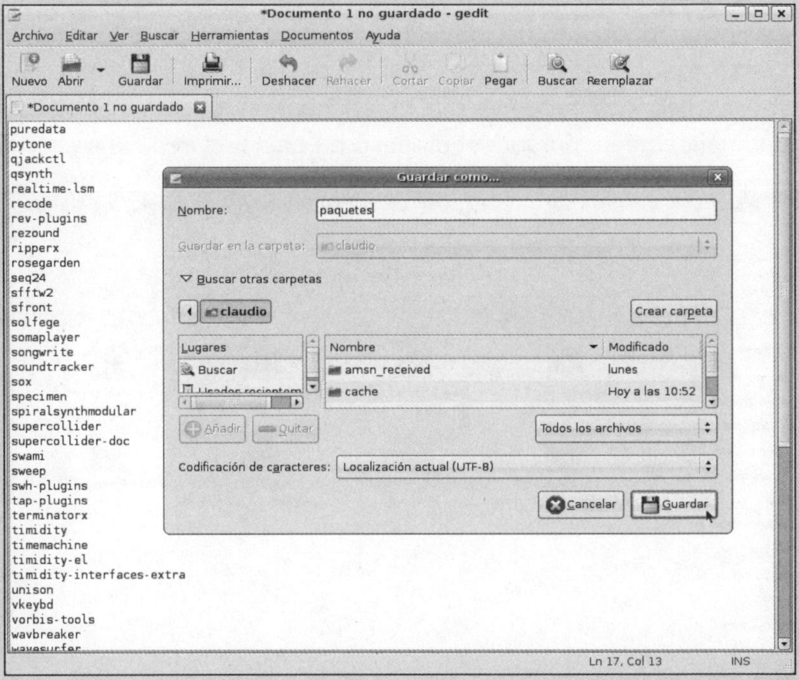

3 A continuación, deberá realizar la copia del archivo recién creado a la siguiente ubicación: **./config/chroot_local-packageslists.**

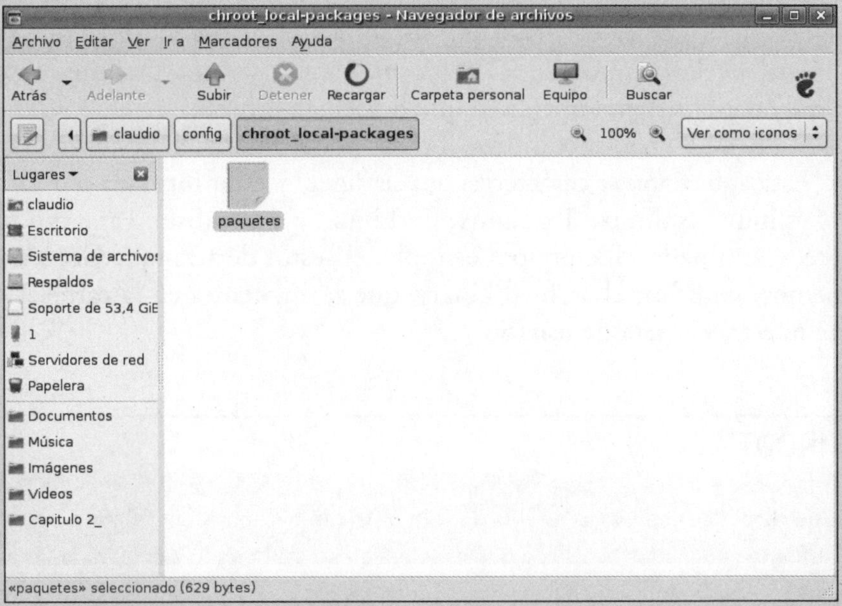

**4** Si desea incluir paquetes de software que no se encuentran disponibles en ningún repositorio, puede agregar los archivos .DEB al directorio **./config/chroot_local-packages**. Los paquetes que se encuentren en esta ubicación se instalarán automáticamente durante el proceso de creación de la imagen ISO.

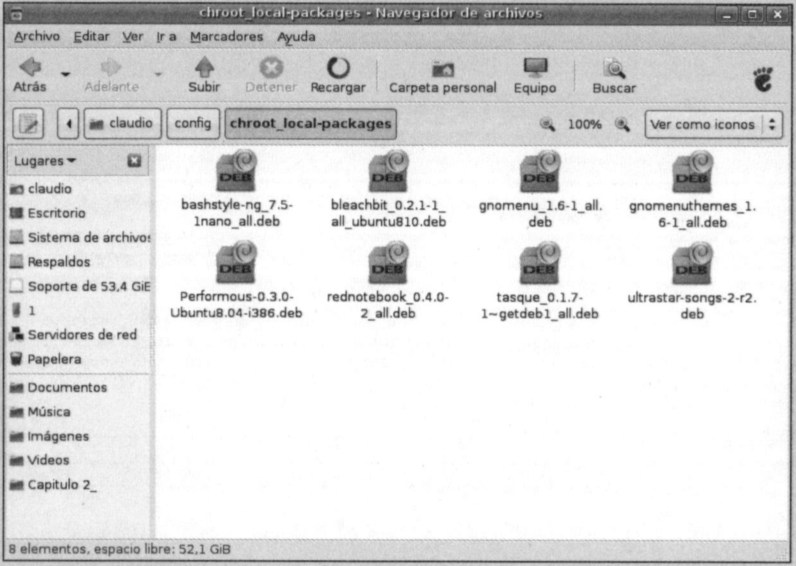


Se puede definir al **gestor de arranque** como la aplicación encargada de tomar el control inicial de la computadora. Es el programa que nos permite, entre otras cosas, seleccionar el sistema operativo que deseemos utilizar.

La imagen de CD creada con Live_helper incorporará el gestor de arranque **Syslinux**. Esta aplicación se caracteriza por ser ligera y estar formada por varios programas: Syslinux, Isolinux, PxeLinux ExtLinux y Memdisk. Para modificar la opción predeterminada e incluir, por ejemplo, el gestor de arranque **Grub** en el Live CD, debemos modificar el archivo binary, que se encuentra en la carpeta **./config**, dentro de nuestra carpeta de usuario.

## III CHROOT

La función de **chroot** es cambiar el **directorio raíz**. Este cambio sólo afecta el proceso que se ejecute actualmente y todos los procesos que desciendan de él. Cuando ejecutemos un programa con un **directorio raíz** cambiado no podrá acceder a los archivos que se encuentren fuera de este directorio. Fue introducido por Billy Joy en 1982.

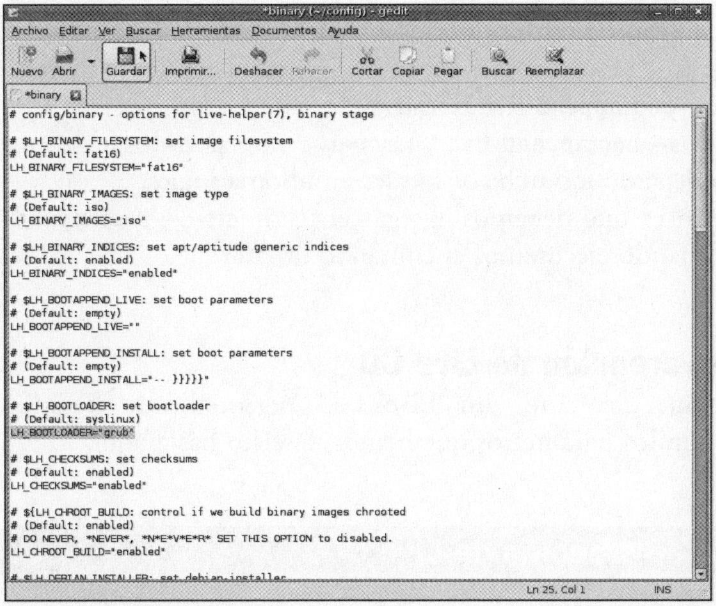


***Figura 13.** Dentro del archivo binary buscamos la sección **LH_BOOTLOADER** y la editamos de esta forma **LH_BOOTLOADER="grub"**. Luego guardamos los cambios y cerramos.*

Otros parámetros que pueden resultar interesantes y que podemos utilizar junto con **lh_config** son **—username** y **—hostname**.

El parámetro **—username** nos permitirá definir el **nombre de usuario** por defecto que será incorporado en el Live CD creado. La forma de utilizarlo es agregar **—username nombre_de_usuario** al comando **lh_config**.

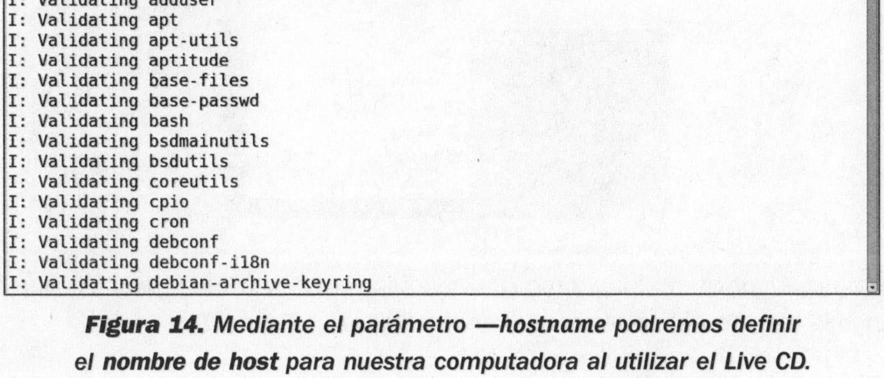


***Figura 14.** Mediante el parámetro **—hostname** podremos definir el **nombre de host** para nuestra computadora al utilizar el Live CD.*

Para indicar que en el Live CD vamos a utilizar un **teclado español** y los archivos **locales**. También en este idioma, debemos agregar al comando **lh_config** el siguiente parámetro: **—bootappend-live "locale=es"**.
El parámetro **—bootappend-live "keyb=es"** nos permitirá definir un teclado español, pero dejando los archivos locales en idioma inglés.
Pot este motivo es que debemos agregar el parámetro **—bootappend-live "locale=es_ES.UTF-8"** cuando ejecutemos el comando **lh_config**.

## Live-helper, creación de Live CD

A continuación, crearemos un Live CD personalizado basado en Debian GNU/Linux con los parámetros que hemos descrito hasta aquí.

### ■ Proceso de creación de Live CD — PASO A PASO

**1** Abra una consola desde **Aplicaciones/Accesorios** y ejecute el comando **lh_config** acompañado de los parámetros que correspondan al tipo de CD que desee crear, por ejemplo, **lh_config -d lenny -a amd64 -p gnome-desktop**.

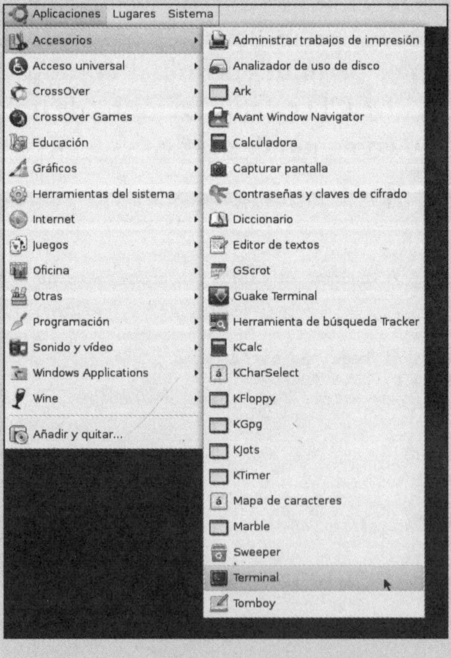


**2** Abra un editor de textos, como por ejemplo, **gedit**, y cree un archivo que contenga la lista de aplicaciones que desee agregar al Live CD.

▶

Un posible archivo de paquetes puede ser:

**# Consola**

**lynx mc mplayer nano python2.5 rdesktop smartmontools sudo**

**# Entorno gráfico**

**menu xfce4 xserver-xorg**

**#Aplicaciones**

**abiword mousepad dnsutils file-roller gftp gparted gqview brasero gnumeric xpdf pidgin**

**iceweasel iceweasel-l10n-es-es**

**# Otras aplicaciones**

**dhcp3-client tar gzip zip unzip bzip2 smbfs sshfs libfuse2 ntfs-3g**

**openssh-client openssh-server smbclient**

El símbolo # indica que la línea se tomará como comentario, es decir, no se ejecutará. Guarde el archivo en la carpeta **/config/chroot_local-packageslists.**

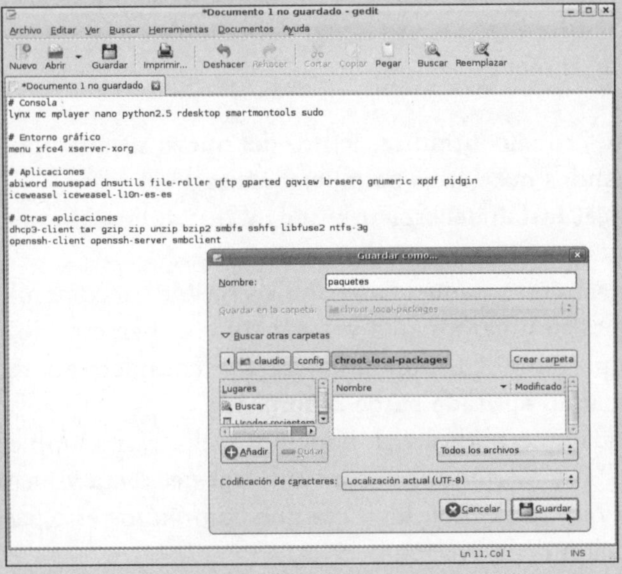


## SISTEMAS LINUX EN OTROS DISPOSITIVOS

Los sistemas operativos **Linux** actualmente pueden ser instalados en una gran cantidad de dispositivos diferentes. Entre estos se encuentran computadoras personales portátiles y de escritorio, teléfonos celulares, computadoras de bolsillo y consolas de video. Además, soportan cada vez más **arquitecturas** diferentes.

3 Modifique la línea **LH_BOOTLOADER** en el archivo config dejándola como **LH_BOOTLOADER="grub"**, para que se utilice **Grub** como cargador de arranque.

4 En la misma consola escriba el comando para crear la imagen ISO: **lh_build**. Luego escriba las siguientes líneas en la consola:
**ln -s ./install/ debian**
**ln -s ./install/dists dists**
**ln -s ./install/pool pool**
Estas órdenes le permitirán modificar la estructura de la imagen ISO para agregar un instalador. Luego escriba el comando **lh_build** para volver a crear la imagen ISO.

Antes de crear la **imagen ISO** con el comando **lh_build** podemos modificar su contenido. Para esto utilizamos los siguientes comandos:
**lh_bootstrap && lh_chroot**
**chroot chroot**
En este momento nos encontramos dentro del nuevo sistema, por lo que podemos ejecutar los comandos necesarios para personalizarlo.
El comando **apt-get install deborphan** instalará una aplicación que ayudará en gran medida a que nuestro CD sea mucho más liviano.
Después de instalar este paquete debemos escribir el comando **aptitude purge \`deborphan -n\`** para eliminar los archivos que sólo ocupan espacio sin presentar ninguna utilidad importante. Cuando la limpieza se complete podremos desinstalarlo utilizando el comando **aptitude purge deborphan**.
Si lo deseamos, de manera adicional, podemos realizar una limpieza de los archivos temporales de **APT** si escribimos el comando **apt-get clean** y luego presionamos la tecla **ENTER** para que se ejecute. Una vez que cumplimos este paso, podemos proceder con la creación de la imagen de CD.
Como hemos visto hasta este punto, **Live-helper** es una aplicación muy potente que nos ofrece la posibilidad de crear un CD de tipo Live basado en Debian. Live-helper incorpora una serie de **parámetros** que nos entregan muchas funciones para crear un Live CD adaptado a nuestras necesidades.

## Live-magic, instalación y uso

**Live-magic** es una aplicación que ofrece como ventaja su ejecución en modo gráfico. Nos brinda un asistente para que la creación de un Live CD se haga de una forma más sencilla que con otras herramientas.

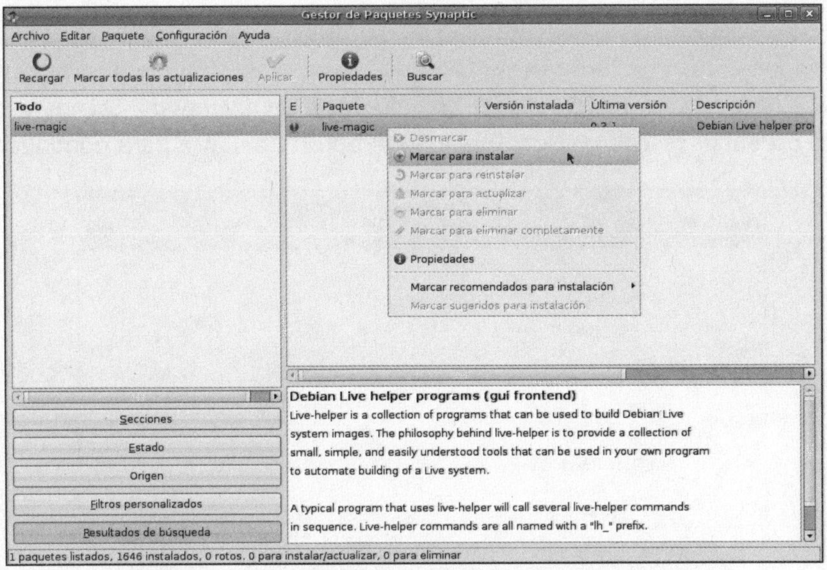


***Figura 15.** Para instalar live-magic podemos utilizar una consola de comandos o hacerlo mediante Synaptic.*

A continuación debemos escribir en una **consola** el comando **live-magic**, presionar **ENTER** y seguir las indicaciones del siguiente paso a paso.

## Crear un Live CD con Live-magic

PASO A PASO

**1** En la pantalla inicial del **asistente** presione el botón **Adelante** para comenzar con el proceso de creación.

**2** Seleccione el tipo de **imagen de CD** que desea crear, **Gnome desktop environment**, **KDE desktop environment**, **Xfce desktop environment**, **Standard Debian image** o **Debian rescue system**. Presione el botón **Adelante** para continuar.

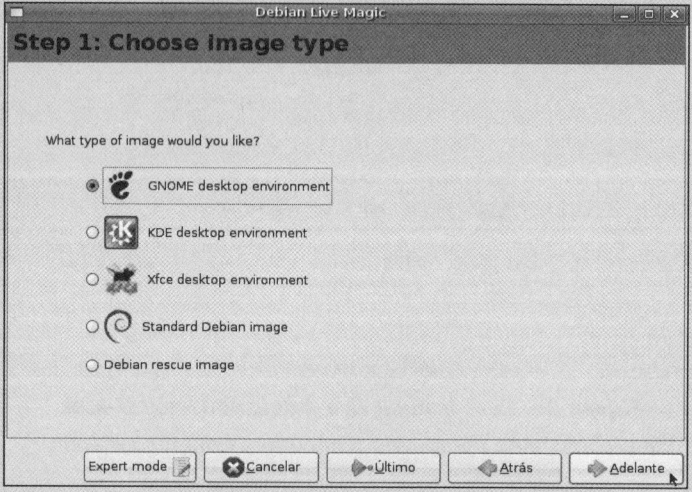


**3** En este paso, seleccione el tipo de medio que desea utilizar para la imagen Live. Entre ellos puede elegir: **ISO image for CD or DVD**, **USB/HDD image** o **Network boot image**. Presione **Adelante** para continuar con el proceso.

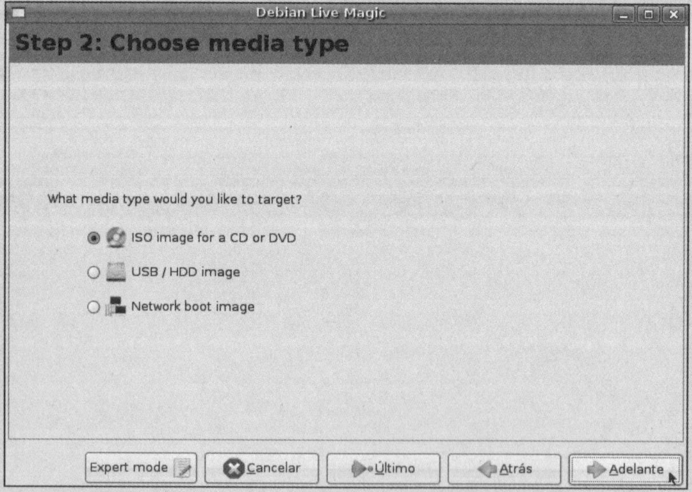


**4** Seleccione la arquitectura adecuada para el Live CD: **i386**, **amd64** o **PowerPC**. Presione **Adelate** para continuar.

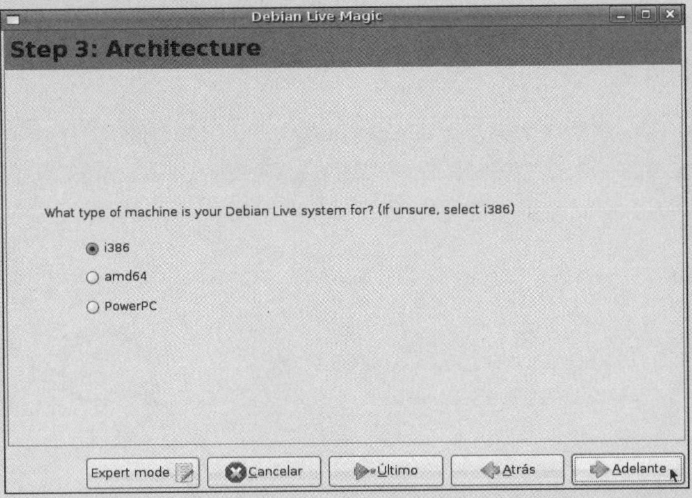


**5** Desde el menú desplegable seleccione el **mirror** que desee utilizar. Presione **Adelante** para continuar.

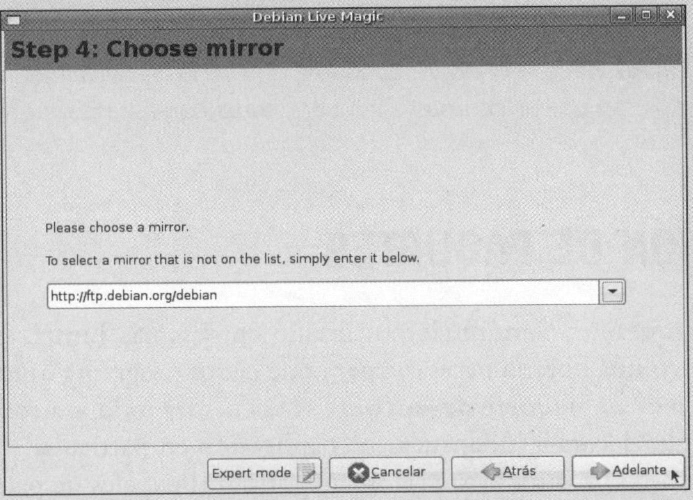


## GRUPOS DE USUARIOS LINUX

Un **GUL** o **Grupo de usuarios Linux** es una asociación de personas que trabajan para que el uso de los sistemas operativos Linux y del software libre sea difundido. Generalmente, son quienes organizan instalaciones masivas de Linux para entregar soporte a usuarios que recién se inician con un sistema operativo Linux.

6 Para finalizar, deberá presionar el botón **Aplicar** para que el proceso de creación de la imagen del Live CD comience su trabajo.

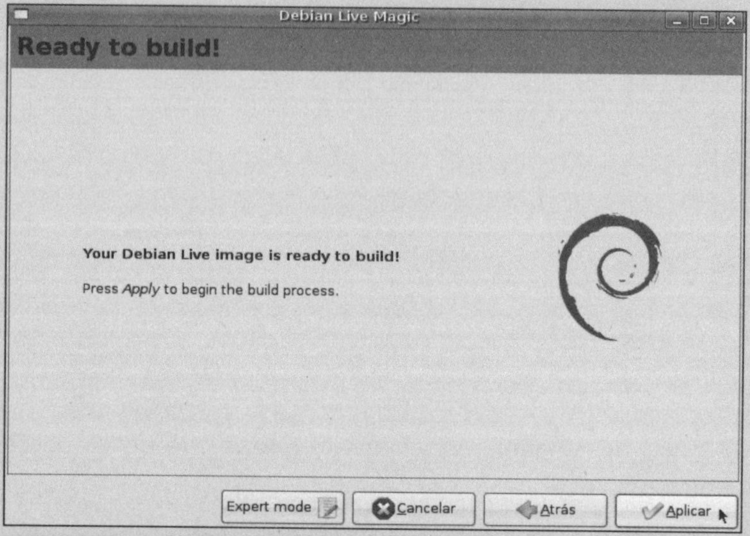


7 El botón **Expert Mode** le brindará acceso a una serie de herramientas avanzadas que le permitirán definir en detalle las características del nuevo Live CD.

# SELECCIÓN DE PAQUETES

El término **paquete** es comúnmente utilizado en sistemas **Linux**. Un paquete es una aplicación o una librería necesaria para que cierto programa funcione correctamente. Dentro de un **paquete de software** se encuentra todo lo necesario para instalar, configurar, ejecutar y desinstalar una aplicación en particular.
En ambientes **GNU/Linux** existen dos categorías principales de paquetes de software: los **paquetes binarios**, que presentan diversas extensiones para diferentes

## MIRROR

El término **mirror** es utilizado para referirse a un sitio web, servidor FTP o similar que funciona como un **espejo** de otro, es decir, un mirror mantiene una copia de los recursos originales para que puedan ser accedidos de una mejor forma sin provocar recargas en el recurso principal, permitiendo un acceso expedito a más usuarios.

distribuciones y se instalan mediante una aplicación como **Yum** o **APT**, y los **paquetes de código fuente**. Estos últimos, para ser utilizados, deben ser compilados previamente y son independientes de la distribución.
La **Tabla 4** muestra los tipos de paquetes más comunes en **GNU/Linux**.

| PAQUETE | DESCRIPCIÓN |
|---|---|
| DEB | Utilizado en Debian GNU/Linux y las distribuciones basadas en ella, como por ejemplo, Ubuntu. Pueden manejarse con gestores de paquetes tales como APT y Synaptic. |
| EBUILD | Este tipo de paquete contiene toda la información necesaria para compilar e instalar una aplicación en Portage de Gentoo. Los ebuild también son utilizados por las distribuciones que están basadas en Gentoo. |
| RPM | Es un paquete binario originario de Red Hat y usado también en distribuciones como OpenSuse y Fedora. |
| TGZ o TAR.GZ | Paquete de código fuente. Para instalarlo debemos proceder a compilarlo desde una consola de comandos. |
| PISI | Paquete utilizado por Pardus. |
| MO | Utilizado por Slax mediante el Gestor de módulos de esta distribución. |
| PUP y PET | Utilizados por Puppy Linux. Su gestión es muy fácil de realizar: sólo hay que hacer clic sobre él. |

***Tabla 4.*** *Paquetes más utilizados en **entornos Linux** junto con sus respectivas descripciones.*

Los paquetes .DEB son los utilizados en sistemas **Debian** o basados en esta distribución. En su interior contienen tres archivos: **debian-binary**, **control.tar.gz** y **data.tar.gz**. A su vez, estos tienen la información sobre el número de versión, metainformación y los archivos que se instalarán, respectivamente.

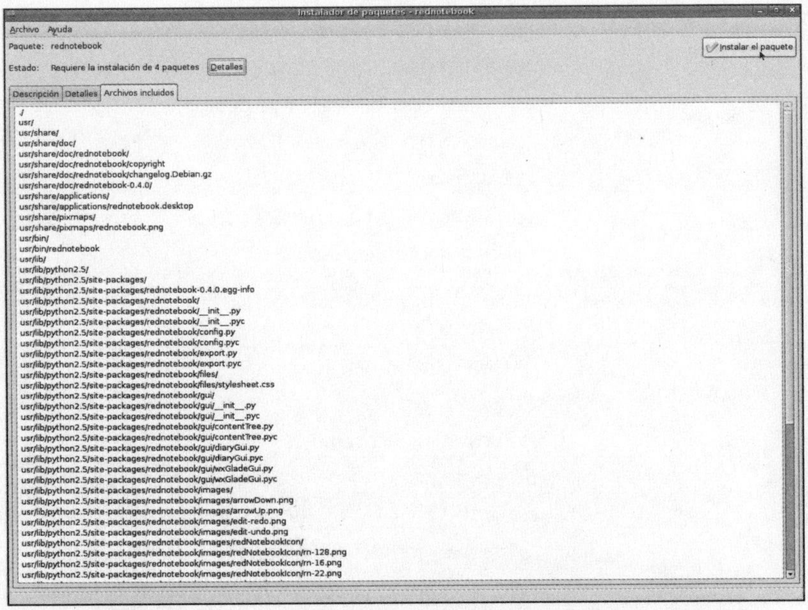


***Figura 16.*** *Para instalar un paquete .DEB podemos utilizar una **consola de comandos** o una aplicación gráfica como **GDebi**.*

La selección de **paquetes de software** es la acción que entregará la verdadera orientación a nuestra distribución. El Live CD que hemos creado a través de los procedimientos indicados en este capítulo está basado en un sistema **Debian GNU/Linux**, por lo tanto debemos realizar una selección de paquetes con una extensión adecuada para esta distribución: .DEB.
La última versión de Debian incluye más de 17.000 paquetes de software en sus repositorios oficiales y aún existen más aplicaciones que no se encuentran listadas en los repositorios. Para agregar una aplicación podemos utilizar alguna de las opciones indicadas anteriormente en este capítulo.
Las categorías de paquetes de software entre las cuales podemos elegir las aplicaciones que necesitemos se detallan en la **Tabla 5**.

| CATEGORÍA DE PAQUETES DE SOFTWARE | DESCRIPCIÓN |
|---|---|
| Utilidades de administración | Utilidades que nos permiten administrar recursos del sistema, cuentas de usuario, etcétera. |
| Utilidades básicas | Utilidades básicas que son necesarias para cualquier sistema Debian. |
| Programas de comunicación | Aplicaciones de comunicación necesarias para utilizar un módem u otros dispositivos similares. |
| Desarrollo | Utilidades para desarrollar aplicaciones de software. |
| Documentación | Documentos que entregan información sobre el sistema Debian en general y las aplicaciones necesarias para consultarla. |
| Editores | Aplicaciones para editar archivo. Útiles para programadores. |
| Electrónica | Aplicaciones relacionadas con la electrónica. |
| Juegos | Paquetes de entretenimiento. |
| Gnome | Aplicaciones y paquetes necesarios para ejecutar el entorno de escritorio Gnome junto con los programas que éste incluye. |
| Gráficos | Aplicaciones para realizar edición de imágenes y retoque fotográfico, entre otros similares. |
| KDE | Paquetes necesarios para la ejecución del entorno de escritorio KDE, junto con las aplicaciones que incluye. |
| Librerías | Librerías necesarias para que otros paquetes puedan ejecutarse normalmente. |
| Mail | Aplicaciones para gestionar el correo electrónico. |
| Redes | Paquetes necesarios para la configuración y administración de diversos tipos de redes. |
| Matemáticas | Aplicaciones matemáticas. |
| Librerías antiguas | Librerías antiguas necesarias para el funcionamiento de ciertos paquetes de software. |
| Perl | Aplicaciones y paquetes necesarios para el desarrollo en lenguaje Perl. |
| Python | Aplicaciones y paquetes necesarios para el desarrollo en lenguaje Python. |
| Sonido | Aplicaciones relacionadas con la reproducción y manipulación de sonido. |
| Utilidades | Diversas utilidades que nos ayudarán en la gestión de nuestro sistema. |

| CATEGORÍA DE PAQUETES DE SOFTWARE | DESCRIPCIÓN |
| --- | --- |
| Web | Aplicaciones relacionadas con la descarga de archivos, servidores web y navegación, entre otros similares. |
| X-Window | Todos los paquetes necesarios para que el entorno gráfico pueda ser ejecutado en una computadora con Linux instalado. |

***Tabla 5**. Algunas de las categorías de paquetes .DEB a los cuales podemos acceder a través de los repositorios oficiales.*

La web **www.debian.org/distrib/packages#search_packages** nos entrega la posibilidad de utilizar un buscador para ubicar un paquete específico dentro de las aplicaciones disponibles para un sistema Debian GNU/Linux. Podemos realizar una búsqueda por palabra clave dentro de los nombres, descripción o fuentes de cada paquete. También es posible buscar por versión de la distribución o sección.

Para realizar una búsqueda de una forma más efectiva, debemos escribir en la barra de direcciones de nuestro navegador web **http://packages.debian.org/nombre_del_paquete**, reemplazando **nombre_del_paquete** por el nombre del paquete buscado. Esto dará como resultado un listado de todos los paquetes relacionados con la búsqueda que estamos realizando.

## ... RESUMEN

**En este capítulo aprendimos a crear un Live CD basándonos en la distribución Debian GNU/Linux. Describimos las ventajas de Debian y revisamos su proceso de instalación. Presentamos las herramientas Live-helper y Live-magic, que nos ayudan en la tarea de crear un Live CD y personalizarlo. Seguimos los procesos implicados en la creación del CD y profundizamos en cada uno de ellos, utilizando Live-helper y Live-magic. Conocimos los tipos de paquetes más populares en sistemas operativos de la familia GNU/Linux y caracterizamos el tipo usado por la distribución Debian. Destacamos la selección de paquetes para marcar la orientación de una distribución y conocimos las principales categorías de paquetes de software disponibles para Debian GNU/Linux.**

## ACTIVIDADES

### TEST DE AUTOEVALUACIÓN

1 ¿Cuáles son las principales ventajas de Debian GNU/Linux?

2 Mencione y caracterice algunos de los entornos de escritorio disponibles para sistemas Unix.

3 ¿Qué es y para qué sirve Live-helper?

4 Describa las similitudes y diferencias entre Live-helper y Live-magic.

5 ¿Qué es un gestor de paquetes?

6 ¿Qué configuraciones predefinidas incorpora Live-helper?

7 Mencione y describa algunos de los parámetros que puede utilizar con Live-helper.

8 Defina y describa qué es un paquete.

9 Describa algunos de los paquetes utilizados por sistemas Debian.

10 Mencione algunas características de los paquetes utilizados por sistemas Debian.

### EJERCICIOS PRÁCTICOS

1 Instale una copia del sistema Debian GNU/Linux en una computadora utilizando el instalador en modo gráfico.

2 Instale Live-helper y Live-magic utilizando una consola de comandos.

3 Cree un Live CD con un sistema Debian utilizando Live-helper.

4 Cree un Live CD con un sistema Debian utilizando Live-magic

5 Navegue por la web oficial de Debian GNU/Linux y descargue los paquetes .DEB para agregar a un Live CD.

Capítulo 4

# Crear distribución personalizada basada en Ubuntu

En este capítulo, conoceremos las particularidades de Ubuntu. Además, revisaremos los pasos necesarios para crear una distribución basada en él, utilizando herramientas como Ubuntu Remastersys, Ubuntu Reconstructor y Ubuntu Customization Kit. Luego, conoceremos algunos paquetes de software disponibles para este sistema, que nos ayudarán a definir la orientación de la distribución.

# UBUNTU Y HERRAMIENTAS DE PERSONALIZACIÓN DISPONIBLES

**Ubuntu**, la distribución Linux para seres humanos, está basada en **Debian GNU/Linux**. Se destaca entre otras distribuciones por su marcada orientación hacia el usuario final y por estar patrocinada por la empresa Canonical Ltd.

## Ubuntu, instalación y primeros pasos

El uso de esta distribución es muy sencillo, así como la instalación de nuevas aplicaciones, ya que conserva el sistema de gestión de paquetes de Debian, basado en archivos .DEB. Existen muchas distribuciones que han sido creadas basándose en Ubuntu, como **gNewSense**, y también algunas variantes de esta distribución que se desarrollan como proyectos oficiales respaldados por Canonical. En la **Tabla 1** se caracterizan las versiones de Ubuntu desarrolladas y distribuidas por la Fundación Ubuntu.

| VERSIÓN DE UBUNTU | CARACTERÍSTICAS |
|---|---|
| Kubuntu | Se caracteriza por utilizar el entorno de escritorio KDE, incorporando las aplicaciones que son instaladas con él. |
| Xubuntu | Se caracteriza por utilizar el entorno de escritorio XFCE. |
| Edubuntu | Incorpora aplicaciones orientadas a estudiantes. Desde la versión 8.04 se distribuye como un paquete de aplicación adicional, dejando de ser una versión aparte. |
| Gobuntu | Sólo incorpora aplicaciones libres. |

***Tabla 1.** Versiones de Ubuntu creadas y soportadas por la Fundación Ubuntu.*

La instalación de Ubuntu se realiza en pocos pasos gracias a un **asistente** totalmente gráfico que nos guía durante todo el proceso. La descarga de la versión de esta distribución, **Ubuntu 8.10 Intrepid Ibex**, se encuentra disponible en la web **www.ubuntu.com**. Entre los requisitos necesarios para que Ubuntu Intrepid Ibex funcione en una computadora se encuentran los siguientes: un mínimo de 384 MB de memoria RAM, procesador de 699 MHz, y 4 GB de espacio en el disco duro.

### FINANCIAMIENTO DE UBUNTU

La creación de la distribución Linux **Ubuntu** fue anunciada durante el año 2004 por Mark Shutleworth y Canonical Ltd, contando con 10 millones de dólares para su financiamiento inicial. Los lanzamientos se producen cada seis meses. Ubuntu 4.10 **Warty Warthog** fue el primer lanzamiento y ocurrió el 20 de octúbre del año 2004.

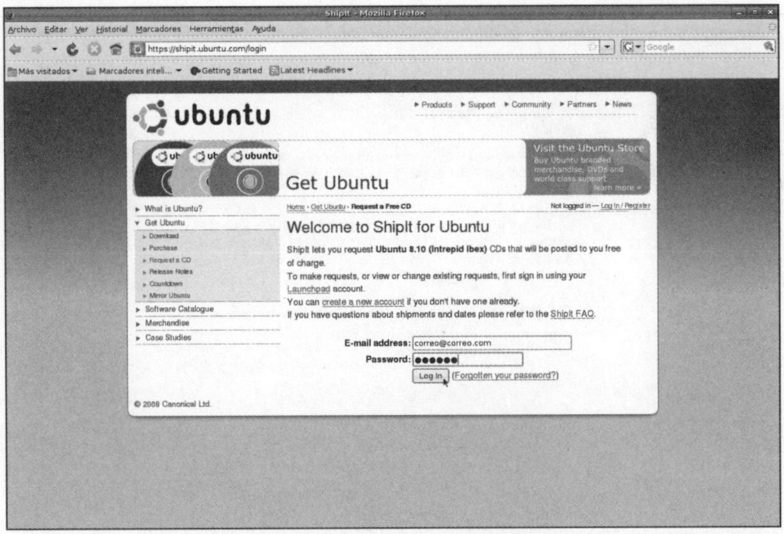

**Figura 1.** *Mediante la página **https://shipit.ubuntu.com/** podremos solicitar el envío gratuito de Live CD y medios de instalación de Ubuntu.*

Podemos seguir las indicaciones del siguiente paso a paso para instalar Ubuntu 8.10.

## ■ Proceso de instalación de Ubuntu 8.10 PASO A PASO

1 Inicie la computadora con el CD de Ubuntu 8.10 en la unidad correspondiente para arrancar desde él. Cuando la pantalla de inicio se presente, seleccione el idioma, luego marque la opción **Instalar Ubuntu** y presione **ENTER**. Espere mientras el sistema se carga.

▶

**2** En la **Etapa 1 Bienvenida** seleccione el idioma adecuado y presione el botón **Adelante** para continuar el proceso.

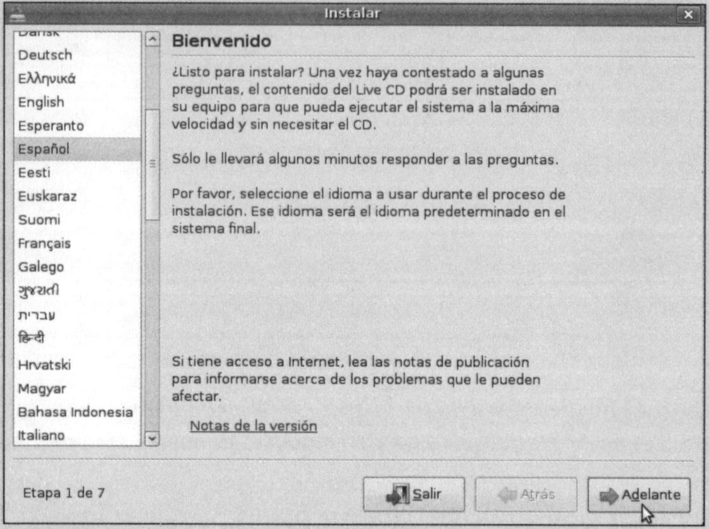


**3** En la **Etapa 2 ¿Dónde se encuentra?** seleccione su ciudad y zona horaria correspondiente. Presione el botón **Adelante** para continuar.

**4** En la **Etapa 3 Distribución del teclado** deberá seleccionar la distribución que corresponda al teclado conectado a la computadora. Presione el botón **Adelante** para seguir.

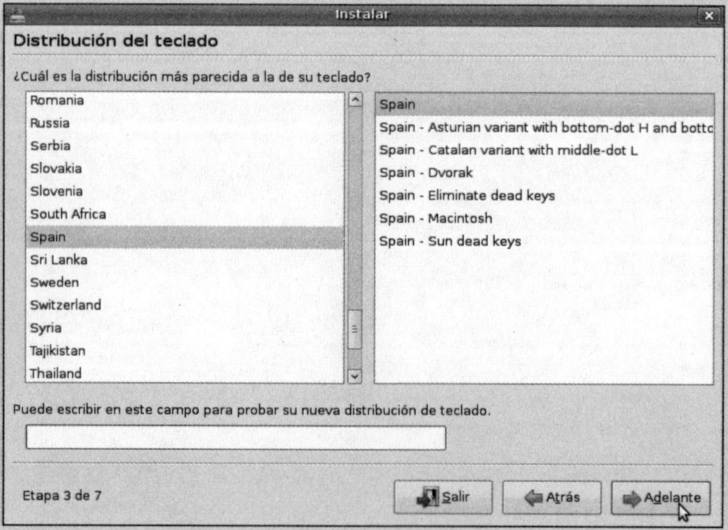

5 En la **Etapa 4** deberá particionar el disco duro utilizando las herramientas disponibles y tendrá que preparar un espacio para que **Ubuntu 8.10 Intrepid Ibex** pueda ser instalado. Cuando termine, presione el botón **Adelante**.

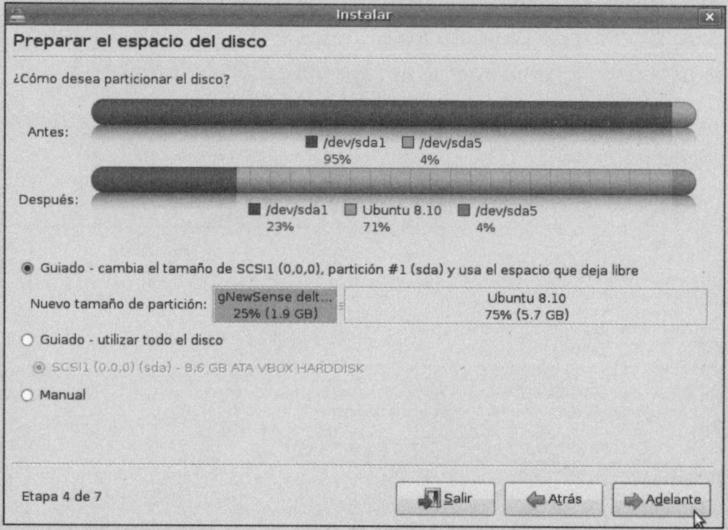


6 En la **Etapa 5 ¿Quién es usted?** ingrese su nombre, un nombre y una contraseña para el usuario y un nombre para el equipo. También puede marcar la casilla **Entrar automáticamente** para que la pantalla de inicio de sesión no se presente. Para continuar, presione el botón **Adelante**.

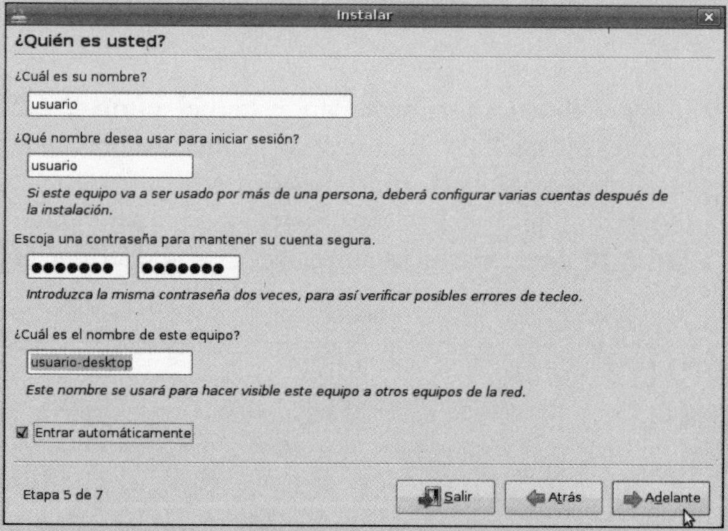

7 En la pantalla siguiente puede seleccionar las cuentas de usuario existentes en el equipo que desee importar al nuevo **sistema operativo**. Presione **Adelante**.

8 En la **Etapa 7 Listo para instalar** debe verificar que toda la información suministrada sea correcta. Cuando esté seguro, presione el botón **Instalar** para comenzar con el proceso. Espere mientras la instalación se realiza.

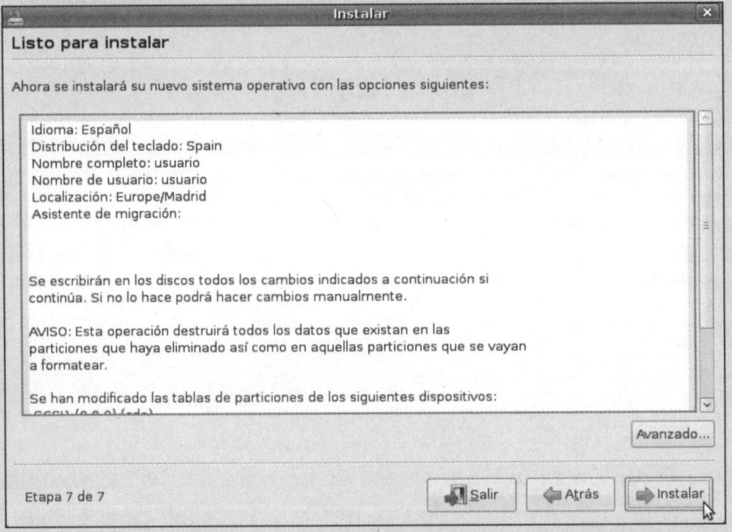


9 Cuando la instalación termine, deberá extraer el CD de la unidad correspondiente y reiniciar la computadora para utilizar el nuevo sistema operativo.

Ubuntu 8.10 Intrepid Ibex se distribuye con el **kernel Linux 2.6.27** y utiliza el entorno de escritorio **Gnome 2.24**. Este sistema incluye mejoras en el entorno gráfico y soporte inalámbrico 3G, entre otras novedades.
Además de la instalación desde cero descrita en el paso a paso anterior, es posible actualizar Ubuntu 8.10 desde versiones anteriores de esta distribución.

## UBUNTU LTS

Los lanzamientos de **Ubuntu LTS** o **Long Term Support** cuentan con una asistencia técnica extendida, así como también actualizaciones de paquetes por más tiempo. Ubuntu normalmente entrega un soporte de dieciocho meses a partir de la fecha de lanzamiento. Las versiones LTS entregan soporte por tres años desde la fecha de lanzamiento.

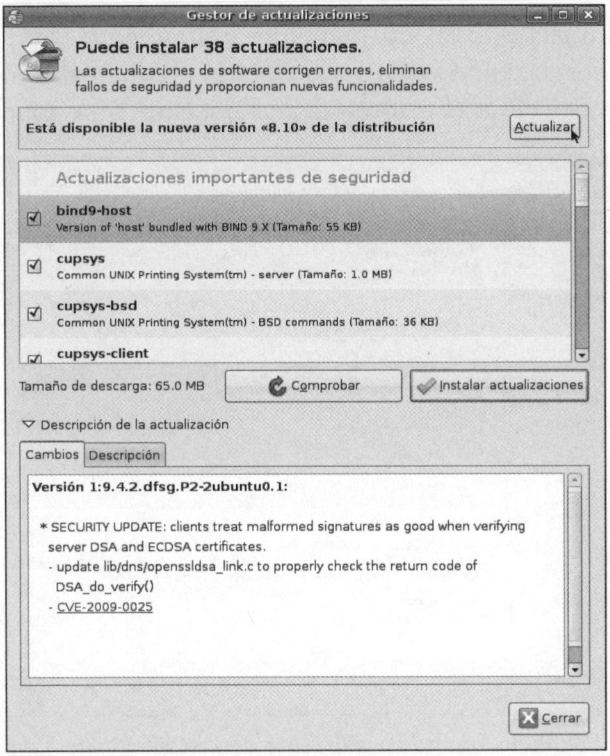


***Figura 2.** Para actualizar **Ubuntu Intrepid Ibex** accedemos a **Sistema/Administración/Gestor de actualizaciones** y en el apartado **Esta disponible la nueva versión de la distribución** hacemos clic en **Actualizar**.*

Las versiones de Ubuntu llamadas LTS no presentan la opción para actualizar la nueva versión del sistema y en este caso debemos hacer clic en **Sistema /Administración/ Gestor de paquetes Synaptic**. Presionamos en el menú **Configuración/Repositorios**, en la pestaña **Actualizaciones** sección **Actualización de la distribución** seleccionamos **Ediciones normales** y luego presionamos el botón **Cerrar**.

**Ubuntu** incorpora una gran cantidad de **paquetes de software** preinstalados y esto lo posiciona como una distribución de propósitos generales no sólo orientada a usuarios expertos, sino también para quienes comienzan a tomar contacto con sistemas

### EDUCANIX

**Educanix** es una distribución Linux creada especialmente para entornos escolares y de aprendizaje. Funciona como una distribución Live y fue desarrollada por el Centro de referencia Linux en España. Su web oficial es **http://memnon.ii.uam.es/~educanix/index.html**. Incorpora aplicaciones como **GCompris**, **TuxPaint** y **KTuberling**.

Linux. Con Ubuntu recién instalado, podremos realizar tareas como editar imágenes, reproducir ciertos formatos de audio y video, crear y editar documentos de oficina, ejecutar juegos y personalizar el entorno de trabajo, entre otras muchas acciones.

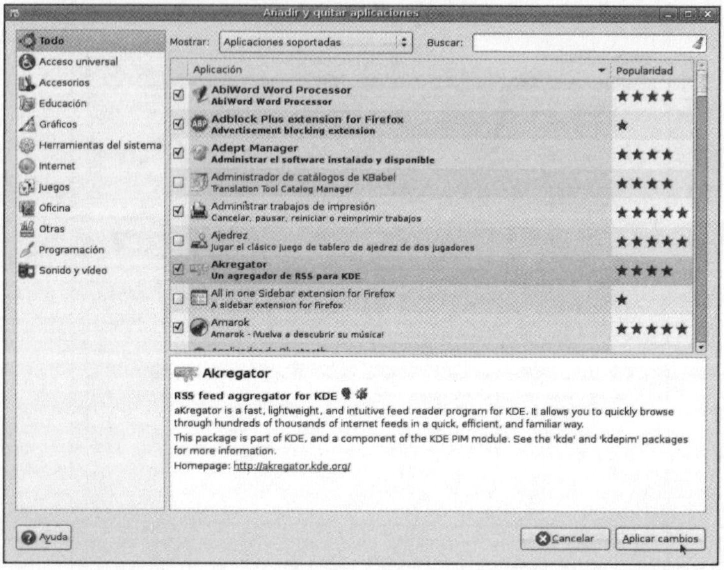


***Figura 3.*** *Ubuntu incorpora un **asistente de instalación** de aplicaciones: debemos hacer clic en **Aplicaciones/Añadir y quitar...**, luego seleccionar los programas adecuados y presionar **Aplicar cambios**.*

## Herramientas de personalización disponibles

La utilización de Ubuntu como base para crear una distribución personalizada nos asegura que el nuevo sistema contará con la facilidad de manejo y configuración que incorpora esta distribución, junto con una adecuada selección de paquetes de software y otras adaptaciones integradas por nosotros. Existen paquetes de software especialmente desarrollados para asistirnos en el proceso de crear un CD que contenga una versión de Ubuntu adaptada a nuestras necesidades y entre ellos se encuentran **Ubuntu Reconstructor**, **Ubuntu Remastersys** y **Ubuntu Customization Kit**.

### UBUNTU GRUMPY GROUNDHOG

El lanzamiento de la versión de Ubuntu llamada **Grumpy Grounhog** por la **Fundación Ubuntu** se realizará próximamente. Ubuntu Grumpy Grounhog aún no se encuentra disponible para ser descargada y utilizada por los usuarios finales, pero se espera que sea una versión inestable exclusiva para desarrollo y pruebas del sistema.

**Ubuntu Reconstructor** es una aplicación que tiene como finalidad ayudarnos a personalizar una imagen ISO de la distribución Ubuntu. Este programa incorpora la posibilidad de personalizar el usplash o imagen de carga del sistema, pantalla de carga de Gnome, tema para GDM, fondo de escritorio y otras adaptaciones. Además, pone a nuestra disposición las herramientas que nos permiten agregar o quitar paquetes de software y modificar la lista de repositorios.

**Ubuntu Remastersys** es una aplicación desarrollada por Tony Brijesky, que nos ayuda en la tarea de crear un Live CD basándonos en la distribución Ubuntu Linux y también nos permite realizar una copia completa del sistema operativo instalado en una computadora. Ubuntu Remastersys puede ser utilizado a través de una consola o mediante una interfaz gráfica y además de Ubuntu, puede trabajar con otras versiones de la distribución, como por ejemplo, Kiklit Linux y Linux Mint.

**Ubuntu Customization Kit**, también conocido por las siglas UCK, es una herramienta que fue creada para ayudarnos durante el proceso de creación de un Live CD basado en Ubuntu. Esta aplicación permite apoyarse, también, en distribuciones tales como Kubuntu, Edubuntu y Xubuntu.

# CREAR DISTRIBUCIÓN UTILIZANDO UBUNTU RECONSTRUCTOR

**Ubuntu Reconstructor** es una de las aplicaciones que nos permite modificar una **imagen ISO** de Ubuntu. Podremos personalizar diversos aspectos de la distribución obteniendo, así, nuestra propia versión. La página oficial del paquete de software es **http://reconstructor.aperantis.com**.

## Instalación de Ubuntu Reconstructor

Para llevar a cabo el proceso de instalación de **Ubuntu Reconstructor** debemos seguir las indicaciones detalladas en el siguiente paso a paso.

### CRÍTICAS A KDE

En sus inicios, **KDE** fue muy criticado porque en su desarrollo se utilizaron las **bibliotecas Qt**, que están basadas en código abierto, pero no eran libres. El 4 de septiembre del año 2000 la biblioteca se comenzó a distribuir amparada en las licencias GPL 2.1 GPL v2 y GPL v3, con lo que las críticas por este tema cesaron dentro del ambiente Linux.

## ■ Instalación de Ubuntu Reconstructor PASO A PASO

**1** Primero deberá obtener el **paquete de software** para proceder a instalarlo. Ingrese en la web **http://reconstructor.aperantis.com/index.php?option=com_remository&Itemid=33&func=fileinfo&id=164** y descargue Ubuntu Reconstructor con un clic en **Download**.

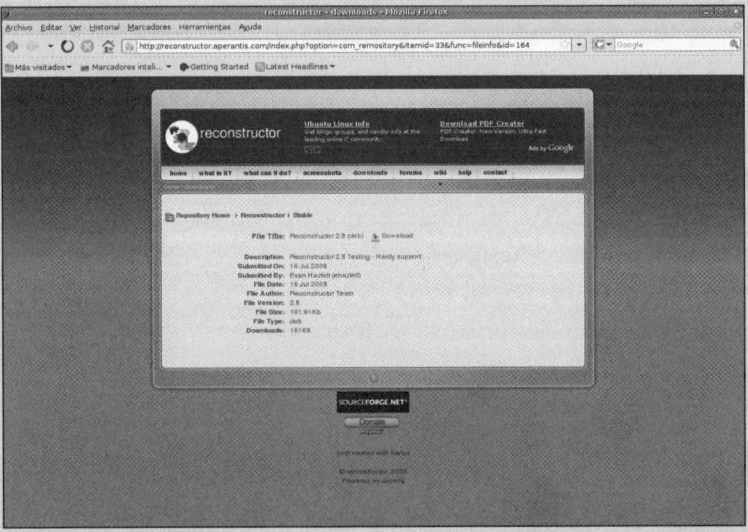


**2** Cuando el archivo **reconstructor_2.8_all.deb** haya terminado de descargarse, selecciónelo con el botón derecho del mouse y haga clic en la opción **Abrir con "Instalador de paquetes GDebi"**.

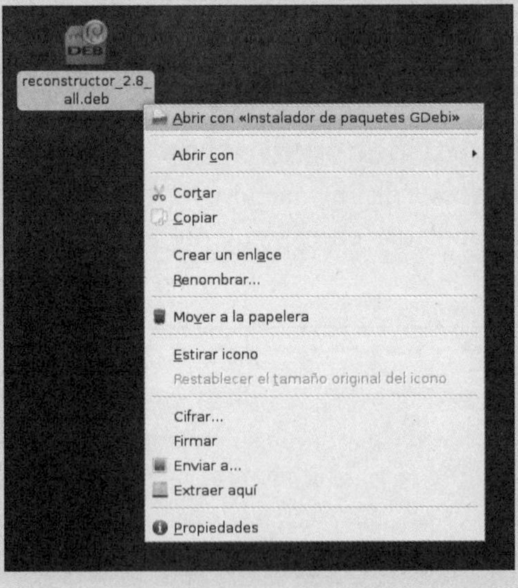


▶

3 Una vez que el instalador de paquetes **GDebi** se haya cargado, haga clic sobre el botón **Instalar el paquete**, ubicado en la esquina superior de la ventana.

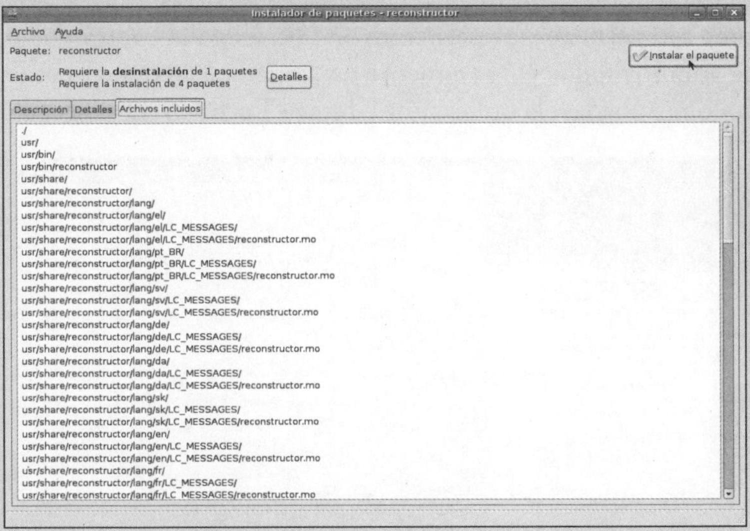

4 Espere mientras se descargan los paquetes adecuados y se instala y configura Ubuntu Reconstructor.

5 Cuando la instalación finalice, debe hacer clic en el botón **Cerrar** para terminar.

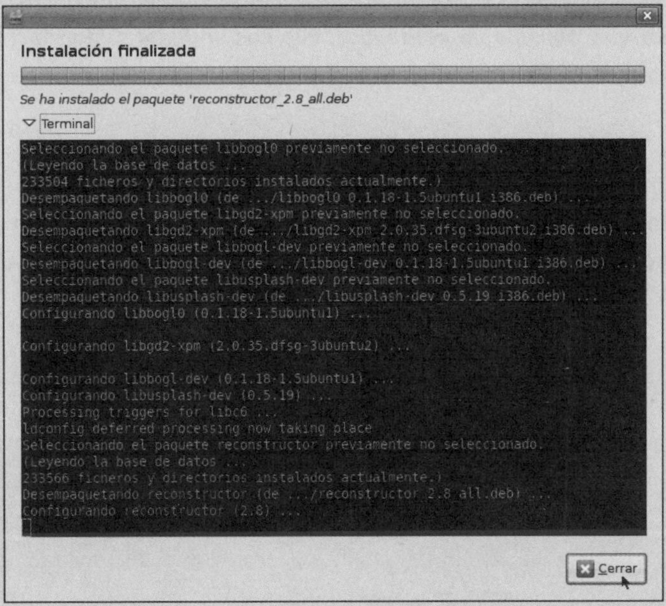

## Utilización de Ubuntu Reconstructor

Para utilizar la aplicación ya instalada en nuestro equipo debemos hacer clic en el menú **Aplicaciones/Herramientas del sistema/Reconstructor**. También podemos abrir una consola de comandos con un clic en **Aplicaciones/Accesorios/Terminal**. Primero escribimos **sudo reconstructor**, presionamos **ENTER**, luego la contraseña para obtener privilegios de administrador y nuevamente presionamos **ENTER**. Cuando las **dependencias** sean comprobadas, la aplicación Ubuntu Reconstructor se iniciará.

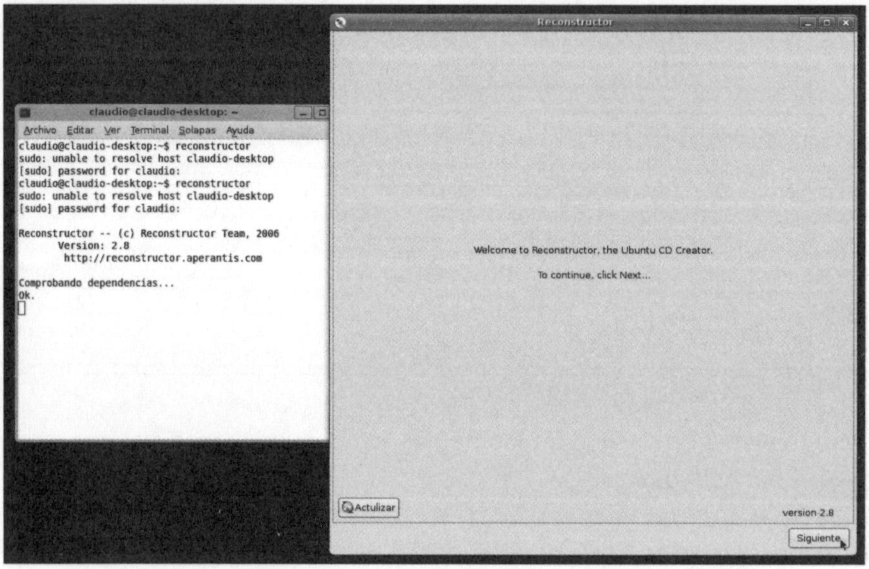


***Figura 4.** Además de la ventana principal de Ubuntu Reconstructor, se abrirá una **consola de comandos**, que nos entregará información útil mientras la aplicación se ejecuta. Esta consola no debe ser cerrada.*

En la ventana de bienvenida de Reconstructor debemos presionar el botón **Siguiente** para que el proceso se inicie. En la siguiente pantalla debemos marcar la opción correspondiente al tipo de disco que deseamos crear con el programa. Podemos elegir entre la creación de un CD autoarrancable, para utilizar el sistema operativo sin necesidad de instalarlo, y un disco de instalación.

### GDEBI

**GDebi** está disponible en las distribuciones Ubuntu Linux en sus diversas versiones. GDebi se encarga de gestionar la instalación de los paquetes de software .DEB, que son utilizados en sistemas Debian y derivados, como Ubuntu, KUbuntu y otros. Gdebi dispone de una **interfaz gráfica**, pero también funciona mediante una línea de comandos.

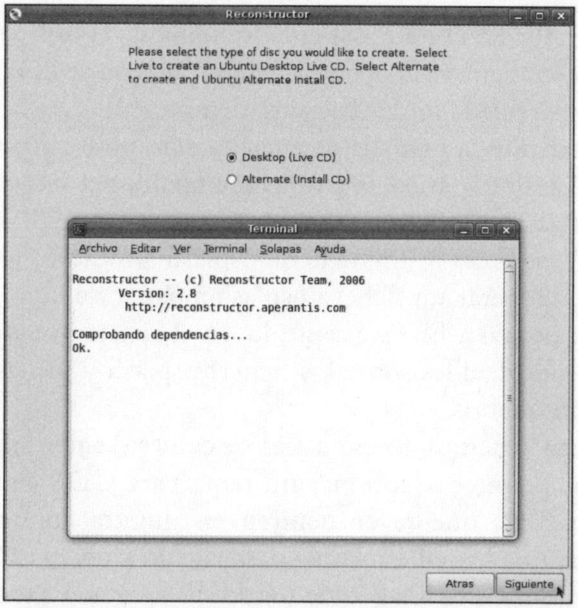


**Figura 5.** Las dos opciones disponibles son ***Desktop (Live CD)*** y ***Aternate (Install CD)***. Para continuar hacemos clic sobre el botón ***Siguiente***.

En la pantalla siguiente debemos especificar un directorio de trabajo: podemos indicarlo con un clic en el botón **...** . También tenemos que marcar las casillas **Crear directorio remaster**, **Crear directorio root** y **Crear directorio ramdisk**.

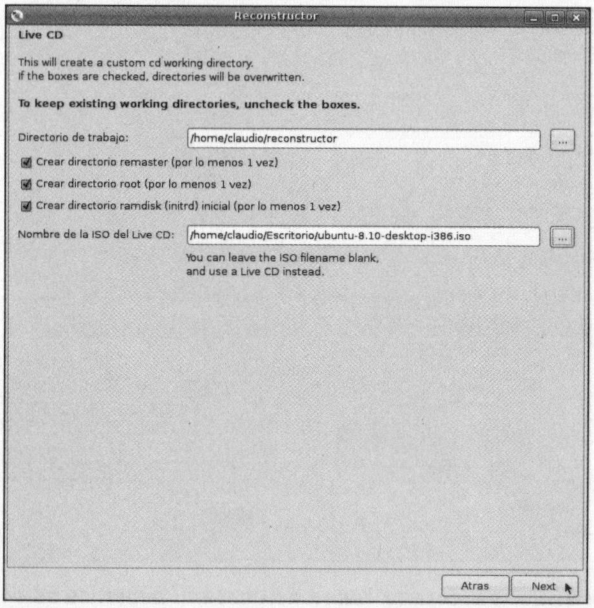


**Figura 6.** Además, en esta pantalla debemos especificar la ubicación de la imagen ISO de Ubuntu que utilizaremos como base y luego presionar el botón ***Next***.

Tenemos que hacer clic en el botón **Si** en la ventana de confirmación. Luego esperamos unos minutos, mientras la operación de extracción se lleva a cabo. Cabe destacar que este proceso puede tardar bastante tiempo.

Para continuar, mediante la pantalla **Personalización**, podremos realizar los ajustes que definirán la posterior apariencia y funcionamiento del CD creado.

En la pestaña **Pantalla de inicio** podemos seleccionar un splash para el CD, el color del texto en pantalla y un fichero usplash ubicado en la computadora. También podremos generar un fichero usplash a partir de una imagen .PNG con un clic en el botón **Generar**. En este capítulo, en el apartado **Selección de paquetes**, podemos obtener detalles sobre los ficheros splash y usplash, así como también la forma de obtenerlos.

En la pestaña **Gnome** tenemos acceso a tres secciones: **Login**, **Escritorio** y **Tema**. El apartado **Login** nos permite seleccionar un tema para GDM, con las extensiones .TAR.GZ Y .TAR.BZ2, que se encuentren en nuestra computadora. También podemos especificar una pantalla splash a partir de un archivo .BMP, .PNG o .JPG, y finalmente seleccionar una imagen de fondo. El apartado **Escritorio** nos permite especificar un tipo de fuente para las aplicaciones, otro para los documentos, otro para el escritorio y otro para la barra de título, entre otras especificaciones. En el **punto 5 de este capítulo, Selección de paquetes**, podemos obtener más detalles sobre la obtención de fondos de escritorio, temas para GDM y tipos de fuentes.

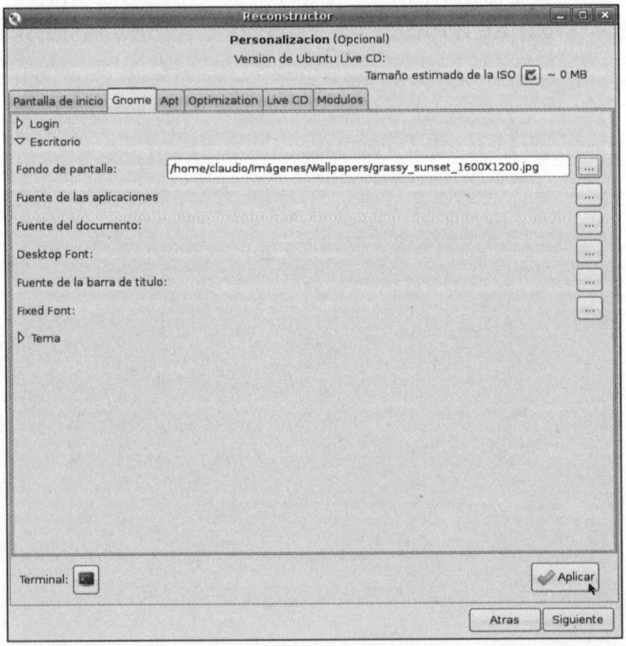


***Figura 7.** En el apartado **Fondo de pantalla** podemos seleccionar una imagen para utilizarla de forma predeterminada: hacemos clic en el botón **...** , navegamos hasta su ubicación y luego presionamos **Aplicar**.*

El apartado **Tema** nos permite seleccionar un tema para el escritorio, los bordes de ventana y el set de iconos que utilizará la distribución.
La pestaña **Apt** nos permite marcar los repositorios que serán activados en el Live CD. Entre los repositorios seleccionables se encuentran **Ubuntu Oficial (libre, soportado)**, **Ubuntu Universe (libre, no soportado)**, **Ubuntu Restricted (no libre, soportado)** y **Ubuntu Multiverse (no libre, no soportado)**. Además, podemos indicar el empleo de repositorios personalizados. Para esto debemos escribir un repositorio por línea en el espacio en blanco, por ejemplo, **deb http://us.archive.ubuntu.com/ubuntu/ edgy main restricted**.
Si tenemos que importar las claves correspondientes a algunos repositorios, debemos hacer clic en **Import GPG Key** y navegar hasta la ubicación correspondiente. En el **punto 5 de este capítulo, Selección de paquetes**, podemos acceder a un listado de repositorios que tenemos la posibilidad de utilizar en nuestra distribución.
En la pantalla **Optimization**, en el apartado **Apagado**, podemos marcar la casilla **Optimizar el apagado** para que se realice más rápido. Para recuperar los scripts de apagado originales, debemos hacer clic en el botón **Restore**.

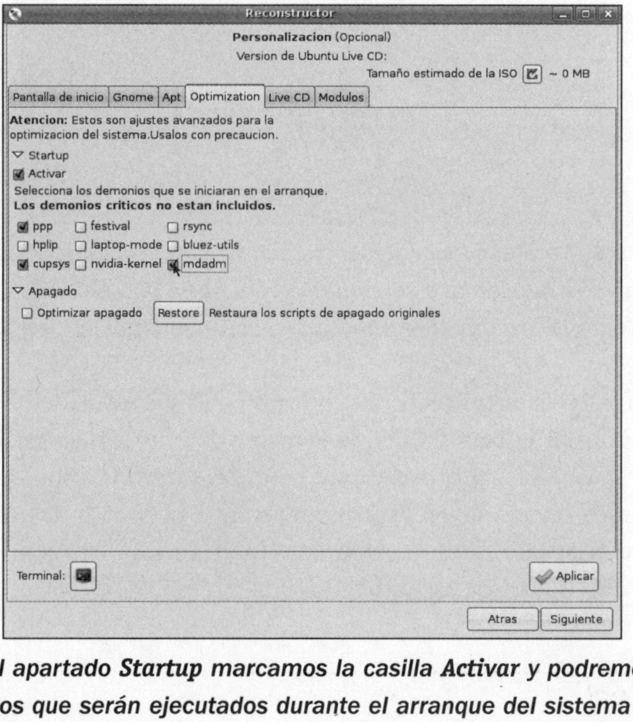


***Figura 8.** En el apartado Startup marcamos la casilla Activar y podremos seleccionar los demonios que serán ejecutados durante el arranque del sistema operativo.*

Entre los demonios o servicios que podemos activar durante el arranque se encuentran **hplip** (gestión para impresoras Hewlett Packard), **laptop-mode** (sistema para optimizar la duración de la batería en equipos portátiles), **nvidia-kernel** (soporte para tarjetas gráficas NVidia), **rsync** (sincronización de ficheros), **bluez-utils** (soporte para dispositivos bluetooth) y **mdadm** (monitor RAID), entre otros.

En la pantalla **Live CD** podremos establecer la información predeterminada correspondiente al nombre de usuario, contraseña y nombre de la máquina.
En la pestaña **Módulos** podremos seleccionar los módulos que serán ejecutados durante el inicio del sistema. Cuando terminemos, presionamos el botón **Siguiente** y hacemos clic en **Si** para confirmar las operaciones seleccionadas.

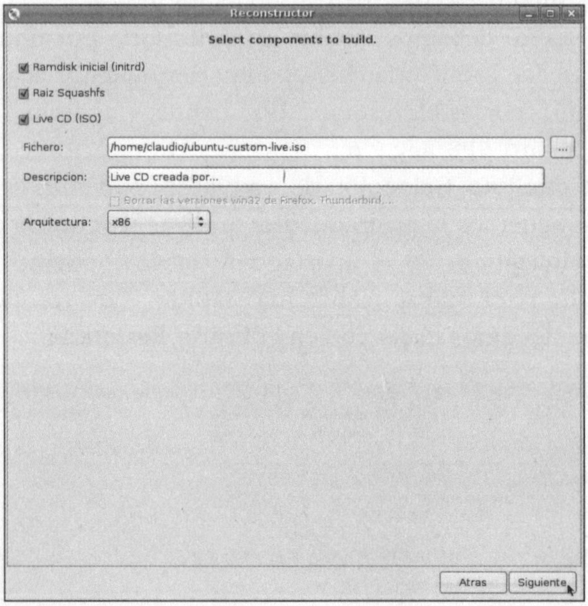


***Figura 9.** Para continuar, debemos indicar la ubicación y el nombre para la imagen que se creará, incorporarle una descripción y seleccionar la arquitectura adecuada. Luego hacemos clic en **Siguiente**.*

Podemos seleccionar las arquitecturas x86, x86_64 y PowerPC. Para crear la imagen debemos presionar el botón **Si** en la ventana de confirmación. Dependiendo de las opciones seleccionadas, el proceso puede tardar cierto tiempo. Una vez que haya terminado debemos hacer clic en **Finish** para salir. El proceso de creación de la imagen puede tardar bastante tiempo. Una vez finalizado, la imagen estará disponible en el directorio que hayamos especificado.

## POWER PC

Power PC es el nombre utilizado por las computadoras que poseen una arquitectura de tipo **RISC**. Los procesadores de este tipo son incorporados principalmente por computadoras **Macintosh** de Apple. Existen distribuciones Linux orientadas a este tipo de equipos, por ejemplo, **Slackintosh** y **Yellow Dog Linux**, entre otras.

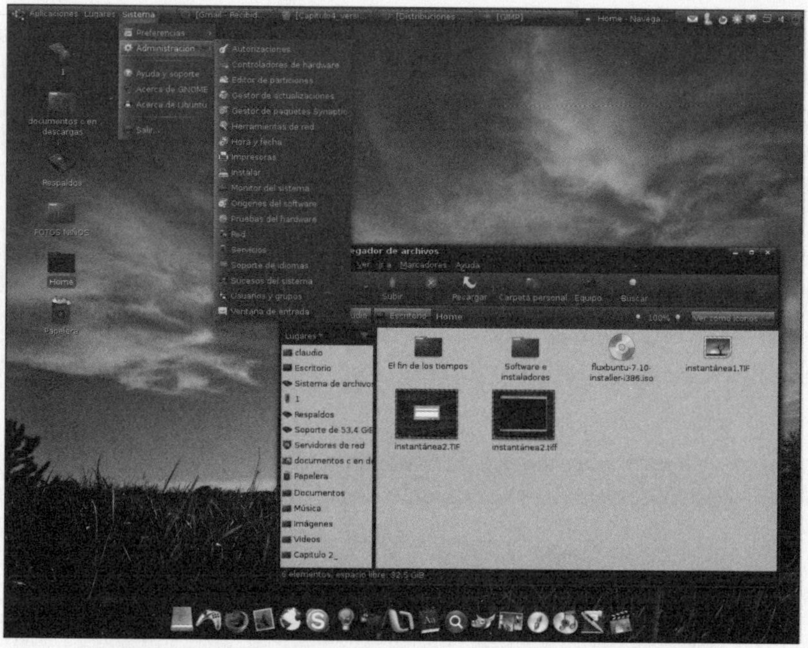

**Figura 10.** *Una vez terminados estos pasos tendremos acceso a un CD que contendrá una versión modificada de Ubuntu con todas las personalizaciones especificadas por nosotros.*

# CREAR DISTRIBUCIÓN UBUNTU CON REMASTERSYS

**Ubuntu Remastersys Backup** es una aplicación desarrollada como asistente para crear un CD personalizado basado en Ubuntu.
Remastersys nos permitirá crear un CD partiendo de las modificaciones que hayamos realizado en la **distribución** instalada. Este paquete de software presenta la particularidad de trabajar con una instalación de Ubuntu existente, a diferencia de

### KDE 4

La última versión del entorno de escritorio **KDE** incorpora novedades tales como temas, estilos visuales, iconos y efectos de escritorio, renovación completa de paneles y menús, mayor rapidez y utilización de memoria más eficiente, nuevo administrador de archivos por defecto (**Dolphin**) y una nueva interfaz multimedia, entre otras mejoras.

Ubuntu Reconstructor, que trabaja con un CD de instalación de la distribución. Gracias a la utilización de este programa, podemos realizar dos tipos de copia, una que incluye los archivos de nuestra carpeta **Home**, y que nos servirá para hacer respaldo completo de nuestra distribución. El respaldo normal es la opción que nos ayudará a crear una versión personalizada de Ubuntu.

## Instalación de Ubuntu Remastersys

Para instalar Ubuntu Remastersys debemos seguir el procedimiento detallado a continuación, en el siguiente paso a paso.

### ■ Instalación de Remastersys Backup — PASO A PASO

**1** Primero, abra una **consola** y ejecute el comando **echo "deb http://www.linuxmint.com/repository romeo/" >>/etc/apt/sources.list** como administrador, para agregar un repositorio a su **sources.list**. Presione la tecla **ENTER**. Luego escriba **apt-get update**, presione **ENTER** nuevamente y espere unos instantes mientras la operación de actualización se lleva a cabo.

**2** Haga clic en **Sistema/Administración/Gestor de paquetes Synaptic**, presione el botón **Buscar**, escriba **remastersys** y haga clic en **Buscar**.

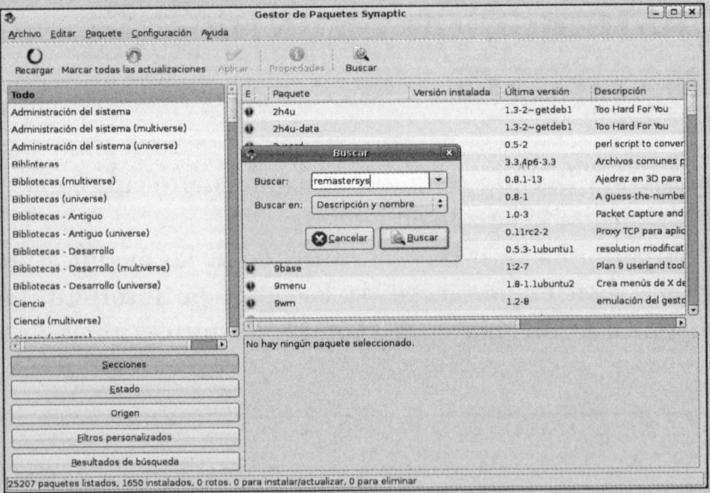


**3** Seleccione el paquete llamado **remastersys** desde la lista presentada con el botón derecho del mouse y haga clic en la opción **Marcar para instalar**.

►

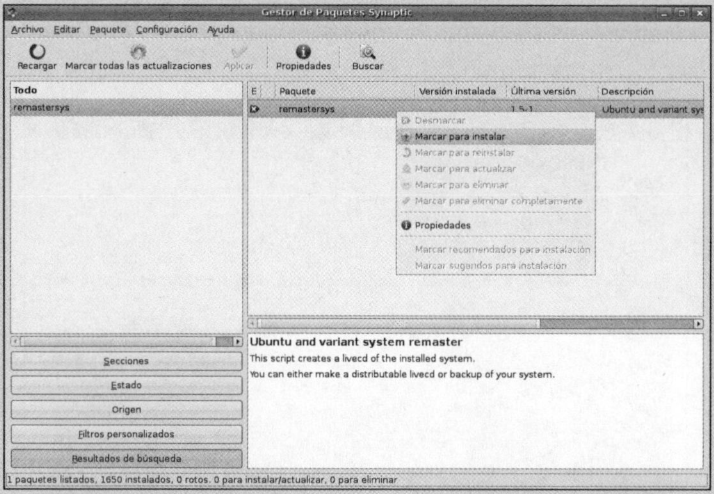


4 En la siguiente pantalla verá un aviso que indicará que el paquete de software no ha podido ser autentificado, y un listado de las dependencias necesarias para que **Ubuntu Remastersys** funcione adecuadamente. Haga clic en el botón **Marcar** para continuar.

5 Presione el botón **Aplicar** para instalar el paquete de software y luego presione **Aplicar** nuevamente para que el proceso de instalación sea confirmado.

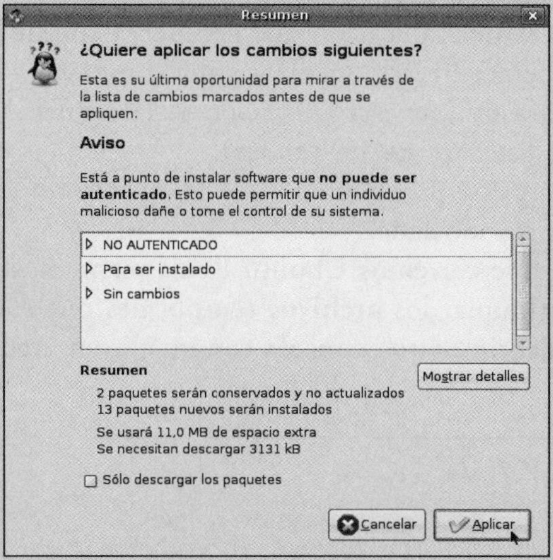


6 Espere mientras el gestor de paquetes **Synaptic** descarga, instala y configura los paquetes requeridos.

**7** Cuando la instalación se haya completado, debe hacer clic en el botón **Cerrar** para finalizar y dar por terminardo el proceso.

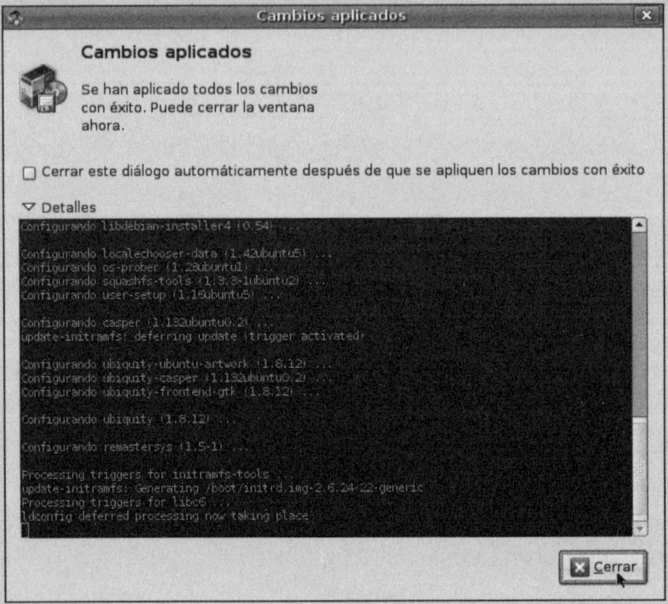


## Utilización de Ubuntu Remastersys

Remastersys Backup es una aplicación que no cuenta con una **interfaz gráfica**, es decir, para usarla debemos hacerlo mediante una consola de comandos.

La sintaxis básica para utilizar esta aplicación es la siguiente: **remastersys backup |clean|dist [cdfs|iso] [nombre_de_imagen.iso]**.

Debemos recordar que este programa debe ejecutarse como usuario administrador o anteponiendo el comando **sudo**.

Si es la segunda vez que corremos Ubuntu Remastersys en nuestra computadora, debemos proceder a limpiar los **archivos temporales** que son generados por esta aplicación. Para esto abrimos una **consola** con un clic en **Aplicaciones/ Accesorios/**

### SYNAPTIC Y KYNAPTIC

**Synaptic** es una aplicación predeterminada para gestionar los paquetes de software instalado en un sistema operativo Linux Ubuntu. **Kynaptic** es una aplicación gráfica para gestionar paquetes .DEB en un sistema operativo Kubuntu. Kynaptic fue creada basándose en el código base de Synaptic, pero no posee las mismas características.

**Terminal**, escribimos la orden **sudo remastersys clean**, y presionamos **ENTER**. Cuando veamos el mensaje **Done...Exiting** en la consola de comandos, el proceso habrá terminado. Debemos ejecutar esta limpieza después de cada imagen creada.

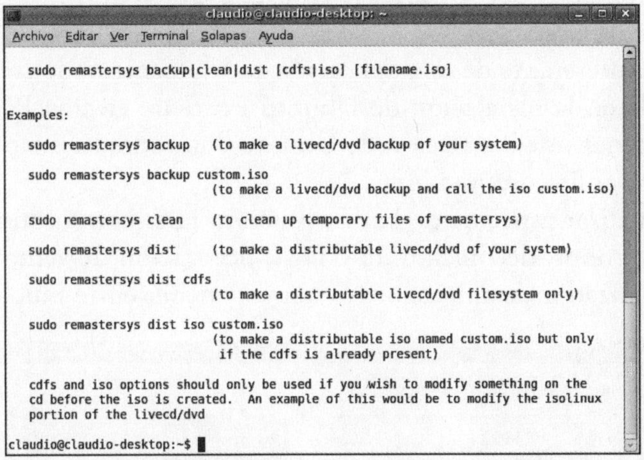


***Figura 11.** El comando sudo remastersys nos entregará un listado de todas las opciones disponibles para esta aplicación, así como la sintaxis correcta de sus comandos.*

Remastersys puede ser utilizado para realizar una copia de seguridad completa del sistema, incluyendo todos los archivos. Esta opción es interesante si queremos resguardar tanto nuestras personalizaciones, como los archivos almacenados en la PC. Para hacer un **backup** completo del sistema abrimos una consola de comandos y escribimos **sudo remastersys backup**, luego presionamos **ENTER** y esperamos mientras el proceso se realiza. Esta operación puede tardar bastante tiempo, dependiendo de la cantidad de archivos y aplicaciones existentes en la PC.

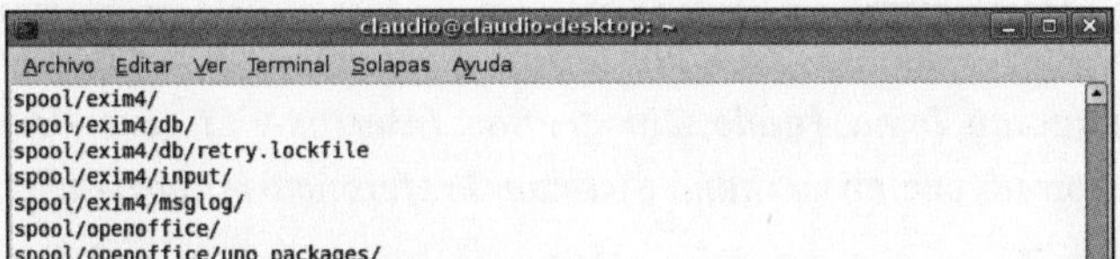


***Figura 12.** Es posible que veamos un mensaje que pide el CD de instalación de **Ubuntu**. En este caso introducimos el disco en la unidad correspondiente y presionamos **ENTER**.*

El comando **sudo remastersys backup nombre_de_la_imagen.ISO** realiza el mismo procedimiento que **sudo remastersys backup**, pero genera el archivo .ISO con el nombre elegido por nosotros.
La imágenes generadas por **Ubuntu Remastersys Backup** son guardadas en el directorio **/home/remastersys/**.
La función más interesante de esta aplicación es la capacidad de crear una distribución Live basada en la instalación de Ubuntu existente en una PC. Para esto primero debemos tener una instalación de Ubuntu con todas las adaptaciones necesarias funcionando en la computadora.
Podemos personalizar aspectos de la distribución, tales como fondo de escritorio, splash, usplash, iconos, decoración de GDM, decoración de ventanas, disposición de los paneles, lanzador de aplicaciones y tema general, entre muchas otras.

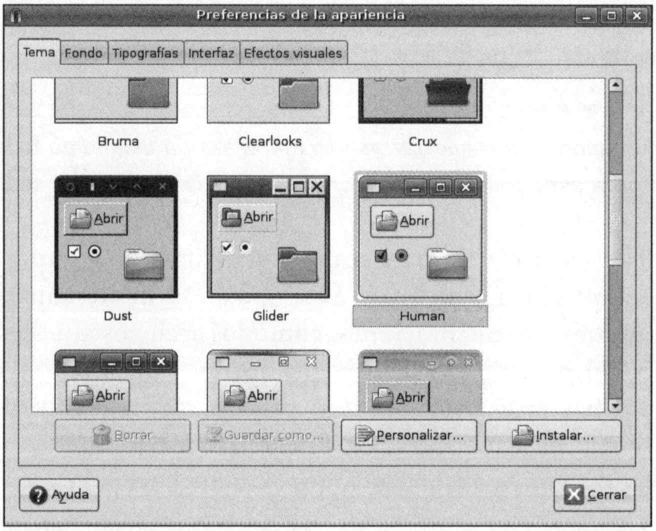


***Figura 13.*** ***Podemos cambiar diversos aspectos de la distribución, tales como Tema, Fondo, Tipografías, Interfaz y Efectos visuales con un clic en el menú Sistema/Preferencias/Apariencia.***

También es posible instalar y desinstalar aplicaciones para personalizar aun más nuestro sistema. Además, podemos adaptar nuestra lista de repositorios y configurar los demonios o servicios que arrancan al inicio del sistema. Tenemos más información de todas las personalizaciones descritas hasta aquí en el apartado **Selección de paquetes**, de este mismo capítulo, donde también encontramos la forma de obtener los recursos asociados.
Una vez que hayamos personalizado la apariencia y las aplicaciones instaladas en la distribución, podemos trabajar en la adaptación del **kernel** instalado en el sistema. Los detalles relacionados con el corazón del sistema se encuentran explicados en el **capítulo 9** de este libro. Allí encontramos más información sobre este tema.

Cuando hayamos efectuado todos los cambios necesarios a la distribución instalada en la PC, Ubuntu Remastersys se encargará de crear un Live CD/DVD que contenga el sistema operativo completo.
Abrimos una consola y escribimos el comando **sudo remastersys dist**. Esto creará un Live CD basado en el sistema configurado en la PC, pero no incluirá datos tales como cuentas de usuario, archivos temporales, ficheros personales, etcétera.
Por otra parte, el comando **sudo remastersys dist cdfs** creará un Live CD que contenga el sistema de ficheros tal como se encuentra configurado en la computadora.
Cuando el archivo de imagen .ISO esté listo en el directorio predeterminado, podremos utilizar una aplicación como **K3B** para grabarla en un CD o DVD.

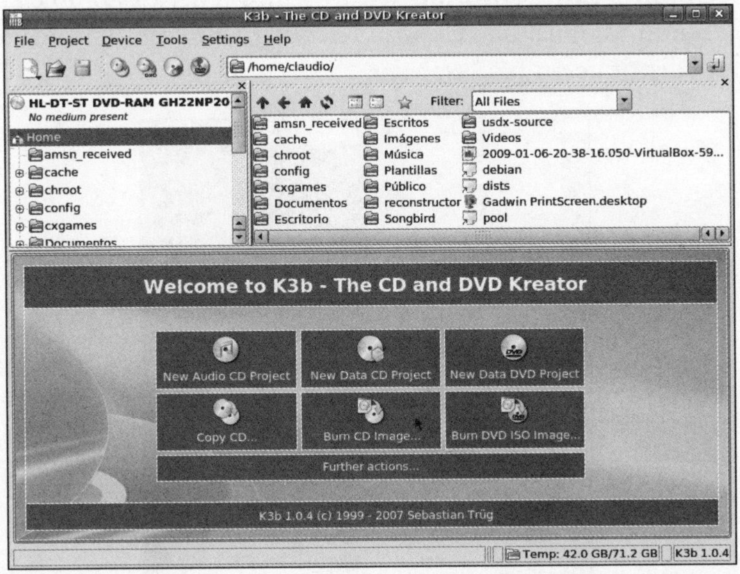


***Figura 14.** K3B nos facilitará la tarea de grabar una imagen de CD o DVD con un clic en **Burn CD Image...** o **Burn DVD Image...**, según corresponda.*

# CREAR DISTRIBUCIÓN CON UBUNTU CUSTOMIZATION KIT (UCK)

**Ubuntu Customization Kit** o **UCK** es otra de las aplicaciones libres y gratuitas desarrolladas para crear distribuciones basándose en Ubuntu. Además de esta distribución Linux, podemos utilizar Kubuntu, Xubuntu y Edubuntu como punto inicial para comenzar la creación de nuestra distribución personalizada.
Este conjunto de herramientas nos permitirá seleccionar el idioma predeterminado, agregar paquetes de software y seleccionar el entorno de escritorio que será usado.

## Instalación y utilización de UCK

Para instalar **Ubuntu Customization Kit** debemos descargar el paquete adecuado: ingresamos en la web **http://sourceforge.net/projects/uck/** y hacemos clic en el botón **Download**. En la pantalla siguiente presionamos nuevamente el enlace **Download**, luego hacemos clic sobre el nombre del paquete: **uck_2.0.5_all.deb** y lo descargamos.

Cuando **uck_2.0.5_all.deb** haya terminado de descargarse, hacemos clic sobre su icono con el botón derecho del mouse y seleccionamos la opción **Abrir con "Instalador de paquetes GDebi"**.

Presionamos el botón **Instalar el paquete**. Luego de que la instalación se haya completado debemos pulsar el botón **Cerrar**.

Para utilizar **Ubuntu Customization Kit** debemos tener disponible el CD de instalación de Ubuntu. Al igual que Ubuntu Reconstructor, esta aplicación precisa una imagen de esta distribución para trabajar.

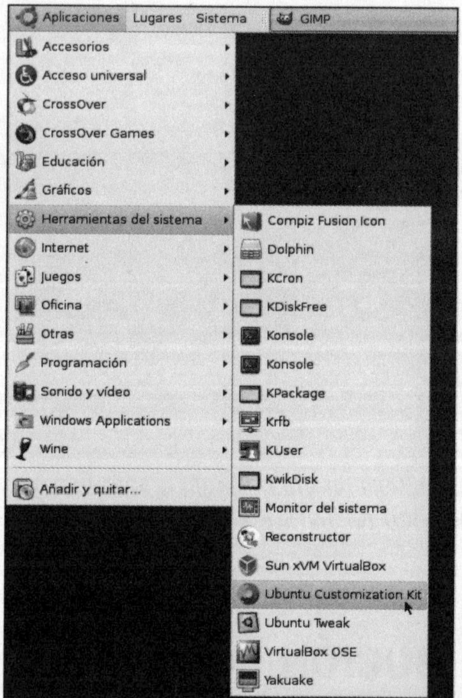


***Figura 15.** Para utilizar **Ubuntu Customization Kit** debemos seleccionarlo con un clic en el menú **Aplicaciones/Herramientas del sistema/Ubuntu Customization Kit.***

Cuando la ventana de bienvenida se presente debemos hacer clic en el botón **OK** para continuar. Es necesario que contemos con, al menos, 5 GB de espacio disponible en nuestro disco duro, acceso a Internet para obtener los paquetes de lenguaje y asegurarnos de que la línea **deb-src http://archive.ubuntu.com/ubuntu/ intrepid main** se encuentre en el archivo **sources.list**.

Para continuar debemos seleccionar el lenguaje adecuado para que puedan ser descargados e instalados los paquetes de idioma adicionales. Marcamos el idioma correspondiente y presionamos **OK**.

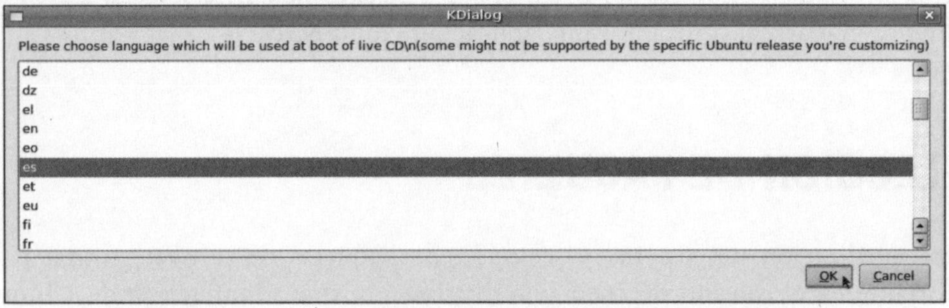


***Figura 16.** En la siguiente ventana seleccionamos el lenguaje predeterminado para el CD que crearemos y hacemos clic en **OK**.*

Luego debemos seleccionar el **entorno de escritorio** que utilizará nuestra distribución. Presionamos el botón **OK** para continuar. Luego marcamos la ubicación de la imagen del CD de instalación de Ubuntu y hacemos clic en **Abrir**.
En la ventana que vemos a continuación, debemos escribir un nombre para la distribución y hacer clic en el botón **Aceptar**.
Para continuar con el proceso, seleccionamos la opción **yes** para adaptar el CD creado. Luego hacemos clic en **Aceptar** y nuevamente presionamos el botón **Aceptar** para comenzar el trabajo de creación del CD.

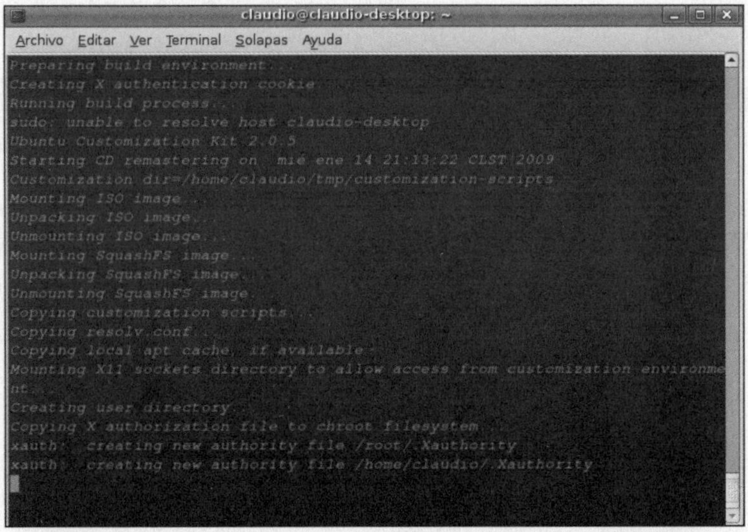


***Figura 17.** Los procedimientos adecuados serán ejecutados en una terminal. Aquí podremos ver información sobre cada uno de los pasos llevados a cabo y debemos ingresar la información requerida.*

Después de que ocurra esto, serán descargados los archivos de idioma necesarios para llevar adelante la creación del **Live CD**.
Cuando las operaciones hayan terminado, podremos acceder a la imagen de CD en el directorio **/home/nombre_de_usuario/tmp_remaster-new-files/imagen_de_CD.iso**. Podremos grabarla si utilizamos una aplicación como K3B.

# SELECCIÓN DE PAQUETES

La personalización del sistema y selección de paquetes de software forma parte importante en el camino de crear una distribución que se diferencie de Ubuntu. Una de las ventajas más reconocidas de los sistemas operativos Linux es la capacidad de modificar el aspecto visual completamente, así como la forma de realizar ciertas tareas. A diferencia de otros sistemas no libres, Linux puede ser personalizado hasta en su más mínimo detalle.
Para la creación de nuestra distribución, lo primero y más importante a tener en cuenta es una adecuada selección de paquetes de software, ya que estos son los que le entregarán la verdadera orientación a nuestra versión de Ubuntu. Además, son las aplicaciones preinstaladas las que diferenciarán nuestra versión de otras existentes.
Aunque **Synaptic** nos provee una interfaz muy sencilla de utilizar para realizar la instalación de muchos paquetes de software, existen algunos sitios web dedicados a listar aplicaciones para Ubuntu y ponerlas a nuestra disposición. En la **Tabla 2** , que se muestra a continuación, se detallan algunas de ellas.

| DIRECCIÓN WEB | DESCRIPCIÓN |
|---|---|
| www.getdeb.net | Mediante esta página es posible descargar un gran número de aplicaciones en formato .DEB que no se encuentran en Synaptic. |
| www.getautomatix.com | No presentan una gran cantidad de aplicaciones, pero sí algunas importantes como script para instalar Google Earth. |
| http://easyubuntu.freecontrib.org/ | Nos permite instalar muchas aplicaciones que no se encuentran disponibles a través de otros medios. |

***Tabla 2.*** ***Direcciones web para descargar aplicaciones y scripts de instalación para paquetes en Ubuntu.***

Además de los paquetes con extensión del tipo .DEB, que están destinados a sistemas Debian y derivados, podemos transformar paquetes de software propios de otras distribuciones con la aplicación **Alien**.
También existen sitios web dedicados a reunir aplicaciones para sistemas operativos Linux en general, por ejemplo, **http://linux.softpedia.com**.

***Figura 18.* *Softonic* incorpora una sección dedicada a Linux, en donde se encuentra una gran cantidad de aplicaciones ordenadas por categorías. Accedemos a ella desde la dirección www.softonic.com/linux.**

**Uptodown** cuenta con una sección de aplicaciones dedicada a la distribución Ubuntu Linux. Accedemos a ella en la página **www.uptodown.com/ubuntu/**. Aquí encontraremos secciones tales como **Educativos**, **Escritorio**, **Imágenes**, **Internet** y **Juegos**, entre otras.

Cuando ya contemos con las aplicaciones que necesitamos para nuestra distribución, podemos dedicarnos a la tarea de personalizar su presentación gráfica.

Lo primero y más fácil de realizar es la incorporación de un nuevo papel tapiz, que mejorará la apariencia y entregará un toque de distinción a nuestra versión de Linux. Para cambiar el fondo de pantalla en Ubuntu debemos hacer clic con el botón derecho en un área del escritorio que se encuentre libre, y seleccionar la opción **Cambiar el fondo de escritorio**. Aquí seleccionamos el que deseemos y luego presionamos el botón **Cerrar**. Para conseguir algunos papeles tapiz podemos visitar la web **www.themexp.org/listings.php?type=wp&view=date&proddesc=Wallpaper**. También en **www.animewallpapers.com** podemos encontrar una gran selección de estos recursos.

## III WINE

Aunque la oferta de aplicaciones para los sistemas Linux es muy amplia, podemos desear utilizar algunos programas que han sido creados originalmente para ambientes Windows. **Wine** es una aplicación desarrollada para ejecutar aplicaciones Windows, gracias a la implementación de las librerías propias del sistema creado por Microsoft.

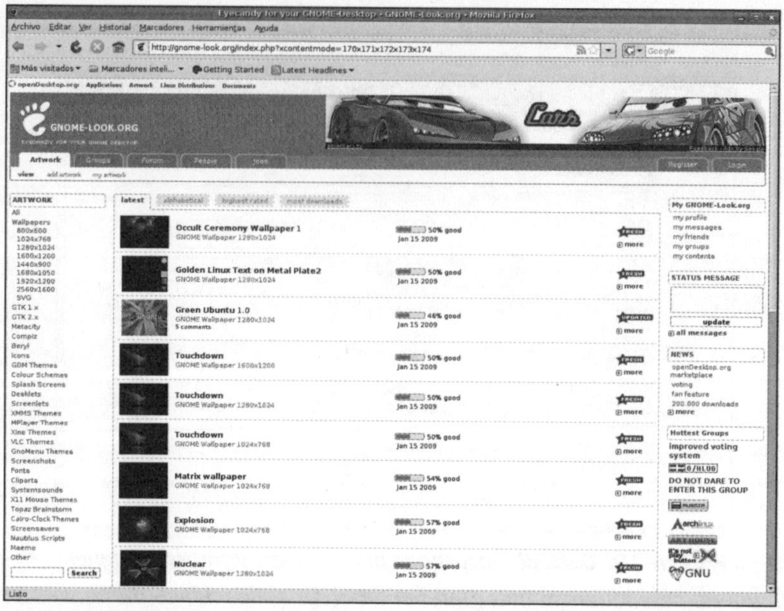

**Figura 19. *Gnome-look.org*** ***pone a nuestra disposición una gran cantidad de fondos de escritorio. Sólo debemos seleccionar la resolución adecuada y descargar. La web es*** ***http://gnome-look.org/index.php?xcontentmode=170x171x172x173x174***.

Cuando hayamos descargado la imagen de fondo que deseemos aplicar en nuestra distribución, accedemos a la ventana que nos permite cambiar el fondo de escritorio. Hacemos clic en el botón **Añadir**, navegamos hasta la ubicación de la imagen y presionamos **Abrir**. Luego la seleccionamos y presionamos el botón **Cerrar**.

Para continuar, podemos modificar el aspecto de los iconos, controles GTK y también los bordes de las ventanas del sistema.

Para cambiar los iconos por defecto hacemos clic en **Sistema/Preferencias/Apariencia**, presionamos el botón **Personalizar** y luego hacemos clic en la pestaña **Iconos**. Dentro de la ventana que vemos a continuación, podremos seleccionar entre los temas de iconos que se encuentran instalados en el sistema.

La web **http://gnome-look.org/index.php?xcontentmode=120** posee una gran colección de iconos para modificar la apariencia de Ubuntu.

## PLASMA

**Plasma** es la herramienta de entorno de escritorio e interfaz de usuario de la versión 4 de **KDE**. Es la combinación de los paneles de escritorio, ventana raíz del escritorio y los widgets. Permite programas widgets o **plasmoides**, que añaden diversas funcionalidades extra al escritorio.

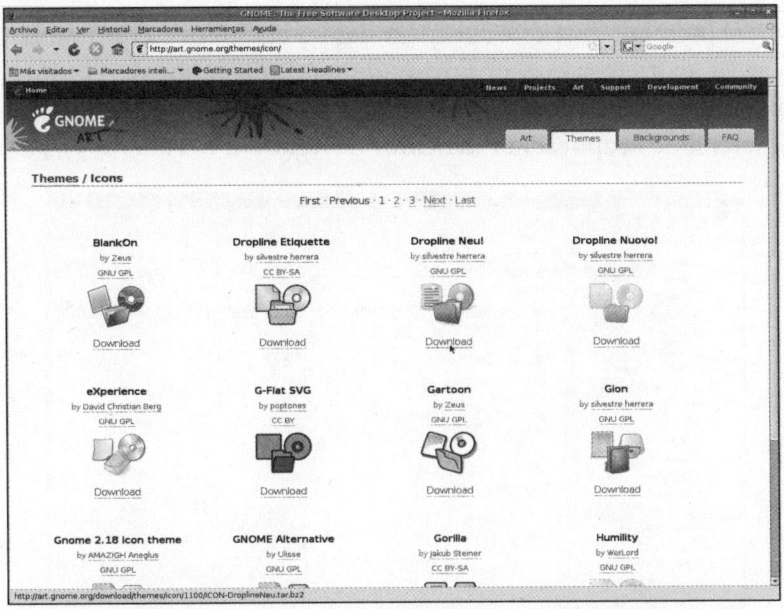

***Figura 20.** La web **http://art.gnome.org/themes/icon/** posee muchos paquetes de iconos que podemos descargar fácilmente. Sólo ubicamos el indicado y hacemos clic en **Download**.*

Los **controles GTK** modifican la apariencia de los botones, menús, barras de desplazamiento, barras de carga y fondo de las ventanas, entre muchos otros aspectos. Para modificarlos hacemos clic en **Sistema/Preferencias/Apariencia**, luego en **Personalizar** y seleccionamos el tema adecuado desde la pestaña **Controles**.

Para instalar un nuevo tema para los controles GTK visitamos la sección GTK en Gnome-look, desde **http://gnome-look.org/index.php?xcontentmode=100**.

Otra modificación interesante para personalizar nuestra distribución es el cambio del borde de las ventanas. Para realizarlo hacemos clic en **Sistema/Preferencias/Apariencia**, luego en **Personalizar** y presionamos la pestaña **Borde de la ventana**. Aquí seleccionamos la adecuada y hacemos clic en **Cerrar**. Para obtener nuevos bordes de ventana podemos acceder a las direcciones web **http:// gnome-look.org/index.php?xcontentmode=101** o **http://art.gnome.org/themes/metacity/**.

## III DISTRIBUCIÓN LINUX FLUXBUNTU

**Fluxbuntu** es una distribución Linux basada en Ubuntu. Incorpora el entorno de escritorio **FluxBox** en reemplazo de **Gnome**. Su principal característica es el mínimo consumo de recursos, por lo que está orientada a equipos que cuentan con un hardware limitado. Su web es **http://fluxbuntu.org**. Se distribuye como un Live CD.

Si utilizamos el menú gnome que agrupa todas las opciones en un solo botón, podemos cambiar su apariencia con el **Editor de configuración de Gnome**. Para esto abrimos una terminal, ejecutamos la orden **gconf-editor** y luego presionamos **ENTER**. En el panel lateral de la aplicación debemos navegar por la ruta **/apps/panel/objects**.

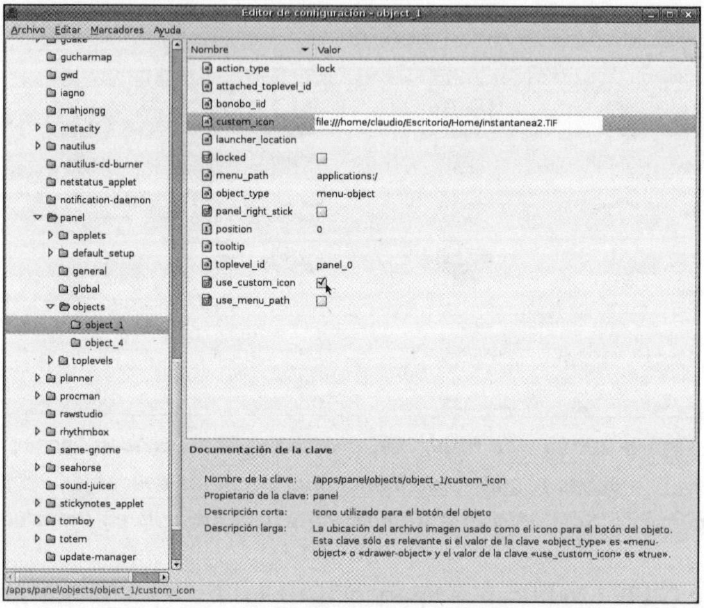


***Figura 21.** Buscamos la opción **object_type = menu-object**, en la misma ruta marcamos la opción **use_custom_icon** y en la opción **custom_icon** ingresamos la ruta completa de la imagen a utilizar.*

Para terminar, debemos ejecutar el comando **killall gnome-panel** y se aplicarán los cambios mencionados con anterioridad.

La página **http://xfce-look.org** concentra recursos para la personalización del entorno de escritorio XFCE. Para personalizar el entorno de escritorio KDE podemos obtener muchos recursos gratuitos, como fondos de escritorio y temas, en el mencionado sitio web de XFCE-LOOK.

Otro punto importante en la construcción de nuestra distribución es la modificación de los repositorios activados por defecto. Un repositorio es un servidor que se encarga de almacenar la última versión de una gran cantidad de paquetes de software. Para agregar repositorios y cambiar los existentes abrimos una consola de comandos y escribimos **sudo gedit /etc/apt/sources.list**. Luego presionamos **ENTER**. En el archivo de texto que se abrirá, debemos agregar las líneas de los repositorios deseados. A continuación, detallamos los repositorios más utilizados.

**deb http://security.ubuntu.com/ubuntu intrepid-security main restricted**
**deb-src http://security.ubuntu.com/ubuntu intrepid-security restricted main multiverse universe #Added by software-properties**

```
deb http://security.ubuntu.com/ubuntu intrepid-security universe
deb http://security.ubuntu.com/ubuntu intrepid-security multiverse
deb http://archive.ubuntu.com/ubuntu/ intrepid main universe restricted multiverse
deb-src http://archive.ubuntu.com/ubuntu/ intrepid main universe restricted
multiverse
deb http://archive.ubuntu.com/ubuntu/ intrepid-updates universe main multiverse
restricted
deb-src http://archive.ubuntu.com/ubuntu/ intrepid-updates universe main
multiverse restricted
deb http://archive.ubuntu.com/ubuntu/ intrepid-proposed universe main multiverse
restricted
deb-src http://archive.ubuntu.com/ubuntu/ intrepid-proposed universe main
multiverse restricted
deb http://archive.ubuntu.com/ubuntu/ intrepid-backports universe main multiverse
restricted
deb-src http://archive.ubuntu.com/ubuntu/ intrepid-backports universe main
multiverse restricted
deb http://archive.canonical.com/ubuntu intrepid partner
deb-src http://archive.canonical.com/ubuntu intrepid partner
deb http://packages.medibuntu.org/ intrepid free non-free
deb-src http://packages.medibuntu.org/ intrepid free non-free
```

Para desactivar un repositorio basta con escribir el símbolo **#** al inicio de la línea. Cuando hayamos terminado, debemos salir y guardar los cambios en el archivo. Luego, en la consola escribimos el comando **sudo apt-get update** y presionamos **ENTER** para recargar la información de los paquetes disponibles.

## RESUMEN

**En este capítulo conocimos la distribución llamada Ubuntu Linux, detallamos su proceso de instalación y describimos los pasos básicos para utilizarla. Caracterizamos algunas de las herramientas diseñadas para crear una distribución que utilice como base Ubuntu, junto con las modificaciones hechas por nosotros. Detallamos los procesos de instalación y empleo de las herramientas Ubuntu Reconstructor, Ubuntu Remastersys y Ubuntu Customization Kit. Describimos los paquetes de software, aplicaciones y recursos que podemos utilizar para personalizar Ubuntu y crear una distribución adaptada a nuestras necesidades. Revisamos las formas de obtener fondos de pantalla, iconos, temas, repositorios y otros recursos para construir nuestra versión.**

## ACTIVIDADES

### TEST DE AUTOEVALUACIÓN

1 Mencione algunas características de Ubuntu.

2 ¿Qué es y para qué sirve Synaptic?

3 Mencione las herramientas disponibles para construir distribuciones basadas en Ubuntu.

4 Caracterice Ubuntu Remastersys.

5 Caracterice Ubuntu Reconstructor.

6 Mencione algunas características de Ubuntu Customization Kit.

7 Describa las diferencias y similitudes existentes entre las herramientas de construcción de distribuciones basadas en Ubuntu.

8 Defina qué es un repositorio.

9 Mencione algunas distribuciones basadas en Ubuntu.

10 ¿Qué formas de personalizar Ubuntu existen para crear su propia versión de esta distribución?

### EJERCICIOS PRÁCTICOS

1 Instale una copia de Ubuntu en una computadora.

2 Instale y utilice Remastersys para crear una versión de Ubuntu personalizada.

3 Instale y utilice Reconstructor para crear una versión de Ubuntu personalizada.

4 Instale y utilice Ubuntu Customization Kit para crear una versión de Ubuntu personalizada.

5 Obtenga desde la red recursos para personalizar una instalación de Ubuntu.

Capítulo 5

# Crear distribución para USB

En el capítulo número cinco de este libro revisaremos las diversas opciones disponibles para instalar una distribución Linux en un pendrive. Además, aprenderemos a crear una distribución Linux personalizada dentro de un dispositivo USB, con todas las adaptaciones deseadas. Finalmente, conoceremos una selección de los paquetes de software más adecuados para la construcción de nuestra distribución.

# PROCESO COMPLETO PARA CREAR UNA DISTRIBUCIÓN USB

La versatilidad de Linux nos permite llevar un sistema operativo en un dispositivo del tipo USB. Esto le brinda nuevas posibilidades a los sistemas Live, tan característicos de las **distribuciones de sistemas Linux**.

Un sistema **live USB** nos facilita la tarea de arrancar y utilizar Linux en una computadora que cuente con la posibilidad de iniciar desde un dispositivo USB. A diferencia de los Live CD característicos de muchas distribuciones, un Linux live USB se instala en un pendrive y, aprovechando la capacidad de escritura en estos medios, nos libera de las restricciones propias de los sistemas que arrancan desde un CD o DVD.

***Figura 1.** Las unidades de almacenamiento USB están preparadas para soportar una cantidad definida de ciclos de lectura/escritura antes de fallar. Normalmente, soportan varios millones de ciclos, pero con el tiempo las operaciones serán cada vez más lentas.*

Existen muchas alternativas para instalar Linux en un pendrive. La más sencilla y rápida de todas es utilizar una distribución especialmente creada para ejecutarse desde un dispositivo USB. También podemos instalar una distribución Linux con una aplicación diseñada para este fin. Pero, lo que nos entregará el mayor nivel de personalización de Linux es la construcción de una distribución adaptada a nuestras necesidades. Esto nos permitirá decidir la forma en que funcionará y los paquetes de software que finalmente llevará nuestro Linux USB, así como también definir completamente su apariencia gráfica.

## Distribuciones Linux para dispositivos USB

Una opción fácil para tener Linux en un pendrive es utilizar alguna de las distribuciones adaptadas para funcionar desde este tipo de dispositivos. Las alternativas son muchas, pero entre ellas se destacan **Fedora Live** y **Puppy Linux**.

**Fedora Live** no es una distribución desarrollada para ser usada desde un dispositivo USB, pero es posible instalarla en este tipo de medios. Es más lenta y requiere de más espacio disponible que otras alternativas como Puppy Linux, pero en cambio nos ofrece una gran cantidad de aplicaciones preinstaladas y un acceso a particiones con sistemas **NTFS** (New Technology File System), lo cual la hace perfecta para tareas de recuperación de sistemas dañados.

**Puppy Linux** fue creada pensando en el arranque desde dispositivos USB, por esto incorpora un proceso de instalación muy fácil de seguir. Entre sus características encontramos un tamaño de imagen de aproximadamente 94 MB y una demora en la carga del sistema de alrededor de 35 segundos.

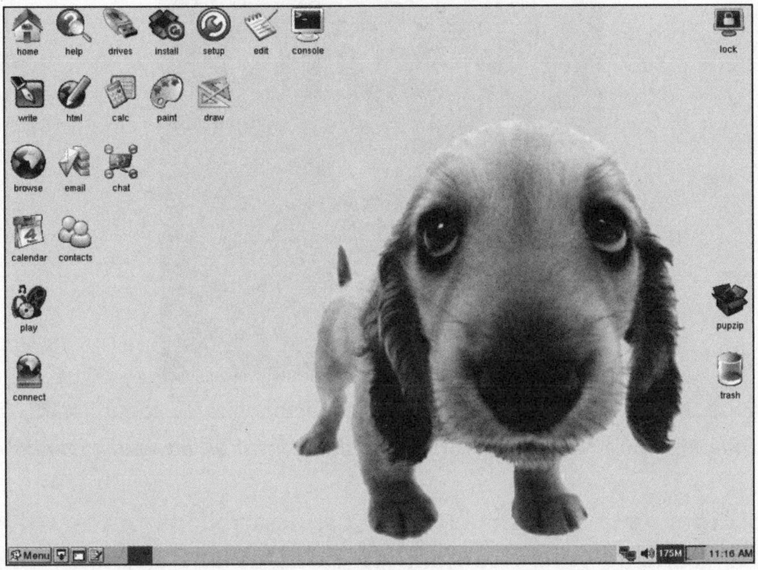


***Figura 2. Puppy Linux** utiliza el entorno de escritorio **JWM**. La cuidada selección de aplicaciones que incorpora la hace perfecta para diversas tareas y necesita una computadora con muy pocos recursos.*

Si el sistema resulta con un peso mayor de 256 MB, se cargará y ejecutará completamente desde la memoria RAM del equipo. De esta forma, la distribución funcionará con mayor velocidad y permitirá, incluso, desconectar el dispositivo USB de la computadora. Podemos encontrarla en su sitio oficial **www.puppylinux.org**.
**Damn Small Linux** es una distribución que ocupa tan sólo 50 MB de espacio y a través de sus distintas versiones se ha esforzado por no superar ese límite de espacio. Por esto se presenta como una alternativa eficiente para ser ejecutada desde un dispositivo USB, como puede ser un pendrive.

## DISTRIBUCIONES BASADAS EN PUPPY LINUX

Existen muchas distribuciones que han sido creadas basándose en Puppy Linux y entre ellas se destacan **NOP** y **BioPuppy**. NOP está basada en la versión 3.01 de Puppy Linux, utiliza el navegador Opera y no incluye Abiword. BioPuppy fue creada especialmente para la Bio Informática y la Biología Computacional.

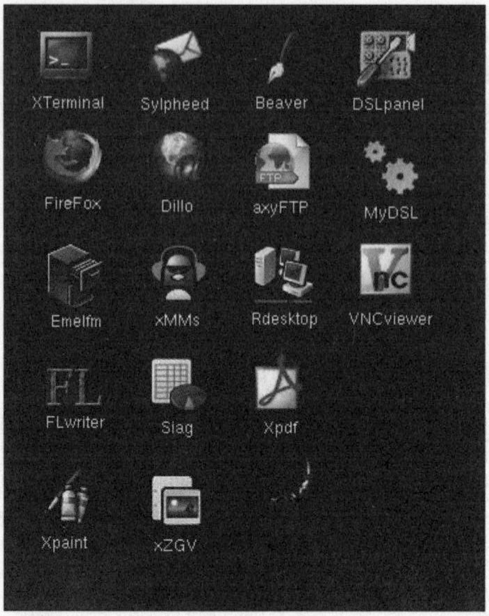


***Figura 3.** Damn Small Linux incorpora aplicaciones tales como XMMS, Dillo, Firefox, Xpdf, Mpaint y Nano, entre otras. Su sitio oficial es **www.damnsmalllinux.org**.*

**Catux USB Linux** es una distribución que fue desarrollada en base a Damn Small Linux. Por su reducido peso y su gran velocidad, es una alternativa más que eficiente para ser instalada en un dispositivo USB. Catux USB permite la instalación de aplicaciones mediante la utilización de **APT**, al igual que en **Debian** y **Ubuntu**. Para quienes trabajan con sistemas Windows, existe una herramienta llamada MySlaxCreator. Esta aplicación se encarga de instalar Slax Linux en un dispositivo USB, desde un entorno Windows.

Primero debemos seleccionar entre las versiones disponibles de Slax para arrancar desde USB. Ingresamos en la web **www.slax.org/get_slax.php** y descargamos la imagen de CD que deseemos. Los requerimientos para las diversas versiones de Slax Linux se muestran en la **Tabla 1**.

| VERSIÓN DE SLAX LINUX | REQUERIMIENTOS PARA USB |
|---|---|
| Slax Linux Estándar Versión | Es necesario utilizar un pendrive que cuente con, al menos, 256 MB de espacio disponible. |
| Slax Linux KillBill Versión | Es necesario utilizar un pendrive que cuente con, al menos, 256 MB de espacio disponible. |
| Slax Linux Server Versión | Al igual que en las versiones Estándar y KillBill, es necesario utilizar un pendrive que cuente con, al menos, 256 MB de espacio disponible. |
| Slax Linux PopCorn Versión | Para instalar Linux PopCorn debemos contar con un pendrive que tenga, al menos, 128 MB de espacio libre. |
| Slax Linux Frodo Versión | La versión Frodo de Slax requiere, para su instalación en un dispositivo USB, un pendrive que cuente con, al menos, 64 MB de espacio disponible. |

***Tabla 1.** Versiones de Slax para ser utilizadas en dispositivos USB, junto con sus requerimientos.*

Cuando hayamos seleccionado la versión de Slax que se adapte a lo que necesitemos, la descargamos y guardamos la imagen en la computadora.
**MySlaxCreator** incorpora variadas funciones, entre las cuales se encuentra la posibilidad de volcar una imagen de Slax a un dispositivo USB. De esta forma, podremos iniciar Slax desde un pendrive.

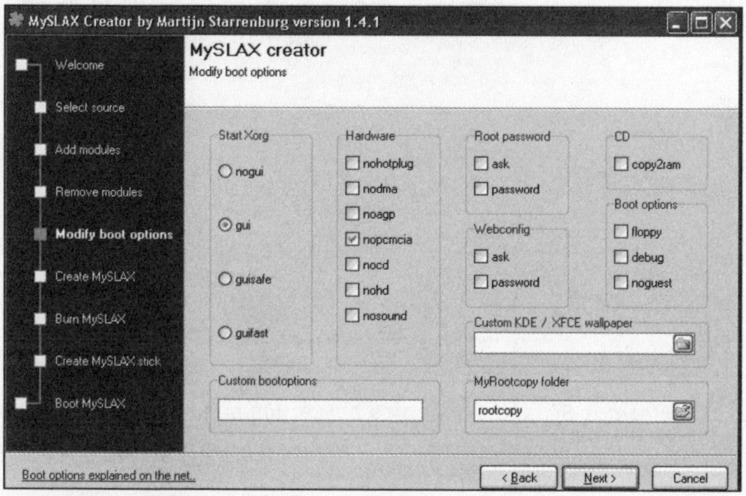


***Figura 4.** El asistente de **MySlaxCreator** nos guía a través de todo el proceso de creación, sólo debemos seleccionar las opciones adecuadas y presionar **Next** en cada pantalla.*

Debemos recordar que cualquier información almacenada en el dispositivo USB debe ser respaldada antes de utilizar MySlaxCreator, ya que el proceso le da formato completo al dispositivo conectado.

## Instalación y Utilización de Unetbootin

**Unetbootin** es una herramienta especialmente desarrollada para permitirnos instalar una distribución Linux en un dispositivo USB. Esta aplicación también nos posibilita arrancar una instalación de Linux desde USB para computadoras que no cuentan con un lector óptico, como puede ser una unidad de CD o de DVD.

### APLICACIONES EN DAMN SMALL LINUX

Aunque **Damn Small Linux** posee un tamaño muy reducido, incorpora una gran cantidad de aplicaciones: entre ellas se encuentran XMMS, Vim, Beaver, DFM, Dillo, Firefox, Netrix, gphone, SIAG, Ted, Naim, MOnkey, Rdesktop, emelFM, MtPaint, xzgv, además de calculadora, juegos y aplicaciones para servidores.

Para instalar y utilizar Unetbootin es nuestra computadora, primero debemos contar con algunas herramientas necesarias.

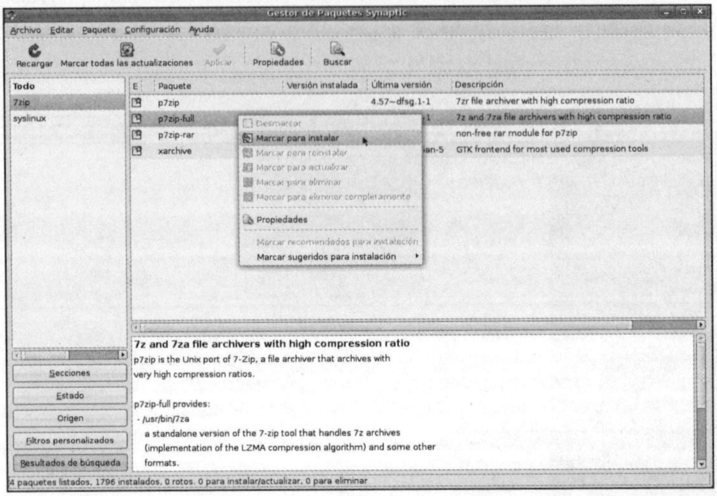


***Figura 5.*** *Si utilizamos Synaptic, debemos buscar los paquetes de software* ***syslinux*** *y* ***p7zip-full****. Una vez que los encontremos, debemos marcarlos y proceder con su instalación.*

Una vez que **syslinux** y **7zip** se encuentren en nuestra computadora, podemos proceder con la instalación de **Unetbootin**. Para esto hacemos clic en **Aplicaciones/Accesorios/Terminal** y una vez que la consola de comandos este cargada, debemos escribir **sudo apt-get install unetbootin** y presionar **ENTER**. También podemos realizar la instalación usando el gestor de paquetes Synaptic.
Si **Unetbootin** no se encuentra, podemos descargarlo desde su página oficial.

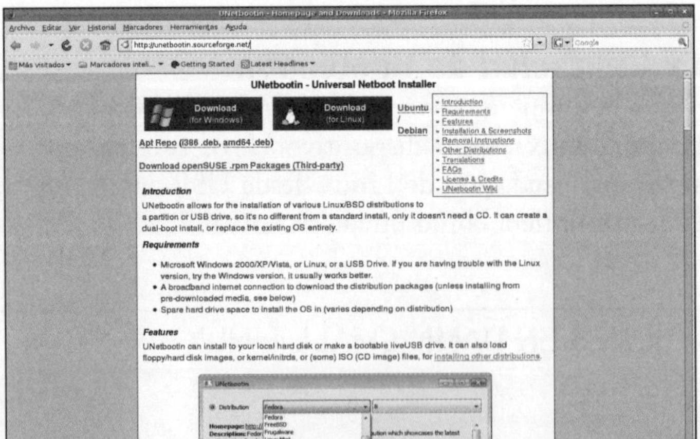


***Figura 6.*** *Accedemos a la web* ***http://unetbootin.sourceforge.net/*** *para descargar la versión del programa para sistemas Linux y hacemos clic en el botón* ***Download (for Linux)****.*

Antes de utilizar Unetbootin debemos darle permisos de ejecución al archivo recién descargado: hacemos clic con el botón derecho del mouse sobre él y seleccionamos la opción **Propiedades**.

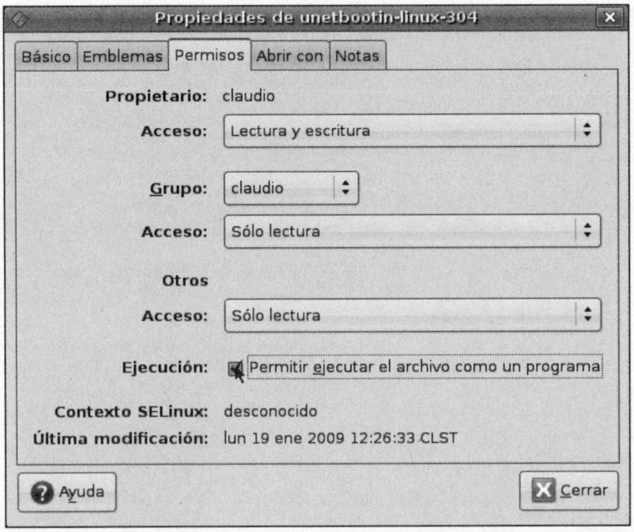


***Figura 7.*** *Debemos hacer clic sobre la pestaña **Permisos** y marcar la casilla **Permitir ejecutar el archivo como un programa**. Luego presionamos el botón **Cerrar**.*

También podemos dar permisos de ejecución con una **consola**: hacemos clic en **Aplicaciones/Accesorios/Terminal**, navegamos hasta la ubicación del archivo descargado y escribimos **sudo chmod +x ./unetbootin-linux-304.** Cuando el archivo pueda ser ejecutado, sólo debemos hacer doble clic sobre él y, en el cuadro de diálogo que veremos, tenemos que presionar el botón **Ejecutar**. Debemos asegurarnos de que hayamos conectado un pendrive con, al menos, 1 GB de espacio.

La ventana principal de la aplicación nos muestra, en la parte superior, un apartado en donde podremos seleccionar la distribución Linux desde un menú desplegable, y también una de las versiones disponibles para cada distribución. Luego podremos ver una pequeña descripción para cada una de las opciones. También es posible seleccionar una imagen ISO ubicada en la computadora y personalizar el **kernel** del sistema.

## 7ZIP

**7Zip** es una aplicación creada para comprimir y descomprimir datos, tanto en sistemas **Windows** como **Linux**. Puede ser usado mediante una interfaz gráfica o utilizando sólo una consola de comandos. Por defecto su extensión es .7Z. Este programa es libre y se distribuye bajo las condiciones de la licencia **GNU LGPL**.

Unetbootin permite volcar una gran cantidad de distribuciones a una unidad USB. Algunas de ellas se pueden utilizar directamente y otras deben ser instaladas. En la **Tabla 2** se muestran algunas distribuciones soportadas por Unetbootin.

| DISTRIBUCIÓN | CARACTERÍSTICAS | SITIO WEB |
|---|---|---|
| ArchLInux | Una distribución Linux muy ligera, especialmente optimizada para ser rápida y flexible. | www.archlinux.org |
| CentOS | Distribución basada en RedHat Linux. | www.centos.org |
| CloneZilla | Distribución utilizada para procesos de respaldo y recuperación de sistemas. | http://clonezilla.org |
| Damn Small Linux | Distribución Linux que tiene un peso aproximado de 50 MB. | http://damnsmalllinux.org |
| DreamLinux | Distribución Linux basada en Debian. | www.dreamlinux.com.br |
| Elive | Distribución Linux que utiliza el entorno de escritorio Enlightenment. | www.elivecd.org |
| FaunOS | Distribución basada en ArchLinux. | www.faunos.com |
| Frugalware | Distribución Linux orientada a usuarios avanzados. Está basada en Slackware. | http://frugalware.org |
| PCLinuxOS | Distribución orientada a los usuarios sin experiencia en sistemas Linux. Está basada en Mandriva. | www.pclinuxos.com |
| PuppyLinux | Distribución que consume muy pocos recursos e incorpora una gran cantidad de aplicaciones. | www.puppylinux.com |
| Zelwalk | Distribución que utiliza el entorno de escritorio XFCE. Está basada en Slackware. | www.zenwalk.org |

***Tabla 2.** Algunas de las **distribuciones** que es posible instalar con **Unetbootin**, junto con sus respectivas descripciones y sitios web.*

Para utilizar el programa, en el apartado **Distribución** debemos seleccionar la que deseemos, así como también la versión correspondiente. Podemos apoyarnos en la información de la **Tabla 2**, para seleccionar la distribución adecuada.

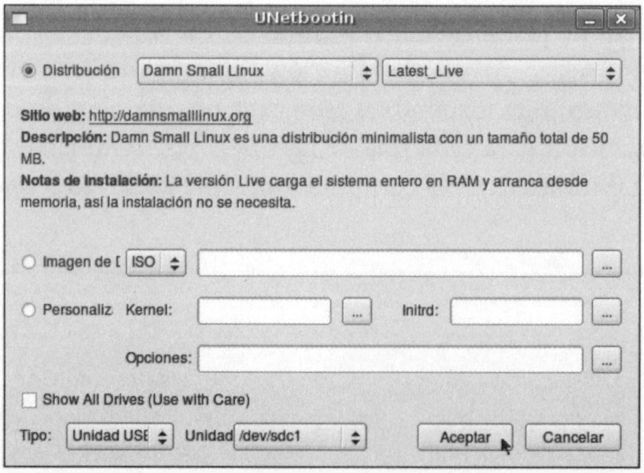


***Figura 8.** En el apartado **Tipo** debemos seleccionar **Unidad USB**, luego el punto de montaje que corresponda al dispositivo adecuado, y presionar el botón **Aceptar**.*

A continuación, debemos esperar mientras las operaciones adecuadas se realizan. Primero se descargarán los archivos necesarios desde el sitio oficial de la distribución seleccionada, luego se extraerán y copiarán al dispositivo USB. Finalmente, se instalará el cargador de arranque.

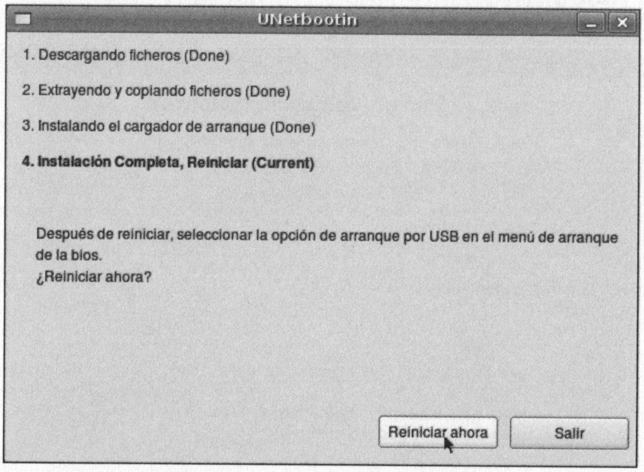


***Figura 9.** Cuando la instalación haya finalizado, debemos hacer clic sobre el botón **Reiniciar ahora** y asegurarnos de que el arranque por USB esté activado.*

## Creación de una distribución para USB

Hasta aquí hemos conocido algunas de las alternativas Linux que nos permiten instalar un sistema operativo dentro de un dispositivo USB. La utilización de una distribución Linux precompilada es un opción fácil y rápida, pero en muchas ocasiones no nos entrega un nivel de personalización adecuado.

Para lograr una distribución completamente adaptada, que funcione desde un pendrive (u otro dispositivo USB), la construiremos basándonos en Debian GNU/Linux y utilizando **debootstrap** y **syslinux**.

Entre las ventajas que encontramos al crear nuestro propio sistema Linux USB, frente a la posibilidad de utilizar una distribución existente, se encuentra la alternativa de reducir el espacio necesario, empleando solamente los paquetes de software que

### CHMOD

El comando **CHMOD** nos permite realizar una llamada al sistema para modificar los permisos de acceso sobre un elemento en particular. Su sintaxis es la siguiente **chmod [modificadores] permisos archivo/directorio**. Existen muchos modificadores, como **–f**, que impide que los errores que ocurran se muestren en pantalla.

usaremos. También podremos ejecutar herramientas como **cat** o **dd** para hacer copias del sistema completo a otras memorias USB.

Para crear nuestra distribución USB necesitamos un pendrive con una capacidad de, al menos, 1 GB, una computadora con alguna distribución de Linux instalada y la herramienta **debootstrap** instalada y configurada.

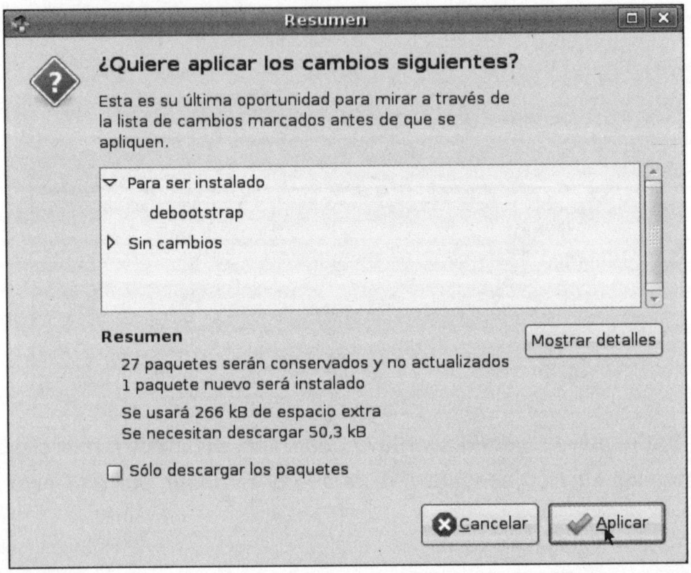


***Figura 10.** Para instalar **debootstrap** la marcamos desde **Synaptic** y luego hacemos clic en el botón **Aplicar** para proceder con la instalación.*

Para comenzar con el proceso de creación de nuestra distribución, en primer lugar debemos conectar un dispositivo USB en la computadora y hacer clic en **Aplicaciones/Accesorios/Terminal**. Particionamos el pendrive y formateamos en ext2. Para esto escribimos los siguientes comandos en la consola y presionamos **ENTER** después de cada uno de ellos para que se ejecuten.

**sudo fdisk /dev/sdb1**: este comando creará una partición de tipo Linux utilizando la herramienta **fdisk**.

**sudo mkfs.ext2 /dev/sdb1**: este comando formateará el pendrive en ext2.

## KNOPPERDISK

**Knopperdisk** es una distribución Linux basada en **Gentoo Linux**, desarrollada para ser utilizada desde dispositivos USB y también desde disquetes. La versión para disquetes es un sistema mínimo que debe ser utilizado mediante una línea de comandos. La versión para USB ofrece más paquetes de software instalados, ya que cuenta con mayor espacio disponible para hacerlo.

Después de particionar y formatear el pendrive debemos montarlo con el comando **sudo mount /dev/sdb1 /mnt**. En todos los comandos anteriores debemos reemplazar **sdb1** por el dispositivo adecuado y **/mnt** por el punto de montaje utilicemos.

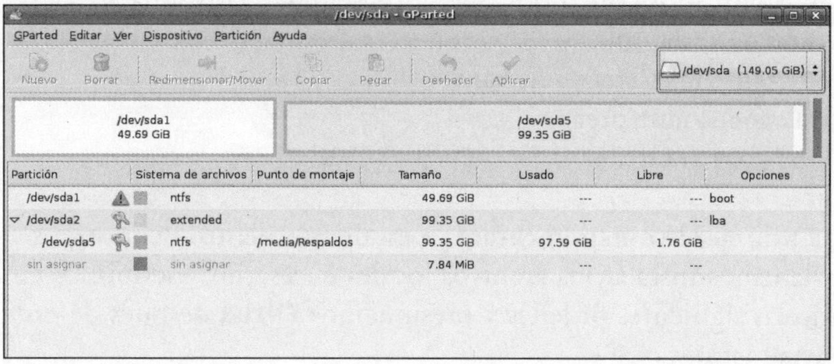


***Figura 11.** Para particionar y formatear el dispositivo USB también podemos utilizar una aplicación como **GParted**, que cuenta con una sencilla interfaz gráfica.*

Cuando el **pendrive** esté preparado, podremos continuar con la instalación del sistema base. Para esto usaremos la aplicación **debootstrap**, herramienta que nos permite indicar la versión de Debian deseada y la arquitectura a utilizar.

Para instalar el sistema base **Debian Etch** para una **arquitectura i386** debemos utilizar el comando **sudo debootstrap —arch i386 etch /mnt** y luego presionar **ENTER**. En este punto serán descargados los paquetes necesarios desde Internet. Dependiendo de la velocidad de su conexión puede variar el tiempo necesario para completar este proceso.

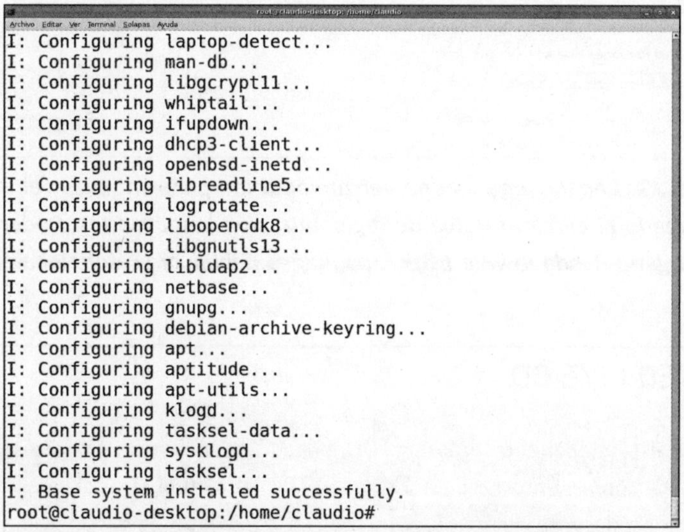


***Figura 12.** Cuando la operación finalice, verá el mensaje **Base system installed successfully** en la consola.*

Una vez que el sistema base **Debian Etch** esté instalado, debemos proceder con la instalación de algunas herramientas, montar **/proc** y **/dev**, copiar el archivo **resolv.conf** y finalmente situarnos en el nuevo sistema utilizando la orden **chroot**. Para esto escribimos los comandos que se presentan a continuación y presionamos **ENTER** después de cada uno.

```
cp /etc/resolv.conf /mnt/etc/resolv.conf
mount -t proc none /mnt/proc
mount -o bind /dev /mnt/dev
chroot /mnt
```

Después de utilizar el comando **chroot** ya estaremos dentro del nuevo sistema. Para continuar debemos instalar los archivos locales necesarios: escribimos en la consola de comando las siguientes órdenes y presionamos **ENTER** después de cada una.

```
aptitude install locales
dpkg-reconfigure locales
aptitude install localepurge
localepurge
```

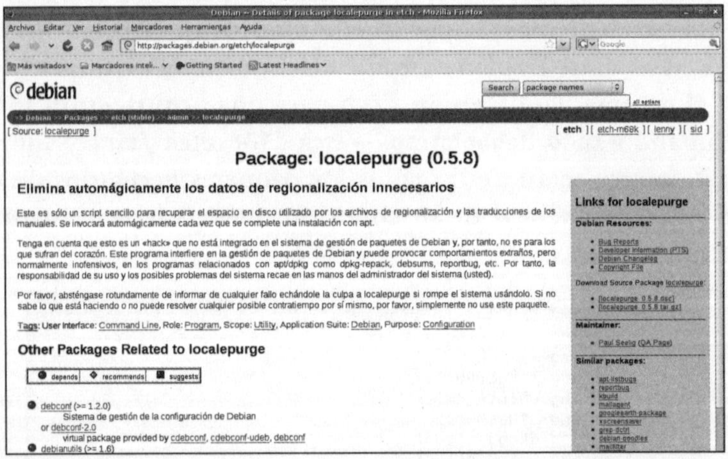


***Figura 13. Localepurge*** *es una herramienta útil para optimizar el espacio ocupado al eliminar datos de regionalización innecesarios. Podemos descargarlo desde la web* ***http://packages.debian.org/etch/localepurge.***

## GPARTED LIVE CD

**Gparted** también está disponible como Live CD, basado en la distribución **Slackware**. Esta mini distribución cuenta con un entorno de escritorio XFCE, el gestor de archivos Thunar, Gparted y XFree86. Está especialmente diseñada para realizar tareas de particionamiento sin tener que iniciar una distribución e instalar Gparted.

El comando **dpkg-reconfigure locales** nos permitirá generar los archivos locales que hayamos especificado en el archivo **/var/lib/locales/supported.d/es**.
Luego instalamos el **kernel** y **syslinux**. Escribimos los siguientes comandos:

**aptitude install linux-image-2.6.18-5-686**
**depmod 2.6.18-5-686**
**aptitude install syslinux**

Presionamos **ENTER** después de cada línea.

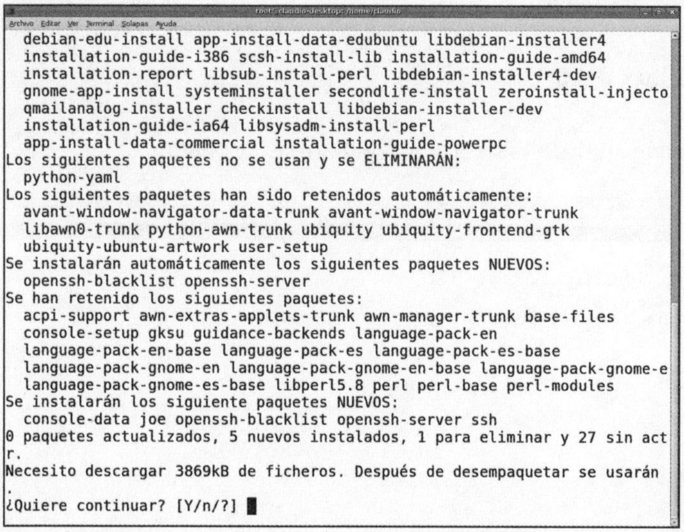


***Figura 14.** Debemos instalar las herramientas necesarias con el comando aptitude install install joe screen ssh less openssl console-tools console-keymaps. Presionamos ENTER y confirmamos la operación al escribir la letra Y.*

Para continuar debemos asignarle una contraseña a **root** y crear un nuevo usuario. Escribimos el comando **user-setup** y presionamos **ENTER**.
El comando **tune2fs -L Distro /dev/sdb1** nos permitirá usar el pendrive en la mayoría de las computadoras. La etiqueta **Distro** puede ser reemplazada por cualquiera que nosotros deseemos. En este punto debemos configurar los archivos básicos de nuestra distribución, como explicamos en los pasos indicados a continuación.

## III CARACTERÍSTICAS Y VENTAJAS DE LAS MEMORIAS USB

Una **memoria USB** es un dispositivo de almacenamiento que utiliza una memoria Flash para guardar la información. En los primeros modelos era necesaria la inclusión de una batería, pero actualmente esto no es necesario. Se destacan por ser resistentes a los rasguños externos y al polvo, a diferencia de otros dispositivos como disquetes y CD.

## ■ Modificación de los archivos básicos PASO A PASO

**1** Primero debe configurar el archivo **interfaces** y para esto puede utilizar el editor **nano**. Escriba en la consola de comandos lo siguiente:
**nano /etc/network/interfaces**. Presione **ENTER**.
Cuando el archivo se cargue, modifique su contenido y escriba lo siguiente:
**auto lo**
**iface lo inet loopback**
**auto eth0**
**iface eth0 inet dhcp**

Para terminar, guarde los cambios y cierre el archivo.

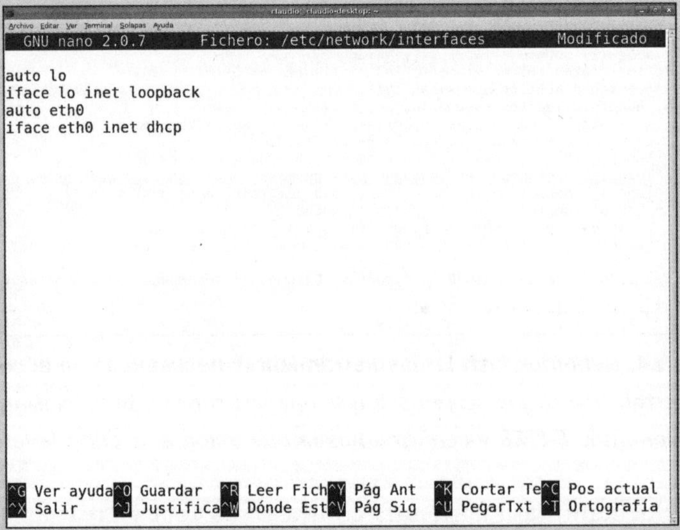


**2** El segundo archivo que debe configurar es **hostname**: ábralo escribiendo el comando **nano /etc/hostname** *y* presione **ENTER**. Dentro del archivo deberá indicar un nombre de host para la computadora (puede ser el nombre de su distribución). Guarde los cambios realizados y cierre el archivo.

**3** Luego debe configurar el archivo **hosts**. Escriba el comando **nano /etc/hosts** en una consola y presione **ENTER** para continuar.
Cuando el archivo se cargue, escriba **127.0.0.1 localhost nombre_de_host**, guarde los cambios y cierre el archivo.

**4** Por último, deberá configurar el archivo **fstab**. En la consola de comandos escriba lo siguiente:

►

▶ **nano /etc/fstab**, presione **ENTER**, espere mientras el archivo se carga y luego escriba:
**proc /proc proc defaults 0 0**
**LABEL=nombre_de_distribución / ext2 defaults,rw 0 1**
Guarde los cambios y cierre el archivo.

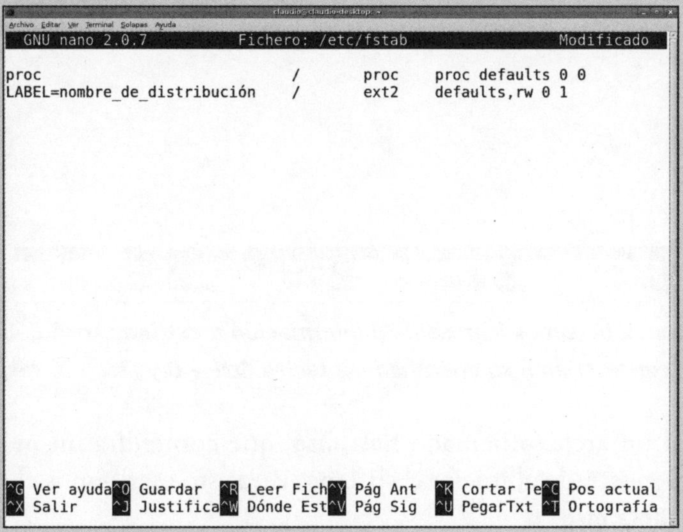


Mediante los siguientes comandos crearemos el archivo **mtab** e instalaremos **extlinux** y **mbr** en el disco:
**grep -v rootfs /proc/mounts > /etc/mtab**
**mkdir -p /boot/extlinux**
**extlinux -zi /boot/extlinux**
**cat /usr/lib/syslinux/mbr.bin > /dev/sdb**
Luego debemos crear el archivo que nos permitirá asignar la configuración de **extlinux**. En la consola de comandos escribimos **nano /boot/extlinux/extlinux.conf** y presionamos **ENTER**.
Dentro del archivo creado debemos escribir lo siguiente:
**default Debax**
**prompt 1**
**timeout 5**
**display /boot/extlinux/hola.msg**
**label Debax**
**kernel /boot/vmlinuz-2.6.18-5-686**
**append initrd=/boot/initrd.img-2.6.18-5-686 rw**
**root=LABEL=nombre_de_distribución**

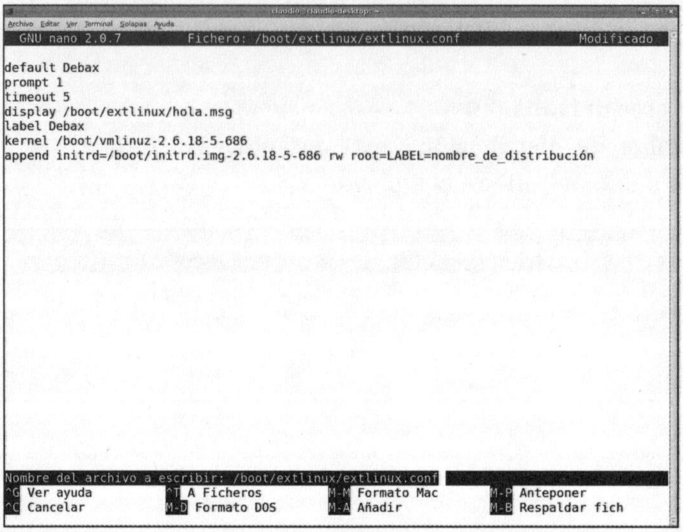


***Figura 15.** Cuando hayamos ingresado la información a **extlinux.conf**, debemos guardar los cambios y cerrar el archivo utilizando las teclas **Ctrl + O** y **Ctrl + X**, respectivamente.*

Podremos crear un archivo llamado **hola.msg**, que contendrá un mensaje de bienvenida que será mostrado al iniciar el sistema. Para esto escribimos el comando **nano /boot/extlinux/hola.msg**.

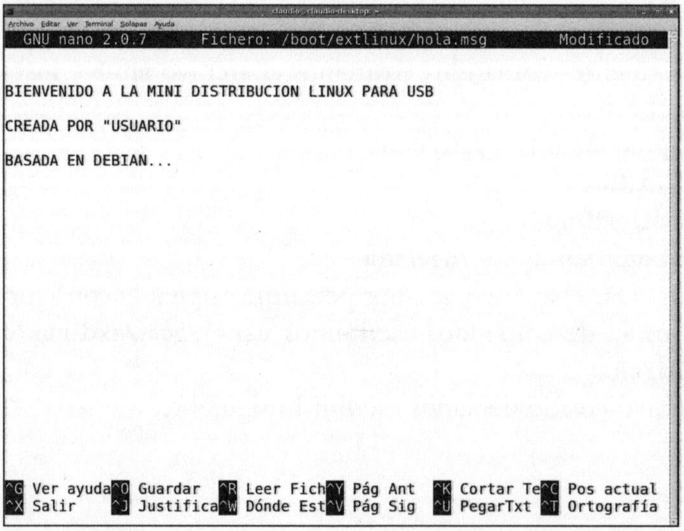


***Figura 16.** Dentro del archivo **hola.msg** debemos escribir el mensaje de bienvenida para nuestra distribución, guardar los cambios y cerrar.*

En este punto podremos reiniciar la computadora y arrancar desde el sistema que se encuentra instalado en el **dispositivo USB**.

Una vez que el sistema haya sido iniciado nos encontraremos en una consola de comandos. El siguiente paso será instalar el **servidor x** y un entorno gráfico adecuado. Para instalar el **servidor x** escribimos **aptitude install xserver-xorg**, presionamos **ENTER** y esperamos mientras se completa la operación.
Para instalar el entorno de escritorio **Gnome**, escribimos **aptitude install gnome**. Para instalar su versión reducida el comando es **aptitude install gnome-core**.

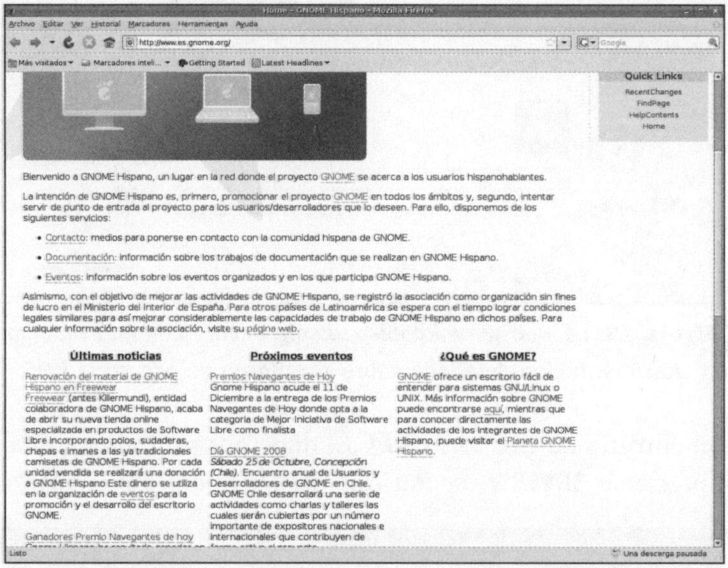


***Figura 17. Gnome** es un entorno de escritorio orientado al usuario final, libre, completo y fácil de utilizar. En la web **www.es.gnome.org** podemos encontrar información más detallada sobre él.*

Para instalar el entorno de escritorio **KDE**, debemos utilizar el comando **aptitude install kde**. Para obtener una versión mínima ejecutamos **aptitude install kde-core**. Para instalar la versión cuatro de este entorno escribimos el comando **aptitude install kde4** o **aptitude install kde4-core**, según corresponda. Debemos tener en cuenta que en algunos casos será necesario agregar los repositorios correspondientes al archivo **sources.list** de nuestra distribución.

## EDITOR DE TEXTOS NANO

La aplicación **Nano** es un editor de textos para sistemas **Unix**. Fue creado en el año 1999 por Chris Allegretta. Desde sus inicios fue concebido como una alternativa más eficiente que **Pico**, uno de los editores más utilizados hasta entonces. El 29 de Diciembre del año 2007 Nano dejó de contar con mantenimiento y soporte.

***Figura 18.*** *La web* ***www.kdehispano.org*** *cuenta con información y documentación detallada sobre el entorno de escritorio KDE.*

Para instalar el entorno de escritorio **XFCE**, debemos utilizar el comando **aptitude install xfce4**, presionar **ENTER** y esperar mientras la operación se realiza.

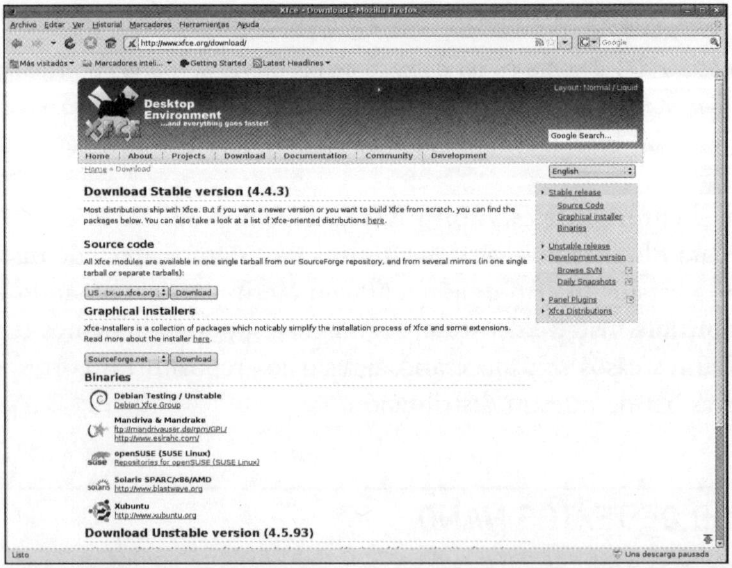


***Figura 19.*** *La web* ***www.xfce.org/download/*** *nos ofrece la opción de descargar el entorno de escritorio* ***XFCE*** *precompilado, para ser instalado en diversas distribuciones Linux.*

Cuando hayamos seleccionado e instalado el entorno de escritorio adecuado, podremos proceder con la instalación de las aplicaciones que deseemos. En el **apartado**

**Selección de paquetes**, de este mismo capítulo, podemos encontrar una descripción de las aplicaciones más utilizadas en entornos Linux.
Una vez que los **paquetes de software** estén instalados, tendremos la posibilidad de crear algunos scripts de arranque para que nuestro sistema esté aun más personalizado y sea más eficiente. La descripción de los archivos que crearemos se encuentra en la **Tabla 3**, que mostramos a continuación.

| SCRIPT DE ARRANQUE | DESCRIPCIÓN |
|---|---|
| startX | Este script se encargara de iniciar el sistema gráfico en forma automática. |
| Keymap | Este script pondrá el teclado en español. |
| inicia_dhcp | Inicia la búsqueda por d.C. en forma general. |
| xorg_conf | Entre la opción de configurar las X durante el arranque del sistema. |

***Tabla 3.** Diversos **scripts de arranque** junto con su descripción, los cuales serán creados para personalizar el inicio de nuestra distribución.*

En el siguiente paso a paso se describe la forma adecuada para crear los scripts de arranque para nuestro sistema.

## ■ Creación de scripts de arranque — PASO A PASO

**1** Primero deberá crear el script **startX**. Abra una consola de comandos y escriba lo siguiente: **nano /etc/init.d/startX**.
Dentro del archivo creado escriba:

```
#!/bin/bash
case $1 in
start)
echo "Iniciando sistema grafico"
echo "Puedes consultar el LOG en /var/log/arranque_x.log"
X :0 1>>/var/log/arranque_x.log 2>>/var/log/arranque_x.log &
DISPLAY=:0 su user -c xfce4-session 1>/dev/null 2>/dev/null &
;;
stop)
echo "Parando todos los procesos X"
killall -9 X
;;
*)
echo "Opcion invalida"
;;
esac
```

Deberá cambiar **user** por el nombre de usuario adecuado y **xfce4** por lo que corresponda a su entorno de escritorio. Luego guarde los cambios y cierre el archivo.

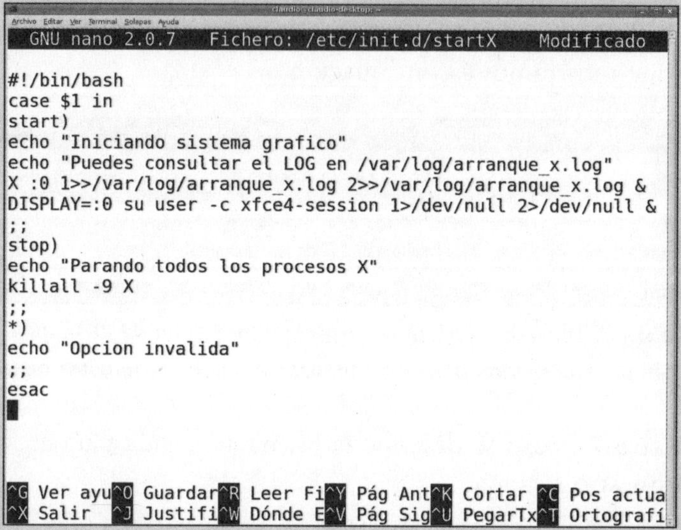

```
GNU nano 2.0.7    Fichero: /etc/init.d/startX    Modificado

#!/bin/bash
case $1 in
start)
echo "Iniciando sistema grafico"
echo "Puedes consultar el LOG en /var/log/arranque_x.log"
X :0 1>>/var/log/arranque_x.log 2>>/var/log/arranque_x.log &
DISPLAY=:0 su user -c xfce4-session 1>/dev/null 2>/dev/null &
;;
stop)
echo "Parando todos los procesos X"
killall -9 X
;;
*)
echo "Opcion invalida"
;;
esac

^G Ver ayu^O Guardar^R Leer Fi^Y Pág Ant^K Cortar ^C Pos actua
^X Salir  ^J Justifi^W Dónde E^V Pág Sig^U PegarTx^T Ortografí
```

**2** Para crear el script **keymap**, escriba en una consola el comando **nano /etc/init.d/keymap**. Cuando el archivo esté abierto escriba lo siguiente:
**#!/bin/bash**
**loadkyes es**
Para finalizar, guarde los cambios y cierre el archivo.

**3** Para continuar deberá crear el script **iniciar_dhcp**. Ingrese el comando **nano /etc/init.d/iniciar_dhcp** en una consola.
Dentro del archivo escriba las siguientes líneas:
**#!/bin/bash**
**case $1 in**
**start)**

## CAPACIDAD DE MEMORIA USB

Las primeras unidades de memoria USB fabricadas bajo la marca Disgo tenían una capacidad de 8, 16, 32 y 64 MB para almacenamiento. Actualmente existen memorias USB que poseen la tecnología U3 y que llegan hasta los 128 GB de espacio disponible.

**echo "Iniciando dhcp inicial"**
**echo "Para desacivar el dhcp inicial: update-rc.d -f iniciar_dhcp remove"**
**dhclient**
**;;**
**esac**

Guarde los cambios y cierre el archivo.

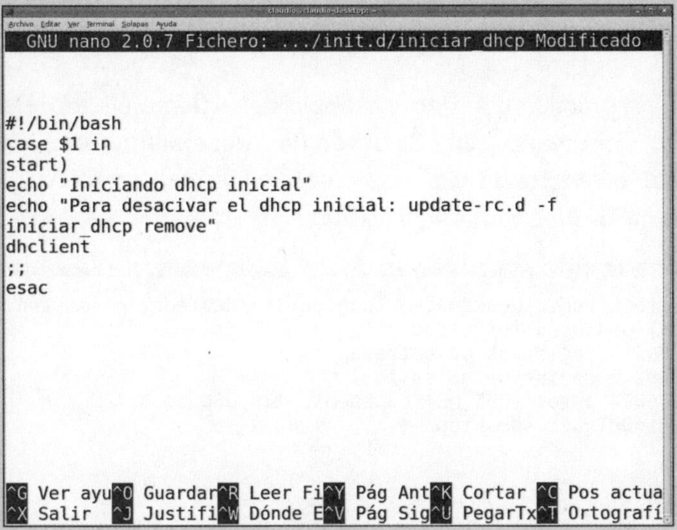


4 Finalmente, deberá crear el script **xorg_conf**. Para esto escriba en una consola el comando **nano /etc/init.d/xorg_conf**. Dentro del archivo escriba lo siguiente:

**#!/bin/bash**
**case $1 in**
**start)**
**echo -e "\033[0;36m Pulsa [ENTER] para configurar las X **
**o espera 5 segundos para mantener la configuracion actual\033[0m"**
**read -t 5 OP**
**if [ $? -eq 0 ]; then**
**cp /etc/X11/xorg.conf /etc/X11/xorg.conf.backup0**
**echo "Backup de la configuracion actual guardado como xorg.conf.backup0"**
**dpkg-reconfigure xserver-xorg**
**fi**
**;;**
**esac**

Guarde los cambios y cierre el archivo.

5 Para finalizar, deberá ingresar los siguientes comandos y presionar **ENTER** después de cada línea:
**chmod +x /etc/init.d/xorg_conf /etc/init.d/iniciar_dhcp /etc/init.d/keymap /etc/init.d/startX**
**update-rc.d startX defaults 99**
**update-rc.d xorg_conf defaults 98**
**update-rc.d keymap defaults 98**
**update-rc.d iniciar_dhcp defaults 98**

6 Es una buena práctica guardar una copia del sistema creado. Para esto podemos utilizar el comando **dd**. Si deseamos guardar una copia escribimos **dd if=/dev/sdb1 of=Distro.dd** y si queremos volcar esa copia en otro dispositivo escribimos **dd if=Distro.dd of=/dev/sdc1**.

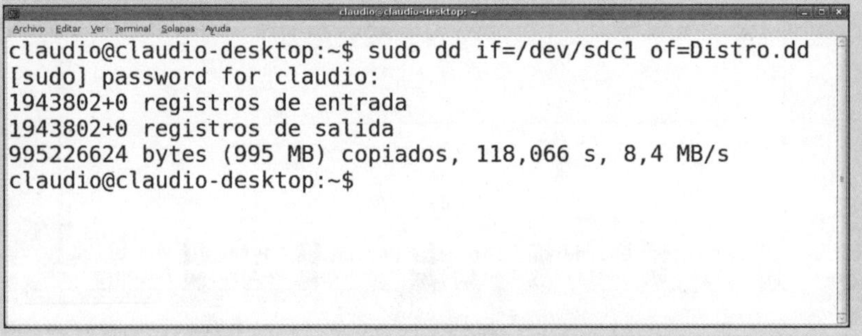


Otra forma de realizar este proceso es la desarrollada a continuación: ubicados en el pendrive (o dispositivo USB) que contiene el sistema original, escribimos lo siguiente en la línea de comandos del sistema:
**dd if=/dev/sdb of=/tmp/mbr_Debax.dd count=512**
**mount /dev/sdb1 /mnt**
**cd /mnt ; tar cvf /tmp/Distro.tar ***
En una consola ubicada en el pendrive de destino debemos escribir:

## BASH

**Bash** es un intérprete de órdenes para sistemas Unix. Fue creado en el año 1987 por Brian Fox. Se utiliza como el intérprete predeterminado en la mayoría de los sistemas GNU. En la web **www.gnu.org/software/bash/manual/bashref.html** podemos encontrar una completa guía sobre su sintaxis en inglés.

```
dd if=/tmp/mbr_Distro.dd of=/dev/sdc
mount /dev/sdc1 /mnt
tar xvf /tmp/Distro.tar -C /mnt/
```

En ambos casos será necesario que hagamos el reemplazo del punto de montaje y la etiqueta, por lo que corresponda en cada uno.

# SELECCIÓN DE PAQUETES

Una adecuada selección de **paquetes** para nuestra **distribución USB** puede marcar la diferencia respecto de otras alternativas existentes. Como hemos visto, hay una enorme variedad de aplicaciones libres que podemos utilizar para complementar nuestra versión de **Linux**.

Dependiendo de la orientación que deseemos darle a nuestra distribución, debemos seleccionar un grupo determinado de aplicaciones para instalar. Normalmente, una distribución **Linux USB** es utilizada para tareas de oficina o como sistema de revisión y recuperación de información ante alguna falla. A continuación, conoceremos una selección de programas para Linux, divididos en categorías que nos facilitarán la tarea de elegir los adecuados, según nuestras necesidades.

## Aplicaciones de oficina

Si pensamos construir una distribución Linux orientada a la productividad y al trabajo de oficina, debemos tener en cuenta las aplicaciones descritas a continuación. Una adecuada selección de ellas nos permitirá obtener una distribución Linux que cuente con las herramientas necesarias para el trabajo de oficina.

**OppenOffice.org** es la suite ofimática libre y de código abierto más completa, disponible tanto para sistemas Windows como Linux. Se encuentra preinstalada en la mayoría de las distribuciones Linux más utilizadas, como **Ubuntu** y **Fedora**, entre otras. Incorpora herramientas como hoja de cálculo, procesador de textos, presentaciones, bases de datos y dibujo, entre otras características disponibles.

### ABIWORD

**Abiword** es un procesador de texto libre y gratuito. Puede ser utilizado en los sistemas operativos Linux, MacOSX, REactOS, AmigaOS, BeOS y Windows. Es el procesador oficial de entorno de escritorio GNome y forma parte de la suite de oficina GNOME Office. El sitio oficial en inglés de la aplicación es **www.abisource.com**.

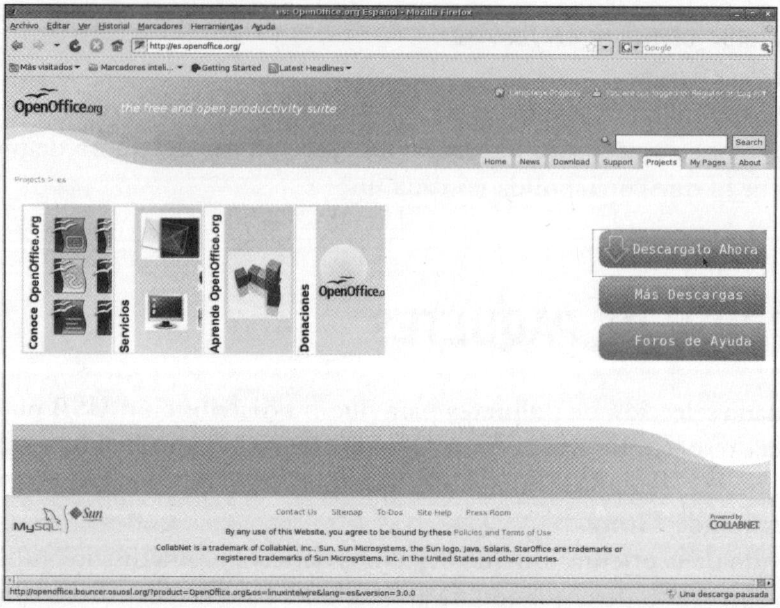


***Figura 20.** Para descargar una copia de OppenOffice.org debemos visitar la web **http://es.openoffice.org** y hacer clic en el botón **Descárgalo Ahora**.*

**Evince** es un visor de documentos para el entorno de escritorio Gnome. Puede manejar archivos de tipo PDF y PostScript. Podemos encontrar un completo manual con los detalles de esta aplicación ingresando al sitio web **http://live.gnome.org/Evince**. Para poder descargar una copia de Evince a nuestro equipo, debemos acceder a la dirección web **www.gnome.org/projects/evince**.

Evince posee un mecanismo integrado de búsqueda, que le permite mostrar los resultados destacándolos en las páginas correspondientes. Además, incorpora un visor de páginas en miniatura, permite realizar un indexado de las páginas y seleccionar texto en documentos .PDF.

**Mozilla Sunbird** es un calendario que incorpora herramientas de agenda. Entre sus funciones podemos encontrar: calendario con alarma, programación y lista de tareas, y fechas importantes. Para obtener más información y descargar una copia debemos ingresar al sitio web **www.mozilla.es/sunbird**.

## KIVIO

**Kivio** es una aplicación informática que se incluye en suite ofimática **KOffice**. Está diseñada para la creación de diagramas y organigramas. Es similar a Microsoft Visio y puede ser utilizada a través de programas tales como KWord. Entre otras funciones permite la creación de sctencils y el uso los stencils creados por Dia.

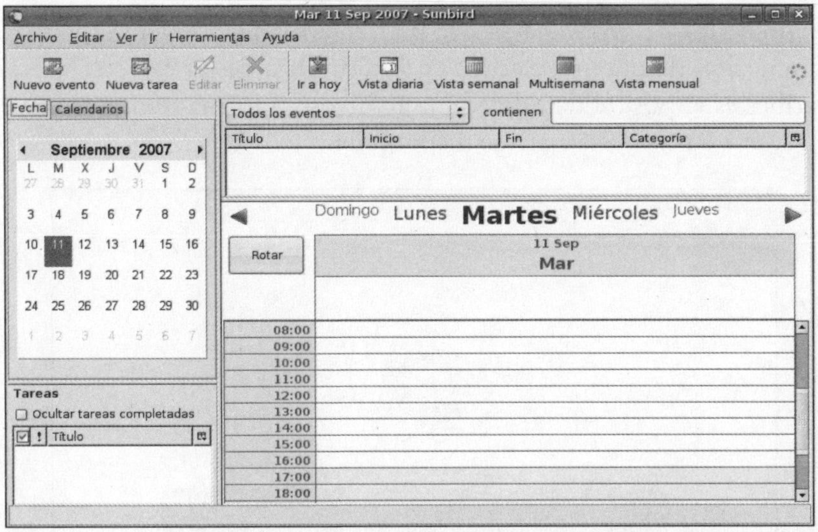


***Figura 21.*** *Sunbird ofrece la posibilidad de gestionar calendarios compartidos entre un grupo de personas. Dispone de un diseño sencillo que facilita su uso.*

**Dia** es una aplicación desarrollada para funcionar como editor de diagramas. Su funcionamiento es similar a la aplicación creada para trabajar en entornos Windows: **Visio**. Gracias a él es posible trabajar con diagramas eléctricos, de flujo, UML, etcétera. Existe una versión de Dia disponible para Microsoft Windows en la web **http://dia-installer.de/index_en.html**.

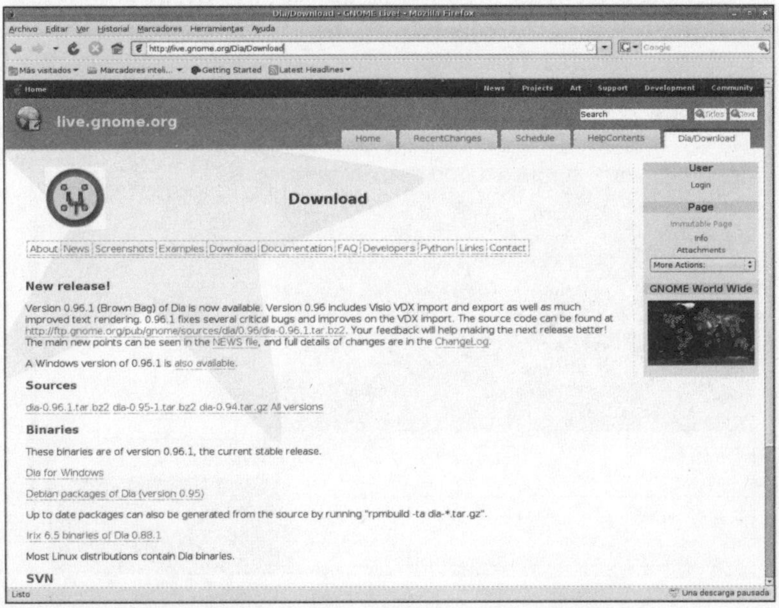


***Figura 22.*** *Podemos descargar Dia de la web* ***http://live.gnome.org/Dia/Download*** *y seleccionando el enlace adecuado.*

**Scribes** es un editor de textos y posee la particularidad de poder ampliarse mediante la programación de plugins escritos en Pitón. Otra de las características destacables de Scribes es la posibilidad de editar archivos en forma remota a través de ftp, ssh y samba, entre otros alternativas disponibles.

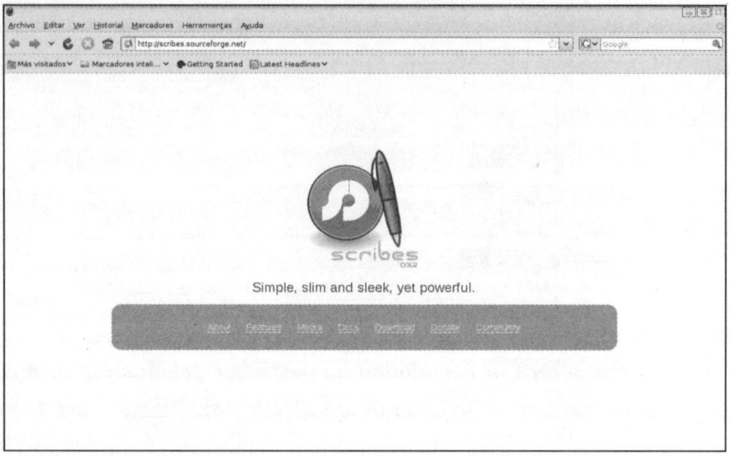


***Figura 23.*** *Podemos obtener una copia del editor de textos* ***Scribes*** *accediendo a la web* ***http://scribes.sourceforge.net/***.

**PDFEdit** es una aplicación que nos posibilita editar completamente un archivo de tipo PDF. Entre otras funciones, PDFEdit nos permite cambiar los bloques de un lugar a otro y modificar los textos. Podemos descargarlo desde la web oficial de proyecto, **http://sourceforge.net/projects/pdfedit**.

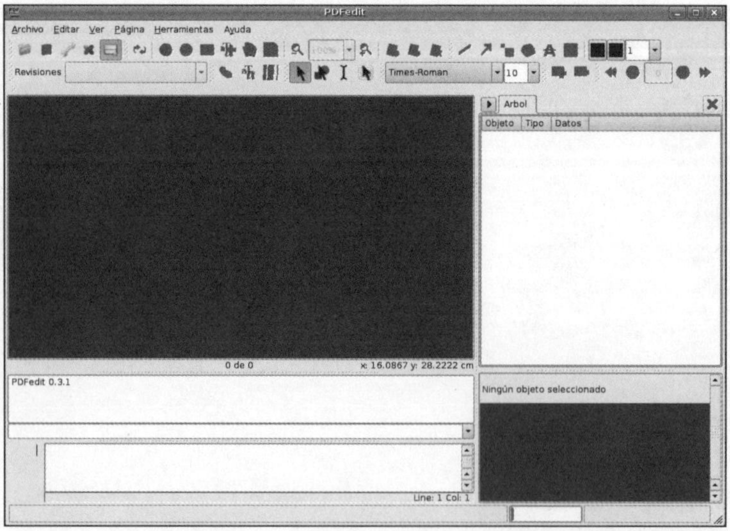


***Figura 24.*** *PDFEdit incorpora una interfaz de usuario sencilla, que nos facilita la tarea de trabajar con archivos PDF.*

**Inkscape** es una aplicación de dibujo para imágenes vectoriales SVG. Entre sus características se encuentran el soporte para formas básicas, canales alfa, caminos, textos, edición de nodos, textos y gradientes, entre otros. Un manual completo de esta aplicación está disponible en la web **www.inkscape.org/doc/basic/tutorial-basic.es.html**.

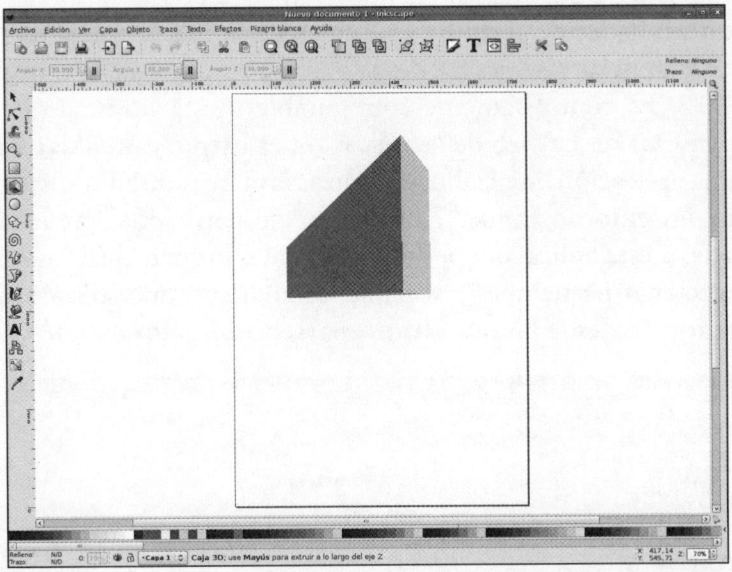


***Figura 25.** Inskape posee capacidades similares a aplicaciones como Illustrator o Freehand y es totalmente compatible con los estándares CSS, SVG y XML.*

**Tomboy** es una aplicación que funciona como un applet del panel de Gnome. Nos permite tomar notas directamente en el escritorio y nos posibilita, así, organizar la información que debemos utilizar diariamente.

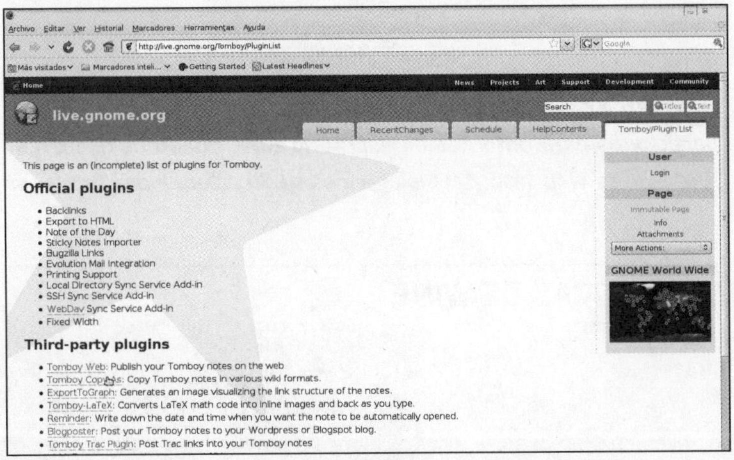


***Figura 26.** Podemos descargar plugins para agregar más funciones a Tomboy desde la web **http://live.gnome.org/Tomboy/PluginList**.*

## Utilidades y herramientas para el sistema

Para adaptar una **distribución USB** a la realización de tareas de sistema, revisión y recuperación, debemos llevar a cabo una cuidadosa selección de aplicaciones. Existen muchas aplicaciones Linux que nos ayudarán a tener disponibles las herramientas necesarias para que nuestra distribución sea efectiva.

**Yakuake** es un emulador de Terminal que cuenta con una atractiva interfaz gráfica. Incorpora transparencias y se desliza desde la parte superior del escritorio al presionar la tecla F12. Es completamente configurable y está inspirado en el popular juego de acción Quake. La web de la aplicación es **http://yakuake.uv.ro/**.

**Gparted** es una aplicación esencial para realizar las tareas de administración de particiones desde un entorno Linux. Es el editor de particiones predeterminado de **Gnome**. Gracias a esta aplicación podemos copiar, eliminar, crear, mover, redimensionar e inspeccionar particiones y sistemas de archivos. Su uso es muy sencillo, y podemos descargarlo desde la web **http://gparted.sourceforge.net/**.

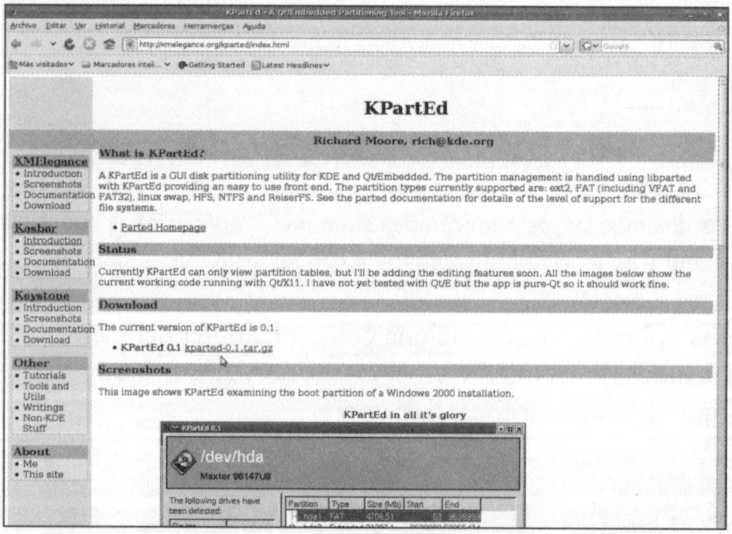


***Figura 27.*** *La aplicación KPartED funciona como un editor de particiones para entornos de escritorio KDE. Podemos descargarla desde la web **http://xmelegance.org/kparted/index.html**.*

### III CARACTERÍSTICAS DE WINE

**Wine** incorpora interesantes características, como las que siguen: soporte para sonido y entradas alternativas, soporte para escáneres ASPI, trabajo en red con Winsock, soporte para módems o dispositivos de puerto serie y soporte para controles avanzados que son utilizados en aplicaciones Windows de 32 bits, entre otros.

**XAMPP** es un paquete de programas que incluye herramientas para montar servidores de bases de datos MYSQL, servidor web Apache e intérpretes para PHP.

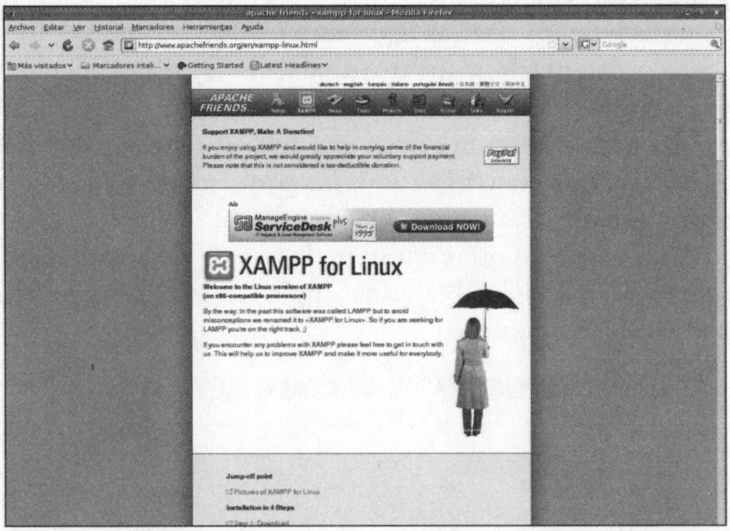


***Figura 28.** En la web **http://www.apachefriends.org/en/xampp-linux.html** se encuentra disponible la descarga de XAMPP para Linux.*

**Wine** es una implementación libre de la API de Microsoft Windows. Mediante su uso es posible instalar y ejecutar aplicaciones creadas para Windows en sistemas operativos Linux. Podemos descargarlo desde la web **www.winehq.org**.

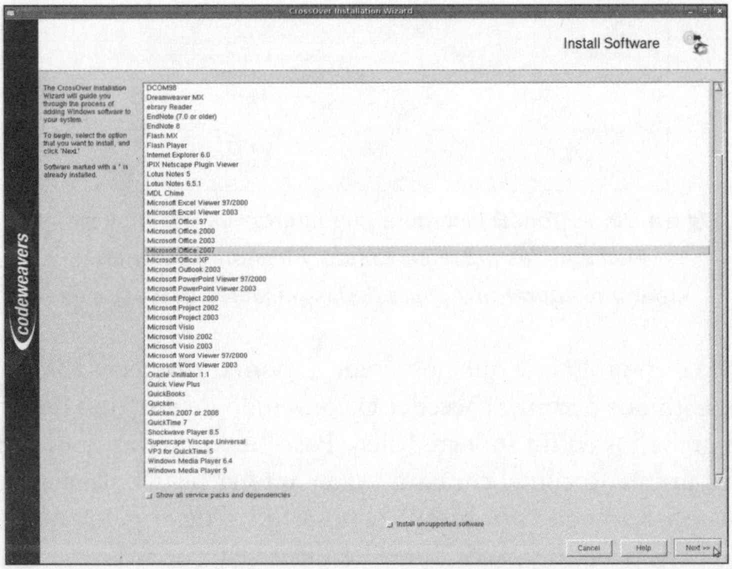


***Figura 29.** Una alternativa a **Wine** es el programa **CrossOver Office** que, aunque es pago, nos permite, entre otras cosas, ejecutar Microsoft Office 2007 bajo Linux.*

**Conky** es una aplicación que tiene como finalidad buscar y presentar toda la información correspondiente al estado del sistema. Podemos descargarla desde la web **http://conky.sourceforge.net**.
**HardInfo** es una aplicación que, al igual que Conky, se encarga de entregarnos información acerca del funcionamiento total del sistema. Podemos descargarla desde el sitio web **http://hardinfo.berlios.de/HomePage**.
**APTonCD** es una herramienta muy útil que nos entrega la posibilidad de crear un disco CD o DVD, que contenga todos los paquetes de software que hayamos descargado utilizando apt o aptitude. De esta forma, podremos crear un repositorio móvil para ser usado en otras computadoras que no cuentan con una conexión a Internet. Podemos descargar una copia de la aplicación desde la web **http://aptoncd.sourceforge.net**.

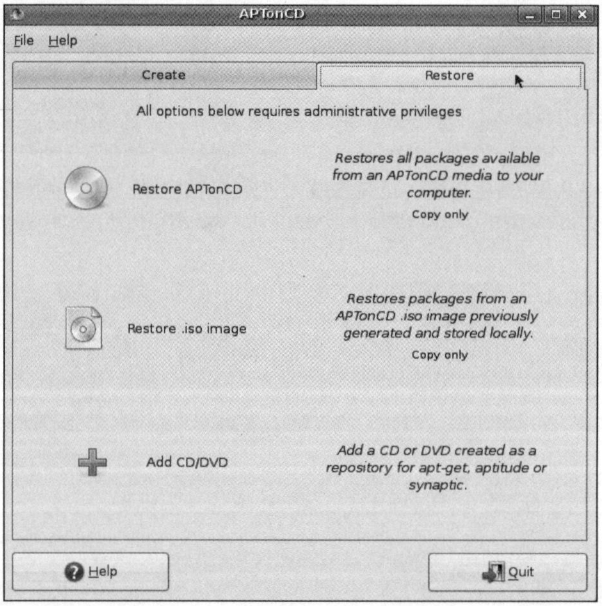


***Figura 30. APTonCD** incorpora una interfaz de uso muy simple. Mediante las pestañas **Create** y **Restore** podremos crear y restaurar una copia de los paquetes descargados.*

**Gmount ISO** es un programa que nos ayuda a montar imágenes ISO de una forma muy sencilla. Esto nos permitirá acceder al contenido de este tipo de archivos sin la necesidad de grabarlos en un soporte físico. Posee una interfaz gráfica muy fácil de usar. Podemos instalarlo con el comando **sudo apt-get install gisomount**.
**Squid** es una aplicación que nos brinda la posibilidad de implementar y configurar un servidor Proxy para compartir Internet en una red LAN (red de área local). Incorpora utilidades como aceleración de la navegación, búsquedas por grupo, caché de web y filtro de navegación, entre muchas otras.

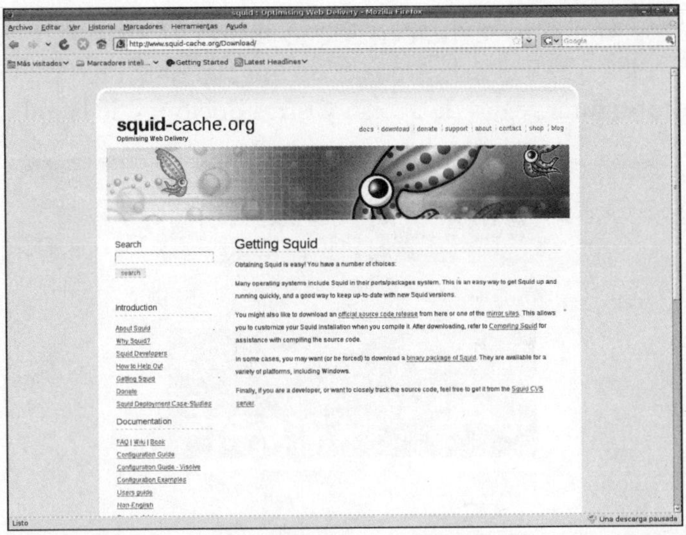


***Figura 31.** Podemos utilizar una de las alternativas de descarga de Squid presentadas en el sitio web **www.squid-cache.org/Download**.*

**VSFTPD** es un servidor de FTP para entornos Linux muy fácil de utilizar. Su configuración se realiza al modificar algunos parámetros en un archivo de texto.

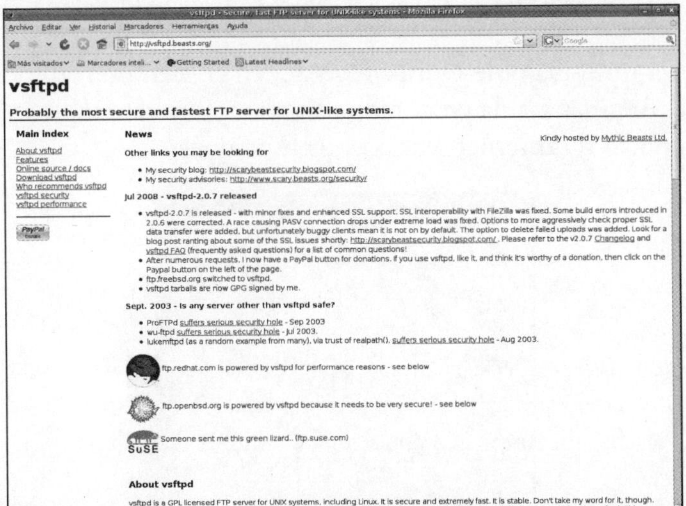


***Figura 32.** La web oficial de la aplicación **http://vsftpd.beasts.org** nos ofrece información en inglés y la posibilidad de descargarlo.*

**OpenSSH** es un conjunto de herramientas que permiten realizar comunicaciones cifradas o iniciar una sesión en computadoras remotas usando el protocolo SSH. Para instalarla, podemos utilizar el comando **sudo apt-get install ssh**. Los archivos de configuración de la aplicación se ubicarán en la carpeta **/etc/ssh**.

**Firestarter** es un programa cortafuegos que utiliza el sistema Netfilter, que es incluido en el núcleo o kernel del sistema. Cuenta con una interfaz gráfica, que facilita la tarea de configurar reglas de acceso y otras opciones de la aplicación.

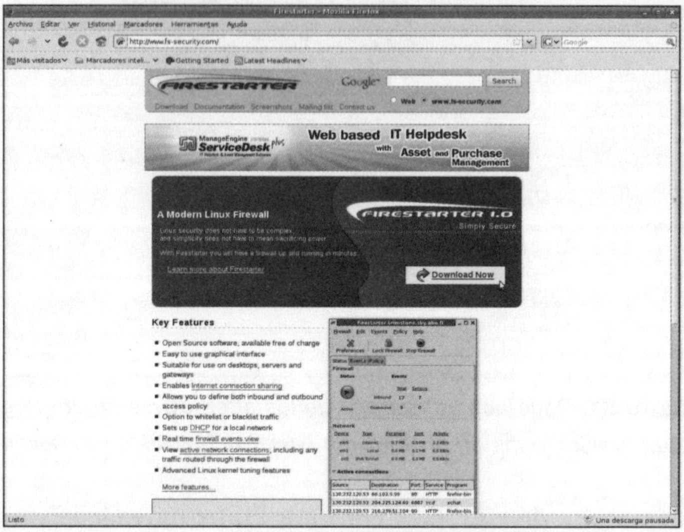


***Figura 33.** Para descargar Firestarter debemos acceder a la web **www.fs-security.com** y hacer clic sobre el enlace **Download Now**.*

Firestarter realiza un trabajo de monitoreo y revisa en tiempo real todo el tráfico de red del sistema. Además ayuda en el redireccionamiento de puertos y en la tarea de compartir el servicio de Internet, entre otras funciones.

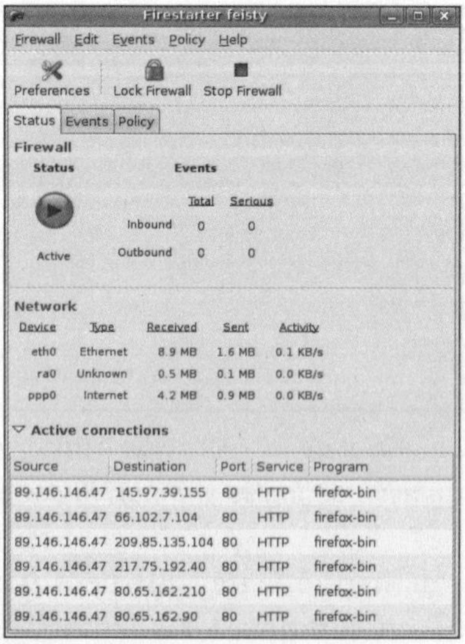


***Figura 34. Firestarter**, en su pantalla principal, entrega información muy completa acerca del tráfico de red y las aplicaciones asociadas.*

**Gufw** es una aplicación que funciona como Firewall y que cuenta con una interfaz de uso muy sencilla e intuitiva. Soporta el bloqueo de aplicaciones, servicios o puertos individuales y también permite especificar rangos de puertos. Se basa en **Ufw** y proporciona un firewall sencillo y orientado a usuarios no expertos. En la web oficial podemos acceder a la descarga del programa, reportar errores o pedir nuevas funciones. Gufw funciona en cualquier sistema Linux, en donde se encuentren instaladas las herramientas **Ufw**, **Python** y **GTK**.

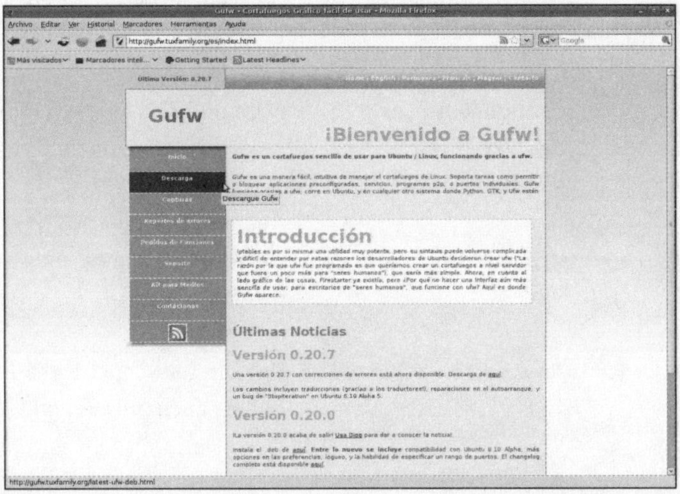


***Figura 35.** La web oficial de **Gufw** es **http://gufw.tuxfamily.org/es/index.html**. Para descargar el programa debemos hacer clic en el enlace **Descarga**.*

## ... RESUMEN

**Este capítulo nos ha acercado las distribuciones Linux que permiten realizar una instalación en un dispositivo USB. Aprendimos a usar Unetbootin y revisamos las opciones que este programa nos presenta para realizar una instalación automática de distribuciones en un pendrive. Describimos el proceso para crear una distribución USB desde un sistema operativo Linux instalado. Aprendimos a personalizar una distribución e instalamos las aplicaciones básicas. Destacamos la selección de paquetes para definir la orientación. Analizamos las opciones de software disponibles para Linux, que nos permiten complementar un sistema USB dedicado al trabajo de oficina o a las tareas de mantenimiento del sistema.**

## ACTIVIDADES

### TEST DE AUTOEVALUACIÓN

1 Mencione algunas distribuciones Linux que pueden ser instaladas en un pendrive.

2 ¿Qué es Mandriva Flash?

3 ¿Qué es y para qué sirve Unetbootin?

4 ¿Qué es y para qué sirve MySlaxCreator?

5 Mencione algunas distribuciones Linux soportadas por Unetbootin.

6 Caracterice el proceso de creación de una distribución USB.

7 ¿Qué alternativas de software existen para complementar una distribución USB?

8 Mencione y caracterice algunas aplicaciones de oficina para sistemas Linux.

9 Mencione y caracterice algunas utilidades para sistemas Linux.

10 ¿Qué importancia tiene la selección de paquetes de software para la creación de una distribución?

### EJERCICIOS PRÁCTICOS

1 Instale Unetbootin en un sistema Linux.

2 Seleccione una distribución y grábela en un dispositivo USB utilizando Unetbootin.

3 Cree una distribución USB basándose sólo en una instalación de Ubuntu o Debian.

4 Realice una selección de paquetes de software para oficina e instálelos en su distribución.

5 Realice una copia de la distribución USB que se encuentra en un pendrive.

Capítulo 6

# Crear distribución con squashfs

El capítulo seis de este libro nos ayuda en la creación de una distribución Linux completamente personalizada basada en Ubuntu. Para las tareas implicadas a lo largo de este capítulo utilizaremos las herramientas squashfs-tools y mkisofs. Detallaremos el uso e instalación de estas aplicaciones, así como también la adecuada selección de paquetes de software que nos permitirá definir la orientación de nuestra distribución Linux.

# MKISOFS Y SQUASHFS-TOOLS

En el **Capítulo 4**, revisamos las alternativas para construir nuestra **distribución Linux** utilizando aplicaciones diseñadas para ello. Mediante programas tales como **Ubuntu Reconstructor**, **Ubuntu Customization Kit** y **Ubuntu Remastersys** personalizamos una instalación de esta distribución para obtener nuestra versión.

***Figura 1. Super Ubuntu** es una versión de **Ubuntu** creada con **Reconstructor**. Podemos utilizar una imagen ISO de ella para realizar las adaptaciones descritas en este capítulo. La descargamos desde la web **http://hacktolive.org/wiki/Super_Ubuntu**.*

Los programas mencionados en el **Capítulo 4** nos entregan herramientas para adaptar Ubuntu a nuestras necesidades y gracias a ellas podemos seleccionar e instalar las aplicaciones que deseemos y cambiar la lista de **repositorios**, entre otras modificaciones. Una vez finalizadas las instrucciones del **Capítulo 4**, tendremos una imagen

## GRABACION EN SISTEMAS LINUX

Cada vez existen más aplicaciones de grabación para sistemas Linux. Para Gnome se destaca **GnomeBaker**. Este programa puede grabar imágenes .ISO y crear discos de audio desde archivos .MP3, .OGG y .WAV. Soporta la grabación con multisesiones. Podemos obtenerlo desde la página **http://sourceforge.net/projects/gnomebaker/**.

ISO con nuestra versión de Ubuntu. Desde este punto podremos continuar con el proceso de personalización y para esto debemos seguir las instrucciones detalladas en este capítulo. Es posible utilizar la imagen ISO que obtuvimos gracias a las especificaciones del **Capítulo 4**, pero también podemos usar una imagen ISO de Ubuntu sin modificar, para luego adaptarla según lo indicado en el **Capítulo 4**.

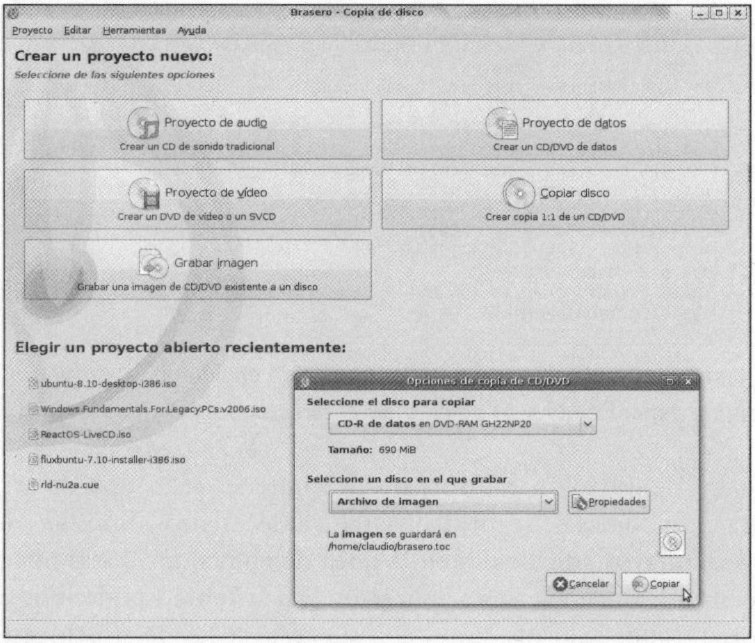


***Figura 2.** Si no tenemos el archivo adecuado para comenzar a realizar las modificaciones, podemos utilizar algún programa incluido en Ubuntu, como **Brasero**, para crear una imagen ISO a partir de un CD o DVD de una **distribución Linux**.*

A lo largo de este capítulo, emplearemos las herramientas **MKisofs** y **Squashfs-tools** para realizar las adaptaciones a la imagen ISO que hayamos seleccionado o grabado. Cabe señalar que Mkisofs es una herramienta utilizada para crear imágenes ISO de los directorios especificados por nosotros y que Squashfs-tools es un sistema de archivos que puede definirse como ultra comprimido.

## III PARTICIÓN DE DISCO

Una **partición** de un disco duro es una división de éste. Cada una de las particiones son tratadas como un disco duro diferente por el sistema operativo. De esta forma, podemos utilizarlas para instalar diversos sistemas operativos en una sola computadora o establecer espacios protegidos para respaldar información.

## Mkisofs

**Mkisofs** es un paquete de software que mediante una línea de comandos nos permite crear una imagen ISO de una forma muy sencilla. La sintaxis básica de este programa es la siguiente: **mkisofs -o nombre_de_la_imagen.iso /ubicación_de_la_carpeta_o_directorio_para_grabar/**.

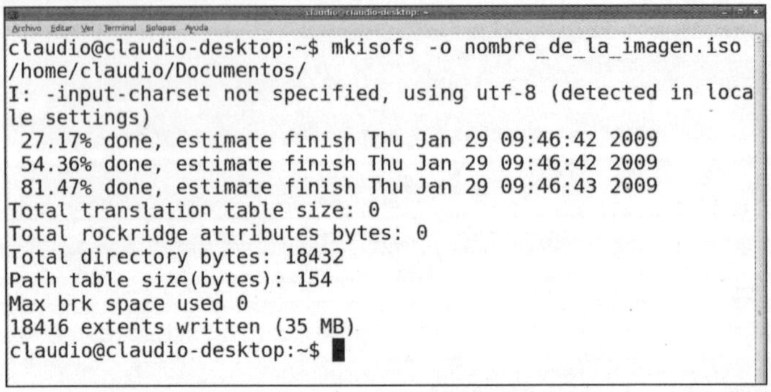


***Figura 3.** Una vez que el comando anterior haya sido ejecutado, se creará una imagen con el nombre especificado y se ubicará en el directorio en el que nos encontremos.*

Una imagen ISO creada con Mkisofs puede contener todo tipo de archivos, y es muy útil para crear copias de seguridad y archivar elementos. Mkisofs admite la utilización de **parámetros** adicionales en la línea de comandos. Estas opciones entregan una mayor funcionalidad a esta aplicación. En la **Tabla 1** podremos ver los parámetros soportados por Mkisofs, junto con sus respectivas descripciones.

| PARÁMETRO DE LA APLICACIÓN MKISOFS | CARACTERÍSTICAS DEL PARÁMETRO | EJEMPLO DE UTILIZACIÓN |
| --- | --- | --- |
| -A | Este parámetro proporciona la posibilidad de crear una ID de aplicación, que es una cadena de texto que se ubica en la cabecera de la imagen. Este parámetro puede ser usado para identificar los archivos que se encuentran dentro de la imagen ISO creada. | Para utilizar el parámetro -A debemos escribir lo siguiente en una consola de comandos: mkisofs -o nombre_de_la_imagen.iso -A /home/usuario/ |
| -J | Este parámetro es útil para generar registros de nombres Joliet. Debemos utilizarlo si tenemos pensado crear una imagen ISO que funcione en sistemas operativos de la familia Microsoft Windows. | La correcta sintaxis de este parámetro es la siguiente: mkisofs -o nombre_de_la_imagen.iso -J /home/usuario/ |
| -o | Este parámetro nos permitirá especificar el nombre que tendrá la imagen ISO que crearemos. | Para especificar el nombre de la imagen ISO debemos usar el parámetro -o de la siguiente forma: mkisofs -o nombre_de_la_imagen.iso /home/usuario/, y cambiar nombre_de_la_imagen.iso por el nombre deseado. |

| PARÁMETRO DE LA APLICACIÓN MKISOFS | CARACTERÍSTICAS DEL PARÁMETRO | EJEMPLO DE UTILIZACIÓN |
|---|---|---|
| -R | Esta opción nos permite generar registros de nombres Rock Ridge. Esto posibilitará mantener la longitud y el uso de las mayúsculas/minúsculas en los nombres de archivo. Este parámetro es especialmente útil para sistemas operativos Unix y Linux. | El uso correcto de este parámetro se presenta a continuación: mkisofs -o nombre_de_la_imagen.iso -R /home/usuario/ |
| -v | Este parámetro nos permite ver el detalle de las operaciones que se están realizando mientras la imagen ISO es creada. | Para usarlo debemos escribir en la consola de comandos: mkisofs -o nombre_de_la_imagen.iso -v /home/usuario/ |
| -V | Este parámetro nos permite establecer una ID de volumen, que es un nombre que será asignado cuando la imagen ISO sea quemada en entornos Solaris y Windows. | Su correcta sintaxis es mkisofs -o nombre_de_la_imagen.iso -V /home/usuario/ |
| -x | Mediante esta opción podremos excluir los directorios que se sitúen después del parámetro. Puede repetirse cuantas veces sea necesario. | Podemos utilizarlo de la siguiente forma: mkisofs -o nombre_de_la_imagen.iso -x /home/usuario/pc1/ -x /home/usuario/pc2/ -v /home/usuario/ |

***Tabla 1.** Opciones que podemos utilizar con Mkisofs, junto con sus descripciones y ejemplos de cómo emplearlas.*

Las opciones de la **Tabla 1** pueden ser usadas combinándolas en un solo **comando**, por ejemplo, para crear una imagen que contenga todos los archivos de la carpeta **/home/usuario/**, dejando de lado las carpetas **/home/usuario/mp3/**, **/home/usuario/videos/** y **/home/usuario/juegos/**. También para que posea el nombre **respaldo_de_usuario** y pueda ser revisada tanto en sistemas operativos **Linux** como **Windows**. Pueden ser usadas para que conserve las mayúsculas y minúsculas y, por último, para que cuente con las ID de aplicación y de volumen correspondientes. Abrimos la consola de comandos desde **Aplicaciones/Accesorios/ Terminal** y escribimos: **mkisofs -o respaldo_de_usuario.iso -x /home/usuario/Documentos/mp3/ -x /home/usuario/Documentos/videos/ -x /home/usuario/ Documentos/juegos/ -J -R -A -V -v /home/usuario/Documentos/**. Reemplazamos **usuario** por el nombre que corresponda.

## { } SINTAXIS EN LINUX

La sintaxis de los comandos en los sistemas de tipo Unix es sensible a las mayúsculas y minúsculas, por lo tanto debemos tener cuidado al escribir las órdenes en la consola. Por ejemplo, la búsqueda de un archivo mediante **find -name nombre_del_archivo.txt** arrojará resultados distintos de **find -name NOMBRE_DEL_ARCHIVO.TXT**.

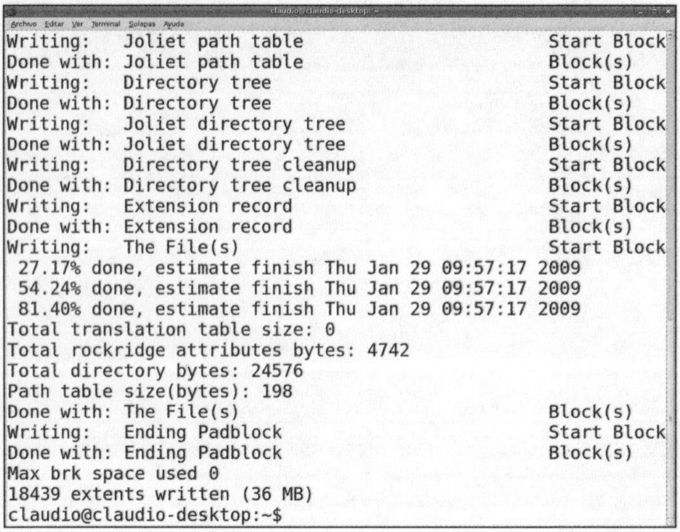


***Figura 4.** Cuando las operaciones especificadas en el comando anterior hayan terminado de ejecutarse, veremos un mensaje que indicará la cantidad de espacio utilizado, además de otros detalles, en la consola de comandos. En este punto, la imagen ISO ya estará creada.*

Una vez que hayamos creado la imagen ISO correspondiente, podemos grabarla a un CD o DVD, utilizando una aplicación como **cdrecord**, que funciona en línea de comandos, o **X-CD-Roast**, que cuenta con una **interfaz gráfica** que facilita su uso.

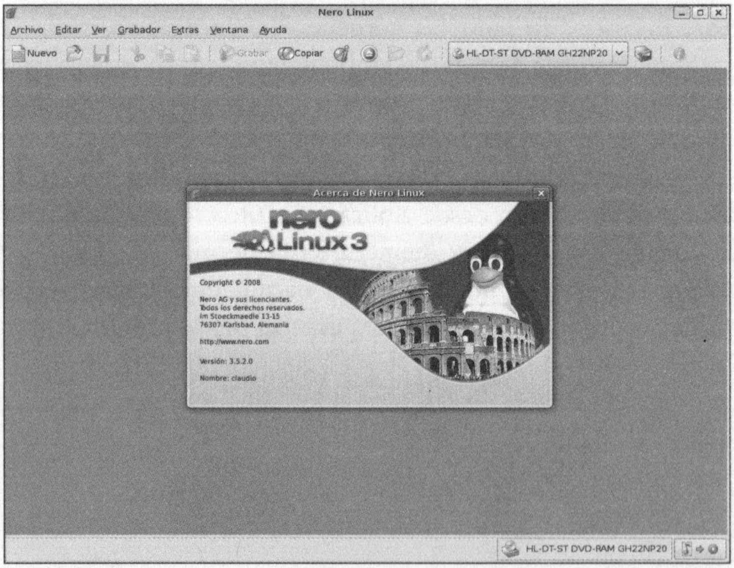


***Figura 5.** **Ahead Nero** es una aplicación de grabación comercial que ofrece una versión desarrollada para sistemas Linux. **Nero Linux** es similar a la versión para **Microsoft Windows**, y presenta una interfaz gráfica muy fácil de utilizar.*

## Squashfs-tools

**Squashfs** es un sistema de archivos de sólo lectura para Linux. Se destaca por estar altamente comprimido y utiliza el sistema de compresión zlib para los archivos, directorios e ínodos (estructura de datos que contiene infamación sobre un archivo). Squashfs soporta tamaños de bloque de hasta 1024 KB y es software libre, ya que se encuentra amparado bajo la **Licencia Pública GNU**.
El uso de este **sistema de archivos** se realiza en dispositivos limitados, como sistemas integrados, en donde la sobrecarga no es excesiva.

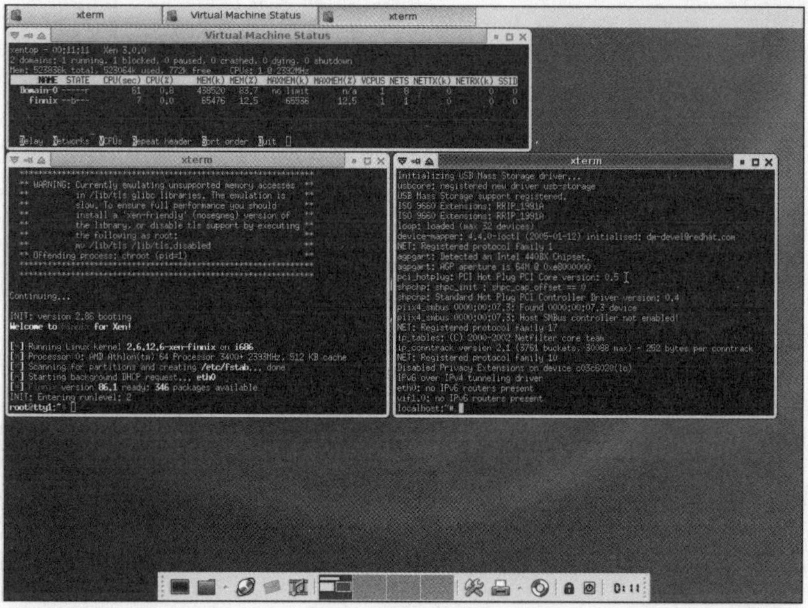


***Figura 6.*** *Squashfs es utilizado como sistema de archivos en el Live CD de Finnix Linux. Aparte de esta distribución, Squashfs también es emlpeado por los Live CD de Ubuntu, Debian, Gentoo y Mandriva, entre otros.*

Como Squashfs es un sistema de sólo lectura, puede unirse con otros sistemas de archivos para proveer un entorno que entregue capacidades de lectura y escritura para los sistemas Live Linux. **Unionfs** o **Aufs** son los sistemas que acompañan a

### SISTEMAS DE ARCHIVOS

Existe una gran diversidad de sistemas de archivos que pueden ser usados por sistemas operativos Linux. Entre ellos se están **ReiserFS**, **Ext3**, **JFS** y **XFS**. Tanto ReiserFS como JFS o XFS nos permiten utilizar el máximo espacio de las particiones, mientras que para montar y desmontar particiones rápidamente es mejor JFS o XFS.

Squashfs. De esta forma, los Live CD de Linux cuentan con la rapidez y alta compresión de Squashfs y con la capacidad de alteración y escritura mientras se ejecuta un sistema Live Linux.

***Figura 7.** Squashfs no sólo es usado en sistemas Live Linux, sino también en otros dispositivos como el firmware del **router DD-WRT**.*

Un sistema de archivos comprimidos, como Squashfs, se encarga de presentar los archivos y directorios de forma tal que al utilizarlos no nos demos cuenta de su estado y los percibamos como no comprimidos.
La visualización de archivos comprimidos con Squashfs se hace muy rápidamente, por esto su uso se ha extendido mucho en los sistemas Live Linux.

***Figura 8.** Aunque Squashfs es ampliamente usado en Live CD de Linux, originalmente fue creado para sistemas empotrados, como **Access Points** para redes Wifi.*

# CREAR UNA DISTRIBUCIÓN USANDO MKISOFS Y SQUASHFS-TOOLS

Mediante las instrucciones detalladas a continuación, podremos personalizar una imagen ISO de Ubuntu u otra distribución similar, como Kubuntu o Mint Linux. También puede aplicarse a una imagen ISO ya personalizada, a traves del procedimiento detallado en el **Capítulo 4** de este libro.

## Instalación de aplicaciones necesarias

Antes de llevar a cabo las tareas que se especifican en las siguientes páginas, debemos instalar las aplicaciones mkisofs, squashfs-tools y Qemu, tal como vemos detallado en la **Figura 9**, que se muestra a continuación.

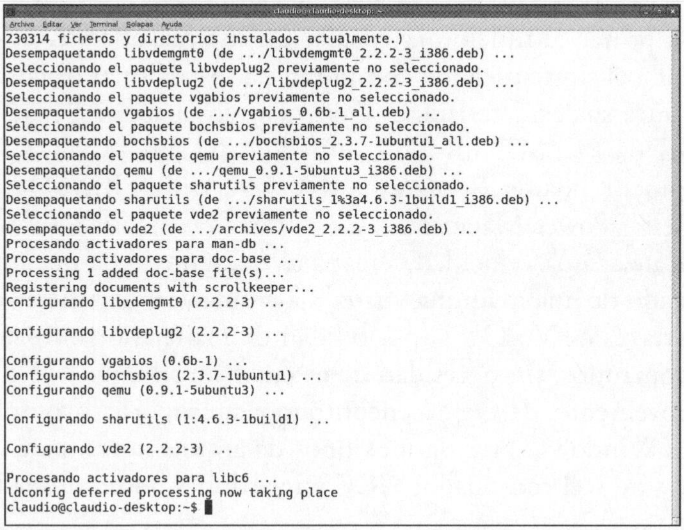


***Figura 9.** Abrimos una consola de comandos, escribimos sudo apt-get install mkisofs squashfs-tools qemu y esperamos mientras las operaciones se llevan a cabo.*

Si no deseamos utilizar una consola de comandos, podemos realizar las instalaciones mediante el gestor de paquetes Synaptic: hacemos clic en **Sistema/Administración/ Gestor de paquetes Synaptic**, presionamos el botón **Buscar** para cada paquete necesario, los marcamos para realizar su instalación y aplicamos los cambios.

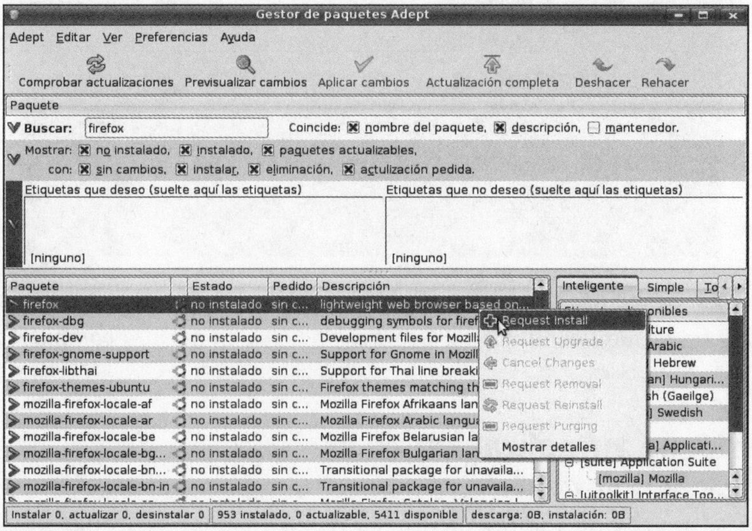


***Figura 10.** Si utilizamos **Kubuntu**, podemos ejecutar el gestor de paquetes **Adept** para instalar cualquier paquete de software que necesitemos.*

**Qemu** es una aplicación que funciona como emulador de procesadores, pudiendo virtualizar dentro de Windows o Linux cualquiera de los sistemas operativos soportados. Su principal función es emular un sistema operativo dentro de otro, para así acceder a él sin reiniciar la computadora, particionar discos o redimensionar espacio. Entre sus características se encuentran el soporte para emular IA-32 (x86) PC, AMD64 PC, MIPS R4000, Sun's SPARC sun4m, Sun's SPARC sun4u, ARM development boards (Integrator/CP y Versatile/PB), SH4 SHIX board, PowerPC (PReP y Power Macintosh) y arquitecturas ETRAX CRIS. También se destaca por alcanzar una velocidad cercana al tiempo real, la opción de guardar y restaurar el estado de una máquina virtual, la emulación de tarjetas de red, el control remoto a través de VNC y la posibilidad de manejarlo completamente desde una línea de comandos, sin necesidad de ejecutar un sistema X11.

Entre los inconvenientes de Qemu encontramos un soporte incompleto para sistemas operativos Windows, para algunos tipos de arquitecturas, para algunos dispositivos de hardware y el compilador **GCC** en versiones posteriores a la 4.

***Figura 11.** Qemu nos permite, entre otras cosas, ejecutar un sistema operativo Windows desde Ubuntu u otra distribución Linux en nuestra computadora.*

## Alternativas de virtualización

Existen aplicaciones más completas, desarrolladas para utilizar sistemas virtualizados las que, al igual que Qemu, nos permitirán instalar y probar las versiones de Linux que hayamos creado. Entre las alternativas existentes tenemos **VirtualBox** y **VMware**. Estos programas ofrecen muchas funcionalidades adicionales y pueden ser ejecutados en una gran cantidad de sistemas operativos.

**VirtualBox**, al igual que Qemu, es una alternativa de virtualización gratuita para uso personal y de evaluación. Existe una versión libre que se denomina **VirtualBoxOSE**,

amparada bajo la Licencia GPL2. Este programa de virtualización para arquitecturas x86 fue desarrollado originalmente por Innotek, pero en la actualidad es propiedad de la empresa Sun Microsystem.
Gracias a su uso podemos instalar un sistema operativo denominado invitado en otro llamado anfitrión. Entre los sistemas operativos anfitriones, soporta GNU/Linux, Mac OS X, OS/2 Warp , Windows, y Solaris/OpenSolaris. Entre los sistemas invitados soportados se pueden mencionar FreeBSD, GNU/Linux, OpenBSD, OS/2 Warp, Windows y Solaris.

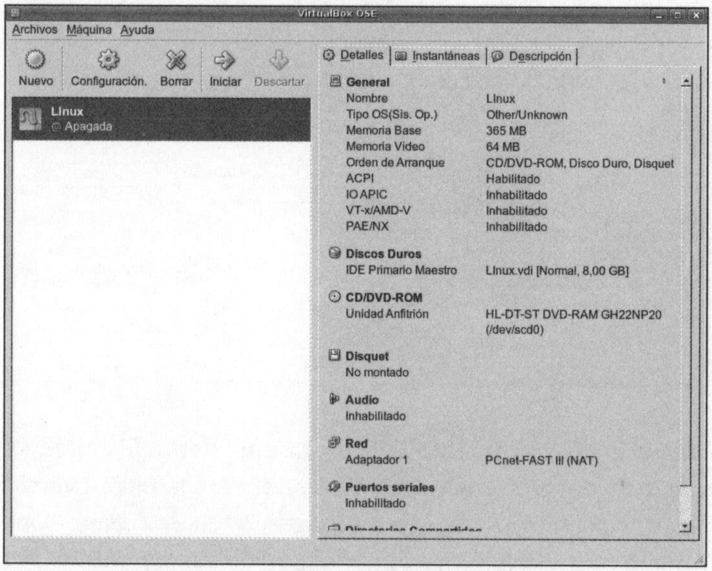


***Figura 12.** **VirtualBox** carece de algunas funcionalidades presentes en programas comerciales como **Vmware**, pero de todas formas es una alternativa de virtualización bastante completa.*

Entre sus características más destacadas encontramos la posibilidad de montar imágenes ISO como unidades virtuales y la alternativa de ejecutar máquinas remotas gracias al **Remote Desktop Protocol**. Además, cuenta con soporte para dispositivos SCSI.
Para instalar VirtualBox debemos seguir las indicaciones del siguiente paso a paso.

## EMULADOR BOCHS

**Bochs** es un emulador desarrollado por **Kevin Lawnton**, con el lenguaje C++. Puede emular un 386, 486 Pentium, Pentium II, Pentium III, Pentium 4 o una CPU con arquitectura x86 de 64 bits. Es una aplicación **multiplataforma**, funciona en los sistemas operativos Windows, Unix, Mac, Solris, BeOS y PSP (Play Station portable).

## ■ Instalar VirtualBox en Ubuntu

PASO A PASO

**1** Primero deberá acceder a la web oficial de la aplicación para descargar el archivo adecuado. Ingrese en la dirección **www.virtualbox.org** y haga clic en **Downloads**, ubicado en el menú lateral.

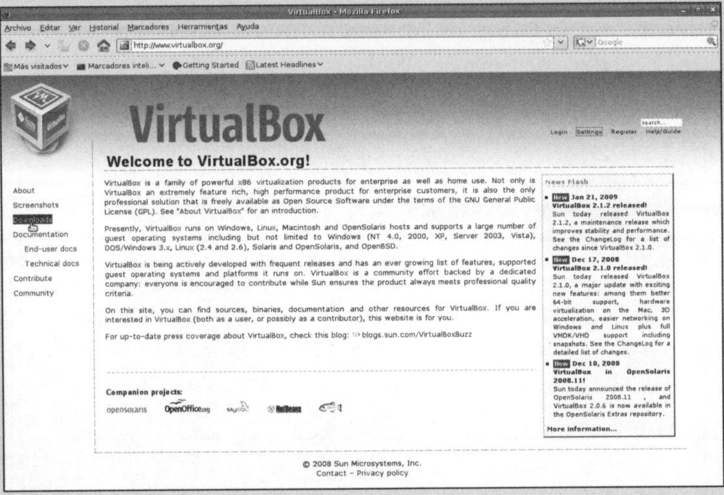

**2** Haga clic en el enlace **VirtualBox 2.1.2 for Linux hosts**. El indicador **2.1.2** puede ser reemplazado por el número que corresponda a la última versión disponible. También podrá seleccionar la descarga de VirtualBox para Windows, OSX y Solaris. Además, es posible descargar el código fuente del paquete correspondiente a la versión libre: **VirtualBox OSE**.

**3** En la siguiente ventana seleccione la distribución en la cual instalará VirtualBox y la arquitectura apropiada, por ejemplo, **Ubuntu 8.10 ("Intrepid Ibex")**, arquitectura **i386**. También es posible descargar los paquetes para Fedora, Debian, OpenSuse, Red Hat Enterprise, PCLinux OS, Xandros y Mandrila, entre otras distribuciones. Haga clic sobre el enlace correspondiente y descargue el archivo. ▶

## III SISTEMAS DE ARCHIVOS EXT3

El sistema de archivos para sistema Unix **EXT3** puede ser montado y utilizado como un sistema de archivos EXT2. Entre sus ventajas se encuentran un registro por diario, índices en árbol para los directorios que ocupan varios bloques y crecimiento en línea.

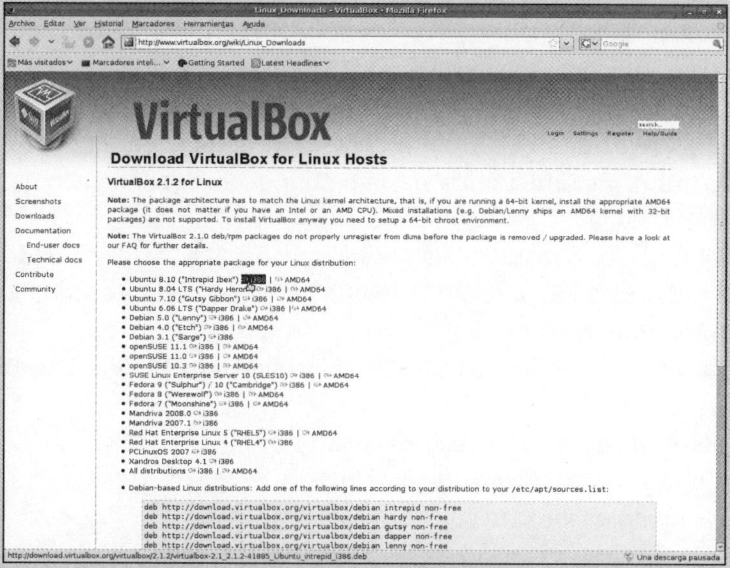


**4** Cuando la descarga haya finalizado, haga doble clic sobre el archivo para iniciar su instalación. Una vez que el gestor de paquetes **Gdebi** se haya cargado, presione el botón **Instalar el paquete**.

**5** Deberá iniciar nuevamente su sesión de trabajo, para que el icono de VirtualBox aparezca en el menú. Para iniciar VirtualBox haga clic en **Aplicaciones/ Herramientas del sistema/Sun xVM VirtualBox**.

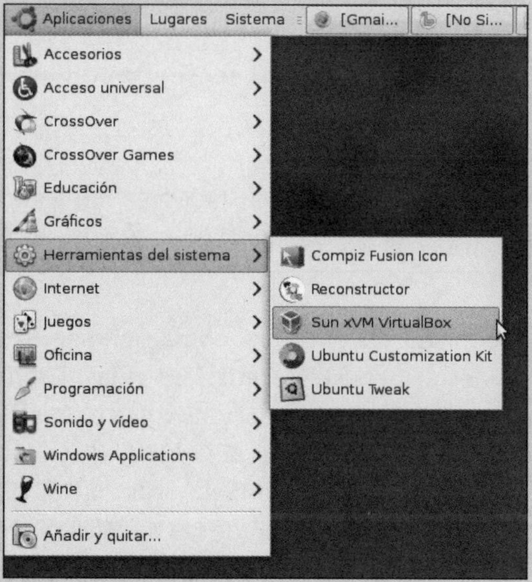

6 Para continuar deberá habilitar los puertos USB en VirtualBox. Tendrá que editar el archivo **/etc/init.d/mountdevsubfs.sh**. Abra una consola, escriba **sudo cp /etc/init.d/mountdevsubfs.sh /etc/init.d/mountdevsubfs.sh.original** y presione **ENTER** para hacer una copia del archivo que modificará. Luego escriba **sudo nano /etc/init.d/mountdevsubfs.sh** para abrir el archivo indicado.

7 Dentro del archivo, busque la línea **domount devpts "" /dev/pts devpts -onoexec,nosuid,gid=$TTYGRP,mode=$TTYMODE** y debajo de ella escriba lo siguiente:

**mkdir -p /dev/bus/usb/.usbfs**
**domount usbfs "" /dev/bus/usb/.usbfs -obusmode=0700,devmode=0600, listmode=0644**
**ln -s .usbfs/devices /dev/bus/usb/devices**
**mount –rbind /dev/bus/usb /proc/bus/usb**

Guarde los cambios y cierre el archivo.

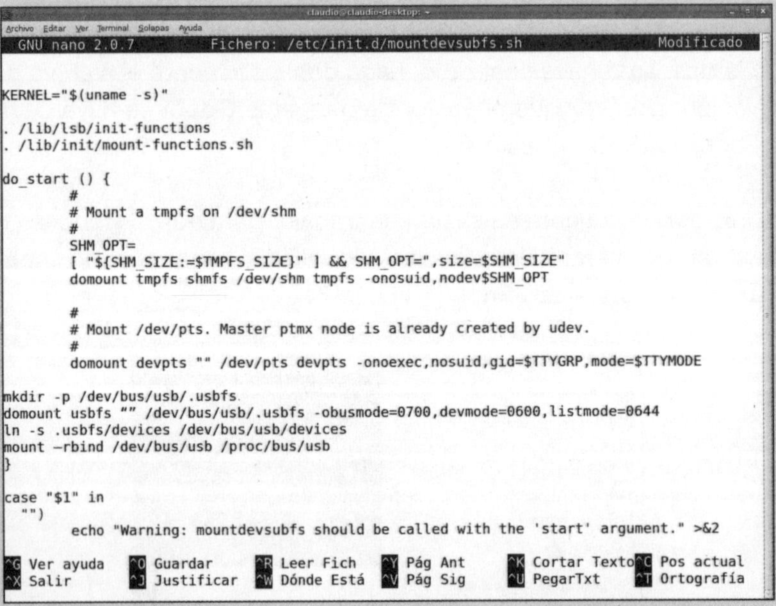


8 Para asignar los permisos de escritura correspondientes deberá modificar el archivo **/etc/udev/rules.d/40-basic-permissions.rules**. Escriba el comando **sudo nano /etc/udev/rules.d/40-basic-permissions.rules** y presione **ENTER**.
Busque la línea **SUBSYSTEM=="usb", ENV{DEVTYPE}=="usb_device", MODE="0664?, GROUP="vboxusers"** y cámbiela por **SUBSYSTEM=="usb_device", MODE="0664?, GROUP="vboxusers"**. Guarde las modificaciones y cierre el archivo.

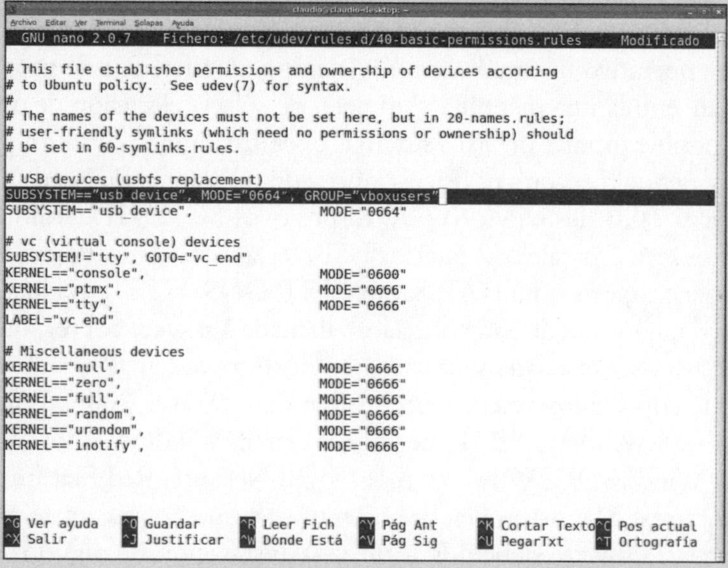


**9** Para añadir su usuario al grupo vboxusers, ejecute en una consola el comando **sudo adduser nombre_de_usuario vboxusers**.

**10** Finalmente, debe averiguar cuál es el identificador de grupo. En una consola ejecute el comando **cat /etc/group | grep vboxusers** y aparecerá una línea como la que sigue: **vboxusers :x :id_grupo:tu_usuario**. Ejecute el comando **sudo nano /etc/fstab** y agregue la siguiente línea al final del archivo: **none /proc/bus/usb usbfs devgid=id_grupo,devmode=664**. Guarde los cambios y reinicie el sistema.

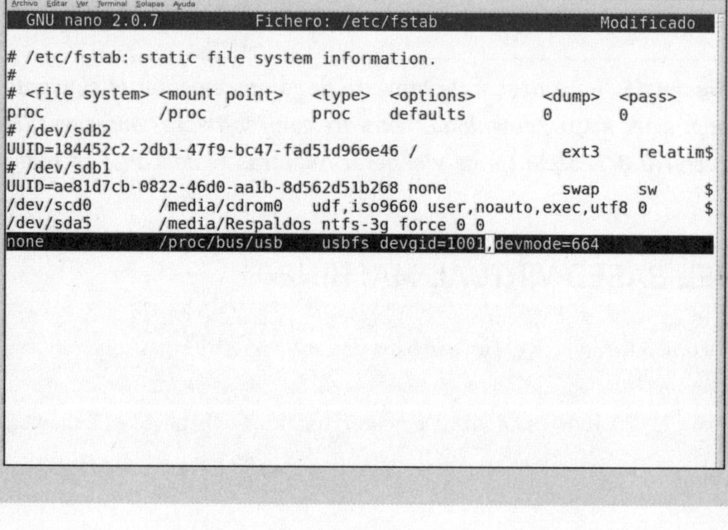

**Vmware** es una aplicación comercial desarrollada para entregarnos un sistema de virtualización por software. Este programa nos permite simular varias computadoras dentro del sistema operativo huésped al mismo tiempo. A diferencia de programas como **Wine**, Wmware emula una máquina completa, no sólo la ejecución de una aplicación y por esto es posible instalar diversos sistemas operativos gracias a su utilización.
Soporta los siguientes dispositivos físicos conectados al sistema huésped: Intel Pentium o Superior, hasta 1GB de RAM, SVGA, dispositivos SCSI (HD, scanner, etc.), disquetera, puertos serie y paralelo, 2 puertos USB, teclado y mouse, tarjeta de red y sonido. Además, tiene soporte para NAT, Samba, FTP, DNS, HTTP y Telnet, entre otros.
Existe una versión gratuita de esta aplicación, llamada **Vmware Server**, que se encuentra disponible para ser instalada y utilizada en distintos sistemas operativos. Entre los sistemas cliente soportados se encuentran: Windows Server 2003, Windows 2000, Windows NT 4.0, Windows XP Home y Professional, Windows Vista, Windows ME, Windows 98, Windows 95, Windows 3.1, Novell Netware, Red Hat Enterprise, Suse Linux, Turbo Linux, Mandriva, FreeBSD, Ubuntu y Sun Solaris, entre muchos otros.
Antes de instalar Vmware debemos realizar la instalación de algunos paquetes de software necesarios para que esta aplicación funcione adecuadamente. Ejecutamos en una consola el comando **sudo apt-get install kernel-package xinetd**. También podemos utilizar un gestor de paquetes como **Synaptic** o **Adept**.

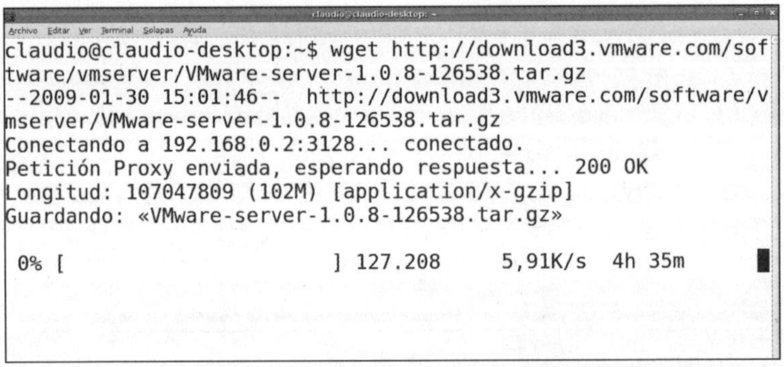


***Figura 13.** Para descargar Vmware debemos ejecutar el siguiente comando: wget http://download3.vmware.com/software/vmserver/VMware-server-1.0.8-126538.tar.gz y esperar mientras la descarga se realiza.*

## KERNEL BASED VIRTUAL MACHINE

**Kernel Based Virtual Machine** o **KVM** ofrece a los usuarios de Linux una solución completa para virtualizar máquinas basadas en x86 a través del núcleo de Linux. Se incluye en el núcleo de Linux a partir de su versión 2.6.20. KVM es capaz de ejecutar sistemas operativos huésped Windows y Linux.

También podemos acceder al sitio web **www.vmware.com/download/server** y descargar Vmware desde allí. En esta página se encuentran disponibles las distintas versiones de Vmware. Después de seleccionar la versión adecuada, debemos aceptar el contrato de licencia presionando el botón **Yes**. Para finalizar, seleccionamos el paquete adecuado a nuestro sistema operativo.

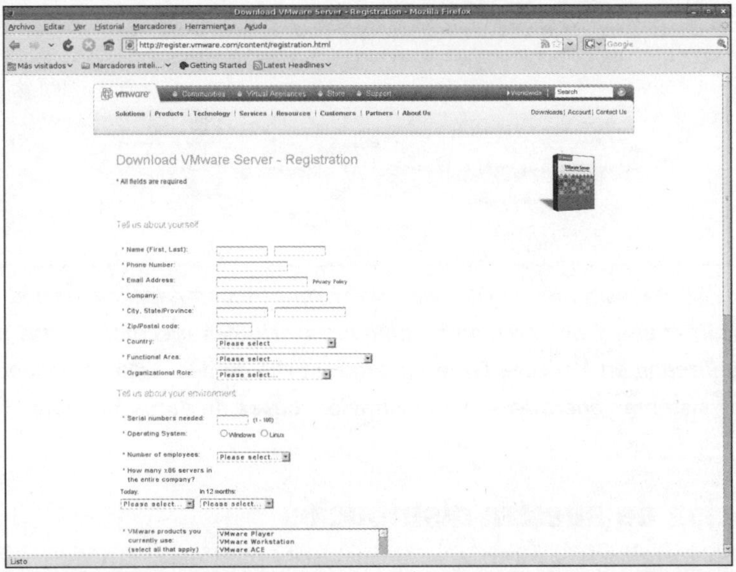


***Figura 14.** Para obtener un número serial que nos permita utilizar Vmware debemos acceder a la web **http://register.vmware.com/content/registration.html** y completar los datos requeridos en el formulario correspondiente.*

Cuando la descarga haya finalizado, debemos ejecutar los siguientes comandos para descomprimir el archivo y acceder al directorio de la aplicación: **tar zxvf VMware-server-1.0.8-126538.tar.gz** y reemplazamos por el nombre de archivo que corresponda, **cd directorio_vmware**. Reemplazamos por el nombre del directorio que corresponda. Presionamos **ENTER** después de cada línea. Para realizar la instalación escribimos el comando **sudo ./vmware-install.pl** y seguimos las indicaciones del asistente, presionando **ENTER** o escribiendo **Y**, según corresponda.

## VIRTUALIZACIÓN DE RECURSOS

La **virtualización de plataforma** hace referencia a la utilización de máquinas virtuales para simular la existencia de una computadora independiente, en donde podremos realizar diversas pruebas de instalación y configuración de sistemas operativos y aplicaciones.

***Figura 15.** Si visitamos el sitio web **www.vmware.com/appliances** podremos descargar una gran variedad de máquinas virtuales preconfiguradas para ser utilizadas en **Vmware**. Entre las alternativas de descarga se encuentran sistemas operativos, administración, bases de datos, etcétera.*

## Construcción de nuestra distribución

Cuando estén instaladas las aplicaciones mkisofs para crear imágenes ISO, Qemu, Virtualbox o Vmware para utilizar sistemas virtualizados y el sistema de archivos Squashfs, podremos comenzar el proceso de creación de nuestra distribución.

Primero debemos cargar el módulo de squashfs. Para esto hacemos clic en **Aplicaciones/Accesorios/Terminal** y escribimos el siguiente comando: **sudo modprobe squashfs**. Luego presionamos **ENTER** para que sea ejecutado.

Para continuar, debemos montar la imagen ISO y descomprimir el **.squashfs**. En una consola de comandos escribimos lo siguiente y presionamos **ENTER** después de cada línea: **cd /home/usuario/** y reemplazamos **usuario** por el nombre que corresponda,

**mkdir /home/usuario/mnt**

**sudo mount -o loop ubuntu-8.10-desktop-i386.iso /home/usuario/mnt** y reemplazamos **ubuntu-8.10-desktop-i386.iso** por el nombre de la imagen ISO que corresponda.

### TERMINATOR

La aplicación **Terminator** nos permite trabajar con múltiples consolas de comandos, que se acoplan en una sola ventana. Gracias a él tendremos la posibilidad de correr varios comandos a la vez y ver sus resultados. Para descargarla podemos utilizar el comando **sudo apt-get install terminator** o visitar su sitio web **www.tenshu.net/terminator**.

**mkdir /home/usuario/extract-cd**
**rsync —exclude=/casper/filesystem.squashfs -a /home/usuario/mnt/ /home/usuario/extract-cd**

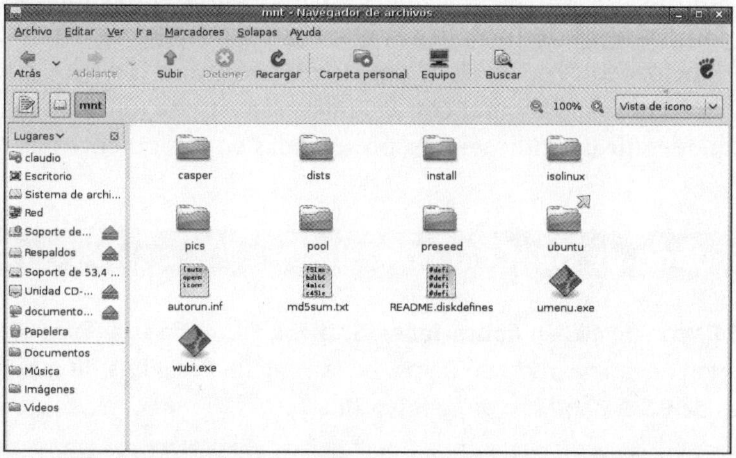


***Figura 16.** Después de ejecutar los comandos anteriores, todo el contenido de la imagen ISO estará en el directorio /mnt.*

Luego ejecutamos los comandos siguientes en el directorio raíz del sistema:
**sudo mkdir squashfs**
**sudo mount -t squashfs -o loop /home/usuario/mnt/casper/filesystem.squashfs squashfs**
**sudo mkdir /home/usuario/edit**
**sudo cp -a squashfs/* /home/usuario/edit/**
Presionamos **ENTER** después de cada una de las líneas.

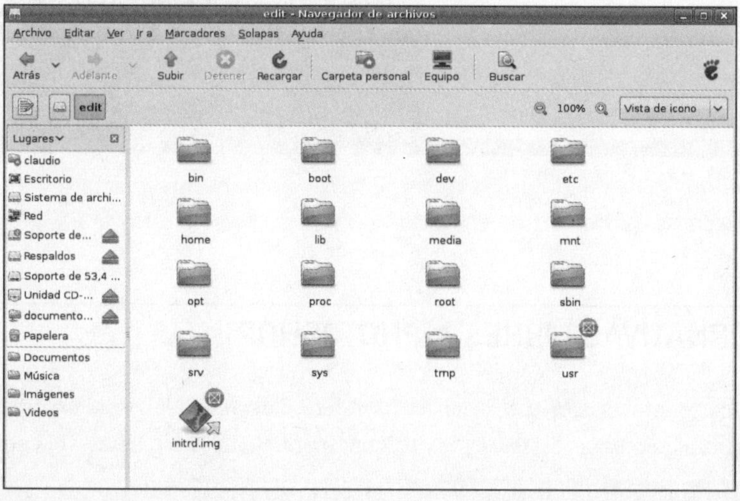


***Figura 17.** Con estos comandos el squashfs ya estará descomprimido en el directorio /edit/. En esta carpeta serán realizados todos los cambios posteriores.*

Desde este punto podremos realizar todos los cambios necesarios para crear nuestra propia versión de la distribución Linux.
Primero, podemos modificar el fondo de pantalla predeterminado para nuestra distribución. Es posible descargar una imagen para utilizar como fondo de escritorio desde sitios como **www.kde-look.org** o **www.gnome-look.org**. Si deseamos dotar nuestra distribución con un nivel de personalización más elevado, podemos crear nuestro propio fondo de pantalla, con la aplicación de edición de imágenes GIMP. Tendremos que seguir las indicaciones presentadas en el siguiente paso a paso.

## ■ Crear Fondo de pantalla con GIMP — PASO A PASO

**1** Abra **GIMP** con un clic en **Aplicaciones/Gráficos/Editor de imágenes GIMP**. Cuando la aplicación haya finalizado su carga, en la ventana **Programa de manipulación de imágenes de GNU**, haga clic en **Archivo Nuevo**.

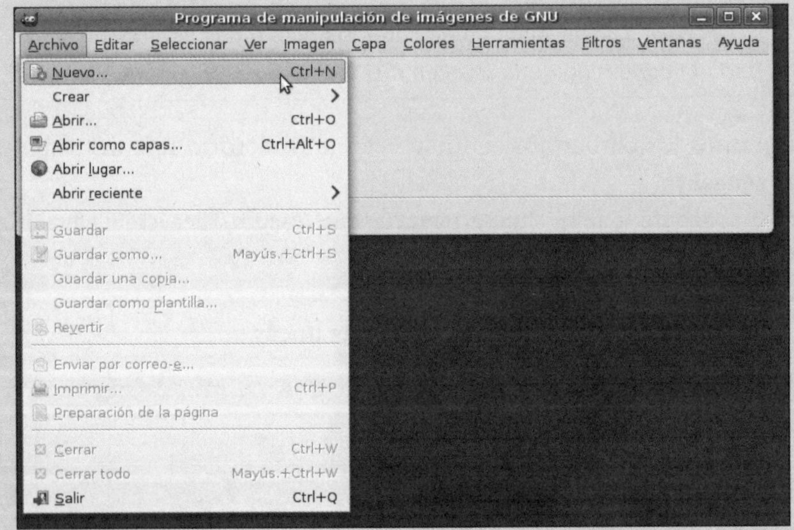


## ALTERNATIVAS LIBRES A PHOTOSHOP

Entre las aplicaciones libres que funcionan como una alternativa al popular **Adobe Photoshop** encontramos las siguientes: The GIMP, GIMPShop, Paint.NET y Krita. Estas aplicaciones, aunque entregan una gran diversidad de herramientas para procesar imágenes, aún no son capaces de sustituir a Photoshop.

**2** En la ventana **Crear una imagen nueva** ajuste el tamaño adecuado para su papel tapiz, por ejemplo, 640x480, 800x600, 1024x768, 1280x1024. Presione el botón **Aceptar** para crear la imagen.

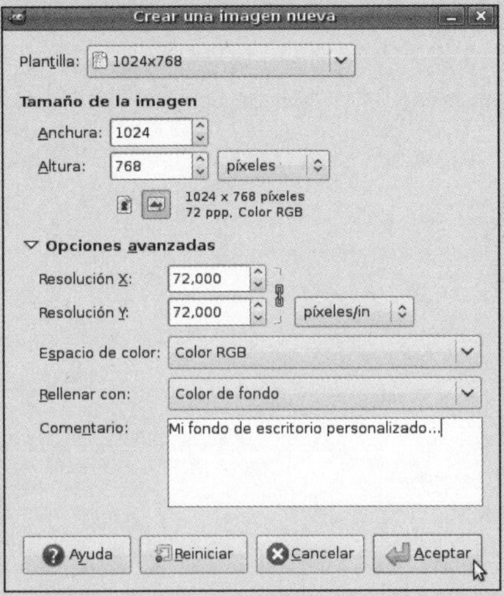


**3** Utilice las herramientas de pintura, selección, color y transformación que entrega GIMP a través del menú **Herramientas**, para crear su propio fondo de pantalla personalizado. El menú **Filtros** pone a su disposición una gran colección de filtros fácilmente utilizables.

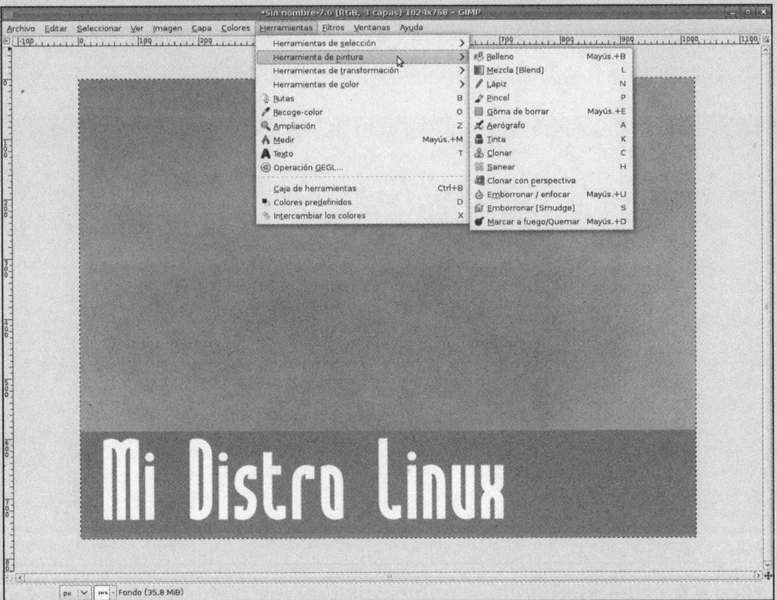

**4** Cuando haya finalizado debe hacer clic en el menú **Archivo/Guardar**. En el cuadro de diálogo **Guardar imagen**, indique la ubicación, el nombre y la extensión para la imagen. Finalmente, presione el botón **Guardar**.

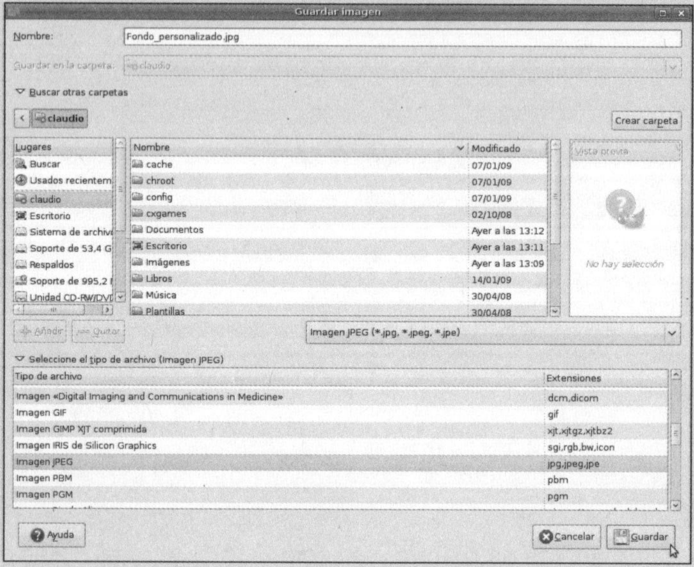


Las posibilidades que nos entrega GIMP para crear un fondo de pantalla son muchas, podemos partir desde una imagen cualquiera o un fondo de pantalla ya creado y realizar algunas modificaciones en él. Podemos utilizar cualquier aplicación de edición de imágenes para crear un fondo de pantalla.

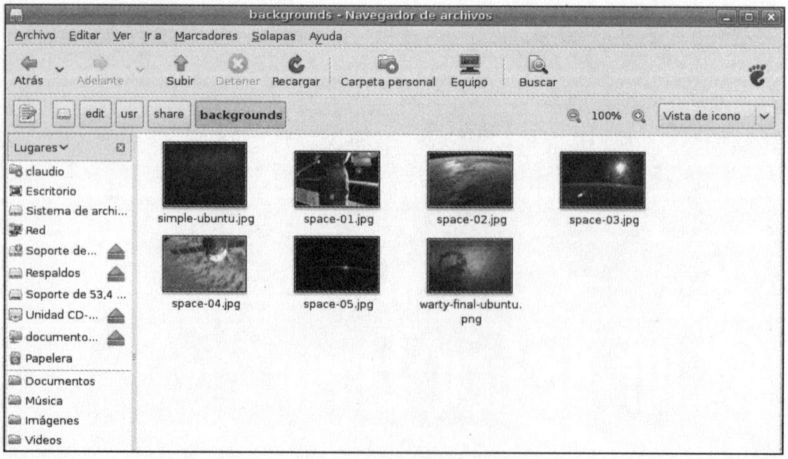


***Figura 18.** Cuando el archivo que emplearemos como fondo de pantalla esté listo, lo grabamos en la carpeta /edit/usr/share/backgrounds/.*

Luego editaremos el archivo **/var/lib/gconf/debian.defaults/%gconf-tree.xml**. Escribimos en una consola: **sudo nano /edit/var/lib/gconf/ debian.defaults/%gconf-tree.xml**. Buscamos la línea **/usr/share/backgrounds/intrepid-final-ubuntu.png** (el nombre cambiará dependiendo de la distribución que estemos modificando), reemplazamos por el nombre de nuestro papel tapiz, por ejemplo, **/usr/share/backgrounds/mi_papel_tapiz.png**. Guardamos los cambios y cerramos el archivo. En segundo lugar modificaremos en fondo de inicio o instalación de Ubuntu.

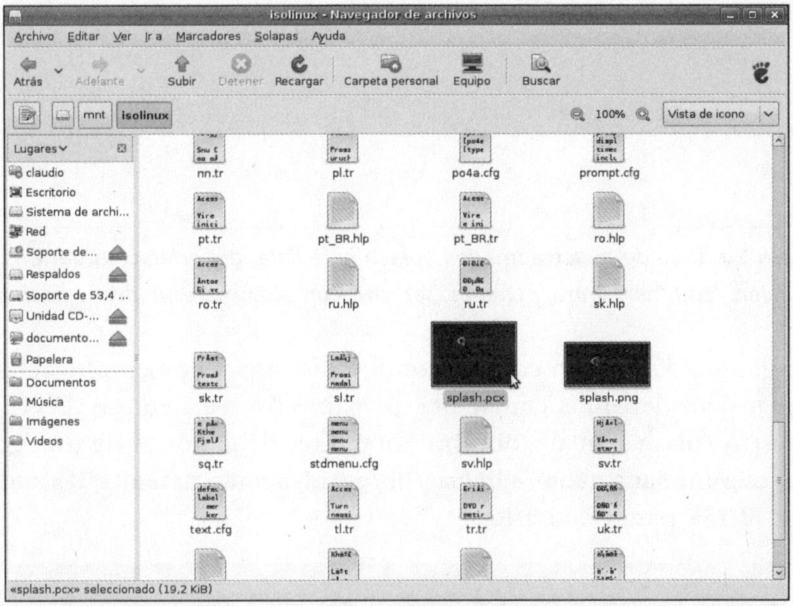


***Figura 19.** Debemos ubicar el archivo splash.pcx, que se encuentra en la carpeta /extract-cd/isolinux. Lo abrimos y realizamos las modificaciones pertinentes.*

También es posible crear nuestro archivo **splash.pcx**. Para esto debemos utilizar una aplicación de edición de imágenes y guardarla en formato .PCX con una paleta de 14 colores. El siguiente paso es modificar la imagen splash que aparece mientras el entorno de escritorio de nuestra distribución se está cargando. Es posible encontrar una gran variedad de splash listos para descargar en la web **www.gnome-look.org**.

## ARCHIVOS .PCX

Los archivos de tipo .PCX o **PiCture eXchange** están formados con un tipo de compresión sin pérdidas. Este formato es utilizado por la aplicación PaintBrush para Microsoft Windows. Es muy eficiente y requiere poca memoria para la compresión de imágenes con pocos colores, pero no es adecuado para fotografías.

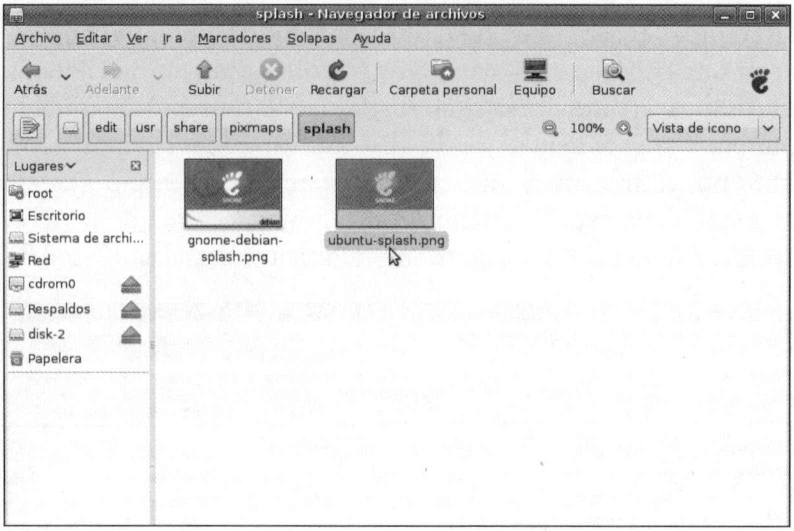


***Figura 20.*** *Cuando nuestra imagen splash esté lista, debemos guardarla en la ubicación **/edit/usr/share/pixmaps/splash/**, con el nombre **ubuntu-splash.png**.*

Es posible guardar la imagen con un nombre distinto, por ejemplo, **splash_personalizado.png**, pero debemos cuidar que la extensión sea siempre .PNG. Si guardamos nuestro splash con un nombre diferente, debemos abrir una consola de comandos, escribir **sudo nano /edit/var/lib/gconf/debian.defaults/%gconf-tree.xml** y presionar **ENTER** para ejecutarlo.

***Figura 21.*** *Dentro del archivo buscamos la línea **splash/ubuntu-splash.png** y cambiamos el nombre del archivo splash por el que corresponda.*

Para modificar el tema de GDM debemos acceder a la siguiente ruta **/mnt/usr/share/gdm/themes/**. Aquí se encuentran los temas para GDM. Seleccionamos el tema llamado **Human**, ya que éste es utilizado por defecto, y efectuamos los cambios que deseemos realizar en él.
En este punto contamos con la posibilidad de hacer **chroot** en la carpeta **edit**, para aplicar los cambios en los paquetes de software que sean necesarios. Con esto, nuestra distribución podrá ser aun más personalizada. Debemos utilizar el comando **sudo chroot edit** y luego ejecutar los comandos necesarios para la instalación o remoción de paquetes de software, según corresponda.
Finalmente, tenemos que generar la imagen ISO nuevamente, para acceder a la distribución que contenga las modificaciones que hayamos implementado. Si hemos utilizado el comando **chroot** para modificar los paquetes de la distribución, deberemos regenerar el **.manifest** antes de ejecutar los comandos finales.

Para regenerar el **.manifest** se tienen que ejecutar los siguientes comandos:

```
chmod +w extract-cd/casper/filesystem.manifest
sudo chroot edit dpkg-query -W —showformat='${Package} ${Version}\n' >
  extract-cd/casper/filesystem.manifest
sudo cp extract-cd/casper/filesystem.manifest extract-cd/casper/filesystem.
  manifest-desktop
sudo sed -ie '/ubiquity/d' extract-cd/casper/filesystem.manifest-desktop
```

Para regenerar el archivo **.squashfs** que contenga los cambios realizados, debemos hacer clic en **Aplicaciones/Accesorios/Terminal** y escribir los comandos:

```
sudo rm extract-cd/casper/filesystem.squashfs
sudo mksquashfs edit extract-cd/casper/filesystem.squashfs
```

Presionamos **ENTER** después de cada línea.

Continuamos con los comandos necesarios para poner el nombre a la distribución, creamos un nuevo MD5 para verificar errores y finalmente creamos la imagen ISO.

```
sudo vim extract-cd/README.diskdefines
sudo -s
rm extract-cd/md5sum.txt
(cd extract-cd && find . -type f -print0 | xargs -0 md5sum > md5sum.txt)
exit
cd extract-cd
sudo mkisofs -r -V "MI_DISTRIBUCION" -cache-inodes -J -l -b isolinux/isolinux.bin -c
  isolinux/boot.cat -no-emul-boot -boot-load-size 4 -boot-info-table -o ../midistro.iso
```

Presionamos **ENTER** después de cada línea. Podemos probar la distribución mediante **Qemu**, con el comando **qemu -cdrom nombre_de_la_imagen.iso -boot d**.
Para probar nuestra distribución con la alternativa de virtualización libre VirtualBox, debemos seguir las indicaciones del siguiente paso a paso.

## ■ Probar archivo ISO con VirtualBox PASO A PASO

1 Inicie VirtualBox con un clic en **Aplicaciones/Herramientas del sistema/Sun vXM VirtualBox** o escribiendo **virtualbox** en una consola de comandos. Cuando el programa se haya cargado, haga clic en el botón **Nuevo**, o presione las teclas **Ctrl + N**.

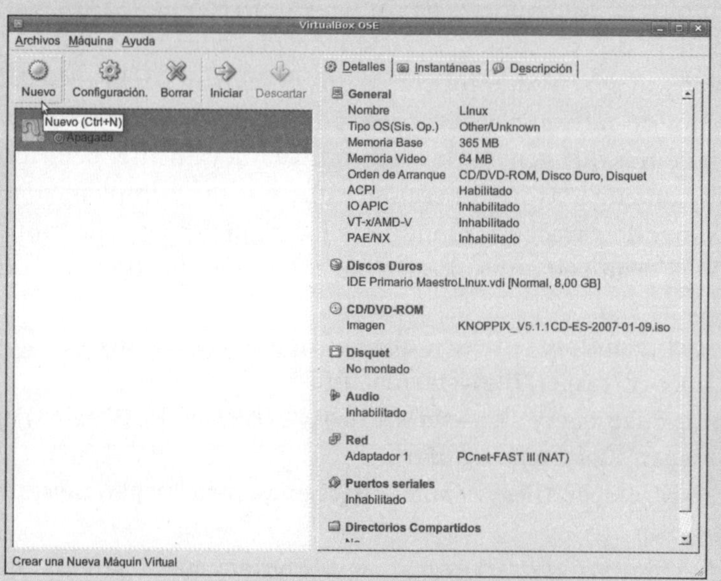


2 En el **Asistente para crear una nueva máquina virtual** presione **Next**. Luego ingrese un nombre para su máquina virtual y en Tipo de OS seleccione la opción **Ubuntu**. Presione **Next**.

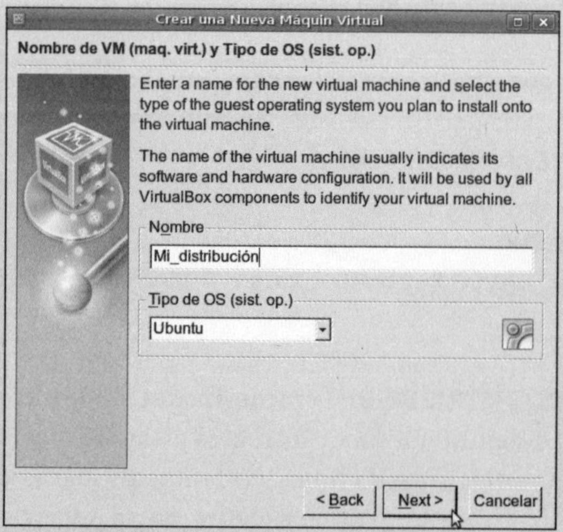


▶

3 Seleccione un mínimo de 256 MB para memoria RAM y presione el botón **Next** para continuar. Para crear un disco duro virtual haga clic en el botón **Nuevo**.

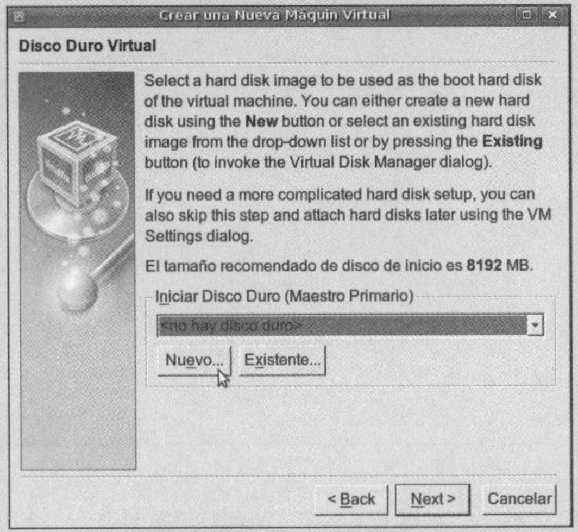


4 Complete los pasos indicados por el asistente para **Crear Disco Duro Virtual nuevo**. El tamaño del disco recomendado es de, al menos, 8192 MB.

5 Presione **Next** para seleccionar el disco duro recién creado y luego haga clic en **Finish**. Con esto, la nueva máquina virtual ya estará creada.

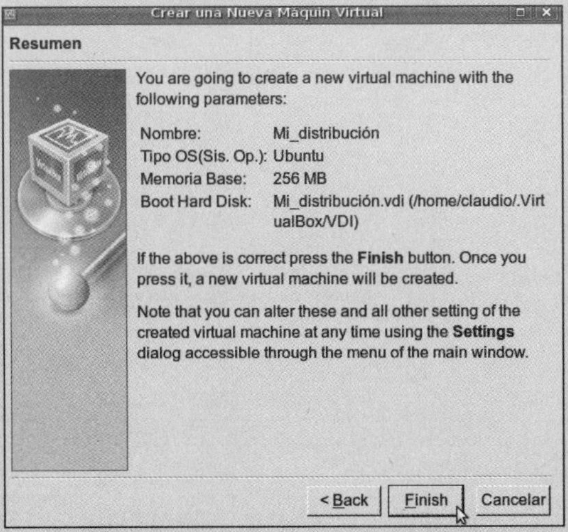


6 Haga clic sobre la máquina virtual recién creada, presione el botón **Configuración** y luego haga clic en **CD/DVD ROM**.

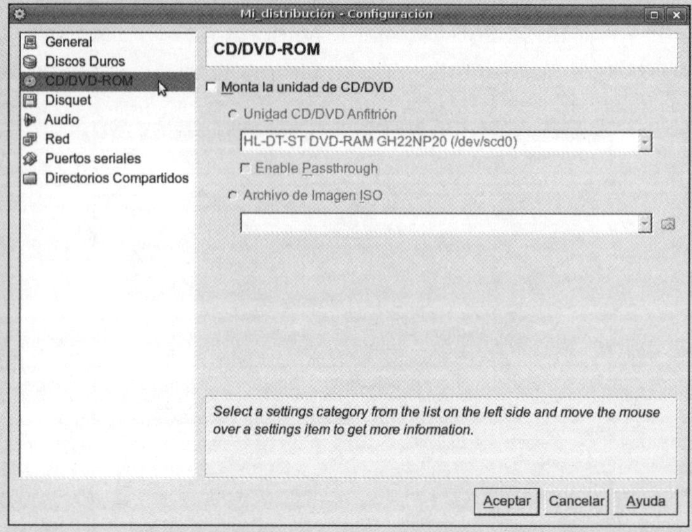


**7** Marque la casilla que corresponde a la opción **Monta la unidad de CD/DVD**. Luego marque la opción **Archivo de imagen ISO** y haga clic en el icono que le permitirá seleccionar el archivo de imagen.

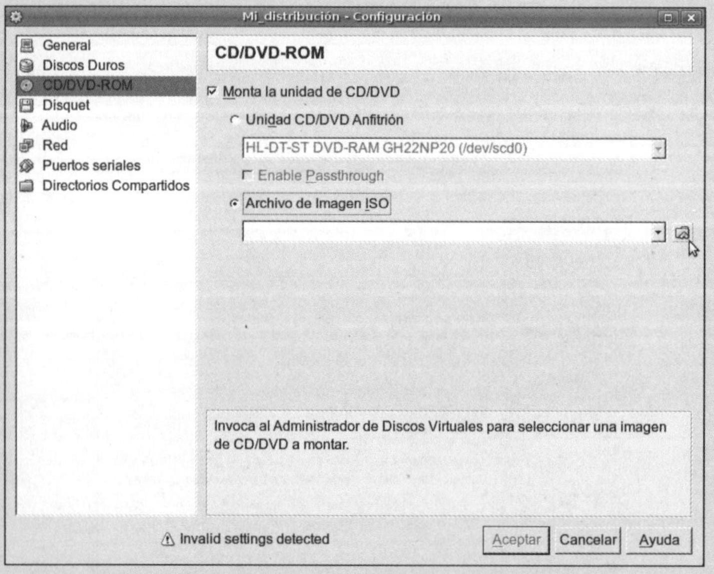


**8** En la ventana titulada **Manejador de discos virtual** haga clic en la opción **Agregar**, y seleccione la ubicación de la imagen ISO de su distribución. Luego presione **Abrir** y finalmente la opción **Seleccionar**.

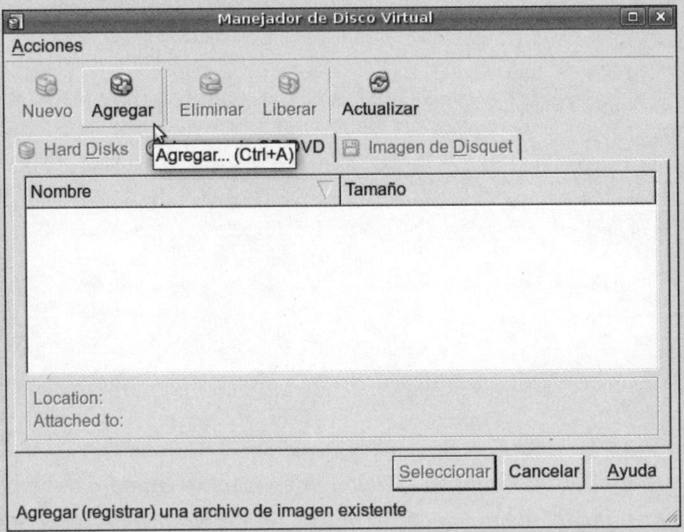


9 Para terminar, seleccione la maquina virtual adecuada y haga clic en la opción **General** desde la ventana **Configuración**. Presione sobre la pestaña **Avanzado**. En **Boot Order**, utilice las flechas para ubicar la unidad de CD/DVD en el primer lugar. Después de esto podrá seleccionar su máquina virtual y hacer clic en **Iniciar** para probar su distribución.

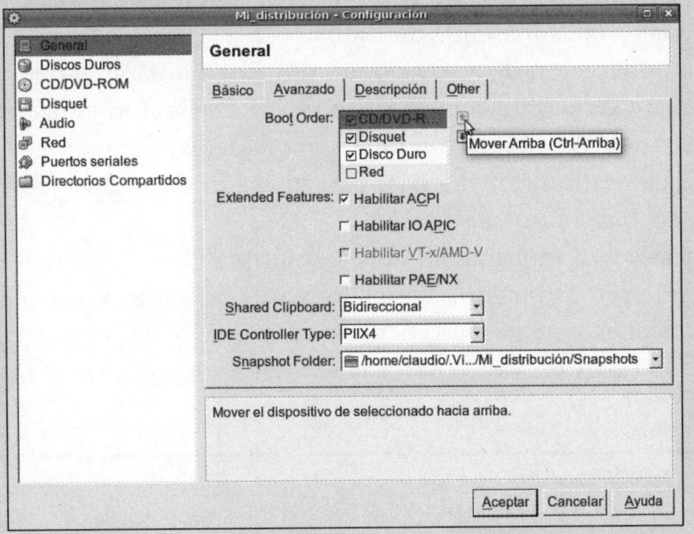


Si después de probar la imagen ISO, estamos conformes con las adaptaciones realizadas, podemos grabarla en un CD. Para esto ejecutamos el comando **cdrecord dev=/dev/cdrom nombre_de_la_imagen.ISO** en una consola y presionamos **ENTER**.

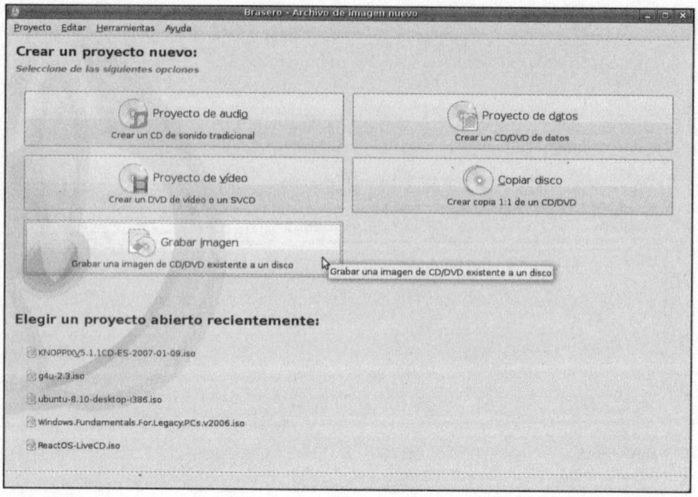


***Figura 22.*** *Para grabar una imagen ISO con la aplicación **Brasero** debemos presionar el botón **Grabar imagen**, luego indicar la ubicación del archivo y hacer clic en **Grabar**.*

# SELECCIÓN DE PAQUETES

Al igual que en las opciones de construcción presentadas en capítulos anteriores, la selección de paquetes de software juega un papel fundamental en la creación de nuestra distribución personalizada de Linux.

Revisaremos una selección de aplicaciones, que nos ayudarán a que la distribución presente una marcada orientación **multimedia**. La selección de paquetes presentada en otros capítulos de este libro también es válida para este procedimiento.

Entre las aplicaciones multimedia para reproducción de audio y video más utilizadas en Linux, encontramos las siguientes:

**VLC** es una aplicación multimedia libre y multiplataforma. Se destaca entre otras similares por soportar la mayoría de los formatos de audio y video más comunes. Entre las extensiones que se pueden reproducir con VLC se encuentran MPEG, DivX, WMV, AVI, MOV, MP4, MKV, FLV, MP3 y OGG, entre muchas otras.

## CÓDEC DIVX

El códec **DivX** nos permitirá reproducir archivos de video que hayan sido comprimidos con DivX, bajo sistemas operativos Linux. Este códec presenta características tales como: mejoras en velocidad, mejor soporte para MPEG-4, compresión mejorada y optimizado para nuevos procesadores. Su web es **http://labs.divx.com/DivXLinuxCodec**.

***Figura 23.** VLC presenta una interfaz de uso muy sencilla y sin demasiadas pretensiones, que permite al usuario común reproducir archivos multimedia fácilmente.*

Para descargar esta aplicación accedemos a la web **www.videolan.org/vlc**.
**Amarok** es un reproductor y organizador de archivos de audio. Se encuentra entre los más utilizados en los sistemas Linux. Hay un manual de uso, disponible en **http://docs.kde.org/kde3/es/extragear-multimedia/amarok/index.html**. Para descargar una copia de Amarok debemos ingresar en **http://amarok.kde.org**.
**Totem** es un reproductor multimedia que se incluye con el entorno del escritorio Gnome. Es capaz de reproducir CD y DVD. Gracias a la instalación de los plugins adecuados puede reproducir los formatos AVI, WMV, MOV y MPEG, entre otros.

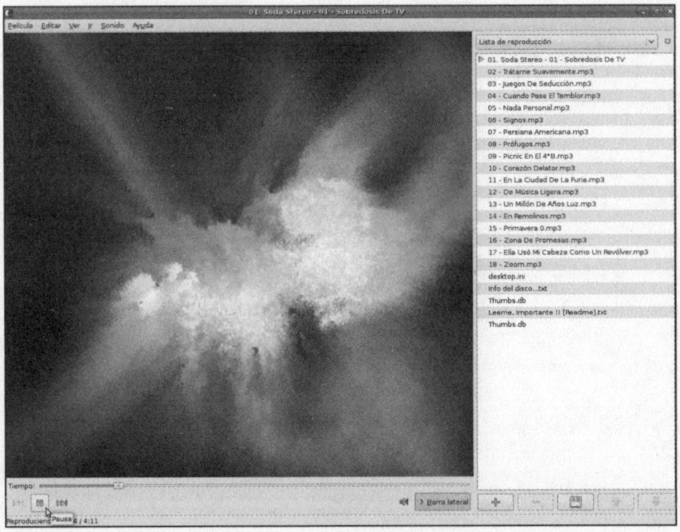


***Figura 24. Totem** incorpora una interfaz agradable y de fácil uso, y además presenta un recuadro de visualización que lo hace similar al reproductor Windows Media.*

**Miró** es una aplicación desarrollada para ver videoclips y programas de televisión directamente desde Internet. Emplea canales especiales, RSS y podcats, entre otros.

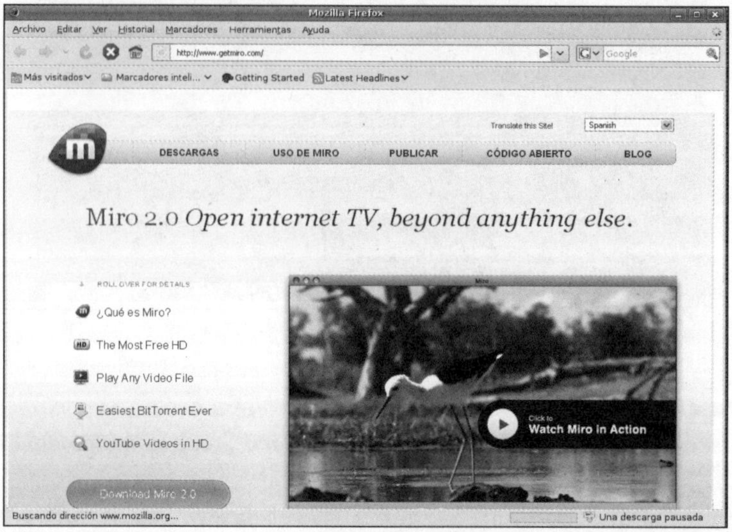


***Figura 25.** Para descargar Miró debemos acceder a la web **www.getmiro.com**, hacer clic en el enlace **Download Miro 2.0** y luego seleccionar nuestro sistema operativo.*

**MythTV** es un Media Center para sistemas Linux. Con esta herramienta, podremos reproducir DVD, visualizar fotografías, escuchar música, emular consolas y navegar por Internet, entre otras funciones.

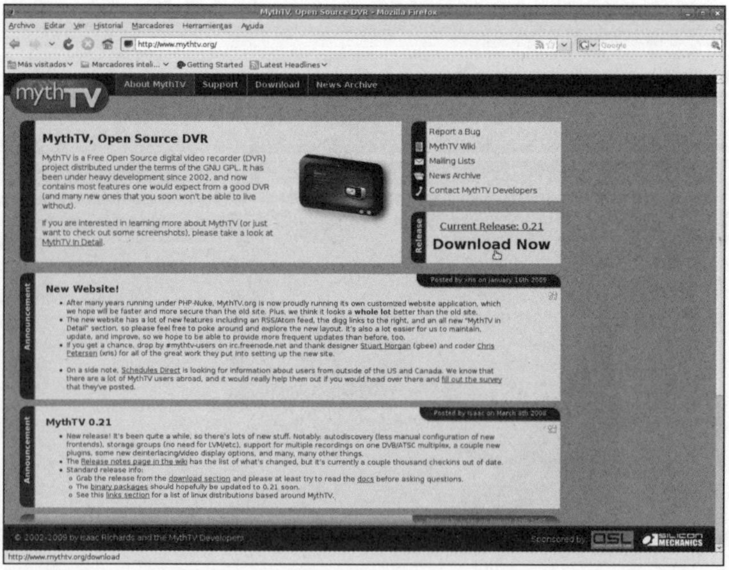


***Figura 26.** Podemos descargar **MythTV** si accedemos a la página web **www.mythtv.org** y hacemos clic en el enlace **Download Now**.*

**Exaile** es un reproductor de audio semejante a Amarok. Entre las funciones que presenta encontramos: visualización de la portada de CD en forma automática, posibilidad de gestionar grandes colecciones de audio, soporte para Last.fm y captura de letra de las canciones, entre otras. Podemos descargar una copia de este programa accediendo a la web **www.exaile.org**.

**XMMS** es uno de los reproductores de audio más conocidos en Linux. Al igual que Winamp, incorpora los códecs adecuados para gestionar archivos con extensión .MP3. Además, soporta los formatos OGG, WAV, WMA, FLAC, MPG y MP4, entre otros. Podemos acceder a un completo manual en la dirección web **www.guia ubuntu.org/index.php?title=Xmms**.

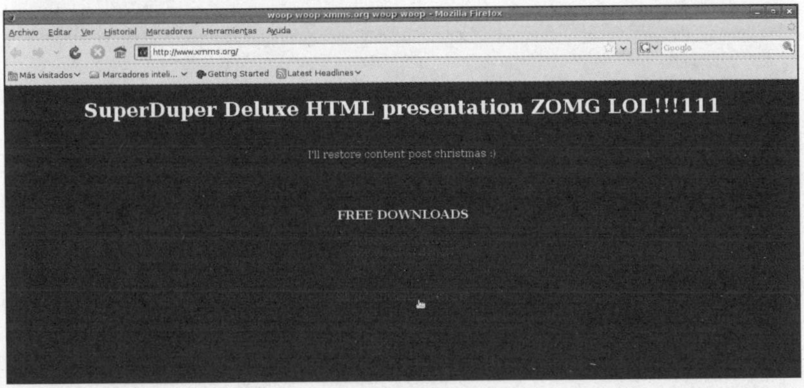


***Figura 27.** Para obtener una copia de XMMS debemos acceder a la página web www.xmms.org y hacer clic en el enlace correspondiente para descargar la aplicación.*

**EasyTAG** es una aplicación que nos permite editar la información de las etiquetas ID3 correspondientes a los archivos de audio. Entre los formatos que soporta este programa están MP3, MP2, MP4, AAC, FLAC, OGG, MusePack y Monkey's Audio. Su sitio web es **http://easytag.sourceforge.net**.

**Rhythmbox** es un reproductor de audio que se incluye en Ubuntu. Posee características tales como: soporte para Last.fm, descarga de álbumes automáticamente, soporte para sincronización con iPod y descarga de información adicional para álbumes, entre otros. Para descargarlo debemos visitar la web **www.gnome.org/projects/rhythmbox**.

## ALTERNATIVAS A XMMS

**XMMS** es una aplicación libre que utiliza las librerías Gtk+. Gracias a esto, han aparecido algunas versiones de este programa que entregan nuevas funcionalidades a los usuarios: **XMMS2**, **Beep Media Player** y **BMPx**, entre otras. BMPx requiere una cantidad reducida de código fuente de XMMS.

**MPlayer** es un reproductor multimedia que soporta los siguientes formatos de archivo: MPEG, VOB, AVI, OGG, ASF, WMA, WMV, QT, MOV y MP4, y más. También es capaz de reproducir subtítulos.

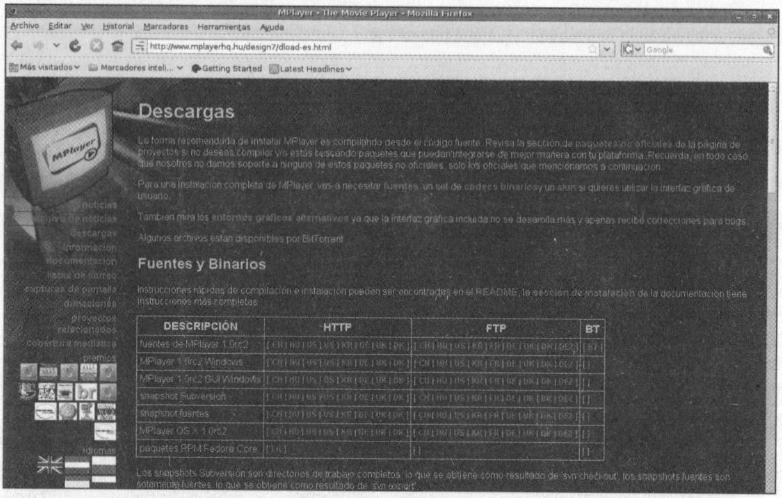


***Figura 28.** Podemos descargar MPlayer si visitamos la web **http://www.mplayerhq.hu/design7/dload-es.html** y hacemos clic en la opción adecuada.*

Además de las presentadas hasta este punto, existe una gran cantidad de aplicaciones multimedia que es necesario conocer. En la **Tabla 2** podremos revisar una lista de aplicaciones multimedia que debemos tener en cuenta para construir nuestra distribución.

| APLICACIÓN | DESCRIPCIÓN | SITIO WEB |
|---|---|---|
| Cinelerra | Aplicación muy completa dedicada a la edición de video en ambientes Linux. Este programa nos permite editar fotografías e importar en forma directa MPEG, OGG, AVI, MOV y RAW. | http://heroinewarrior.com/cinelerra.php |
| QtTube | Aplicación diseñada para ver videos en formato .FLV, alojados en Youtube. Sólo necesitamos indicar la dirección adecuada para reproducir el video. | https://wiki.ubuntu.com/QtTube |
| Avidemux | Editor de video que nos permite cortar, filtrar y editar archivos de video. Soporta la programación e inclusión de scripts, para automatizar los proyectos. Entre los formatos que admite se encuentran DVD, AVI, MP4 y ASF. | http://fixounet.free.fr/avidemux/ |
| Cheese | Mediante el empleo de esta aplicación podremos utilizar una cámara web para tomar fotografías y aplicarles diversos efectos. | www.gnome.org/projects/cheese |
| Xvidcap | Programa desarrollado para hacer capturas de video de nuestro escritorio. Nos permite seleccionar el número de cuadros por segundo, formato del archivo resultante y diversas opciones de calidad, entre muchas otras opciones. | http://xvidcap.sourceforge.net |

| APLICACIÓN | DESCRIPCIÓN | SITIO WEB |
|---|---|---|
| DVDrip | Este programa nos permitirá grabar el contenido de un DVD de video en un único archivo que tendrá un tamaño mucho más reducido que el original. Es capaz de trabajar con video, audio, capítulos y subtítulos. | www.exit1.org/dvdrip |
| F-Spot | Es un organizador de imágenes y fotografías que viene incorporado en el entorno de escritorio Gnome. Permite organizar, editar etiquetas y administrar nuestra colección de fotos. | http://f-spot.org/Main_Page |
| Sound Juicer | Programa ripeador de CD, es decir, es capaz de pasar las pistas de un CD de audio al formato WAV, MP3 u OGG y grabarlas a la computadora. | http://live.gnome.org/SoundJuicer |
| Audacity | Aplicación desarrollada para grabar, editar y manipular diversos formatos de archivos de sonido. | http://audacity.sourceforge.net |
| GCStart | Mediante la utilización de este paquete de software es posible administrar colecciones de libros, música, videos, películas y juegos, entre otros. | www.gcstar.org |
| SoundConverter | Nos permite convertir archivos de audio entre distintos formatos. Entre ellos se encuentran WAV, FLAC, MP3 y OGG. | http://soundconverter.berlios.de |
| Music Applet | Incorpora funcionalidades extra al panel del entorno de escritorio Gnome. Gracias a Music Applet podemos ver qué canción se está reproduciendo y controlarla, ver su tiempo de reproducción y asignarle un valor. | www.kuliniewicz.org/music-applet |
| DVD95 | Este programa fue desarrollado para convertir un DVD9 a un DVD5. Permite reducir el tamaño de un DVD de video a la mitad con una muy pequeña pérdida de calidad. | http://dvd95.sourceforge.net |

***Tabla 2.** Aplicaciones multimedia para entornos Linux, junto con su descripción y sitio web respectivo.*

## ... RESUMEN

**En este capítulo detallamos la forma de construir nuestra propia distribución, partiendo de una imagen ISO de una distribución como Ubuntu Linux o una imagen ISO que obtuvimos con las instrucciones de capítulos anteriores. Para personalizar y construir una versión de Linux adaptada a nuestras necesidades, utilizamos las herramientas mkisofs y squashfs. Describimos las funciones de estas aplicaciones y las formas de realizar su instalación. Vimos los pasos necesarios para personalizar una distribución, ajustándola a nuestras necesidades. Conocimos una selección de paquetes de software multimedia que le ofrecen a nuestra distribución un toque personal.**

## ACTIVIDADES

### TEST DE AUTOEVALUACIÓN

**1** ¿Qué es el paquete de software mkisofs y qué características principales presenta?

**2** ¿Qué es squashfs y qué características principales presenta?

**3** ¿Cuáles son los principales parámetros que podemos utilizar con la aplicación mkisofs?

**4** Mencione algunas distribuciones Live Linux que utilicen squashfs.

**5** ¿Qué es la aplicación qemu y cuáles son sus funcionalidades principales?

**6** Mencione algunas alternativas más completas a Qemu y describa sus principales funciones.

**7** ¿Qué aplicaciones puede utilizar para crear un fondo de pantalla personalizado?

**8** ¿Qué importancia tiene la selección de paquetes de software en la construcción de una versión personalizada de una distribución de un sistema Linux?

**9** Mencione y describa algunas aplicaciones para reproducir archivos de música en entornos Linux.

**10** Mencione y describa algunas de las aplicaciones existentes para reproducir archivos de video, en entornos Linux.

### EJERCICIOS PRÁCTICOS

**1** Instale mkisofs y squashfs en una distribución Linux, utilizando una consola de comandos.

**2** Cree un respaldo de su carpeta de documentos utilizando la aplicación mkisofs.

**3** Instale una aplicación de virtualización como VirtualBox o Vmware en una distribución Linux.

**4** Construya su propia versión de Ubuntu utilizando las herramientas mkisofs y squashfs.

**5** Pruebe la imagen ISO de la distribución que ha construido en una aplicación como VirtualBox o Vmware.

Capítulo 7

# Crear una distribución con Garfio

En este capítulo, conoceremos otra forma de crear nuestra propia versión personalizada de una distribución. Nos basaremos en una instalación de Ubuntu y usaremos una herramienta llamada Garfio. Describiremos y conoceremos esta aplicación, y la forma de instalarla y cada uno de los detalles que necesitamos conocer para utilizarla. Además, presentaremos opciones de aplicaciones para enriquecer nuestra distribución.

# GARFIO

Luego de lo visto en capítulos anteriores, otra forma de crear nuestra propia distribución Linux nos llega de la mano de las **metadistribuciones**.
Las metadistribuciones cuentan con la particularidad de separar la distribución propiamente dicha, de un conjunto de **scripts** que configuran y preparan el hardware y la distribución, para ser empleada por el usuario final. A esto se lo llama **calzador**.

***Figura 1.** La distribución GuadaLinex está basada en el proyecto metadistros. Tiene una marcada orientación al usuario final, por lo que es muy fácil de utilizar.*

**GuadaLinex** se destaca por presentar la totalidad de sus contenidos en español. Se distribuye en un CD que contiene, entre otras cosas, el sistema base más navegadores web, suite ofimática, juegos, editores, reproductores multimedia, clientes de correo y aplicaciones para diseño y desarrollo. Puede ser utilizado como Live CD o proceder con la instalación completa del sistema al disco duro de la computadora.

## REQUISITOS DE GUADALINEX

Los requisitos mínimos para utilizar Guadalinex son una PC de, al menos, 200 MHz, 192 MB de memoria RAM, 3 GB de espacio en el disco duro y una tarjeta de video SVGA. Los requisitos recomendados son una PC de 1 GHz, 512 MB en RAM, 5 GB de espacio disponible en el disco duro y una tarjeta de video 3D compatible con OpenGL.

Además, entrega soporte adicional para distintos tipos de hardware y cuenta con un CD adicional que contiene una gran cantidad de aplicaciones, que también se encuentran en un repositorio especial.
Existen varias versiones de GuadaLinex, entre las que se encuentran: **Guadalinex Base** (de propósito general, es la versión utilizada por la mayoría de los usuarios), **Guadalinex BIB**, **Guadalinex CDM**, **Guadalinex EDU**, **Guadalinex Guadalinfo**, **Guadalinex Mini**, **Guadalinex UCA** y **Guadalinex US**.

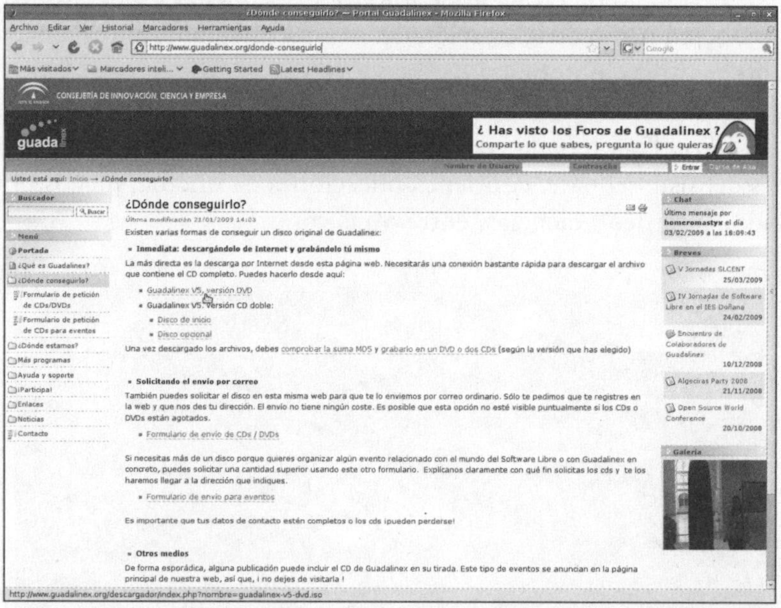


***Figura 2.** Si accedemos al sitio web **www.guadalinex.org/donde-conseguirlo** podemos descargar la versión en DVD de GuadaLinex, así como también la versión en CD más el disco opcional.*

**Metadistros** es un conjunto de herramientas y aplicaciones orientadas a que la creación de nuevas distribuciones GNU/Linux sea un proceso más amigable y sencillo. El proyecto metadistros nos proporciona las bases para personalizar una distribución y crear una versión adaptada a nuestras necesidades. Una metadistro es una distribución Linux que ha sido construida y personalizada para responder a ciertas exigencias personales o de una comunidad de usuarios. Las metadistros pueden funcionar como Live CD y también ser instaladas en una computadora.
Toda **metadistribución** está compuesta por dos partes principales: el **calzador** y una copia del sistema de archivos de una **distribución**, utilizando **squashfs**.
El calzador incorpora los scripts necesarios, módulos del núcleo del sistema y diversas aplicaciones. Todos estos elementos están encargados de configurar y preparar el entorno, cargar todo en la memoria RAM, etcétera.
El sistema de archivos debe comprimirse en una imagen ISO, utilizando squashfs.

Para esto podemos emplear una distribución como **Ubuntu** o **Debian**, con las modificaciones adecuadas ya realizadas. Para obtener un sistema personalizado es necesario seguir las instrucciones detlladas en capítulos anteriores, que presentan las herramientas necesarias para personalizar un sistema Linux de diversas maneras.
**Garfio** se presenta como un proyecto que pretende entregar una forma de armar nuestra propia distribución basada en metadistros. Esta herramienta se destaca, entre otras similares, por otorgar pasos definidos y muy bien estructurados, que nos permiten realizar el trabajo de creación de nuestra distribución en muy poco tiempo.
Garfio se originó en torno de la creación de una distribución Linux llamada **Tuquito**, y actualmente es utilizado por ella.
**Tuquito** es una distribución Linux creada pensando en los usuarios sin experiencia en sistemas Linux. Está basada en Debian GNU/Linux y se distribuye en un CD que, además del sistema base, contiene aplicaciones de oficina, juegos, multimedia, programación, Internet y ciencias, entre otras cosas.

***Figura 3.** El escritorio principal de **Tuquito** es muy atractivo y tiene un diseño muy cuidado, lo cual la hace perfecta para usuarios novatos.*

## APLICACIONES INCLUIDAS EN TUQUITO

Tuquito es una alternativa que incorpora una gran cantidad de aplicaciones, entre las cuales se destacan: navegador web Iceweasel, cliente de correo Evolution, reproductor multimedia XMMS y MPlayer, cliente de mensajería AMSN y Kopete, editor de imágenes GIMP, suite ofimática Openoffice.org y el editor web Quanta, entre otros.

Tuquito cuenta con características tales como detección y montaje automático de discos conectados a la computadora, soporte para una gran cantidad de impresoras y escáner de diversas marcas y modelos, detección automáticas de discos extraíbles y cámaras digitales. Además, es compatible con los archivos propios de Microsoft Office y soporta sistemas de archivo NTFS y FAT32.

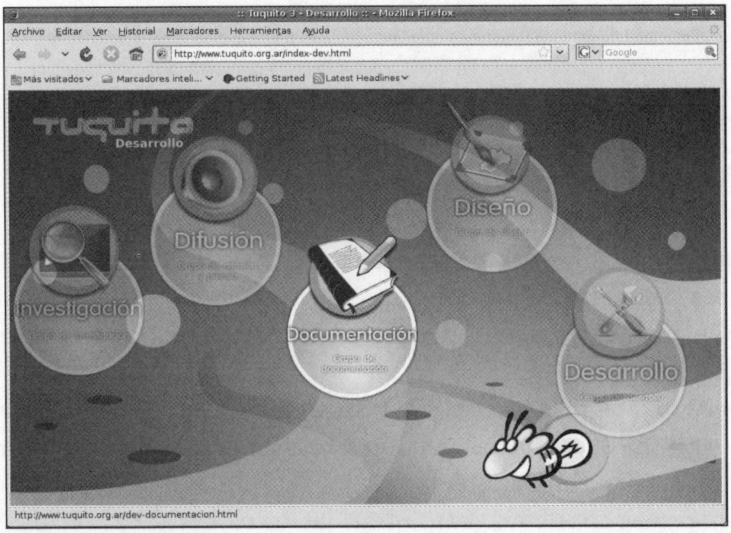


***Figura 4.** Desde la web **www.tuquito.org.ar/index-dev.html** podemos acceder al **Grupo de Desarrollo, Grupo de Diseño, Grupo de Investigación, Grupo de Documentación** y al **Grupo de Difusión** de la distribución Tuquito.*

Garfio presenta algunas características que la hacen una buena opción para crear nuestra **distribución** Linux.

Su organización en directorios bien definidos nos entrega la posibilidad de una fácil visualización y nos permiten encontrar fácilmente los archivos que necesitemos.

Al igual que lo ocurrido en Slax Linux, Garfio presenta un funcionamiento modular. Esto brinda facilidad en la etapa de desarrollo, ya que sólo es necesario agregar o quitar diversos módulos.

Garfio incorpora muchas opciones que facilitan la detección del hardware conectado a la computadora y para configurar el sistema final. Además, su proceso de arranque presenta un detalle con los posibles errores ocurridos y también soporta la inclusión de parámetros durante el inicio.

La estructura de Garfio está basada en un directorio llamado **Distribución**, que contiene tres subdirectorios dentro de él: **Boot**, **Garfio** y **nombre_distribución**.

La carpeta **Boot** tiene todos los archivos necesarios para el arranque del sistema. Dentro de la carpeta **Garfio** se encuentran los diversos scripts propios del sistema. Finalmente, la carpeta **nombre_distribución** contiene la distribución y los correspondientes módulos comprimidos.

En la **Tabla 1** se detalla y describe el contenido de la carpeta **Garfio**.

| NOMBRE DE LA CARPETA | DESCRIPCIÓN DE SU CONTENIDO |
|---|---|
| bin | La carpeta bin alberga todos los archivos binarios que corresponden al sistema. |
| libs | En esta ubicación se guardan las librerías que son utilizadas por los diversos módulos del sistema. |
| mods | La carpeta mods contiene los módulos que son iniciados init.sh. |
| templates | Los archivos e imágenes que corresponden a la configuración del sistema se ubican en esta carpeta. |
| custom | Esta carpeta contiene las diversas personalizaciones hechas al sistema. |
| init.sh | Archivo que se encarga de iniciar los diversos módulos del sistema. |

***Tabla 1.** Descripción del contenido de las diversas carpetas que se encuentran en el subdirectorio Garfio.*

Garfio nos entrega dos formas de generar nuestra distribución gracias a los scripts **Generador-Auto** y **Generador-Manual**. Un script es un conjunto de instrucciones que se encuentran en un archivo. Nos permiten ejecutar de una forma sencilla una gran cantidad de tareas repetitivas.

El **Generador-Auto** facilita la tarea de generación gracias un archivo automático programado en bash. El **Generador-Manual** nos entrega un archivo en el que sólo debemos configurar las diversas variables.

El **Generador-Manual** contiene, entre otras, las secciones desarrolladas a continuación, que podemos modificar según nuestras necesidades.

La sección **Directorios** del **Generador-Manual** nos permite indicar las diversas ubicaciones que el script debe tener en cuenta y tiene una apariencia similar a la siguiente:

```
#Directorio de la distribucion linux que se debe comprimir
DIR_SOURCE=/mnt/sources
#Directorio donde la imagen ISO final será guardada
DIR_ISO=/mnt/iso
#Directorio donde Garfio es descomprimido
DIR_MASTER=/mnt/master
```

La sección **Paths** del **Generador-Manual** nos permite indicar las ubicaciones de los paquetes de software que Garfio utilizará para generar nuestra distribución. Podemos ver un ejemplo de esta sección a continuación:

```
#Path del paquete de software mksquashfs
MKSQUASHFS=/usr/bin/mksquashfs
#Path del paquete mkisofs
MKISOFS=/usr/bin/mkisofs
#Path del paquete de software cdrecord
CDRECORD=/usr/bin/cdrecord
```

Además, contiene secciones que nos permiten establecer las opciones de grabación y el nombre de nuestra distribución.

```
#Opciones de grabación
```

```
DEV=0,0,0
SPEED=4
#Nombre de nuestra distribución
DISTRO=nombre_de_la_distribución
```

# CREAR UNA DISTRIBUCIÓN USANDO GARFIO

Para crear una distribución utilizando Garfio debemos seguir las instrucciones que se detallan a continuación. Estas indicaciones nos entregarán una distribución Live Linux instalable en poco tiempo.

## Aplicaciones necesarias

Para utilizar Garfio precisamos contar con varias herramientas como Garfio, el kernel del sistema, una aplicación para comprimir la distribución, una distribución instalada y otra modificada.
Para contar con estas herramientas debemos seguir las instrucciones detalladas en el paso a paso que veremos a continuación.

### ■ Preparar herramientas para utilizar Garfio — PASO A PASO

**1** Primero deberá conseguir el archivo fuente de Garfio. Para esto acceda a la web **www.tuquito.org.ar/Descargas**, busque la carpeta **Garfio** y haga clic sobre ella. Luego descargue el archivo llamado **GARFIO-0.1-Beta.tgz**.

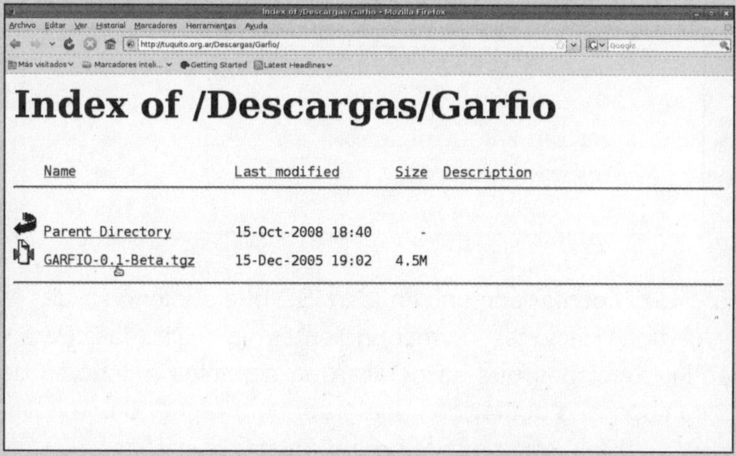


▶

**2** El segundo paso es conseguir un kernel. Es recomendable utilizar el proporcionado por Garfio. Acceda a **www.tuquito.org.ar/Descargas**, abra la carpeta **Kernel**, luego la carpeta **2.6.9** y descargue el archivo **Image-Modules-2.6.9.tgz**.

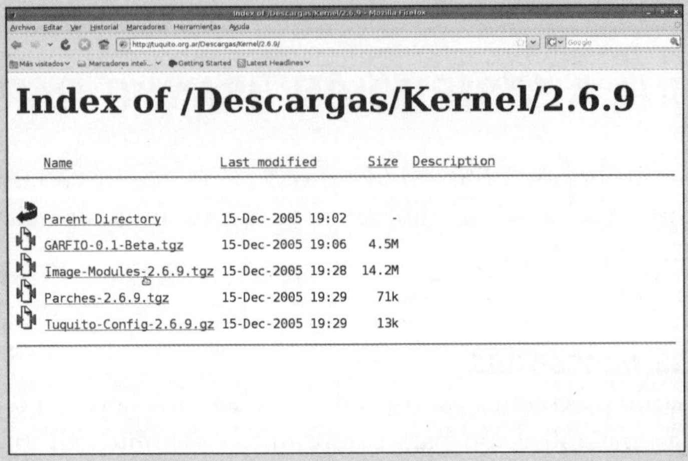


**3** Para continuar, deberá obtener la aplicación que le permitirá comprimir la distribución. Para esto acceda a la web **www.tuquito.org.ar/Descargas/Util** y descargue el archivo llamado **mksquashfs.tgz**.

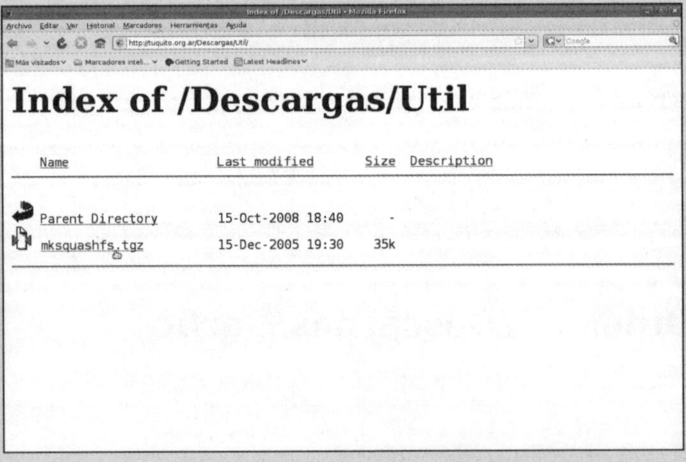


**4** Finalmente, debe contar con una imagen ISO que contenga todas las modificaciones y personalizaciones correspondientes ya realizadas. Para esto puede seguir las instrucciones que se detallan en capítulos anteriores de este libro. Además, es necesario contar con una grabadora de CD o una aplicación como Vmware o VirtualBox, que permita probar la imagen creada.

## Creación de la distribución

Una vez que las herramientas necesarias estén disponibles, debemos realizar algunas acciones antes de crear nuestra distribución.

En primer lugar tenemos que realizar la creación del directorio **/mnt** y dentro, los subdirectorios **/sources**, **/master** e **/iso**.

Para esto podemos abrir una consola de comandos y escribir lo siguiente como usuario administrador: **mkdir p /mnt/{sources,master,iso}**. Presionamos **ENTER** para ejecutar el comando.

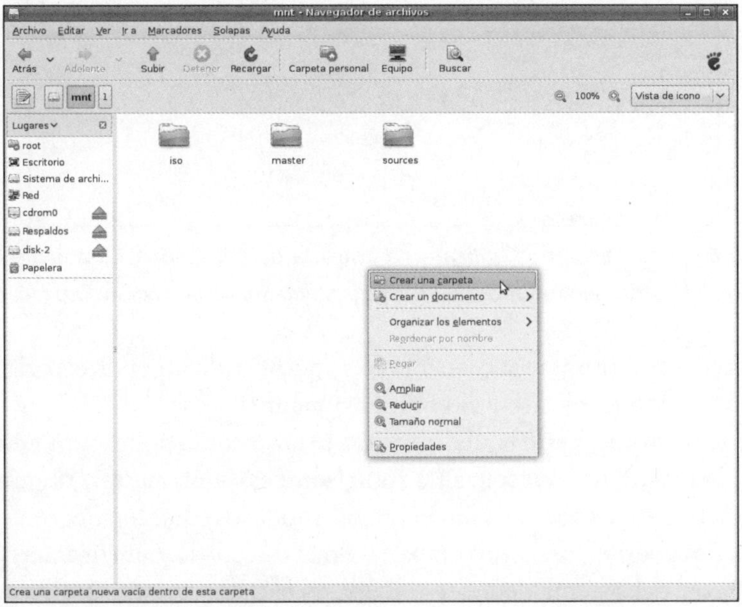


***Figura 5.** También es posible crear esta estructura de directorios con las capacidades del administrador de archivos **Nautilus**. Para esto hacemos clic con el botón secundario del mouse y seleccionamos la opción **Crear una carpeta**.*

Luego debemos descomprimir el archivo **GARFIO-0.1-Beta.tgz** dentro del directorio **/master**. Para esto ejecutamos el comando **tar xvzf GARFIO-0.1-Beta.tgz /mnt/master** como administrador, presionamos **ENTER** y esperamos mientras la operación se realiza.

### PARTED MAGIC

**Parted Magic** es un Live CD que entrega una gran variedad de herramientas, tales como una aplicación que nos permite realizar diversas acciones en las particiones del disco duro, un gestor gráfico de archivos, grabados de medios y recuperados de discos, entre otras.

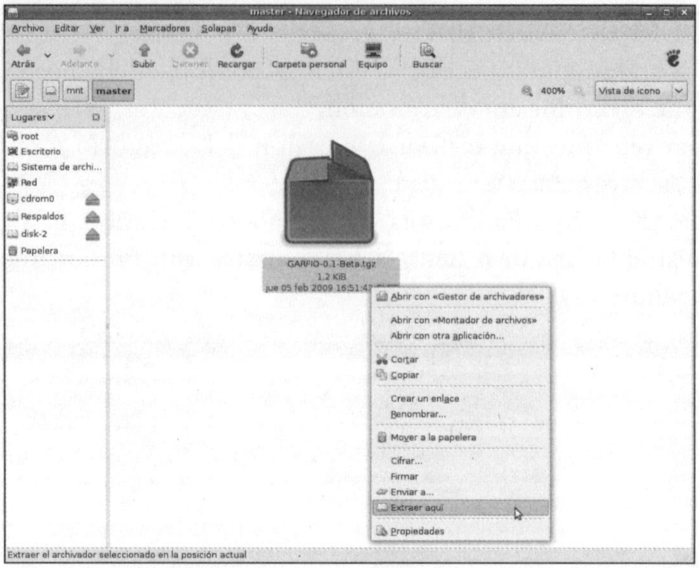

***Figura 6.** Si no deseamos utilizar una consola de comandos, es posible hacer clic con el botón secundario del mouse y seleccionar la opción Extraer aquí.*

El paso siguiente será montar la distribución modificada en el directorio **/mnt/sources**. Para esto, podemos ejecutar el comando **mount**.

Para generar la compresión de la distribución utilizamos la aplicación **mksquashfs**. El comando será el siguiente: **mksquashfs /mnt/sources /mnt/master/Tuquito/ Tuquito**.

Si contamos con el kernel de Garfio y los módulos descargados en el apartado **Aplicaciones necesarias**, debemos grabarlas en el directorio **/mnt/master/TUQUITO**. La imagen del kernel del sistema debe ser grabada en el directorio **/mnt/master/boot/grub**.

En este punto podemos editar el menú de arranque. Para esto hacemos los cambios en el archivo **menú.lst**. Si queremos utilizar un kernel propio debemos nombrarlo como **vmlinuz** y ubicarlo en la carpeta **/mnt/master/boot/grub**. Los módulos tienen que ser comprimidos con **gzip** y copiados a la ubicación **/mnt/master/Tuquito**. El comando necesario para esta acción es el siguiente **mksquashfs /lib/modules/ modulos && cp modulos /mnt/master/Tuquito.**

Para finalizar debemos generar el archivo ISO y grabarlo en un CD para hacer las pruebas necesarias. También es posible probar la imagen sin necesidad de grabarla en un soporte físico, gracias a aplicaciones como VirtualBox o Vmware.

El comando que nos permitirá generar la imagen ISO es el siguiente:

**mkisofs R –b boot/grub/stage2 noemulboot input-charset ISO88591 V Nombre_de_la_distribucion / bootloadsize 4 – bootinfotable – o /mnt/iso/Nombre_de_ la_distribucion.iso /mnt/master/**

Una forma aún más sencilla de crear nuestra distribución es utilizar alguno de los scripts que se encuentran a disposición de los usuarios en el sitio web de la aplicación. Existen dos, uno manual y otro automático.

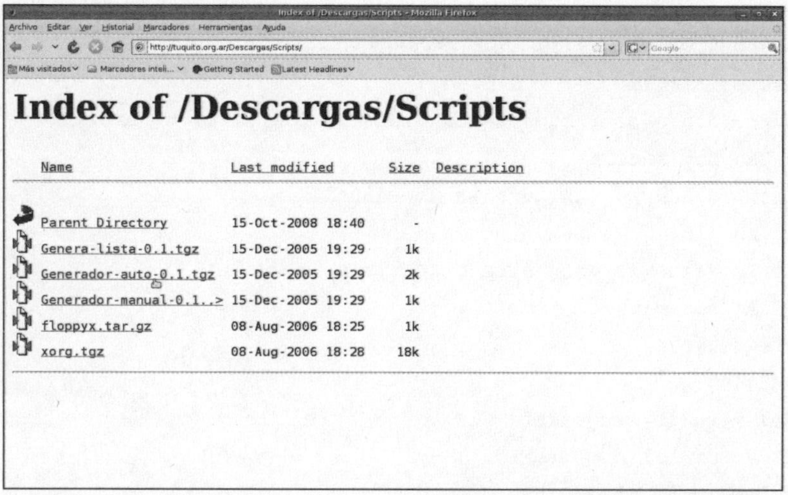


***Figura 7.** Para descargar estos scripts debemos acceder a la web **http://tuquito.org.ar/Descargas/Scripts** y descargar los archivos llamados **Generador-auto-0.1.tgz** y **Generador-manual-0.1.tgz** haciendo clic sobre ellos.*

Para utilizar los scripts debemos descomprimirlos. Para esto hacemos clic con el botón secundario sobre cada uno de ellos y seleccionamos la opción **Extraer aquí**. El resultado será dos archivos llamados **Generador-auto-0.1.sh** y **Generador-manual-0.1.sh**.

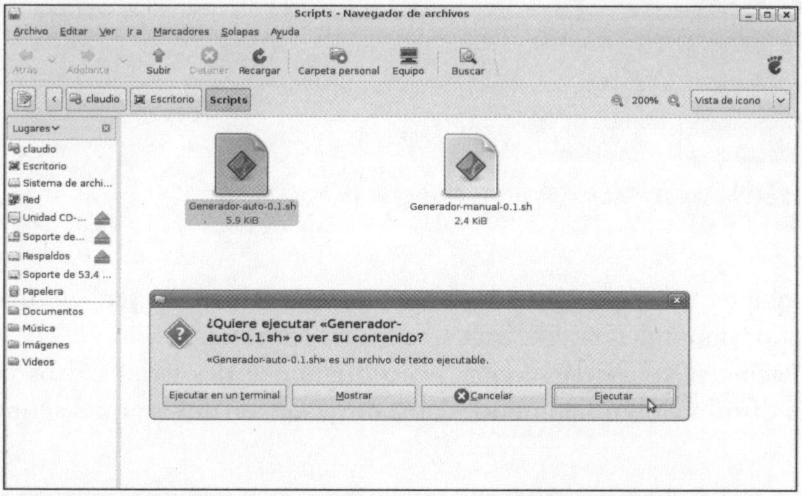


***Figura 8.** Para utilizarlos debemos hacer doble clic sobre ellos y en el cuadro de diálogo presentado seleccionar la opción **Ejecutar**.*

Cuando el archivo esté abierto podremos realizar los cambios que correspondan: para esto buscamos la sección llamada **SECCION CONFIGURABLE**.
La apariencia del archivo es la siguiente (se encuentran indicados los datos que debemos ingresar en cada apartado):

```
##########SECCION CONFIGURABLE##############
####Directorios####
#Directorio donde se encuentra la distribucion linux a comprimir
DIR_SOURCE=/mnt/sources
#Directorio donde se guardara la iso final
DIR_ISO=/mnt/iso
#Directorio donde se encuentra descomprimido Garfio.
DIR_MASTER=/mnt/master
##################
####PATHS####
#Path del binario mksquashfs
MKSQUASHFS=/usr/bin/mksquashfs
#Path del binario mksquashfs
MKISOFS=/usr/bin/mkisofs
#Path del binario cdrecord
CDRECORD=/usr/bin/cdrecord
##################
####Opciones de grabacion####
DEV=0,0,0
SPEED=4
################
###Misc####
#Nombre de la distro
DISTRO=Nombre_de_la_distribución
###############
##########################################
```

Tenemos que recordar que el símbolo **#** indica que la línea no será ejecutada como un comando, sino que será descartada como un comentario.
A continuación, veremos la sección no configurable del script. Estos comandos generan la distribución tomando los datos de la sección anterior del script.

## CARACTERÍSTICAS DE NAUTILUS

Entre las características del gestor gráfico de archivos **Nautilus** se destaca lo siguiente: permite la visualización de archivos en los iconos, permite utilizar marcadores y scripts, incorpora la posibilidad de navegar mediante el uso de pestañas, soporta la navegación por archivos locales, por FTP, Samba, Servidores WebDAV y SSH.

```
#————————————————
echo "Comprimiendo la source con squashfs desde $DIR_SOURCE"
$MKSQUASHFS $DIR_SOURCE $DIR_MASTER/TUQUITO/TUQUITO
#————————————————
#echo "Comprimiendo la source con cloop desde $DIR_SOURCE"
#$MKISOSFS  -R -L -allow-multidot -l -V "${DISTRO} iso9660 filesystem" -o
   $DIR_ISO/${DISTRO}_.iso -hide-rr-moved -v $DIR_SOURCE
#create_compressed_fs $DIR_ISO/${DISTRO}_.iso  65536 >
   $DIR_MASTER/TUQUITO/TUQUITO.cloop
#rm -rf $DIR_ISO/${DISTRO}_.iso
#————————————————
echo "Generando la iso final EN $DIR_ISO"
$MKISOFS -R -b boot/grub/stage2 -no-emul-boot -input-charset ISO-8859-1 -V
   ${DISTRO} \
 -boot-load-size 4 -boot-info-table -o $DIR_ISO/${DISTRO}.iso $DIR_MASTER
#Blanquear el cd en el caso que sea regrabable
$CDRECORD -v $DEV blank=fast
#Grabar el cd
$CDRECORD -v $SPEED $DEV $DIR_ISO/${DISTRO}.iso
```

Estos comandos reemplazan a los ejecutados por nosotros en el apartado anterior de este mismo punto.

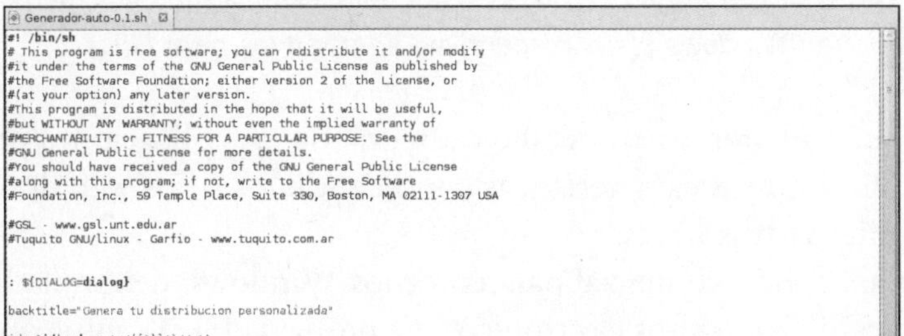

```
Generador-auto-0.1.sh
#! /bin/sh
# This program is free software; you can redistribute it and/or modify
#it under the terms of the GNU General Public License as published by
#the Free Software Foundation; either version 2 of the License, or
#(at your option) any later version.
#This program is distributed in the hope that it will be useful,
#but WITHOUT ANY WARRANTY; without even the implied warranty of
#MERCHANTABILITY or FITNESS FOR A PARTICULAR PURPOSE. See the
#GNU General Public License for more details.
#You should have received a copy of the GNU General Public License
#along with this program; if not, write to the Free Software
#Foundation, Inc., 59 Temple Place, Suite 330, Boston, MA 02111-1307 USA

#GSL - www.gsl.unt.edu.ar
#Tuquito GNU/linux - Garfio - www.tuquito.com.ar


: ${DIALOG=dialog}

backtitle="Genera tu distribucion personalizada"

ids=`id|sed -e 's/([^)]*)//g'`
uid=`echo "$ids" | sed -e 's/^uid=//' -e 's/ .*//'`
gid=`echo "$ids" | sed -e 's/^.* gid=//' -e 's/ .*//'`



home1="/mnt/iso"
home2="/mnt/sources"
home3="/mnt/master"
comp="squashfs"
cdrw="n"
nombre="tuquito"
speed="4"
dev="0,0,0"
garfio="n"
returncode=0

if [ "$uid" == 0 ]; then
while test $returncode != 1 && test $returncode != 250
do
exec 3>&1
value="`$DIALOG --clear --ok-label "Create" \
        --backtitle "$backtitle" \
        --inputmenu "Configure las opciones \
para crear tu distro" \
Ln 25, Col 1    INS
```

***Figura 9.*** *El script automático tiene una apariencia similar al archivo manual, pero dentro de éste no es necesario realizar modificaciones.*

# SELECCIÓN DE PAQUETES

Aunque la utilización de Garfio necesita que contemos con una imagen ISO con las modificaciones ya realizadas, es importante tener en cuenta la selección de algunas aplicaciones para incluir en nuestro sistema final.
En la **Tabla 2** se muestran algunas de las aplicaciones más utilizadas en Microsoft Windows y sus respectivas alternativas para sistemas Linux.

| APLICACIÓN PARA MICROSOFT WINDOWS | ALTERNATIVA LIBRE PARA SISTEMAS LINUX | FUNCIÓN DEL SOFTWARE |
|---|---|---|
| Orcad | Kicad | Creación de circuitos electrónicos. |
| ArcGIS | GRASS | Sistema de información geográfica. |
| Adobe Acrobat | Xpdf, PDFCreator | Lector de archivos PDF. |
| ContaPlus | BulmaGES | Sistema de contabilidad. |
| Microsoft Access | Gnomo-DB | Gestor de bases de datos. |
| Adobe Dreamweaver | NVU, Quanta Plus | Aplicación para crear y editar páginas web. |
| Microsoft Project | Planner, Gant Project, KPlato | Seguimiento de proyectos. |
| Microsoft Visual Studio | Gambas | Entorno de desarrollo. |
| Microsoft Outlook | Mozilla Thunderbird | Cliente de correo electrónico. |
| Matlab | GNU Octave | Programa matemático. |
| SPSS | PSPP | Aplicación estadística. |
| Microsoft Visio | Dia | Software para realización de diagramas y dibujos vectoriales. |
| Partition Magic | GParted, QTParted | Gestor de particiones de disco duro. |

***Tabla 2.** Listado de algunas de las aplicaciones más utilizadas en Windows y sus respectivas alternativas para Linux.*

A continuación, revisaremos en detalle cada una de las aplicaciones presentadas en la **Tabla 2**, explicando sus características e indicando los sitios web donde es posible conseguir las alternativas libres.
**Orcad** es una aplicación comercial para entornos Windows, desarrollada para apoyar la tarea de creación de circuitos electrónicos. Es propiedad de la empresa Cadence y se utiliza mayoritariamente para generar circuitos impresos y simulaciones esquemáticas.

## FREEPCB

**FreePCB** es una aplicación libre disponible para sistemas operativos Microsoft Windows. Este programa nos permite diseñar circuitos eléctricos gracias a las múltiples herramientas que nos proporciona. Desde el sitio web **www.freepcb.com** (en inglés) podremos descargar los instaladores y actualizaciones correspondientes.

**Kicad** es una aplicación alternativa a Orcad, diseñada para funcionar tanto en sistemas Windows como Linux. Este programa entrega variadas herramientas para diseñar circuitos electrónicos, editar esquemas y componentes, entre otras funciones. Para descargar Kicad, debemos acceder al sitio web **www.lis.inpg.fr/realise_au_lis/kicad** y seleccionar la opción adecuada desde el menú lateral.

***Figura 10.*** *Una de las alterativas más interesantes que presenta* **Kicad** *es la posibilidad de visualizar un esquema en 3D del circuito en el cual estemos trabajando.*

Otras aplicaciones libres para el diseño de circuitos son **PCB** y **Geda**, disponibles en las páginas web **http://pcb.gpleda.org/index.html** y **www.geda.seul.org**, respectivamente. **ArcGIS** es un conjunto de aplicaciones y herramientas comerciales que funcionan como sistemas de información geográfica, propiedad de la empresa ESRI. ArcGIS contiene programas para capturar, editar, tratar, diseñar, publicar e imprimir información geográfica. Existen diversas versiones de este producto, entre las que se encuentran: **ArcGIS Server**, **ArcGIS Movil** y **ArcGIS Desktop**.

## FDISK

La aplicación **Fdisk** nos permite manipular particiones en diversos sistemas operativos. Existen versiones de Fdisk para Microsoft Windows y Linux. Fdisk para MS-DOS permite editar particiones FAT32 y FAT16, mientras que Fdisk para Linux nos permite trabajar con particiones de tipo FAT16, FAT32, EXT2, EXT3 y Solaris, entre otras.

La versión Desktop es la más utilizada y dispone de herramientas como ArcReader, ArcMap, ArcCatalog, ArcToolbox, ArcScene y ArcGlobe.

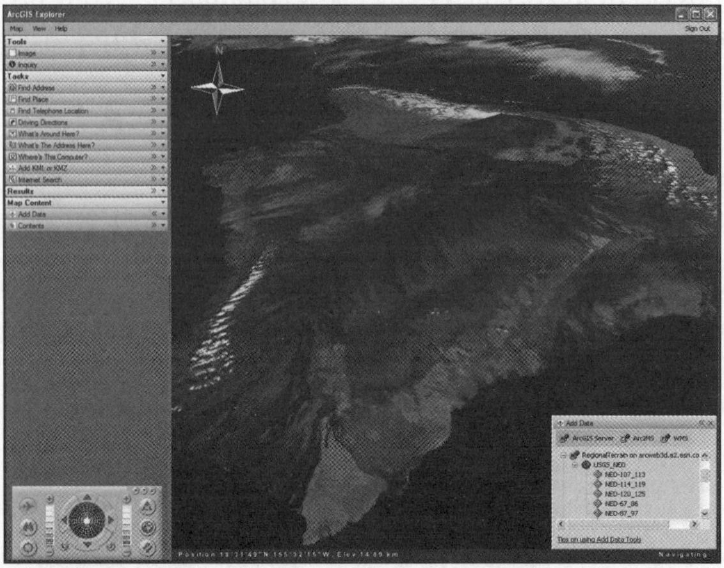


***Figura 11. ArcGIS Desktop** entrega información geográfica detallada y presenta una interfaz gráfica muy cuidada, junto con fáciles controles de manejo.*

**Grass** es una alternativa libre a ArcGIS, que funciona como un sistema de información geográfica diseñado para entornos Unix. Puede ser instalado y utilizado en la mayoría de las plataformas existentes.

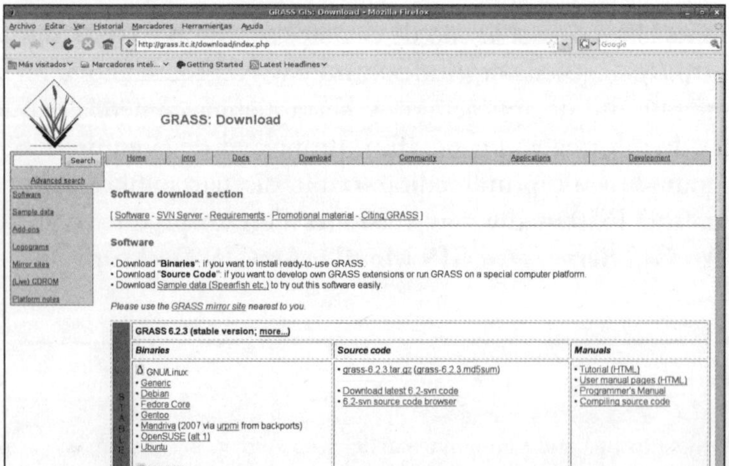


***Figura 12.** En la web **http://grass.itc.it/download/index.php** podremos encontrar la aplicación **Grass** en sus versiones para **GNU/Linux**, **MS Windows**, y **Mac OSX**.*

**Adobe Reader** apareció como el primer programa que soportaba el formato PDF. Gracias a él podemos ver e imprimir archivos PDF. Existen versiones de este programa para los sistemas operativos Windows, Mac OS, Linux, Windows Mobile, Palm OS y Symbian OS, entre otros. Hay una versión comercial llamada **Adobe Acrobat Professional** que permite, además, crear y modificar archivos PDF.
Para acceder a más información sobre cómo obtener Acrobat Reader de manera gratuita, hay que ingresar en **http://www.adobe.com/es/products/reader/** y pulsar en el botón **Get Adobe Reader**. A continuación, se podrán elegir las opciones de descarga, incluido el sistema operativo (Linux, Windows, Mac OS y Solaris, entre otros).
**Xpdf** es un visor de archivos .PDF libre, que podemos descargar desde la web **www.foolabs.com/xpdf/download.html**.

***Figura 13.** Xpdf posee una interfaz de uso muy sencilla y sin demasiadas pretensiones. Es muy fácil de usar y al ser una aplicación liviana, se desempeña de forma rápida en cualquier computadora.*

## FORMATEO DE DISCO

El proceso de **formateo** de un disco se refiere a la eliminación de información, si existiera, y a su preparación para para crear en él un sistema de archivos. Entre los sistemas de archivo más habituales encontramos los siguientes: Windows: FAT, FAT16, FAT32, NTFS, EFS; Linux: ext2, ext3, ext4, JFS, ReiserFS, XFS; Mac: HFS, HFS+; Solaris: UFS, ZFS.

En distribuciones Linux basadas en Debian o Ubuntu podemos utilizar el comando **apt-get installl xpdf** para instalar la aplicación.

**PDFCreator** es una aplicación libre desarrollada para crear documentos PDF. Se encuentra en muchos idiomas, entre ellos, español.

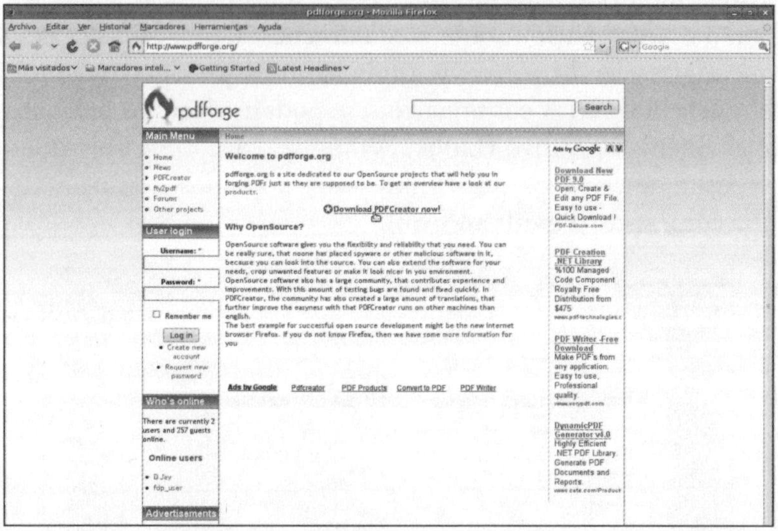


***Figura 14.** Para descargar **PDFCreator** ingresamos en la dirección web **www.pdfforge.org** y hacemos clic en el enlace **Download PDFCreator Now!***

**Quarkxpress** es una aplicación de autoedición que posee versiones para los sistemas operativos Microsoft Windows y MacOSX. Esta aplicación trabaja con una interfaz gráfica que trata el texto y gráficos como elementos distintos y dispone de una versión para servidor, que permite realizar el proceso de edición usando un navegador web.

El sitio web del producto es **www.quark.com/products/xpress.**

La alternativa libre a la aplicación **Quarkxpress** es **Scribus**. Este programa ofrece herramientas para la autoedición y creación de publicaciones con una computadora. Posee versiones para los sistemas operativos Linux, Unix, MacOSX y Microsoft Windows. Para descargar Scribus, debemos acceder al sitio web **www.scribus. net/?q=downloads.**

## ORIGEN DE SCRIBUS

La aplicación libre **Scribus** fue iniciada y creada por **Franz Schmid**, como una respuesta a la necesidad personal de contar con una aplicación para el diseño e impresión de textos. Más tarde fue puesto a disposición de los usuarios, dando origen al equipo de desarrollo de Scribus.

***Figura 15. Scribus** nos entrega una gran cantidad de herramientas que facilitan la tarea de crear todo tipo de publicaciones.*

**ContaPlus** es una de las aplicaciones de gestión más utilizadas alrededor del mundo. Este un programa comercial que se encuentra disponible en diferentes versiones: **Conta**, **ContaPlus Profesional**, **ContaPlus Elite** y **ContaPlus Evolución**. La web **www.sagesp.com/web/web/categoria.asp?id_categoria=3&id_subcategoria=2** nos entrega información detallada y las formas de adquirir cada uno de estos productos.

**BulmaGes** es la alternativa libre a ContaPlus. Aunque no cuenta con la variada gama de funcionalidad de éste, se destaca como una aplicación muy útil para automatizar diversos procesos de gestión empresarial.

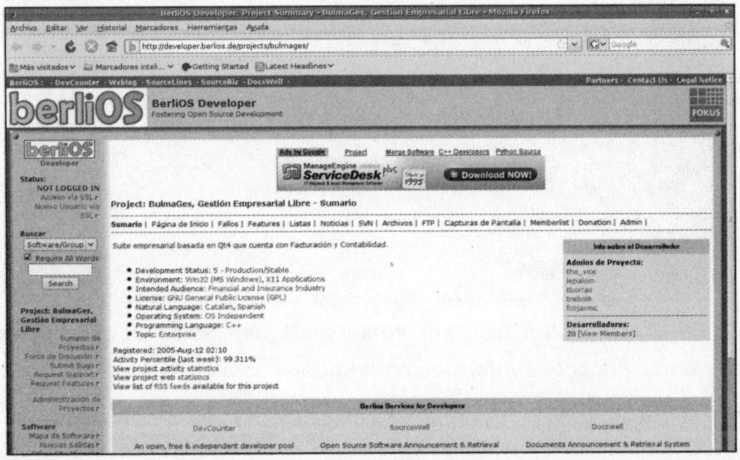


***Figura 16.** La web **http://developer.berlios.de/projects/bulmages** ofrece información sobre **BulmaGes** y también las versiones para distribuciones de Linux y sistemas Windows.*

BulmaGcs incorpora herramientas orientadas a los procesos de contabilidad, facturación, gestión de nóminas y puntos de ventas. Además, posee aplicaciones que ayudan a migrar datos desde otras aplicaciones. Es posible obtener soporte comercial para la configuración y utilización de esta aplicación en ambientes empresariales.
**Microsoft Access** es una aplicación que funciona como un sistema de gestión de bases de datos relacionales. Es muy utilizado para la creación y manejo de bases de datos de tamaño mediano, en donde no se almacenan grandes cantidades de datos. Su punto más fuerte es la posibilidad de generar pequeñas aplicaciones con un mínimo conocimiento del programa. Entre sus desventajas podemos mencionar que no es multiplataforma, ya que sólo está disponible para Microsoft Windows, y su pobre rendimiento en bases de datos de gran tamaño.
Microsoft Access utiliza las siguientes extensiones para guardar sus archivos: .MDB (base de datos de Microsoft Access en la versiones 2003 y anteriores), .MDE (base de datos de Microsoft Access protegida, en las versiones 2003 y anteriores), .ACCDB (base de datos de Microsoft Access 2007), .ACCDE (base de datos de Microsoft Access 2007 protegida), .MAM (macro de Microsoft Access), .MAQ (consulta de Microsoft Access), .MAR (informe de Microsoft Access), .MAT (tabla de Microsoft Access), .MAF (formulario de Microsoft Access), .ADP (proyecto de Microsoft Access), .ADN (plantilla de proyecto de Microsoft Access).

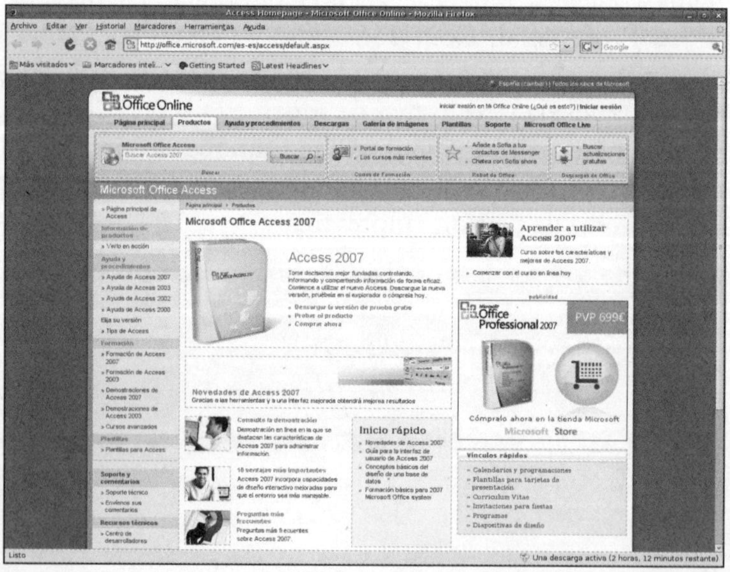


***Figura 17.** En el sitio web **http://office.microsoft.com/es-es/access/default.aspx** podremos encontrar información detallada sobre Microsoft Access, así como también descargas y recursos relacionados.*

**Gnome-DB** es un conjunto de herramientas que proporcionan una arquitectura para acceder a bases de datos. Fue creada para ser usada en proyectos para el entor-

no de escritorio Gnome. Es una alternativa libre a Microsoft Access, aunque sólo se orienta al acceso a bases de datos mediante otras aplicaciones. Gnome-db está formado por libgda, libgnomedb y mergeant. Esta última es la aplicación que permite el acceso a las bases creadas por libgda y libgnomedb.
Gnome-db es utilizado por programas tales como Abiword, Glade y Glom. Para descargarlo debemos acceder a la web **www.gnome-db.org/Download**.
**Adobe Dreamweaver** es una de las aplicaciones más utilizadas para acompañar el proceso de desarrollo de sitios y aplicaciones web. Fue creada por Macromedia, pero en la actualidad el desarrollo está en manos de Adobe.
Esta aplicación comercial está disponible para los sistema operativos Microsoft Windows y Mac OSX, aunque también puede ser instalada y ejecutada bajo Linux gracias a programas como Wine.

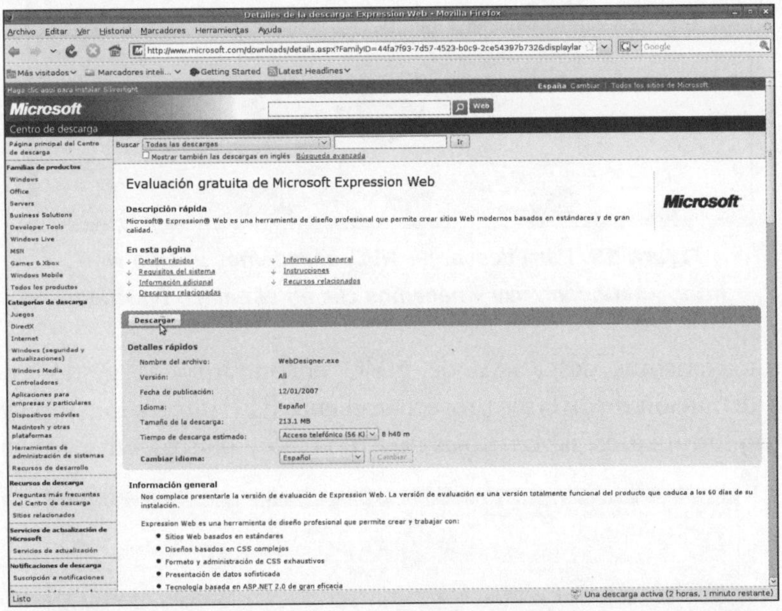


***Figura 18.** Microsoft Expression Web es una alternativa comercial a Dreamweaver. En la dirección **www.microsoft.com/downloads/details.aspx?FamilyID=44fa7f93-7d57-4523-b0c9-2ce54397b732&displaylang=es** podemos descargar una versión de evaluación de Expression Web.*

Entre las características de Adobe Dreamweaver se encuentran un administrador de sitios, que nos permite organizar cada uno de los archivos con los respectivos proyectos a los cuales pertenecen y un cliente FTP, que permite subir los archivos a los servidores adecuados y funciones como autocompletado y manejo de lenguajes como HTML, PHP, ASP o JSP.
**NVU** es un editor web libre que se presenta como una perfecta alternativa a Dreamweaver, software perteneciente a la empresa Adobe. **NVU** es multiplatafor-

ma y está basado en Mozilla Componer. Existen versiones instalables para los sistemas operativos Microsoft Windows, Linux y Mac OSX, pero gracias a sus archivos fuentes puede ser compilado para prácticamente cualquier plataforma.

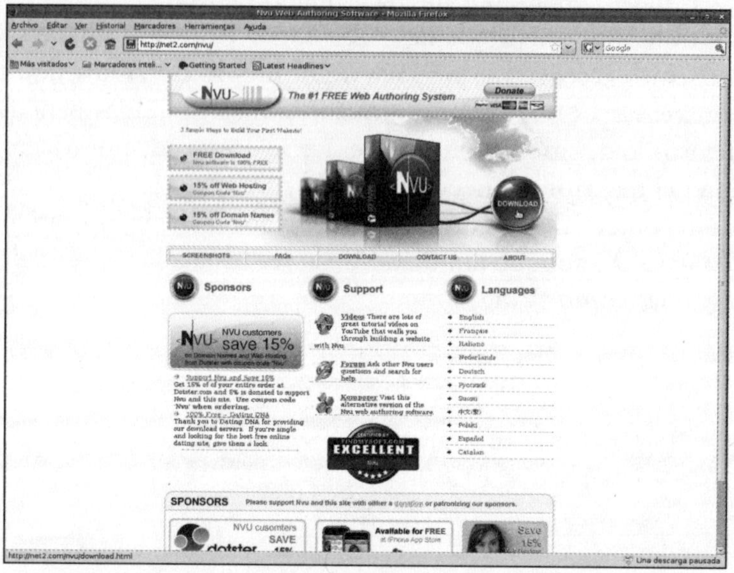


**Figura 19.** *Para descargar* ***NVU****, accedemos al sitio web* ***http://net2.com/nvu*** *y hacemos clic en el enlace* ***Download****.*

Entre las características destacadas de NVU encontramos la gestión de trabajos mediante la definición de diversos proyectos, cliente FTP integrado y soporte para elementos como formularios, tablas, hojas de estilo CSS y marcos, entre muchos otros.

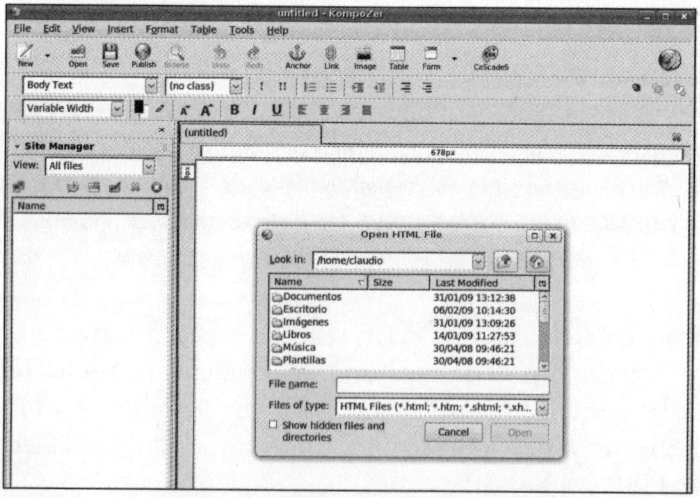


**Figura 20.** *La interfaz de uso de NVU es muy simple y similar a Adobe Dreamweaver. La versión para Linux recibe el nombre de* ***Kompozer****.*

Existe una versión potable de NVU, que puede ser utilizada directamente desde una memoria USB, sin la necesidad de ser instalada en una computadora.
**Quanta Plus** es otra alternativa libre al programa comercial Dreamweaver. Fue desarrollado para el entorno de escritorio KDE y forma parte del paquete **kdewebdev**. Para descargar una copia de Quanta Plus debemos visitar el sitio web oficial del proyecto: **http://quanta.kdewebdev.org**.

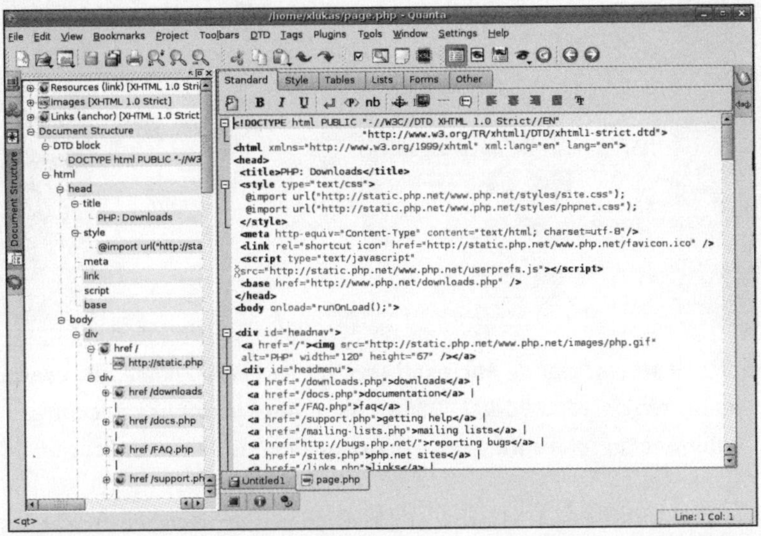

***Figura 21.** Quanta Plus, a pesar de ser una aplicación desarrollada para KDE, puede funcionar en el entorno de escritorio Gnome y proporciona herramientas avanzadas para trabajar con lenguajes como PHP.*

Entre las características de la aplicación tenemos: resaltado de sintaxis HTML, CSS y JavaScript, soporte de plugins a través de Kparts y previsualización de proyectos.
**Microsoft Proyect** es un programa que permite apoyar en la generación de proyectos, gestión de tareas, asignación de recursos, control del tiempo, seguimiento de progreso, administración de presupuesto y control de cargas de trabajo. Aunque se conoce como parte de Microsoft Office, no se distribuye junto con él. Puede ser adquirido en dos versiones: **Standard** y **Professional**.

## BASES DE DATOS

Una base de datos es una recopilación de datos que pertenecen al mismo contexto. Las **aplicaciones gestoras de bases de datos** o **SGBD** permiten almacenan, acceder y realizar consultas sobre los datos almacenados en una base. Existen diversos tipos de bases de datos, entre las que se encuentran las estáticas y las dinámicas.

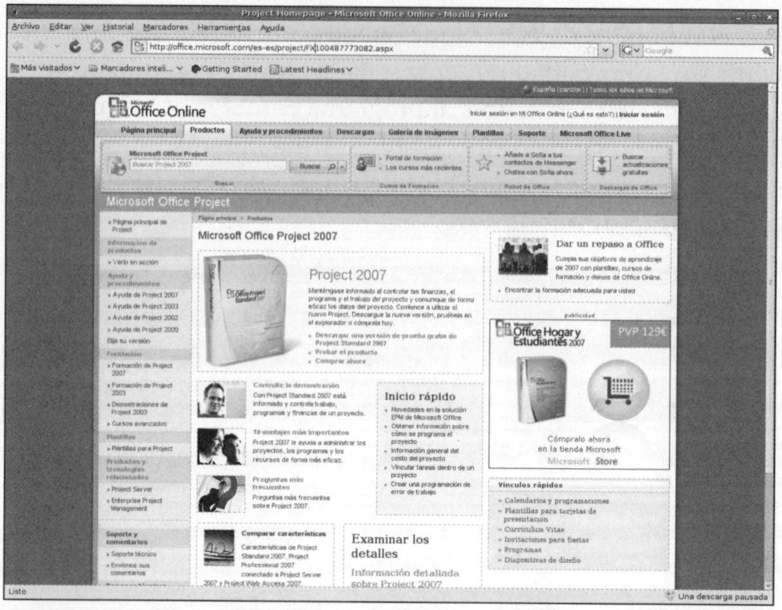


**Figura 22.** *El sitio oficial de Microsoft Proyect es* ***http://office.microsoft.com/es-es/project/FX100487773082.aspx****. Aquí podremos encontrar información relevante y recursos relacionados con la aplicación.*

Entre las alternativas libres a Microsoft Proyect podemos mencionar las aplicaciones **Planner, Gantt Project** y **KPlato**, entre otras.

**Planner** es una aplicación diseñada para gestionar proyectos y presenta funciones similares a Microsoft Proyect. Para descargar Planner debemos acceder al sitio web **http://live.gnome.org/Planner** y hacer clic en la opción **Dowloads**.

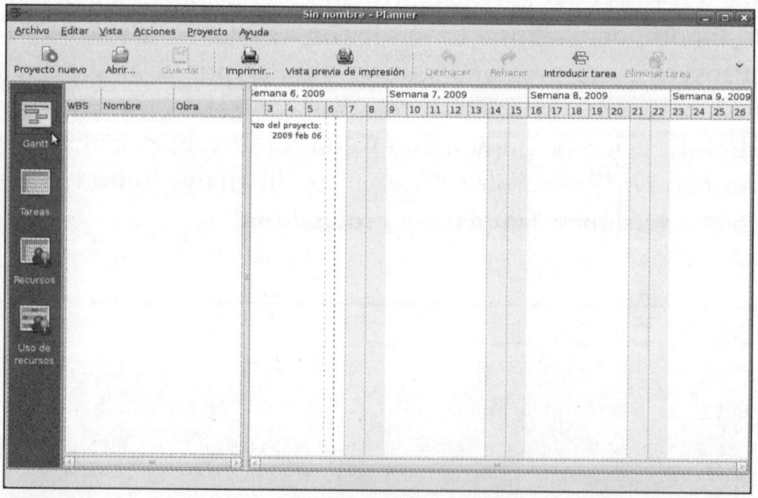


**Figura 23.** *La interfaz de Planner es muy sencilla de utilizar y presenta botones definidos para* ***Gantt, Tareas, Recursos*** *y* ***Uso de Recursos****.*

**Gantt Project** nos permite generar cartas Gantt y otros documentos de una forma muy sencilla. Funciona tanto en sistemas Windows como Linux.

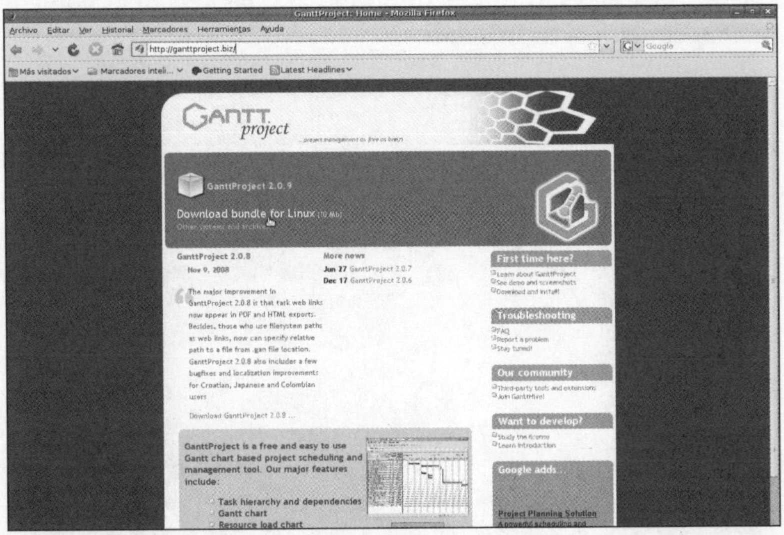


***Figura 24.*** *Para descargar la aplicación Gantt Proyect, accedemos al sitio web* ***http://ganttproject.biz*** *y hacemos clic en la opción* ***Download bundle for Linux****.*

**KPlato** es una aplicación alternativa a Microsoft Project, utiliza las **librerías Qt** y se incluye en la suite de oficina **KOffice**. Su sitio web es **www.koffice.org/kplato**. **Microsoft Visual Studio** es un entorno de desarrollo integrado para generar potentes aplicaciones de una forma bastante sencilla. Este IDE permite que los desarrolladores creen aplicaciones y servicios para web y para la computadora.

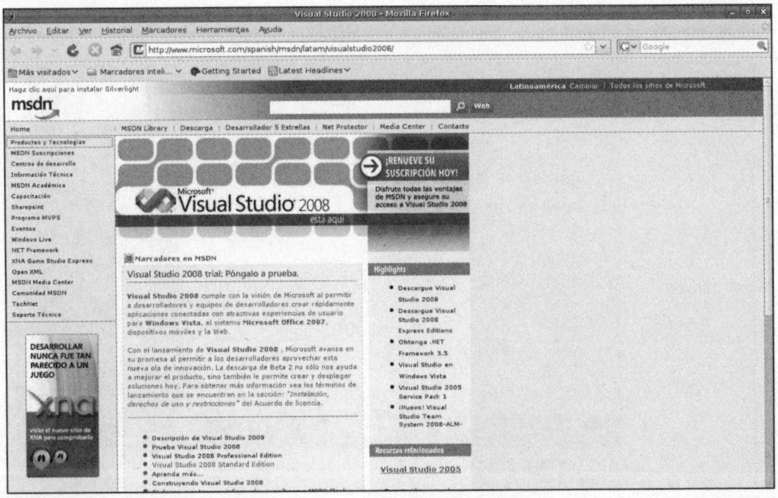


***Figura 25.*** *Microsoft Visual Studio ofrece una versión de evaluación de la suite completa disponible en* ***www.microsoft.com/spanish/msdn/latam/visualstudio2008****.*

Además de la versión comercial, existen versiones gratuitas llamadas Express Edition, que están preparadas para iniciarse en la utilización del entorno.
El entorno de las versiones Express es muy similar a las versiones comerciales, pero carece de muchas funciones avanzadas.

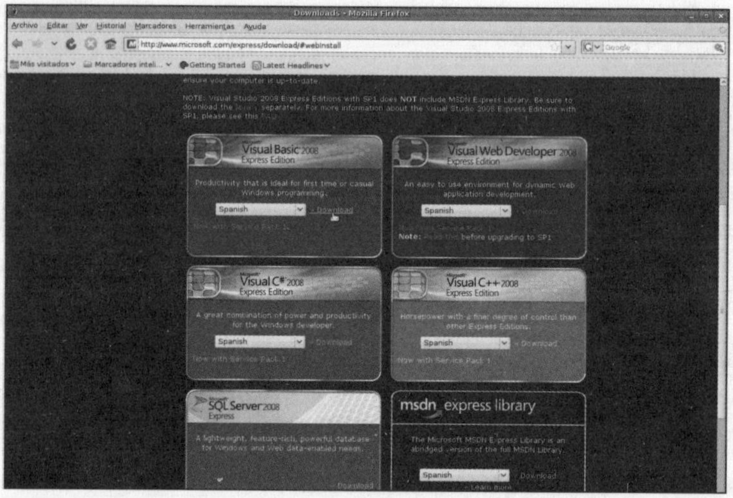


**Figura 26.** *Podemos obtener las versiones **Express** para los distintos lenguajes disponibles desde la web **www.microsoft.com/express/download**.*

**Gambas** es una aplicación que ofrece las herramientas necesarias para desarrollar aplicaciones con un entorno muy similar a Microsoft Visual Studio. Aunque Gambas posee menos características que el entorno creado por Microsoft, es muy fácil de utilizar y nos permite crear aplicaciones en muy poco tiempo.

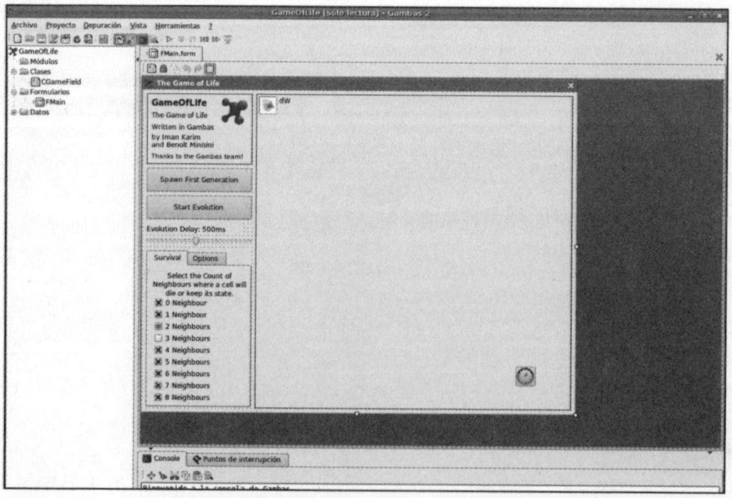


**Figura 27.** *La interfaz de Gambas posee código de muestra para que podamos iniciar la programación de nuestras propias aplicaciones.*

El sitio web oficial de Gambas es **http://gambas.sf.net**. Una de sus desventajas es la imposibilidad para crear aplicaciones para otras plataformas.

***Figura 28.*** *RealBasic es una alternativa comercial a* ***Visual Studio****, que tiene la particularidad de producir aplicaciones para Linux, Windows y Mac OSX. Su web es* ***www.realsoftware.com/realbasic****.*

**Microsoft Outlook** es un programa comercial que funciona como cliente de correo y agenda ofimática. Es utilizada por múltiples usuarios a la vez o como aplicación independiente. Forma parte de Microsoft Office.

Como alternativa a Microsoft Outlook tenemos **Mozilla Thunderbird**. Esta aplicación es un cliente de correo electrónico credo por la Fundación Mozilla. Es un programa libre y multiplataforma. Soporta IMAP/POP, noticias, RSS, correo HTML, extensiones, etiquetas, corrección ortográfica y skins, y demás.

***Figura 29.*** *Para descargar Mozilla Thunderbird debemos acceder a la web* ***www.mozilla europe.org/es/products/thunderbird*** *y hacer clic en el enlace* ***Descarga gratuita****.*

**Matlab** es un programa matemático comercial que se presenta como un entorno de desarrollo integrado que tiene su lenguaje de programación propio. Está disponible para Microsoft Windows, Unix y Mac OSX. Permite realizar tareas tales como representación de datos y funciones, generación y manipulación de matrices, creación de interfaces de usuario e implementación de algoritmos, entre otras.

***Figura 30.** Matlab presenta características avanzadas como la representación en 3D.*

Las funciones de Matlab pueden ser ampliadas gracias a la inclusión de cajas de herramientas y paquetes de bloques adicionales. Su sitio es **www.mathworks.es**.
**GNU Octave** es considerado como el equivalente libre a Matlab. Esta aplicación presenta un intérprete que permite ejecutar órdenes en un modo interactivo. Contiene un lenguaje propio para el análisis matemático.

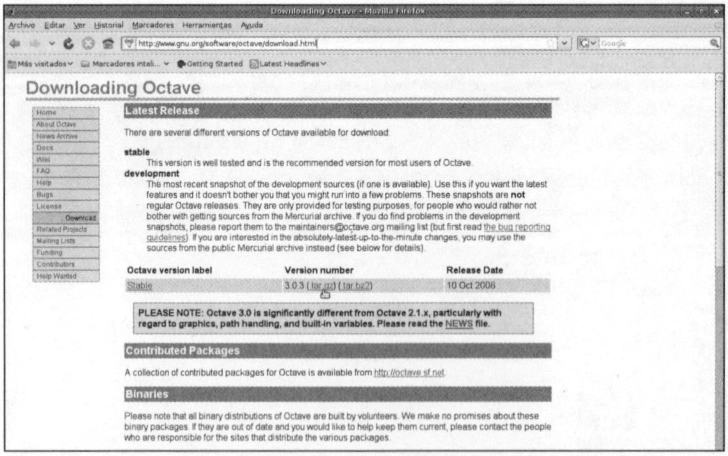


***Figura 31.** La web **www.gnu.org/software/octave/download.html** nos permite descargar una copia de GNU Octave.*

Entre las características de GNU Octave encontramos la existencia de su propio intérprete, permitiendo una ejecución por lotes o interactiva. Está escrito en C++, puede ser extendido con funciones y procedimientos a través de módulos, es capaz de cargar archivo de Matlab y su consola se comporta como un intérprete de comandos (es posible ejecutar órdenes simples como listar directorios).

**SPSS** o **Statistical Package for the Social Sciences** es una aplicación de estadística comercial utilizada principalmente en las ciencias sociales. Es muy popular como programa estadístico gracias a su capacidad de manejar grandes bases de datos y realizar análisis complejos. Su sitio web es **www.spss.com.** En su versión 12 admite alrededor de dos millones de registros y doscientos cincuenta mil variables. Desde la versión 15 de SPSS, existe la posibilidad de emplear las librerías de objetos del programa desde Visual Basic, Pitón y C++, entre otros.

***Figura 32.*** *La web **www.spss.com/es/software** nos permite descargar una versión de evaluación de los productos SPSS con sólo hacer clic en la opción **Descárguese la versión Demo**.*

## SUPLEMENTOS DE GUADALINEX

Los **suplementos** de **GuadaLinex** son discos que contienen aplicaciones adicionales que pueden ser instaladas en el sistema. Entre estos suplementos encontramos KDE-GuadaLinex, Suplemento Educativo y Suplemento de Juegos. Desde la versión 4, se distribuye junto con un DVD, por la gran cantidad de paquetes disponibles.

Entre las alternativas comerciales a SPSS tenemos programas como **SAS** y **Stata**. **PSPP** es una aplicación libre, que se presenta como una alternativa SPSS. Este programa realiza análisis estadísticos e interpreta comandos en lenguaje SPSS.
Para descargar PSPP debemos visitar el sitio web **www.gnu.org/software/pspp/get.html** y hacer clic en la opción correspondiente que encontramos en pantalla.
**Microsoft Visio** nos permite realizar dibujos vectoriales para sistemas operativos Microsoft Windows. Gracias a sus herramientas podemos realizar diagramas de bases de datos, diagramas de oficinas y diagramas de flujo para desarrollo, entre muchos otros. Para obtener más información sobre esta aplicación podemos visitar el sitio web **http://office.microsoft.com/es-hn/visio/FX100487863082.aspx**.
**Dia** es una aplicación libre multiplataforma, que se presenta como alternativa a Microsoft Visio. Este programa gráfico posee herramientas para crear diagramas y se desarrolla como una parte del entorno de escritorio Gnome. Dia nos permite manejar diversos tipos de diagramas: de redes, de circuitos eléctricos, UML, entidad-relación, de flujo, y demás.

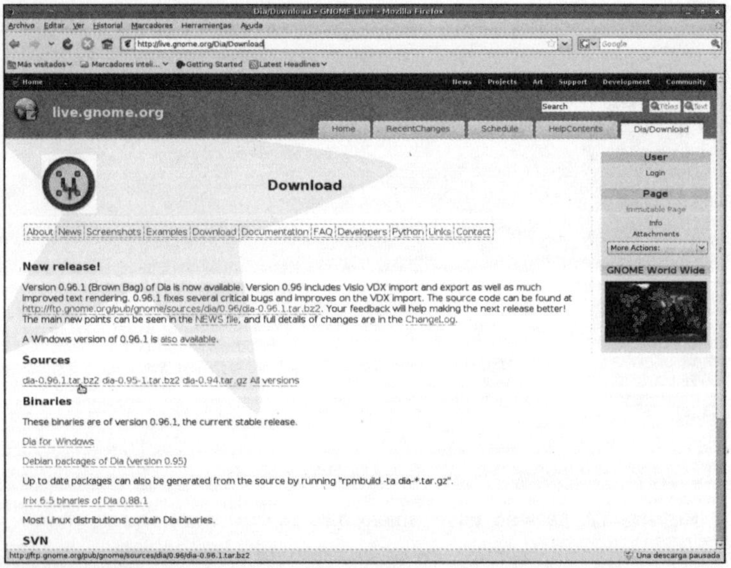


***Figura 33.** La web **http://live.gnome.org/Dia/Download** pone a nuestra disposición esta práctica aplicación. Para esto debemos hacer clic en la opción que corresponda a nuestro sistema operativo.*

Dia utiliza el formato XML y comprime los archivos con Gzip para utilizar menos espacio. Es capaz de producir archivos EPS, SVG y PNG.
**Partition Magic** es un programa comercial desarrollado por PowerQuest y actualmente propiedad de la empresa Symantec para el sistema operativo Microsoft Windows. Esta aplicación proporciona herramientas para realizar y editar las particiones de los discos duros conectados a la computadora.

Partition Magic es capaz de trabajar con particiones de tipo NTFS, FAT16 y FAT32. Además, puede manejar sistemas de archivos EXT2 y EXT3.

**QtParted** es una alternativa libre a Partition Magic. Esta aplicación para sistemas operativos Linux puede crear, redimensionar, mover o eliminar las particiones del disco duro. Este programa está incluido en Ark Linux Live, Knoppix, Kubuntu, Nimblex, Mepix y Trinity Rescue Kit.

Si nos resultan de utilidad estas funciones, podemos descargar una copia de esta aplicación accediendo al sitio web **http://qtparted.sourceforge.net**.

**GParted** es un editor de particiones para el entorno de escritorio Gnome. Reconoce y es capaz de operar los siguientes sistemas de archivos: EXT2, EXT3, FAT16, FAT32, HFS, HFS+, JFS, SWAP, NTFS, ReiserFS, Reiser4, UFS y XFS.

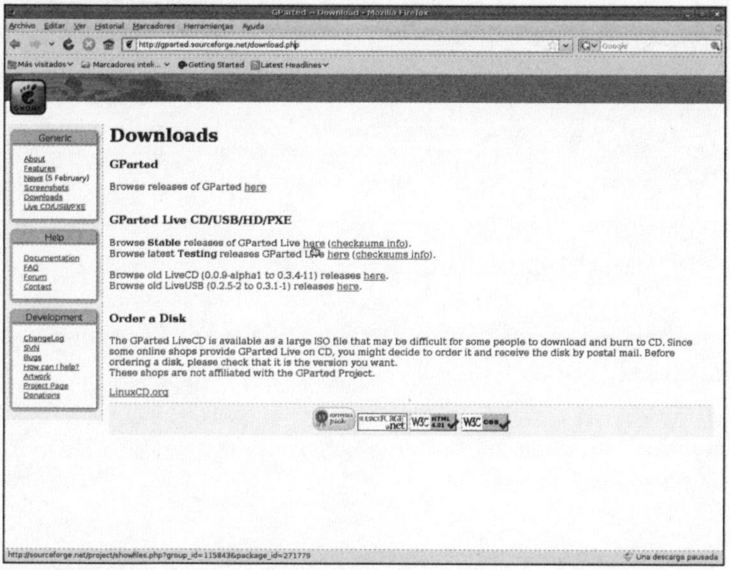


***Figura 34.*** *Para descargar GParted debemos visitar el sitio web* ***http://gparted.sourceforge.net/download.php*** *y hacer clic en el enlace que corresponda.*

## ... RESUMEN

**En este capítulo conocimos la herramienta Garfio. Gracias a ella, y al usar algunas aplicaciones que ya conocemos, es posible generar una distribución Live que también sea instalable en una computadora. Para esto debemos contar con una imagen de la distribución que contenga las modificaciones y adaptaciones ya realizadas. Además, revisamos un listado de algunas de las aplicaciones más populares en los sistemas operativos Windows y presentamos algunas de las alternativas libres existentes, para ser instaladas en cualquier distribución Linux.**

## ACTIVIDADES

### TEST DE AUTOEVALUACIÓN

1 Defina qué es el proyecto metadistros.

2 ¿Qué es una metadistribución y cuáles son sus características?

3 Defina qué es un calzador.

4 ¿Cuáles son las características de Garfio?

5 Defina las características más importantes de Tuquito.

6 ¿Qué scripts se pueden utilizar para generar una distribución mediante Garfio?

7 ¿Qué aplicaciones son necesarias para crear una distribución con Garfio?

8 Mencione algunas de las secciones configurables del script de Garfio manual.

9 Mencione y describa alguna alternativa libre al programa Adobe Reader.

10 Describa una alternativa al programa comercial Partition Magic.

### EJERCICIOS PRÁCTICOS

1 Instale mkisofs y squashfs en una distribución Linux.

2 Descargue Garfio, el kernel y los módulos adecuados desde la web de Tuquito.

3 Cree la estructura de directorios y ejecute los comandos necesarios para crear su distribución utilizando Garfio.

4 Descargue y utilice el script manual para generar una distribución Linux usando las opciones que ofrece Garfio.

5 Descargue e instale una aplicación libre alternativa a Partition Magic.

Capítulo 8

# Crear distribución Live basada en Knoppix

En este capítulo revisaremos las características que hacen de Knoppix una de las distribuciones Live Linux más utilizadas. Además, aprenderemos los pasos necesarios para adaptar Knoppix a nuestras necesidades y crear, así, una nueva distribución Live Linux. Para terminar, ofreceremos algunas claves que nos permitirán orientar nuestra nueva distribución a diversos propósitos, como el trabajo de oficina y los juegos.

# CARACTERÍSTICAS DE KNOPPIX

Las distribuciones Live Linux son cada vez más populares entre usuarios, tanto principiantes como avanzados. Las distribuciones Live son sistemas operativos completos comprimidos en un CD o DVD. Para utilizarlos, sólo es necesario iniciar una computadora con el disco en la unidad adecuada y arrancar desde él.

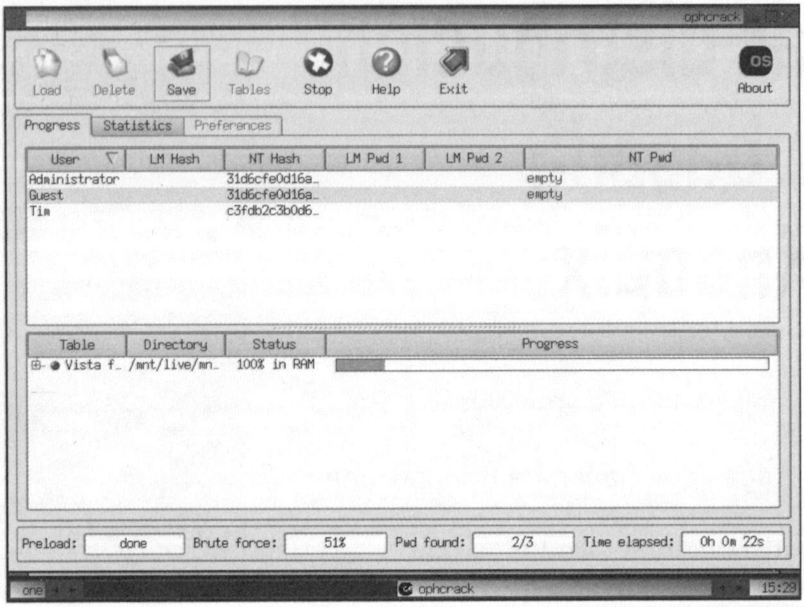


***Figura 1.** Entre las distribuciones Live Linux de propósitos específicos encontramos Ophcrack Linux. Una vez que el sistema haya sido iniciado, se ejecuta la aplicación encargada de recuperar contraseñas perdidas en Windows XP y Windows Vista.*

Son muchas las ventajas que podemos encontrar al ejecutar un sistema operativo directamente desde una unidad óptica, como puede ser un CD o DVD. Entre ellas podemos destacar la fácil y rápida utilización del sistema sin necesidad de realizar complicadas instalaciones y la posibilidad de probar la distribución sin afectar el sistema y las aplicaciones que se encuentran en la computadora.

## OPENGEU

La distribución Live Linux **OpenGEU** (anteriormente se llamaba Geubuntu) fue creada basándose en Ubuntu. Una de sus principales novedades es que integra los entornos de escritorio **Gnome** y **Enlightenment**. Gracias a esto incorpora las aplicaciones entregadas por los dos entornos. La dirección de su sitio web es **http://opengeu.intilinux.com/OpenGEU/Home.html**.

Si bien es cierto, las distribuciones Live Linux precisan que la computadora arranque desde la unidad de CD, DVD o un dispositivo USB para funcionar. El sistema operativo es cargado en la memoria RAM para beneficiarse, así, de su rapidez (en comparación con las unidades ópticas).

Existe una gran cantidad de distribuciones Live, cada una con características y funciones propias, que las presentan como alternativas válidas para ser utilizadas en diversos entornos y circunstancias. En la **Tabla 1** vemos algunos ejemplos de distribuciones Live Linux junto a sus características más importantes.

| NOMBRE DE LA DISTRIBUCIÓN LIVE LINUX | CARACTERÍSTICAS DE LA DISTRIBUCIÓN LIVE LINUX |
|---|---|
| AprendeClick | Es un Live CD de Linux que incorpora aplicaciones y juegos educativos. |
| Planktum | Esta distribución Live Linux fue creada basándose en Slax. Incorpora una gran cantidad de aplicaciones. |
| Venenux | Distribución Live orientada al usuario final. Fue creada basándose en Debian e incluye muchos paquetes de software preconfigurados. |
| Sidux | Distribución Live Linux basada en la rama testing de Debian GNU/Linux. |

***Tabla 1.** Ejemplos de distribuciones Live Linux junto con sus respectivas descripciones.*

Las variadas características que nos entregan las distribuciones preparadas para funcionar de forma Live, han permitido que el sistema operativo Linux pueda llegar a muchos potenciales usuarios. Gracias a ello, quienes necesitan probar las características de Linux antes de tomar la decisión de instalarlo sólo deben arrancar la computadora desde un CD, DVD o USB.

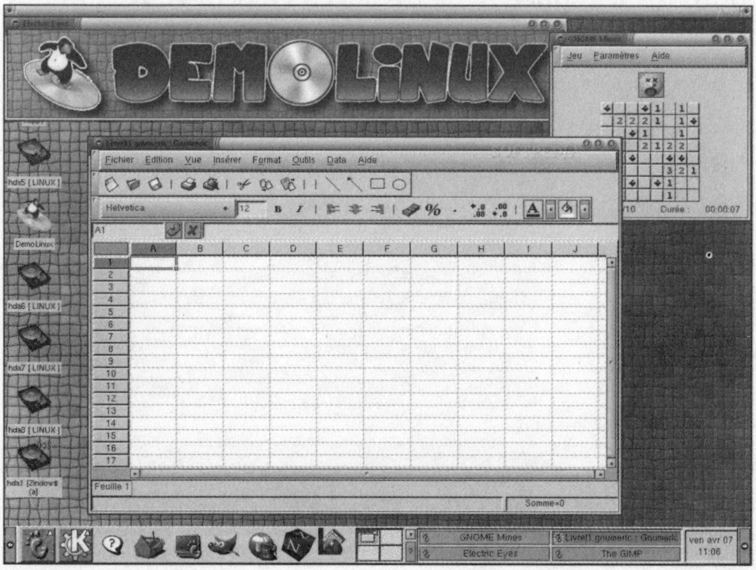


***Figura 2.** Los primeros Live CD del sistema operativo Linux fueron Yggdrasil Linux y DemoLinux, que aparecieron en los años 1995 y 2000, respectivamente.*

La mayoría de los Live CD están basados en alguna distribución, y por lo tanto en el núcleo Linux, también son usados en sistemas como **OS/2**, **Solaris** y **BeOS**. Entre los Live CD basados en sistemas Macintosh OS, podemos destacar **BootCD** para MAC OSX y **System folder** para MAC OS.
También existen Live CD basados en BSD: DragonFlyBSD, TrueBSD, RedBSD, BlackBSD, Frenzy, FreeSBIE, Fugulta, Jibbed y DesktopBSD, entre otros.

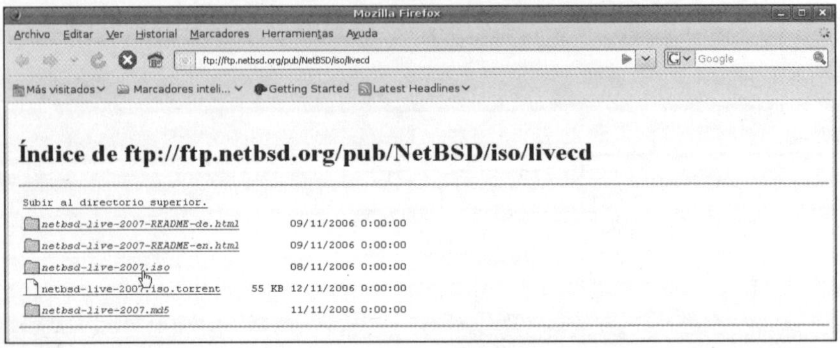


***Figura 3.*** *NetBSD es la distribución Live oficial de BSD. Podemos conseguirla si accedemos a la dirección FTP* ***ftp://ftp.netbsd.org/pub/NetBSD/iso/livecd.***

Nexenta, Belenix y Schillix están basados en **OpenSolaris** y Zeta está basado en **BeOS**. Aunque existen muchas distribuciones Live basadas en Linux, sin duda la más importante es **Knoppix**, que es responsable del gran auge que esta modalidad de utilización del sistema operativo ha experimentado. Knoppix fue creada en Alemania por **Klaus Knopper** y está basada en **Debian GNU/Linux**.

***Figura 4. Knoppix*** *utiliza el entorno de escritorio KDE en forma predeterminada, pero también es posible elegir otras alternativas, como IceWM o Gnome.*

Esta distribución Live Linux incorpora características que la destacan entre otras alternativas. Knoppix utiliza un módulo llamado **cloop**, el cual permite que se realice una compresión y descompresión bajo demanda. Gracias a esto no es necesario que el sistema completo sea volcado a la memoria RAM, sino sólo las partes que son utilizadas, y el nivel de compresión logrado es mayor, almacenando hasta 2 GB.

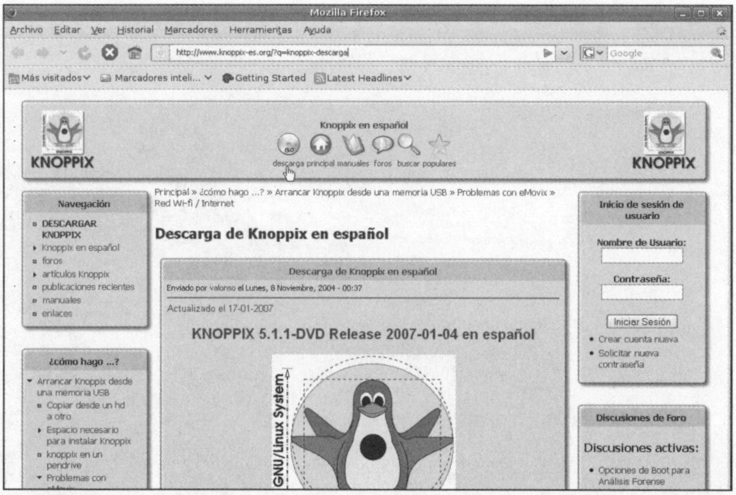


***Figura 5. Knoppix** se distribuye en CD, pero también existe una versión en DVD. Se puede descargar desde la web **www.knoppix-es.org/?q=knoppix-descarga**.*

Esta distribución reconoce automáticamente la mayoría del hardware conectado a una computadora y tanto ella como las aplicaciones que la acompañan son libres.

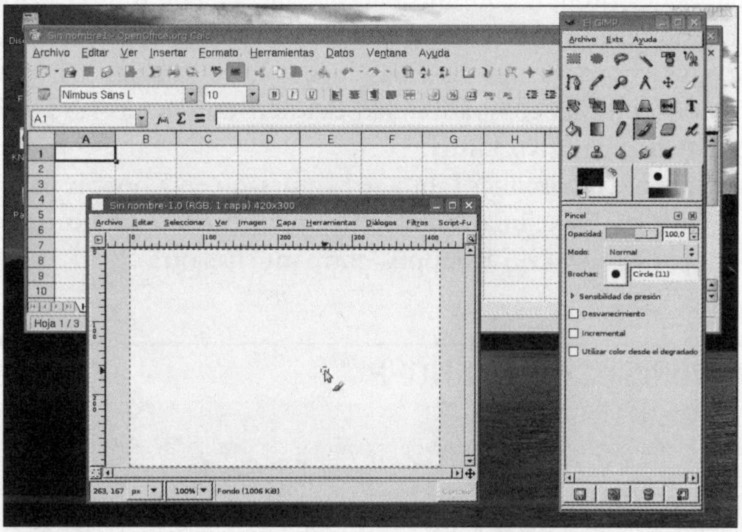


***Figura 6.** Entre las aplicaciones preinstaladas en Knoppix encontramos el editor de imágenes GIMP y la suite de oficina OpenOffice.org.*

Como explorador web predeterminado usa la aplicación **Konkeror**, incorpora herramientas de administración, acceso a Internet y análisis de red como **kppp**. También presenta una completa aceleración 3D gracias a X.Org, soporte para reproducción de MPEG y MP3 y algunas herramientas destinadas a la reparación de sistemas defectuosos y recuperación de datos.

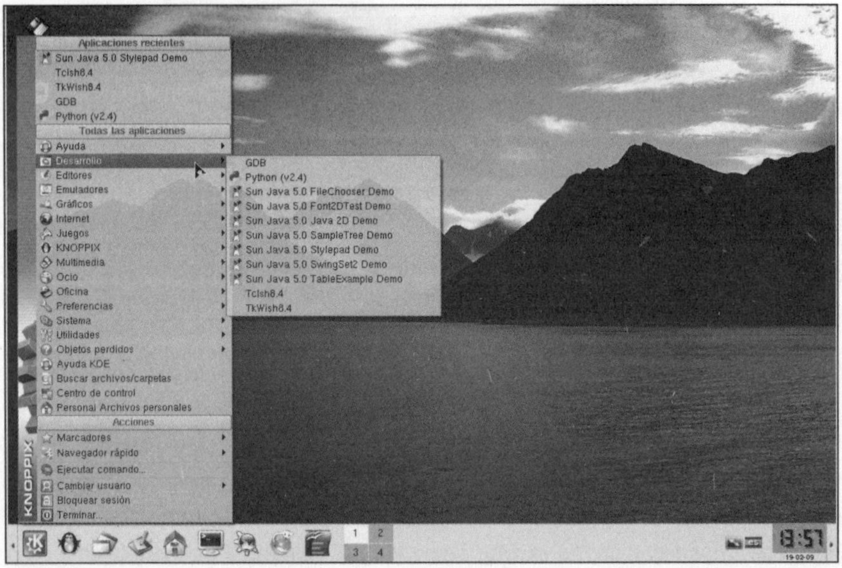


***Figura 7.** Además, Knoppix pone a nuestra disposición muchas utilidades y aplicaciones destinadas al desarrollo de software, que se encuentran agrupadas en el menú **Desarrollo**.*

Las posibilidades de Knoppix son muy variadas: aparte de su utilización como sistema de escritorio, esta distribución puede ser empleada como **firewall** o router, para rescatar archivos o reparar sistemas inaccesibles (gracias a las herramientas incluidas) y para probar la compatibilidad del hardware conectado a la computadora con un sistema operativo Linux.

Muchas distribuciones de sistemas Linux se han basado en Knoppix para ser creadas. Entre ellas se pueden mencionar: ClusterKnoppix, Quantian, Kurumin, Adriane Knoppix, Knoppix STD y GIS Knoppix, entre muchas otras.

## III CARACTERÍSTICAS DE KNOPPIX

Además de las mencionadas en el texto, **Knoppix** posee ciertas características que la posicionan como una de las mejores distribuciones Live Linux. Detecta y soporta la mayoría del hardware más reciente, como tarjetas PCMCIA, dispositivos wireless y USB. Además, su arranque sólo tarda alrededor de dos minutos.

**ClusterKnoppix** incorpora las herramientas para probar configuraciones de cluster en computadoras conectadas a este tipo de sistema. Se basa en Knoppix y utiliza openMosix y Linux Terminal Server Project. **Quantian** está basado en ClusterKnoppix y fue creado para ser usado en diversas actividades relacionadas con la ciencia.
**Kurumin** es una distribución Live basada en Knoppix, que incluye muchas aplicaciones de escritorio y documentación. Su peso permite que sea grabado en un mini CD.
**Adriane Knoppix** es una distribución Live Linux que busca entregar asistencia a personas con discapacidades visuales.
**GIS Knoppix** es una distribución Linux que incorpora aplicaciones GIS como MapServer, MySQL, MapLab, GRASS y PostgreSQL, entre otras.

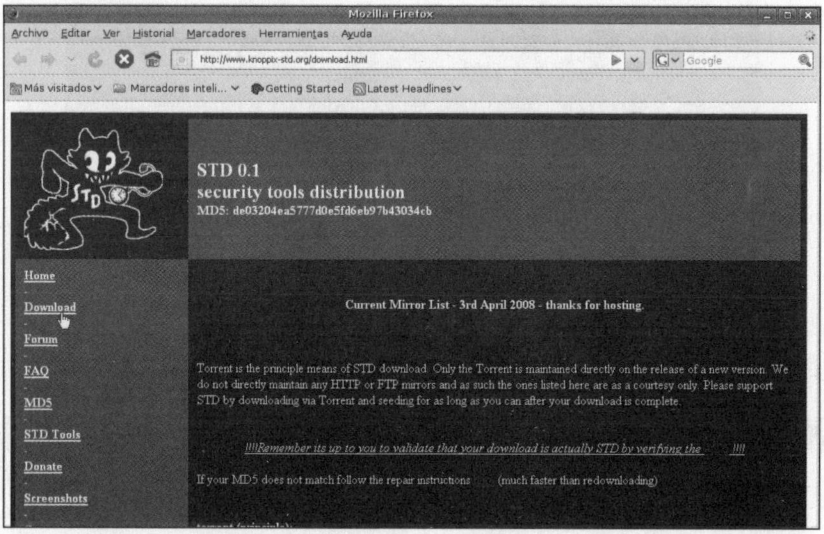


***Figura 8.** Knoppix STD se caracteriza por presentar una gran variedad de herramientas destinadas a la seguridad informática. Podemos descargarla desde la web **www.knoppix-std.org/download.html**.*

Entre las categorías de **paquetes de software** que incluye Knoppix STD se encuentran: cifrado, pruebas de penetración, utilidades de red, detección de intrusos, craqueo de contraseñas, herramientas inalámbricas y firewall, y demás.

## SOFTWARE LIBRE Y SOFTWARE GRATUITO

Generalmente, se tiende a confundir los conceptos de **aplicaciones libres** y **aplicaciones gratuitas**. Aunque la mayoría del software libre es también software gratuito, no siempre es así. Existen aplicaciones y también distribuciones Linux completas que son libres, pero que también se distribuyen comercialmente.

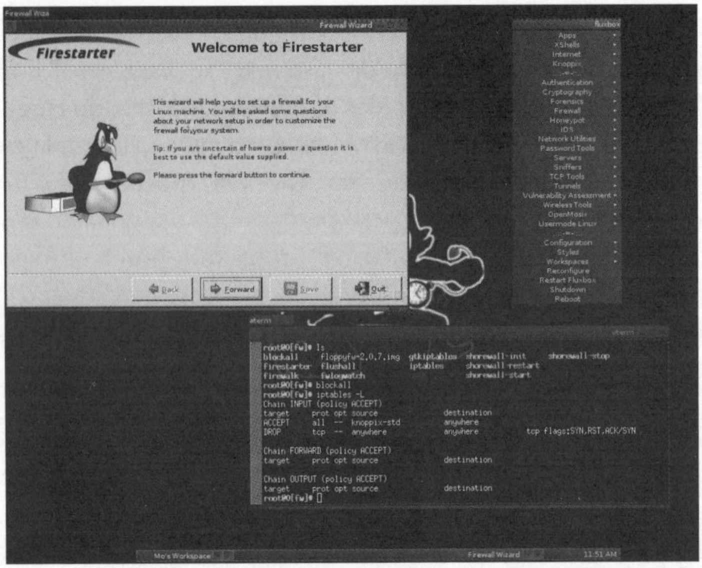


***Figura 9.*** *El entorno de escritorio utilizado por Knoppix STD es Fluxbox. Mediante un menú contextual presenta en forma ordenada el gran listado de aplicaciones que se incluyen. Entre ellas está Firestarter.*

A continuación vemos la **Tabla 2**, donde se muestra un listado de algunas de las principales aplicaciones que incluye esta variante de Knoppix.

| CATEGORÍA DE PAQUETES | PAQUETES DE SOFTWARE INCORPORADOS |
|---|---|
| Wireless | airsnarf, airsnort, airtraf, gpsdrive, kismet, kismet-log-viewer, macchanger, wellenreiter, patched orinoco drivers. |
| Servidores | apache, ircd-hybrid, samba, smail, sshd, vnc, net-snmp, tftpd, xinetd. |
| Firewall | Blockall, flushall, firestarter, firewalk, floppyfw, fwlogwatch, iptables, shorewall. |
| Criptografía | 2c2, 4c, acfe, cryptcat, gifshuffle, gpg, ike-scan, mp3stego, openssl, outguess, stegbreak, stegdetect, sslwrap, stunnel, super-freeSWAN, texto, xor-analyze. |
| Utilidades de red | LinNeighboorhood, Aarhus, arpwatch, cdpr, cheops, etherape, iperf, ipsc, iptraf, mrtg, mtr, ntop, rrdtool, samba, tcptrack. |
| Recuperación de contraseñas | John, allwords2, chntpw, cisilia, cmospwd, djohn, pwl9x, rcrack. |
| Utilidades TCP | Arpfetch, arping, arpspoof, arpwatch, despoof, excalibur, file2cable, fragroute, gspoof, hopfake, hunt, ipmagic, lcrzoex, macof, packetto, netsed, packETH, tcpkill, tcpreplay. |
| Sniffers | aimSniff, driftnet, dsniff, ethereal, ettercap, filesnarf, mailsnarf, msgsnarf, ngrep, tcpdump, urlsnarf, webspy. |

***Tabla 2.*** *Ejemplos de los paquetes de software incluidos en Knoppix STD, clasificados por categorías.*

Hasta aquí hemos conocido las ventajas de los sistemas Live Linux, así como también algunos ejemplos de distribuciones que cuentan con versiones Live como

Knoppix. También revisamos las ventajas que ofrece Knoppix sobre otras **distribuciones Live** y ejemplificamos los resultados obtenidos al personalizarla y adaptarla mediante la descripción de algunas variantes construidas basándose en Knoppix, como **Knoppix STD** y **Kurumin**. En el siguiente apartado conoceremos los pasos que debemos seguir para crear nuestra propia versión de Knoppix.

# PROCESO PARA CREAR UNA DISTRIBUCIÓN LIVE BASADA EN KNOPPIX

Una vez que ya hemos analizado todas las características de **Knoppix** y hemos establecido que es una de las mejores distribuciones **Live Linux** existentes, podemos revisar en detalle los pasos necesarios que debemos seguir para crear nuestra propia versión de Knoppix adaptada a nuestras necesidades.

## Requisitos necesarios para crear una distribución basada en Knoppix

Para crear una distribución basada en Knoppix debemos cumplir con ciertos **requisitos** y elementos que serán necesarios durante el transcurso de los pasos e indicaciones detallados en este apartado.

Primero, necesitamos una computadora que tenga un **sistema operativo** Linux instalado y funcionando. Puede ser cualquier distribución disponible, por ejemplo OpenSuse, Ubuntu, Debian, Fedora o Mandriva, entre otras. Además, debemos contar con algunas particiones adicionales para realizar las operaciones adecuadas. La primera partición debe poseer, al menos, 2 GB de espacio y las demás, al menos, 700 MB disponibles.

La estructura adecuada para las particiones es la siguiente (**hda0**, **hda1**, **hda2** y **hda3** son reemplazados por lo que corresponda en nuestro sistema):

### LIVE CD ORIENTADOS A LA SEGURIDAD

Además de Knoppix STD, existen otras alternativas orientadas a la seguridad: LocalAreaSecurity (**www.localareasecurity.com**), Phlax (**http://sourceforge.net/projects/phlakproject/**), R.I.P. (**www.tux.org/pub/people/kent-robotti/looplinux/rip**), WarLinux (**http://sourceforge.net/projects/warlinux/**), y más.

**/dev/hda0 ext2 /mnt/sources** (se recomienda que esta partición tenga, al menos, 5 GB de espacio disponible, aunque 2 GB es suficiente).
**/dev/hda1 ext2 /mnt/master** (con, al menos, 700 MB disponibles).
**/dev/hda2 ext2 /mnt/iso** (con, al menos, 700 MB disponibles).
**/dev/hda3 swap swap** (el espacio que debemos asignar para swap depende de la cantidad de memoria RAM que tenga nuestro equipo).
También es imprescindible que contemos con un CD de Knoppix, de preferencia en su última versión. Podemos descargarlo desde el sitio web **www.knoppix-es.org**.

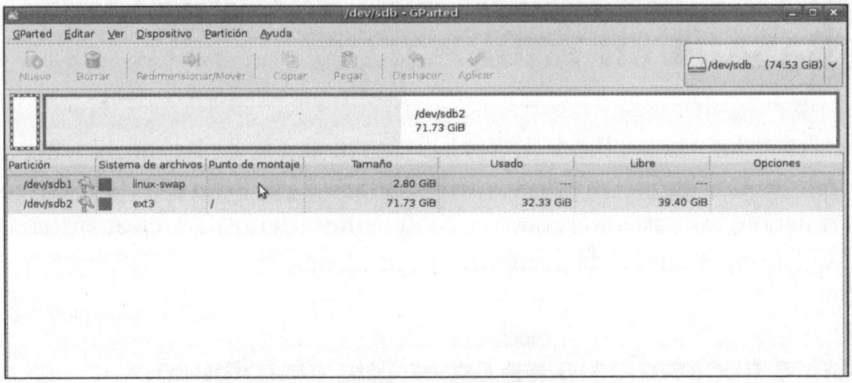


***Figura 10.** Debemos contar con, al menos, 1 GB de memoria RAM, para que las operaciones se realicen de una forma más veloz. Si no contamos con esta cantidad de memoria podemos utilizar espacio swap.*

Es importante tener en cuenta que para finalizar, es necesario que realicemos la instalación de los paquetes **cloop-src** y **cloop-utils**.

## Creación de la distribución basada en Knoppix

El primer paso para crear nuestra distribución es copiar Knoppix a una de las particiones de nuestro disco duro. Para esto debemos seguir las indicaciones entregadas en el siguiente paso a paso.

### ■ Copiar Knoppix al disco duro — PASO A PASO

**1** Para comenzar con este proceso, en primer lugar debe insertar el CD de Knoppix en la unidad óptica correspondiente de su computadora. Verifique que pueda leerse en forma correcta. Si no utiliza una distribución que monte automáticamente el CD, deberá hacerlo con una consola de comandos.

►

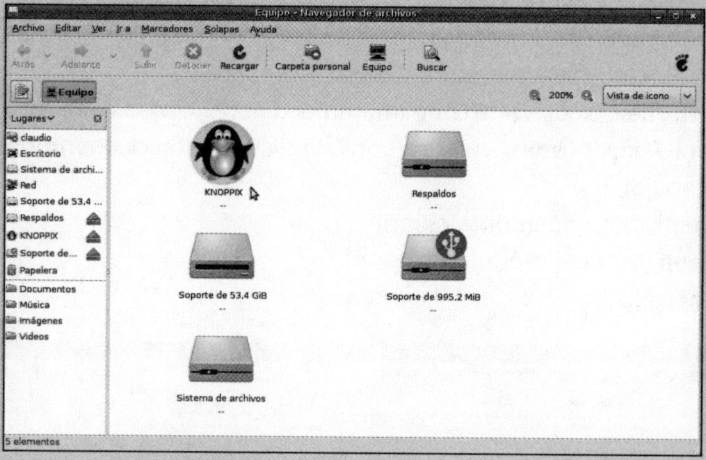


**2** Ejecute un editor de textos como **Kate**, **Gedit** u otro que se encuentre instalado en su distribución, seleccionándolo desde el menú **Aplicaciones**.

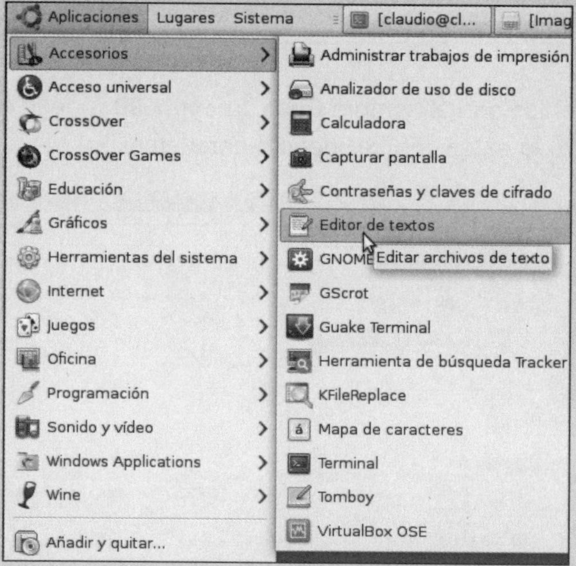


**3** Cuando la aplicación se haya cargado, deberá copiar las siguientes líneas, reemplazando la información que corresponda:

**#/bin/bash**

**# Ruta de la imagen comprimida de Knoppix.**

**IMAGE=/cdrom/KNOPPIX/KNOPPIX** (deberá reemplazar **/cdrom/** por la ruta correcta)

**mkdir /mnt/tmp**

**insmod /lib/modules/misc/cloop.o file=$IMAGE** (este comando instalará el módulo adecuado para montar fs cloop)
**mount -o ro /dev/cloop /mnt/tmp** (monta el dispositivo en el directorio temporal)
**cp -Rp /mnt/tmp/* /mnt/sources** (copia la distribución descomprimida al directorio de trabajo)
**umount /mnt/tmp** (desmonta cloop)
**rmmod cloop** (quita el módulo fs cloop)
**rmdir /mnt/tmp**

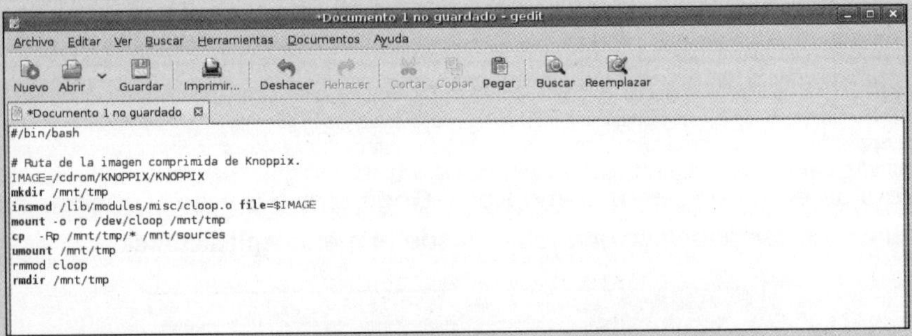


**4** Guarde los cambios con el nombre **copia_knoppix.SH** (puede cambiar el nombre del archivo, pero la extensión **.SH** debe mantenerse).

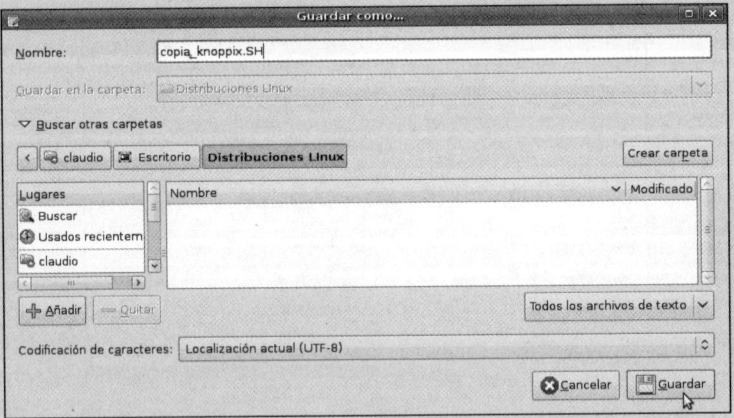


Luego de completar los pasos, cuando el **script** se encuentre listo, debemos ejecutarlo y esperar mientras el proceso de copiado al disco duro se realiza. Cuando Knoppix esté en nuestro disco duro, podremos utilizar el comando **chroot**, el cual nos permitirá efectuar los cambios que sean necesarios.
Hacemos clic en **Aplicaciones/Accesorios/Terminal** y escribimos **chroot /mnt/sources**. A continuación, presionamos **ENTER**.

Cuando lleguemos a este punto, el directorio **/mnt/sources/** será tomado como el directorio raíz (/). Los comandos que especifiquemos serán ejecutados en este sistema y las modificaciones serán guardadas.

Antes de realizar las modificaciones, debemos montar el directorio **/proc**. Para esto escribimos el comando **mount -t proc /proc proc** y presionamos **ENTER**.

En este punto del proceso, es importante que editemos los archivos **resolv.conf** y **sources.list** de Knoppix. Luego tendremos la posibilidad de instalar o desinstalar las aplicaciones que deseemos de nuestra distribución.

Los comandos para instalar o eliminar paquetes utilizados en Debian o las distribuciones basadas en ella son: **apt-get install** (instalar) y **apt-get remove** (desinstalar). Cuando hayamos terminado, debemos ejecutar **apt-get clean** para limpiar el sistema. Luego desmontamos **/proc** utilizando el comando **sudo umount /proc**. Una vez que todas las modificaciones estén realizadas debemos salir del entorno ***chroot***: presionamos las teclas **CTRL + D** o escribimos **exit** y presionamos **ENTER**.

En este punto, podremos cambiar la apariencia del escritorio de nuestra distribución. Para esto debemos modificar algunos archivos que Knoppix arranca durante su inicio. Ejecutamos los comandos listados a continuación, realizamos las modificaciones correspondientes y luego guardamos los cambios en cada uno de los archivos.

**nano /etc/init.d/xsession**
**nano /etc/init.d/knoppix-autoconfig**
**nano /etc/init.d/knoppix-halt**

Con el comando **du -ch /mnt/sources** comprobaremos que el peso no sobrepase los 1.8 GB para que, una vez comprimido, pueda grabarse en un CD de 700 MB.

Para continuar, debemos copiar el archivo boot.img desde el CD de Knoppix al directorio que utilizaremos para crear el archivo .ISO final /mnt/master. Empleamos los comandos siguientes:

**mount /dev/hda7 /mnt/linux1**
**cp /mnt/cdrom/KNOPPIX /mnt/linux1/**
**/sbin/losetup /dev/loop0 /mnt/linux1/KNOPPIX/boot.img**
**mkdir /mnt/boot**
**mount /dev/loop0 /mnt/boot/**
**cp /mnt/boot/* /mnt/linux1/hardrive_boot**

## CDRECORD

**Cdrecord** es una herramienta que funciona mediante una línea de comandos bajo sistemas Linux. Fue creada por Jörg Schilling para la grabación de CD de audio y datos. Actualmente, es compatible con grabadoras de CD y DVD, ya sean SCSI o ATAPI. Su sitio web es **http://cdrecord.berlios.de/old/private/cdrecord.html**.

Para continuar, si aún no lo hemos hecho, podemos activar el espacio Swap con el siguiente comando: **swapon /dev/particion_asignada_a_swap.**
Antes de escribir y ejecutar el script que nos permitirá crear nuestra distribución, es necesario comprobar la cantidad de memoria disponible en nuestro sistema.

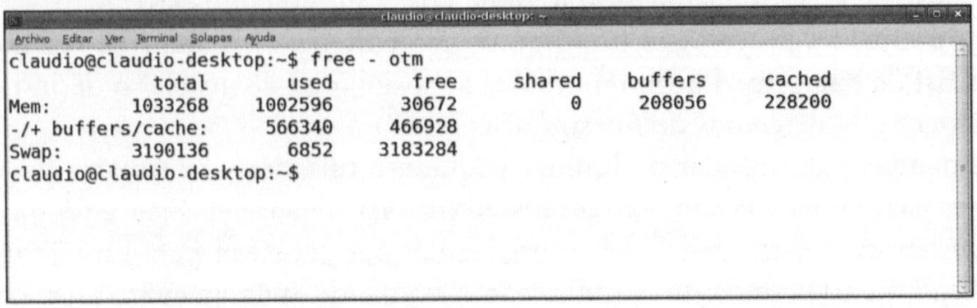


***Figura 11.*** *El comando >free – otm nos permitirá saber cuál es la cantidad de **RAM** sumada a la **Swap** disponible.*

Luego de asegurarnos que la cantidad de nuestra memoria RAM y espacio Swap sean suficientes para que el proceso de creación no tarde demasiado, debemos seguir las indicaciones comentadas en el siguiente paso a paso. Con esto crearemos el script adecuado y finalmente lo ejecutaremos.

## Crear distribución basada en Knoppix — PASO A PASO

**1** Para comenzar con este procedimiento, en primer lugar ejecute un editor de textos seleccionándolo desde el menú Aplicaciones o escriba en una consola de comandos **kate**, **gedit** o **nano(nombre del archivo)**.

**2** Escriba las siguientes líneas en el editor de textos:
**#/bin/bash** (esto indica que se trata de un script)
**# A continuación se presentan los directorios usados:**
**# Directorio donde se encuentra descomprimida Knoppix,**
**# debe contar con al menos 2 GB**
**SOURCES=/mnt/sources**
**# Directorio usado para crear la .ISO final, aquí se encuentra**
**# el archivo boot.img, debe contar con al menos**
**# 700 MB de espacio disponible.**
**MASTER=/mnt/master**
**# Directorio en donde se guardará la imagen .ISO final**
**ISODIR=/mnt/iso**
**# La línea siguiente se encargará de crear una imagen ISO**

►

```
mkisofs  -R -L -allow-multidot -l -V “Gnome-Live iso9660 filesystem” -o
$ISODIR/gnome.iso -hide-rr-moved -v $SOURCES
# Se crea una imagen comprimida
create_compressed_fs $ISODIR/gnome.iso  65536 >
$MASTER/KNOPPIX/KNOPPIX
# Borra la imagen .ISO
rm -rf $ISODIR/gnome.iso
# Se crea la imagen .ISO final con el directorio $MASTER
# y se crea el sector de arranque con el archivo boot.img
mkisofs -l -r -J -V “Gnome-Live-CD” -hide-rr-moved -v -b KNOPPIX/boot.img -c
KNOPPIX/boot.cat -o $ISODIR/gnome_cd.iso $MASTER
# Se borra la imagen comprimida
rm -fr $MASTER/KNOPPIX/KNOPPIX
# Puede utilizar la siguiente línea sólo en el caso de que
# esté usando un CD regrabable
cdrecord -v dev=0,0 blank=all
# Se graba el CD, puede modificar la velocidad de
# grabación siempre que la unidad óptica lo permita
cdrecord -v speed=4 dev=0,0 $ISODIR/gnome_cd.iso
# Se borra la imagen ISO final
rm -fr $ISODIR/knoppix_cd.iso
```

Las líneas que comienzan con el símbolo **#** son comentarios, y por lo tanto no son ejecutadas.

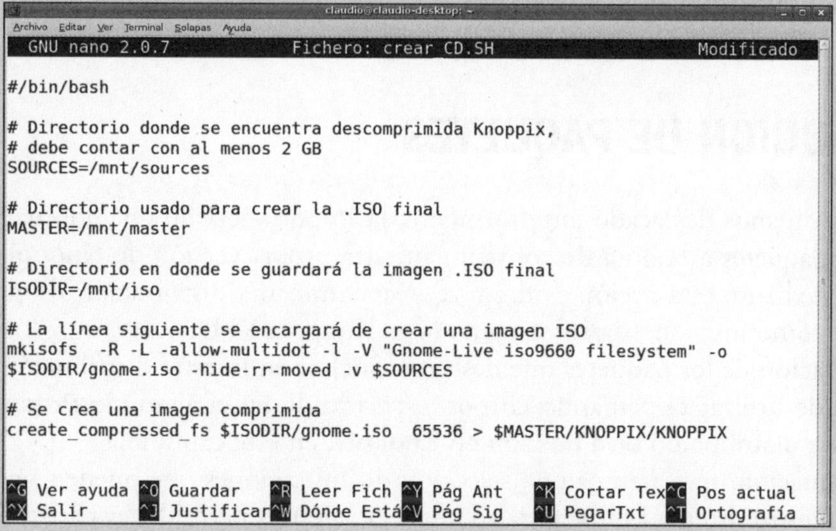

3 Guarde el archivo presionando las teclas **CTRL + O** si está trabajando con el editor **Nano** y **Archivo/Guardar** si está trabajando con **Gedit** o **Kate**. El nombre del script debe respetar la extensión .SH. El nombre puede variar, pero se recomienda que utilice **crear_CD.SH**.

4 Sitúese en el directorio que contiene el script recién creado y haga doble clic sobre él. Luego, presione el botón **Ejecutar**.

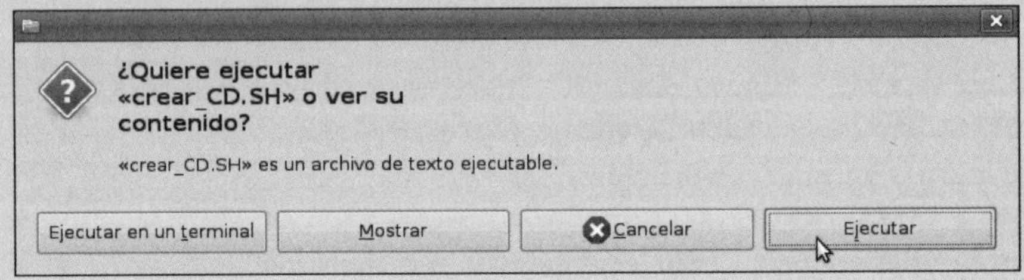


Es muy importante tener en cuenta que dentro del script se deben modificar las rutas de los directorios. En su lugar, debemos indicar las rutas que nosotros usamos en nuestro sistema. También es recomendable que se apague el servidor X o entorno gráfico para ejecutar el script desde una sesión de sólo texto.
Cuando el CD esté creado, podremos probarlo gracias a la utilización de una aplicación como Vmware o VirtualBox. También es posible reiniciar la computadora con el CD insertado en la unidad que corresponda y arrancar desde él.

# SELECCIÓN DE PAQUETES

Como ya hemos destacado anteriormente, la importancia de una adecuada selección de paquetes a la hora de construir nuestra propia versión de Knoppix es evidente. Mediante esta acción podremos crear tanto una distribución de propósito general, como una tan específica como lo es Knoppix STD.
La instalación de los paquetes que deseemos incluir en nuestra distribución se hace después de utilizar el comando chroot, especificado en el apartado **Proceso para crear una distribución Live basada en Knoppix**, en este capítulo.
A continuación, revisaremos una selección de aplicaciones que pueden ser instaladas en nuestro sistema Linux, para adaptarlo a nuestras necesidades particulares. En este caso, ordenamos los programas, según sus características, en grupos de juegos y programas de oficina (también conocidos como aplicaciones ofimáticas).

## Aplicaciones para crear distribución orientada a juegos

Una de las debilidades más comentadas de las diversas distribuciones Linux es la imposibilidad de utilizarlo como plataforma de juegos, ya que la mayoría de los juegos más populares no cuentan con una versión que le permita funcionar en él. Aunque en la mayor parte de los casos esto es cierto, debemos tener en cuenta que existen herramientas como Wine y CrossOver Games, que fueron desarrolladas para que la ejecución de programas para Windows se efectúe sin problemas en sistemas Linux.

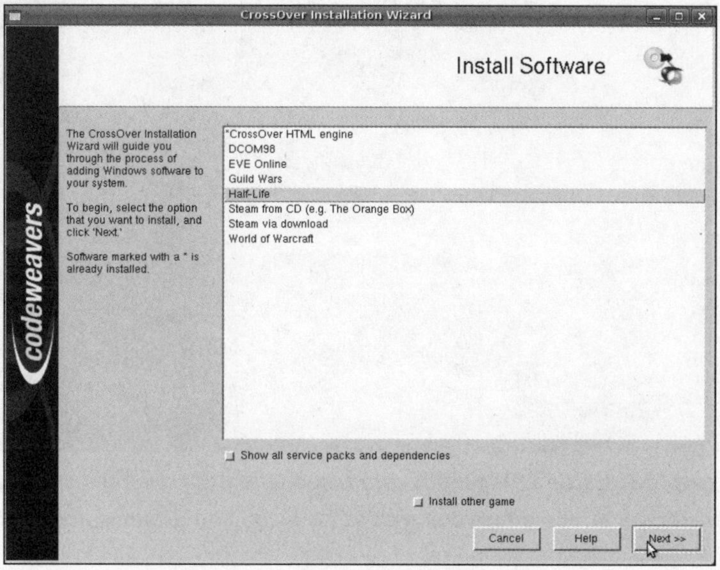


***Figura 12.** CrossOver Games nos permite instalar, entre otros, juegos como Half Life o World of Warcraft.*

Cabe señalar que cada vez más empresas desarrolladoras de software ponen a disposición de los usuarios versiones de sus juegos preparadas para funcionar en Linux. Además de las versiones de juegos populares para Linux y aplicaciones como Wine, existe una gran cantidad de juegos diseñados específicamente para este sistema o como aplicaciones multiplataforma, lo cual desecha el mito de que Linux es un sistema operativo no preparado para jugar.

A continuación, revisaremos algunos de los juegos más conocidos, los que podremos utilizar para que nuestra distribución sea orientada a juegos.

**Battle for Wesnoth** es un juego de estrategia basado en turnos. Su historia nos ubica en un mundo de fantasía, en el cual debemos defender o pelear por el trono. La comunidad de este juego posee más de siete mil usuarios registrados, que presentan ideas nuevas, mejoras y diseños que son incluidos en las versiones posteriores. Este juego cuenta con modos de campaña propios y más de doscientos tipos de unidades agrupadas en seis fracciones, pero al ser abierto, es posible descargar diversas campañas diseñadas por usuarios de forma completamente gratuita.

Battle of Wesnoth cuenta con una modalidad llamada Fog of War, que nos permite dirigir nuestro ejército frente a condiciones climáticas adversas. Además, es posible jugar contra la computadora o enfrentar a otros usuarios a través de Internet. Está disponible en 35 idiomas diferentes, entre ellos, español.

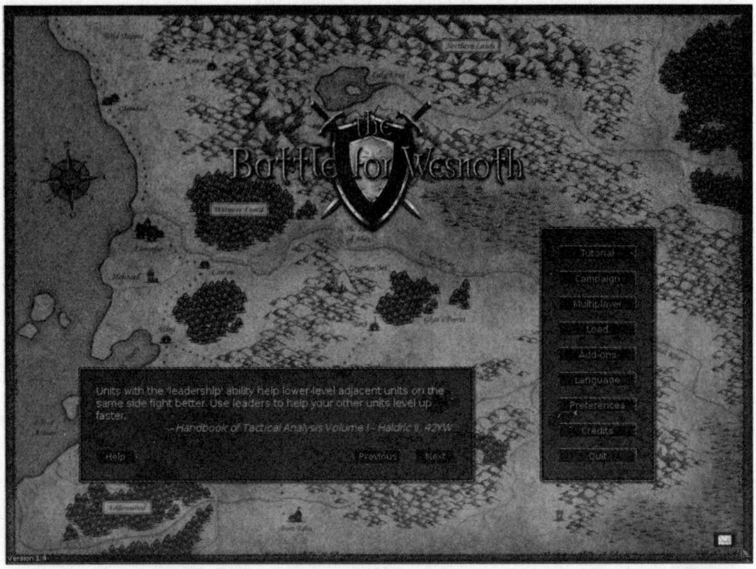


***Figura 13.** Battle of Wesnoth está disponible para diversos sistemas operativos y ofrece diferentes modos de juego con gráficos aceptables.*

Su página oficial es **www.wesnoth.org** y podemos descargarlo utilizando el enlace **http://www.wesnoth.org/wiki/Download#Stable_.281.0.x_branch.29**.

**UFO Alien Invasion** es un juego que nos pone al frente de un grupo encargado de proteger la tierra de una invasión extraterrestre. En el comienzo estaremos a cargo de una base de operaciones, a la cual podremos agregar habilidades, también tendremos la posibilidad de contratar personal y adquirir equipamiento mediante la compra en el mercado o investigación en nuestros laboratorios. La pantalla del juego nos alertará de actividad alienígena y en este punto podremos decidir si asistir o no al lugar de la invasión. Podremos seleccionar una nave, preparar las armas y partir a la acción.

## { } JUEGO DE ESTRATEGIA FREECIV

**Freeciv** es un juego de estrategia por turnos libre y multijugador. El objetivo es hacer crecer nuestra civilización y conquistar las demás mediante diversas campañas. Su nivel gráfico no es nada fuera de lo común, pero aun así entrega opciones interesantes. Para descargarlo debemos visitar la web **www.freeciv.org/index.php/Download**.

***Figura 14.*** *UFO Alien Invasion está basado en turnos y presenta una selección de misiones y ambientes muy bien desarrollados, lo que le confiere similitud con muchas alternativas comerciales.*

Este juego utiliza una modificación del reconocido motor de Quake 2. Es un software libre y podemos acceder a las opciones para descargarlo si ingresamos al sitio web **http://sourceforge.net/project/showfiles.php?group_id= 157793**.

A lo largo del desarrollo del juego podremos acceder a una ufopedia, que almacena información importante sobre armas o especies alienígenas capturadas (los datos son almacenados a través de las diversas misiones).

**VDrift** es un completo simulador de manejo que cuenta con 19 pistas de carreras y 28 automóviles diferentes. La mayoría de las pistas ha sido desarrollada y entregada por los miembros de la comunidad de usuarios del juego. Además, presenta diferentes modalidades de cámara (según la vista elegida), ambientación para día y noche, inteligencia artificial y modo de repetición.

Este juego incorpora la posibilidad de participar a través de una red y soporta la conducción utilizando el teclado y el mouse o un volante conectado a la computadora.

## LIVE CD

La popularidad de los sistemas operativos **Live** ha alcanzado diversos sistemas operativos. Existen versiones Live basadas en Macintosh, como **SystemFolder**, basadas en BSD, como **FreesBIE** y **TRUEBSD**, basadas en Linux como **Flonix** y **Elive**, basadas en Windows como **BartPE** y **VistaPE**. Además, podemos encontrar **Zeta**, basada en BEOS y **Nexenta**, basada en OpenSolaris.

A diferencia de algunos de los juegos desarrollados para Linux, VDrift cuenta con detalles muy cuidados, sobre todo en la creación de los automóviles, ya que se presentan como réplicas casi exactas de los modelos reales.

***Figura 15.** Aunque la conducción en este simulador de carreras presenta un nivel de dificultad considerable, esto sólo le otorga mayor realismo.*

La web oficial de este software es **www.vdrift.net** y podemos descargarlo desde **http://sourceforge.net/project/showfiles.php?group_ id=137283**.

**Open Transport Tycoon Deluxe** es un juego que se ha presentado como un clon libre del popular **Transport Tycoon Deluxe**. Su historia nos sitúa en la administración de una compañía de transportes, que debemos mantener a través del tiempo. Open TTD nos ofrece mapas 64 veces más grandes que la versión original del juego. Además, nos permite utilizar el modo multijugador a través de una red LAN o Internet. Podemos descargarlo desde la web **http://www.openttd.org/en/**.

**Tremulous** es el nombre de un juego de acción en donde podremos seleccionar entre un equipo de humanos o alienígenas. Es un juego de disparos en donde tendremos

## XPLANE

**XPlane** se encuentra catalogado como uno de los simuladores de vuelo más realistas que existen en la actualidad. Es una aplicación que ofrece como ventaja ser multiplataforma y posee instaladores para diversos sistemas operativos. Aunque es una aplicación comercial podemos obtener una versión de prueba si ingresamos en el sitio web **www.x-plane.com**.

que formar y proteger nuestra base mientras nos apoderamos de las habilidades y equipamiento necesarios para derrotar al equipo enemigo.

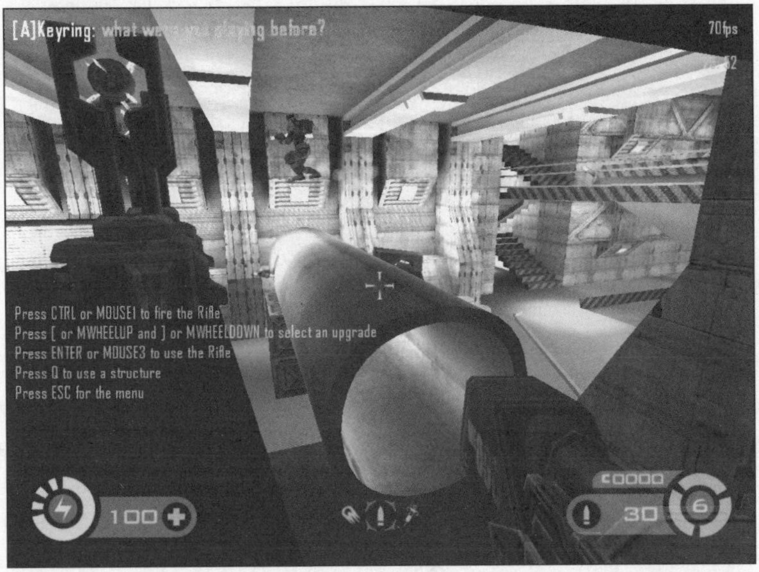


***Figura 16.** Tremulous cuenta con efectos visuales muy bien logrados, gracias a su sistema basado en partículas flexibles. Esto lo presenta como una mejor opción a muchas alternativas comerciales.*

Existen 16 estructuras que es posible construir, las cuales entregan al equipo que las posea diversas habilidades, como la recuperación. El objetivo del juego es eliminar al equipo rival, así como también destruir sus estructuras.

Tanto los equipos humanos como alienígenas poseen habilidades y modos de ataque especiales. Tremolous sólo puede ser jugado en la modalidad multijugador, es decir, no está disponible la posibilidad de jugar contra la computadora, sino que debemos hacerlo siempre contra otro usuario.

El sitio oficial del juego es **http://tremulous.net**.

**Neverball** es un juego de apariencia simple, pero que cuenta con muy buenos gráficos, que le otorgan una impecable apariencia.

## ERIC RAYMOND

Eric Raymond se caracteriza por ser uno de los más grandes impulsores del movimiento del software libre. Entre sus creaciones se encuentra el programa de correo FetchMail. Además, es responsable de publicaciones como La catedral y el bazar, y también Hacker HowTo. Algunas de sus aficiones son las artes marciales y las armas.

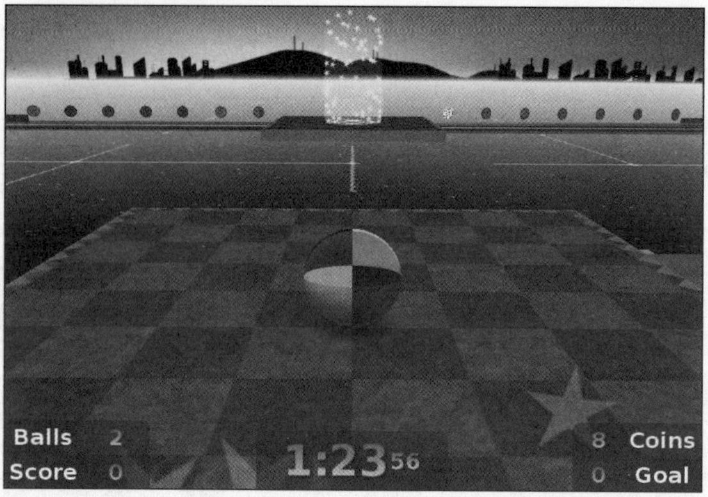


***Figura 17.*** *Neverball presenta un entorno de juego 3D y utiliza OpenGL para funcionar. La sencillez de su temática contrasta con la dificultad que presenta su manejo.*

Este juego presenta una pelota con la que debemos recorrer escenarios, atravesando diversos obstáculos. Podemos descargarlo en **http://neverball.org/download.php**. Está disponible en forma oficial en muchos repositorios, por lo que es posible utilizar la orden **apt-get install** desde una consola para obtenerlo e instalarlo.

**Wormux** es un juego de estrategia por turnos, creado como un clon libre del famoso Worms de la empresa Team 17. A diferencia de los gusanos del juego original, Wormux nos permite seleccionar entre los diversos equipos representados por las mascotas de proyectos de software libre.

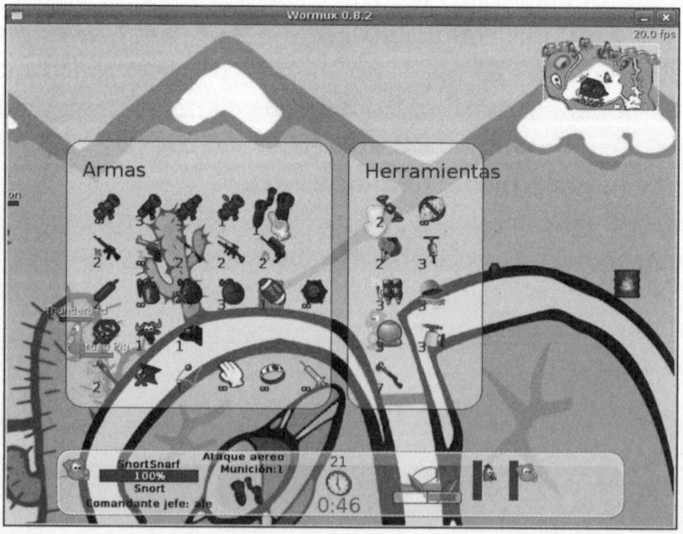


***Figura 18.*** *Wormux ofrece una gran cantidad de armas y escenarios disponibles. Brinda algunas herramientas adicionales que no están presentes en el juego original.*

Este juego nos permite jugar a través de una red o enfrentar a otros usuarios en la misma computadora. La temática del juego es muy sencilla, contamos con un equipo además de armas y herramientas. Podremos ejecutar una acción por turno y el objetivo siempre será eliminar a los equipos rivales.

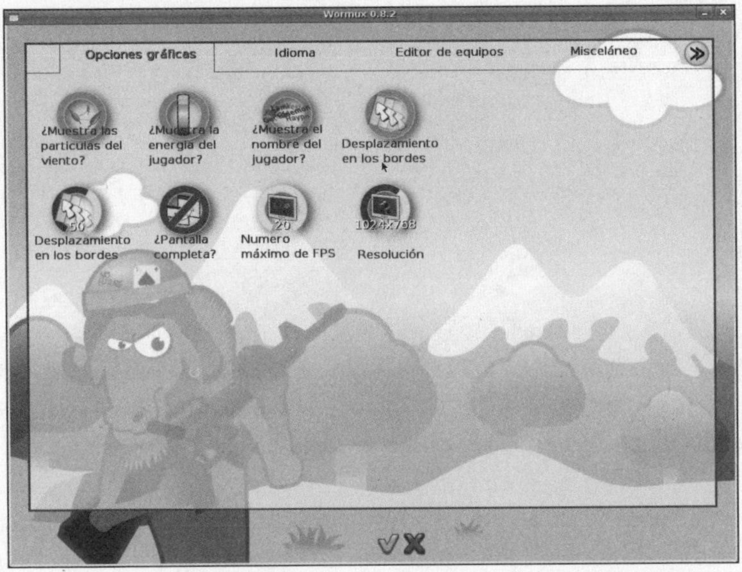


***Figura 19.** Wormux nos ofrece un menú de opciones muy fácil de utilizar mediante el cual podremos adaptar cada una de las opciones disponibles en el juego.*

La página oficial del proyecto Wormux es **www.wormux.org** y podemos descargar una copia utilizando el enlace **www.wormux.org/LastWormux-Linux**.

La página **www.wormux.org/wiki/Similar_projects.php** nos presenta algunas alternativas similares a Wormux.

**FlightGear** es un completo simulador de vuelo, que se destaca por haber sido creado por una comunidad de desarrollo y distribuido de forma completamente libre. Actualmente cuenta con más de veinte mil aeropuertos y muchos tipos diferentes de aviones disponibles, los cuales pueden ser descargados desde el sitio web **http://flightgear.paraisoft.com/download_aircraft.php**.

## VENDETTA

**Vendetta** es un juego de rol multijugador masivo online en primera persona. Cuenta con instaladores para los sistemas operativos Linux Microsoft Windows y Macintosh. Para utilizarlo debemos pagar una pequeña cuota mensual y superar un tutorial que tiene una duración de, al menos, ocho horas. Su web es **www.vendetta-online.com**.

***Figura 20.** El juego Microsoft Flight Simulator es la alternativa comercial a FlightGear y aunque su tiempo de desarrollo es mayor tiene menos opciones que este último.*

FlightGear es un juego que se encuentra disponible en algunos repositorios oficiales de diversas distribuciones, por este motivo es posible utilizar el comando **apt-get install** para acceder de manera directa a su instalación.
El sitio web oficial del proyecto es **www.flightgear.org**. Podemos descargarlo utilizando el enlace **http://flightgear.paraisoft.com/download.php**.

***Figura 21.** FlightGear se destaca por su impecable calidad gráfica y el realismo tanto en los modelos de aviones como de aeropuertos.*

**Glest** es un juego de estrategia que presenta un funcionamiento en tiempo real. Puede ser modificado por los usuarios mediante la edición de algunos archivos XML incluidos, con lo cual se puede dar origen a distintas versiones personalizadas del juego.

***Figura 22.*** *Glest presenta mapas 3D con un nivel de detalle muy realista, además de muchos tipos diferentes de unidades y edificios.*

Aunque se encuentra en desarrollo la posibilidad de jugar a través de una red, actualmente sólo pueden desarrollarse partidas contra la computadora. La web oficial del proyecto es **http://glest.org**. Para descargar una copia debemos utilizar el enlace **http://glest.org/es/descargas.html**.

Existen algunas modificaciones de Glest que se distribuyen como juegos independientes, entre ellos se encuentran: **Runewars**, **Indians**, **Troopers** y **Star Ship**.

**Cube** es un juego de disparos que funciona en la modalidad multijugador o en solitario. Es un excelente juego que ha sido desarrollado utilizando un motor propio. Cube aprovecha el hardware de la computadora al máximo y no requiere de una máquina muy potente para poder utilizarlo. Para funcionar usa OpenGL y SDL.

## CEDEGA

**Cedega** es una aplicación comercial no libre que fue desarrollada para que la ejecución de juegos creados para Microsoft Windows pudiera realizarse bajo sistemas Linux. En sus inicios fue conocido como WineX. Aunque Cedega no posee un éxito completo, existen muchos juegos para Windows que funcionan en Linux gracias a su uso.

***Figura 23.** Cube posee una ambientación muy cuidada y detalles que lo hacen destacar por sobre algunas alternativas comerciales.*

La web oficial del proyecto es **http://www.cubeengine.com/cube.php4** y podemos descargarlo desde **http://sourceforge.net/project/showfiles.php?group_id=91993**.
**Sauerbraten** es el nombre de la segunda versión de Cube. Aunque requiere de hardware más veloz que su primera versión, incorpora muchas nuevas características que justifican un mayor peso y exigencias.
Este juego mejora el editor de niveles presente en la primera entrega y permite la creación de mapas totalmente tridimensionales. La web del proyecto es **http://sauerbraten.org**. Para descargarlo utilizamos el enlace **http://sourceforge.net/project/showfiles.php?group_id=102911**.
**Warsow** es un juego similar a Unreal Tournament o Quake 3, es decir, funciona como shooter o juego de disparos en primera persona.
Podemos jugar Warsow en línea y sus principales características son la rapidez, diversión y acción que nos entrega.
Para crearlo se utilizó oFusion (motor de Quake 2). Para acceder a la descarga debemos ingresar en **www.warsow.net/?page= download**.

## NEXUIS

**Nexuis** es un juego de disparos en primera persona, es gratuito, multiplataforma y de distribuye bajo la licencia GPL. Su modo multijugador soporta hasta 64 adversarios y posee un sistema de luces dinámico similar al de Doom 3. Su sitio web es **www.alientrap.org/nexuiz**.

**Figura 24.** *Warsow no posee el nivel de realismo que presentan otros juegos del mismo tipo, pero otras características como su rapidez le otorgan una muy buena jugabilidad.*

**Privateer Gemini Gold** es una reedición libre del famoso juego llamado Privateer. En el desarrollo, debemos manejar una nave espacial entre planetas y completar diversas misiones, como trasporte de objetos o caza recompensas. La web del proyecto es **www.priv.solsector.net**. Podemos descargarlo desde el enlace **www.priv.solsector.net/files.htm**.

Además de los presentados en los párrafos anteriores, existe una gran cantidad de juegos que fueron desarrollados para sistemas Linux. En la **Tabla 3** podremos ver una pequeña selección de ellos.

| NOMBRE DEL JUEGO | DESCRIPCIÓN | SITIO WEB |
|---|---|---|
| Tux Racer | Juego de carreras en el cual debemos conducir al pingüino Tux a través de diversas pistas que se encuentran en la nieve. | http://tuxracer.sourceforge.net |
| A Tale in the Desert | En este juego debemos crear una sociedad y cuidar su crecimiento y estabilidad económica | www.atitd.com |
| Frozen Bubble | Adictivo juego multijugador creado como un clon del popular Puzzle Bubble. | www.frozen-bubble.org |
| The Open Racing Car Simulator | Simulador de conducción multiplataforma que nos entrega un total de cincuenta modelos diferentes de autos y veinte pistas. | http://torcs.sourceforge.net |
| Frets of Fire | Juego similar a Guitar Hero, en el cual debemos pulsar las teclas F1 y F5 al ritmo de la música. | http://fretsonfire.sourceforge.net |
| Scorched 3D | Juego de disparos por turnos, en donde debemos tener en cuenta la fuerza, el ángulo y la orientación. | www.scorched3d.co.uk |

| NOMBRE DEL JUEGO | DESCRIPCIÓN | SITIO WEB |
|---|---|---|
| ManiaDrive | Juego de conducción de autos que cuenta con circuitos acrobáticos. Dispone de la modalidad multijugador. | http://maniadrive.raydium.org |
| Warzone 2100 | Juego de estrategia en tiempo real. Presenta un nivel de detalles gráficos muy vistoso, en especial en las diversas unidades de guerra. | http://wz2100.net |
| Spring | Juego de estrategia en tiempo real que funciona en modo multijugador. | http://spring.clan-sy.com |
| XMoto | Es un juego de plataformas 2D en donde debemos conducir una motocicleta a través de diversos niveles con muchos obstáculos diferentes. | http://xmoto.tuxfamily.org |
| SuperTux | Juego de plataformas en 2D basado en Super Mario. Posee una gran cantidad de niveles y es mutiplataforma. | http://supertux.lethargik.org |
| FooBillard | Juego de billar con excelentes gráficos. Funciona con OpenGL. | http://foobillard.sunsite.dk |

***Tabla 3.** Selección de juegos disponibles para sistemas Linux junto con su descripción y sitios web respectivos.*

## Aplicaciones para crear distribución orientada a ofimática

A continuación, revisaremos una selección de aplicaciones que nos servirán para adaptar nuestra distribución a la ofimática o trabajo de oficina. Entre ellas encontramos hojas de cálculos, procesadores de textos y aplicaciones para generar presentaciones. Existen muchas suites ofimáticas disponibles para sistemas Linux, las cuales son comentadas a continuación.

**KOffice** es la suite ofimática desarrollada por el proyecto KDE. Sus programas funcionan como proyectos independientes y cuenta con aplicaciones como procesador de textos, hoja de cálculos, presentaciones y dibujo vectorial, entre otras.

**Gnome Office** es una suite ofimática desarrollada para el entorno de escritorio Gnome. Cuenta con un procesador de textos, hoja de cálculos, base de datos y aplicación para dibujos. Abiword es el procesador de textos que forma parte de la suite ofimática Gnome Office. No cuenta con todas las herramientas de otras alternativas, pero de todas formas es efectiva.

### ORIGEN DE OPENOFFICE.ORG

En el año 2000 Sun Microsystems puso a disposición de los usuarios el código fuente de la aplicación ofimática StarOffice. El objetivo principal era construir una comunidad de desarrollo alrededor de este programa. El proyecto fue denominado OpenOffice.org y su sitio web fue creado el 13 de octubre del mismo año, manteniendo vigencia hasta hoy en día.

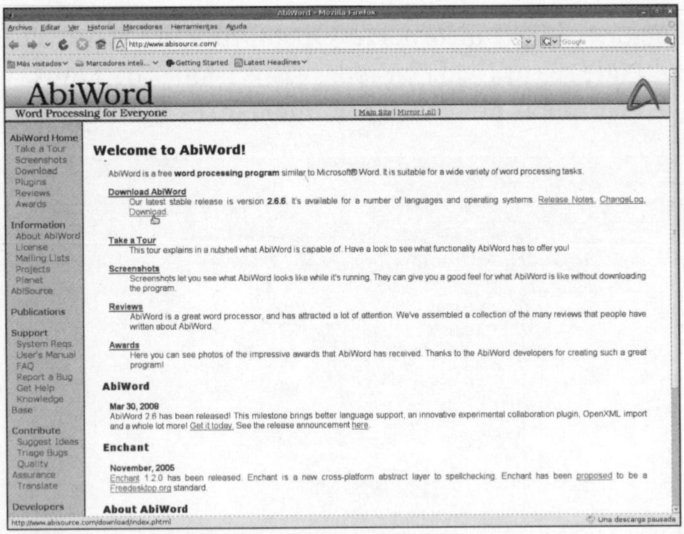


**Figura 25.** ***Abiword*** *también está disponible para el sistema operativo Microsoft Windows. Para descargarlo debemos visitar la web* ***www.abisource.com****, y hacer clic en* ***Download****.*

**OpenOffice.org** es la suite ofimática libre más utilizada. Cuenta con aplicaciones tales como procesador de textos, hoja de cálculo, bases de datos, presentaciones y herramientas para realizar dibujos vectoriales.

Esta suite de aplicaciones para oficina está disponible para los sistemas operativos Microsoft Windows, GNU/Linux, Solaris, BSD y para Mac OSX tenemos una aplicación basada en OpenOffice.org, llamada NeoOffice.

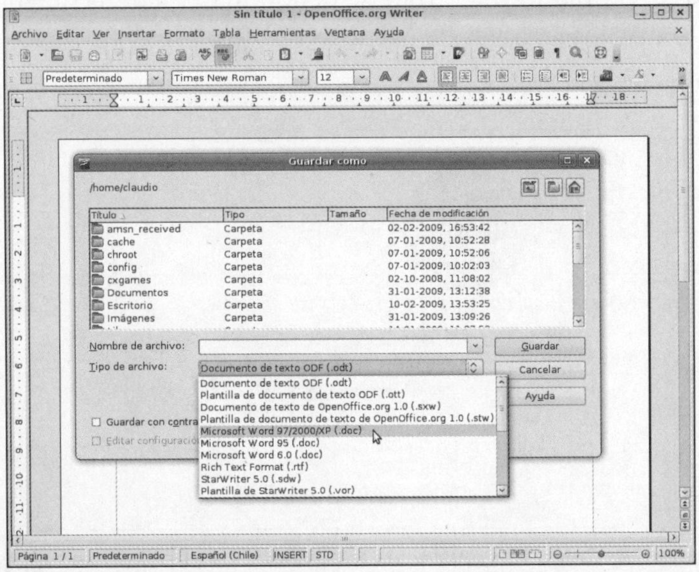


**Figura 26.** *OpenOffice.org presenta alta compatibilidad con Microsoft Office, siendo capaz de leer y guardar documentos en el formato propio de esta aplicación.*

Muchas distribuciones Linux incorporan OpenOffice.org como la suite de oficina predeterminada. Pude ser utilizada en todas las versiones de Linux, y desde su versión 3 es posible incorporar plugins para aumentar sus funcionalidades.

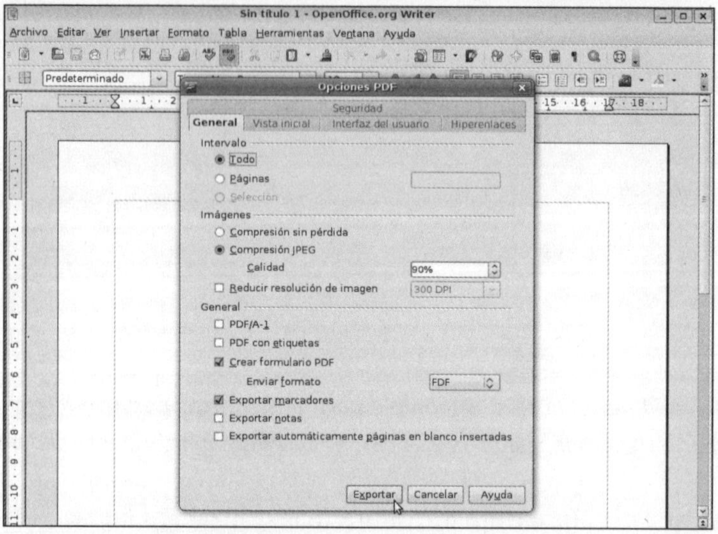


**Figura 27.** *Writer es el nombre del procesador de textos que forma parte de OpenOffice.org. Además de las funciones comunes a diversos procesadores de textos, es capaz de realizar la exportación a formato PDF.*

Entre las características destacables de esta suite de oficina encontramos la capacidad de utilizar su propio formato (que se denomina OpenDocument) y la capacidad de leer y grabar los archivos de Microsoft Office.

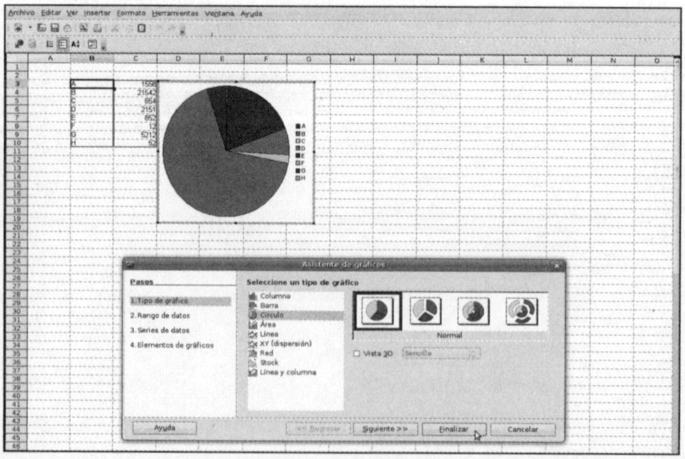


**Figura 28.** *Calc es la aplicación incorporada en OpenOffice.org, que nos permite manejar hojas de cálculo. Entrega diversas herramientas que la asemejan a la aplicación comercial Microsoft Excel.*

En la **Tabla 4** revisaremos algunas de las suites de oficina disponibles, tanto libres como comerciales y para diversos sistemas operativos.

| NOMBRE DE LA APLICACIÓN | DESCRIPCIÓN | SISTEMA OPERATIVO PRINCIPAL |
|---|---|---|
| Microsoft Office | Suite de aplicaciones ofimáticas desarrollada para Windows. Integra aplicaciones como Microsoft Word, Excel, PowerPoint, entre otros. Es la aplicación comercial más utilizada y también ofrece una versión para Mac OSX. | Microsoft Windows y Mac OSX. |
| NeoOffice | Esta aplicación ofimática fue creada basándose en OpenOffice.org. | Mac OSX |
| WordPerfect Office | Desarrollada por la empresa Corel, es de pago. | Microsoft Windows |
| IWork | Suite ofimática desarrollada exclusivamente para Macintosh. Incorpora aplicaciones como Pages, Keynoye y Numbers. | Mac OSX |
| ThinkFree Office | Suite ofimática basada en web. Es compatible con Microsoft Office. | Aplicación usada mediante una página web, por lo tanto, es independiente del sistema operativo. |
| Apple Works | Suite ofimática utilizada en versiones anteriores al sistemas operativo Mac. Su sucesor es iWork. | Macintosh y Microsoft Windows |
| WPS Office | Es una suite ofimática orientada especialmente al mercado chino. Incluye hoja de cálculo, procesador de textos y una aplicación para realizar presentaciones. La versión personal es gratuita. | Microsoft Windows |

***Tabla 4.** Selección de suite ofimáticas para diversos sistemas operativos, junto con sus respectivas descripciones.*

## ... RESUMEN

**Este capítulo nos permitió conocer las características que hacen de las distribuciones Live Linux unas de las más utilizadas. Revisamos algunas de las distribuciones Live creadas en forma específica para diversas situaciones. Describimos a Knoppix como la distribución Live de propósito general más usada y repasamos las distribuciones basadas en él. Analizamos los requerimientos previos y los pasos para crear nuestra propia distribución basada en Knoppix. Describimos diversos paquetes de software que es posible utilizar para la creación de nuestra distribución. Conocimos una selección de juegos y aplicaciones ofimáticas desarrolladas como programas multiplataforma o creadas específicamente para Linux.**

## ✔ ACTIVIDADES

### TEST DE AUTOEVALUACIÓN

**1** Describa las características más importantes de las distribuciones Live Linux y compárelas con las instalables.

**2** Enumere algunas de las distribuciones Live Linux existentes y describa sus características y ventajas principales.

**3** ¿Qué es Knoppix y cuales son las características que la ubican como una de las distribuciones Live Linux más utilizadas?

**4** Nombre y describa algunas de las distribuciones Live basadas en Knoppix.

**5** ¿Cuáles son los requisitos previos para que podamos crear una distribución Live Linux basándonos en Knoppix?

**6** ¿Qué editores de textos podemos utilizar para crear un script?

**7** ¿Cuál es la función del comando chroot y en qué momento debemos utilizarlo?

**8** Describa algunos juegos que se pueden descargar para definir la orientación de una distribución basada en Knoppix.

**9** Describa las aplicaciones de oficina que se pueden descargar y utilizar para que una distribución tenga esta orientación.

**10** Describa las ventajas de OpenOffice.org.

### EJERCICIOS PRÁCTICOS

**1** Descargue la última versión de Knoppix desde su web oficial, inicie la computadora con el CD en la unidad correspondiente y explore las diversas aplicaciones que pone a su disposición.

**2** Reúna los requisitos necesarios para crear una distribución Linux basada en Knoppix.

**3** Cree los scripts necesarios para que el proceso de creación de su distribución se haga de una manera más fácil y cómoda.

**4** Descargue e instale algunos juegos libres para que puedan ser instalados en una distribución orientada a juegos.

**5** Seleccione y descargue algunas aplicaciones libres que puedan ser utilizadas para crear una distribución orientada al trabajo de oficina.

# Modificar el kernel del sistema

En este capítulo conoceremos la importancia del kernel en los sistemas operativos y analizaremos las características del kernel Linux, que es utilizado en las diversas distribuciones disponibles para los usuarios y que también forma parte del sistema que construimos. Aprenderemos a recompilar el kernel, configurándolo de forma que podamos bloquear y acceder a nuevas características que dotarán a nuestra versión con nuevas funcionalidades.

# ¿QUÉ ES EL KERNEL?

El kernel o núcleo es la parte más importante de un sistema operativo. En pocas palabras, es un programa informático o software que permite a las aplicaciones acceder y utilizar en forma segura los diversos componentes de hardware de la computadora. Es decir, se encarga de administrar de manera eficiente los distintos recursos disponibles determinando el orden y el tiempo que cada programa utilizará un dispositivo o pieza de hardware determinada.

Entre las funciones generales de un núcleo en cualquier sistema operativo se encuentran la gestión de la comunicación entre las aplicaciones y dispositivos de hardware y las tareas relacionadas con los distintos programas de la computadora.

***Figura 1.** El kernel del sistema también se encarga de gestionar dispositivos de hardware tales como la memoria, los periféricos y el procesador instalado en la computadora.*

Además de las funciones básicas ya comentadas, que tienen relación con la ejecución de procesos, las entradas/salidas y la comunicación eficiente entre el espacio del núcleo y las aplicaciones que se encuentran en el espacio de usuario, existen otras más específicas. Entre ellas están las funciones de redes o sistemas de archivos.

Algunas aplicaciones funcionan directamente desde el espacio del núcleo y esto mejora los resultados sobre todo cuando el programa es utilizado de forma muy frecuente. Aunque el funcionamiento desde el núcleo del sistema entrega algunas ventajas como la rapidez en la ejecución, en la medida de lo posible, se deben escribir programas que funcionen fuera del núcleo ya que, por un lado, este espacio no cuenta con mecanismos de protección de memoria y, por otro, es más difícil desarrollar aplicaciones que tengan estas características.

## CAPAS DE ABSTRACCIÓN

En una visión típica de la arquitectura de computadoras, compuesta por varias **capas de abstracción**, el núcleo del sistema ocupa un lugar después del **hardware** del sistema, el **firmware** correspondiente al hardware y el **lenguaje de máquina**. Luego podemos encontrar las capas que corresponden al **software de sistema** y las **aplicaciones**.

***Figura 2.*** *La mayoría de los programas que utilizamos frecuentemente funcionan fuera del núcleo. Aplicaciones como The Gimp, Scribusy TuxPaint son un ejemplo claro de este tipo de programas.*

A pesar de la evidente importancia que el kernel o núcleo tiene para el funcionamiento de un sistema operativo, no es indispensable para que una computadora pueda ser utilizada.

Antes de que el uso de los sistemas operativos se masificara, las aplicaciones eran desarrolladas para cargarse directamente en la memoria del equipo. El inconveniente de esta forma de trabajo era que para emplear las diversas aplicaciones se debía reiniciar la computadora para cargar un nuevo programa. Con el paso del tiempo se desarrollaron pequeños programas que funcionaban como cargadores y depuradores, los cuales quedaban en memoria y permitían cambiar entre aplicaciones sin reiniciar el equipo.

La creación de estos programas se convirtió en la base para el desarrollo de los núcleos de sistema actuales.

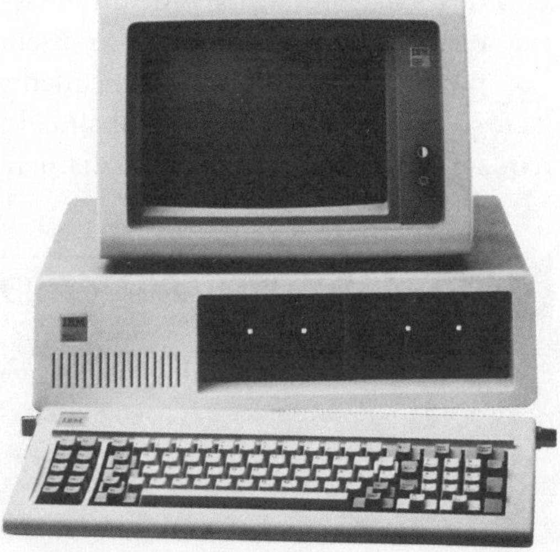

***Figura 3.*** *La máquina IBM 5150 incorporaba las aplicaciones necesarias para ejecutar programas adicionales, cargándolos desde un disquete de 5 ¼ pulgadas.*

## Tipos de kernel o núcleo

Existen cuatro tipos diferentes de núcleos de sistema y cada uno de ellos presenta características que lo diferencian de los demás. Los tipos de núcleos pueden ser: **monolíticos**, **micronúcleos**, **híbridos** y **exonúcleos**.
Los núcleos monolíticos se caracterizan por facilitar la abstracción de hardware de una forma muy variada y potente. El desarrollo de un núcleo monolítico presenta un nivel de complejidad menor a otros, como los micronúcleos.

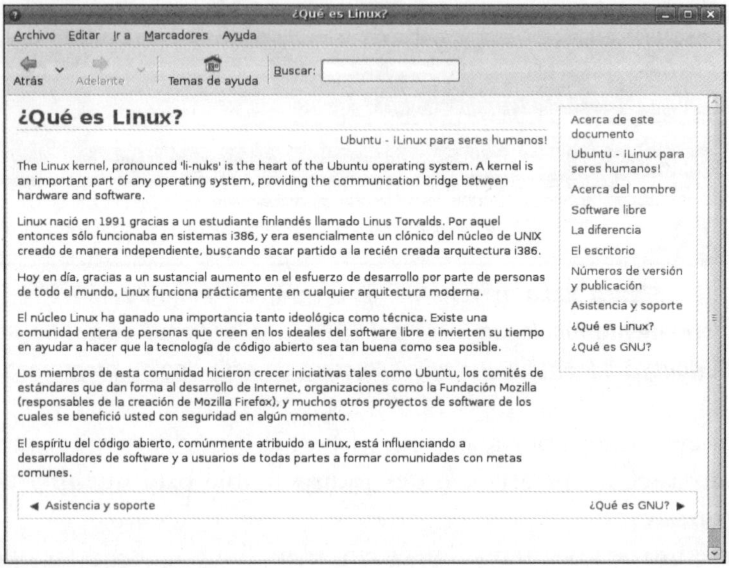


***Figura 4.** Aunque un núcleo de tipo monolítico ha sido considerado como obsoleto, GNU/Linux en sus diversas distribuciones utiliza un kernel o núcleo de este tipo, creado inicialmente por Linus Torvalds.*

Una de las mayores ventajas de un núcleo monolítico es su facilidad para crecer gracias a la menor complejidad en su diseño.
Los micronúcleos entregan una pequeña cantidad de abstracciones simples de hardware y, para ofrecer más funcionalidades, utilizan las aplicaciones que se denominan **servidores**. De esta forma, definen una abstracción de hardware muy simple

### CARGAR Y DESCARGAR MODULOS

Para cargar y descargar módulos podemos utilizar los comandos **modconf** y **modprobe**. El primero nos permitirá acceder a un menú mediante el cual podremos seleccionar los módulos adecuados y el segundo usa **modprobe modulo** para cargarlo y **rmmod modulo** para descargarlo.

que proporciona solamente servicios básicos como gestión de hilos, comunicación entre procesos y espacio de direccionamiento.

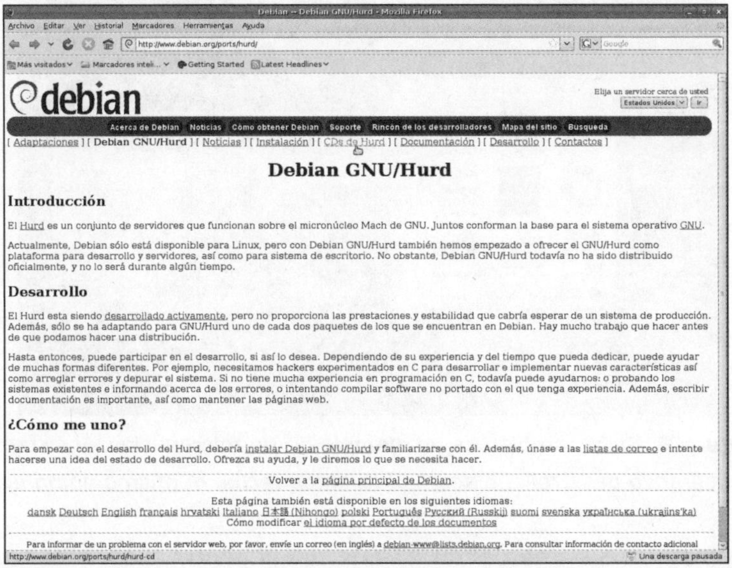


***Figura 5.** El núcleo Hurd es un ejemplo de micronúcleo. Se está utilizando en el proyecto Debian GNU/Hurd, que se encuentra en la web **http://www.debian.org/ports/hurd**. Podemos descargarlo haciendo clic en el enlace **CDs de Hurd**.*

Para gestionar las partes de alto nivel en el sistema son utilizados los servidores, que son modulares que simplifican el diseño del núcleo, así como su estructura. Cuando uno de los servidores falla puede ser reiniciado de manera totalmente independiente del resto, por lo que el sistema completo no se ve comprometido. A pesar de esto, una de las críticas a este tipo de núcleos es que la existencia de servidores adicionales que funcionan como módulos independientes termina por ofrecer retardos en su comunicación. Este factor es su principal desventaja.

Además de Hurd, existen otros micronúcleos y entre ellos podemos mencionar L4 (junto con toda la familia de núcleos que lo acompaña), Mach (que es usado en Hurd y en Mac OSX), MorphOS, AIX, QNX y RadiOS.

## III EJEMPLOS DE NÚCLEOS HÍBRIDOS

El núcleo de Mac OSX es un micronúcleo modificado o **núcleo híbrido**. Incorpora código del núcleo de FreeBSD en su núcleo (basado en Mach). Por otro lado, podemos citar a DragonFlyBSD como el primer sistema BSD que utiliza un núcleo híbrido que no está basado en Mach.

**Figura 6.** *BeOS también es un ejemplo de un micronúcleo. El sistema operativo desarrollado sobre él también recibe el mismo nombre.*

QNX es también un sistema operativo que se encuentra disponible desde aproximadamente el año 1980. El diseño de su núcleo se esfuerza por ser minimalista y ha logrado más éxito que el obtenido por Mach.

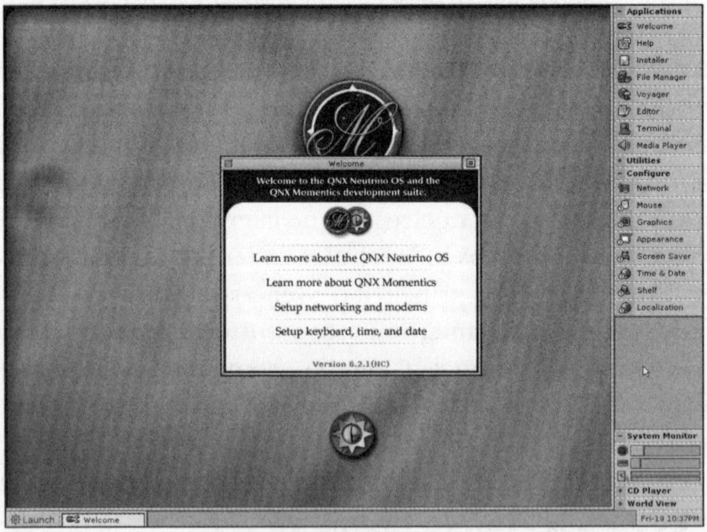


**Figura 7.** *QNX, además de ser usado en brazos robóticos en naves espaciales, es empleado en máquinas para pulir cristales. Este sistema se caracteriza por poseer una tolerancia mínima a los errores de software.*

Los núcleos híbridos son, en esencia, micronúcleos modificados, es decir, poseen trozos de código en el espacio de núcleo, para que éste sea ejecutado más rápidamente que si estuviera fuera de él. Este tipo de núcleo es usado por la mayoría de los sistemas operativos actuales y entre ellos podemos encontrar Microsoft Windows, Mac OSX y DragonFlyBSD.

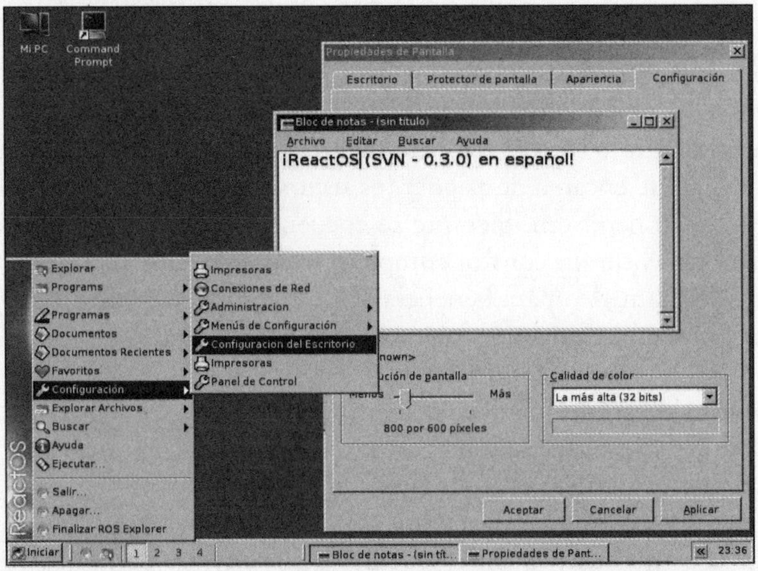


***Figura 8.** ReactOS es otro de los sistemas operativos que utiliza un núcleo híbrido. Este sistema fue creado para entregar a los usuarios una alternativa que sea eficaz y a la vez compatible con las aplicaciones desarrolladas para Microsoft Windows.*

Los exonúcleos son muy pequeños, ya que por sus características solamente se ocupan de la protección y el multiplexado de los recursos disponibles. De esta manera, dejan en manos de los desarrolladores de aplicaciones las decisiones que corresponden al rendimiento de los diversos dispositivos de hardware.

A diferencia de los núcleos monolíticos y los micronúcleos que se ocupan de abstraer el hardware, los exonúcleos permiten, por ejemplo, que cualquier programa solicite una región específica de memoria o espacio de disco duro concreto. De este modo sólo deben preocuparse de que los recursos estén disponibles y que la aplicación que los solicite posea los permisos correspondientes.

## { } ACTUALIZACIÓN DE KERNEL

La experiencia indica que no es necesario realizar la actualización del kernel que utilizamos cada vez que aparece una nueva versión, ya que en el caso de que las nuevas características del núcleo no sean necesarias, la actualización no se justifica.

Actualmente, los exonúcleos son utilizados para estudio y no están en sistemas operativos masivos, aunque la Universidad de Cambridge ha creado Nemesis, un sistema operativo que estaría basado en un exonúcleo.

## Núcleo de los sistemas Unix

El núcleo de los sistemas Unix es desarrollado utilizando el lenguaje C y ensamblador, aunque este último sólo se usa para una parte del manejo de interrupciones. El núcleo de Unix se encarga de asignar los recursos necesarios para cada una de las aplicaciones que lo necesiten. Siempre se encuentra en la memoria principal de la computadora, teniendo un control completo sobre ésta. Los procesos sólo pueden realizar llamados al núcleo para beneficiarse de alguna de las funciones que dependen de éste. Entre estas funciones encontramos las siguientes:

- Acceso, protección y administración de usuarios.
- Comunicación entre usuarios y procesos.
- Administración de periféricos y manipulación de E/S.
- Creación de procesos, sincronización y asignación de tiempos.
- Gestión de la comunicación entre procesos y dispositivos periféricos.

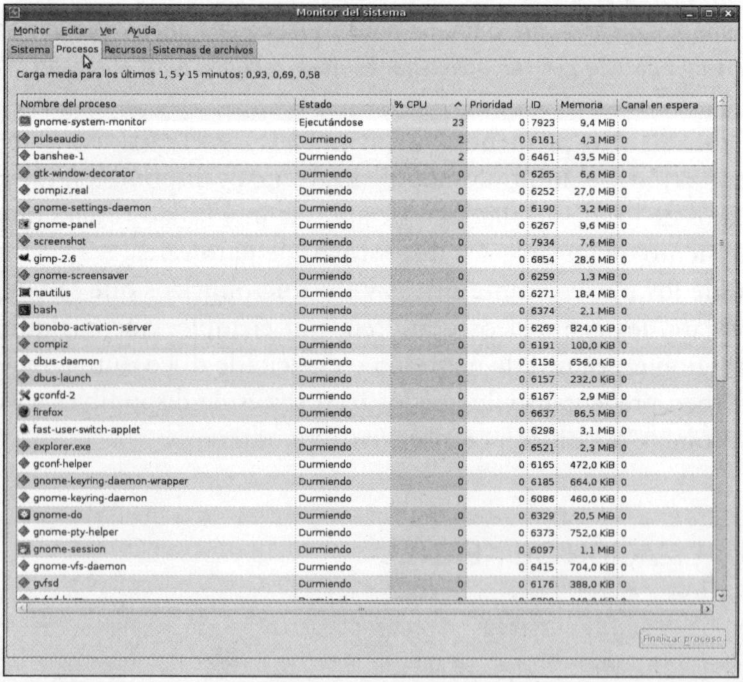


***Figura 9.*** *La asignación de tiempo de procesador es una de las tareas que están a cargo del núcleo de los sistemas Unix. En el menú* ***Sistema/Administración/Monitor del sistema*** *podemos ver un listado de los procesos que se encuentran en ejecución.*

## Núcleo de los sistemas Linux

El kernel o núcleo de los sistemas Linux posee funciones similares a los sistemas Unix. Administra la memoria para que sea usada por los programas y procesos que son ejecutados, administra el procesador y se encarga de que el acceso a los periféricos se haga de una manera simple.

El desarrollo del núcleo Linux está a cargo de Linus Torvalds y se hace en colaboración con programadores de todo el mundo. Hasta antes de que apareciera la versión 2.6 del kernel Linux existían dos versiones en el desarrollo de este núcleo: la **versión de producción** y la **versión de desarrollo**.

La versión de producción del kernel de Linux se presenta como el resultado de las versiones de desarrollo, es decir, es la versión estable del núcleo. La versión de desarrollo es usada por los programadores para comprobar las nuevas características, verificar fallos y realizar correcciones.

Antes de la versión 2.6, las distintas versiones del núcleo se identificaban con tres números ordenados de la forma **WW.XX.YY**, donde cada uno de debe ser interpretado siguiendo las indicaciones que comentamos a continuación.

**WW**: nos muestra la serie principal del núcleo (sólo existen las series 1 y 2).

**XX**: indica si es una versión de desarrollo o de producción (un número impar se asocia con la versión de desarrollo, uno par se asocia con la versión de producción).

**YY**: indica las nuevas revisiones dentro de la versión.

Por ejemplo, los números 2.4.1 nos indican que se trata de un kernel que pertenece a la serie 2, versión 4 que corresponde a una versión de producción y en la cual se han corregido los errores presentes en la versión 2.4.0.

A partir de la versión 2.6 del núcleo Linux, los tres grupos de números utilizados para su identificación pasan a ser cuatro y las versiones de desarrollo y producción desaparecen. La nueva forma de identificar al kernel es la siguiente: **WW.XX.YY.ZZ**.

**WW**: indica la serie principal del núcleo.

**XX**: nos muestra la revisión principal del núcleo. Los números pares e impares no tienen ningún significado.

**YY**: indica las revisiones menores en el núcleo. Cambia cuando se soportan nuevas características o drivers.

**ZZ**: indica la corrección de fallas de programación o de seguridad en una revisión.

### III NÚCLEOS USADOS POR LAS DISTRIBUCIONES

Las distribuciones Linux se entregan con las últimas versiones lanzadas del núcleo Linux, incorporando nuevas características y corrigiendo diversos errores. Los núcleos distribuidos junto con las versiones de Linux se basan en el núcleo **vanilla**, que es entregado por **Linus Torvalds** y el equipo de programadores.

# CONFIGURAR Y COMPILAR EL KERNEL

Ahora que ya conocimos algunos conceptos básicos sobre la creación y funcionamiento del kernel o núcleo de Linux, revisaremos los pasos necesarios para compilarlo y adaptarlo a nuestras necesidades.
En este apartado aprenderemos la forma de conseguir los archivos necesarios e instalar las aplicaciones adecuadas para luego proceder con la configuración y la compilación del núcleo. Este apartado está dividido en **Pasos preliminares** y **Configuración y compilación del kernel**.

## Pasos preliminares

Antes de configurar y compilar el kernel para nuestro sistema debemos completar una serie de pasos que prepararán el entorno necesario y nos entregarán las herramientas que necesitamos. Primero el denominado núcleo vanilla, el cual es suministrado por Linus Torvalds y posee la particularidad de no tener alteraciones.

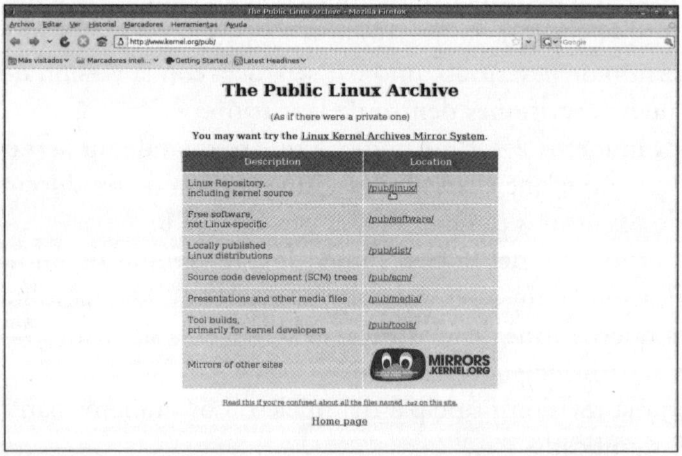


***Figura 10.** Para conseguir el núcleo vanilla completo debemos acceder a la web **www.kernel.org/pub**, hacer clic en el enlace **/pub/linux/**, luego presionar **kernel/** y después **v2.6/**.*

### MEJORAS EN UNA ACTUALIZACIÓN DEL KERNEL

Una actualización del kernel Linux puede contener diversas mejoras, tales como solución de fallas en la programación, implantación de nuevas características, soporte para nuevos dispositivos de hardware y corrección en fallas de seguridad, entre otras.

A continuación, debemos hacer clic en **Linux**, luego en **Kernel** y finalmente en **v2.6**.

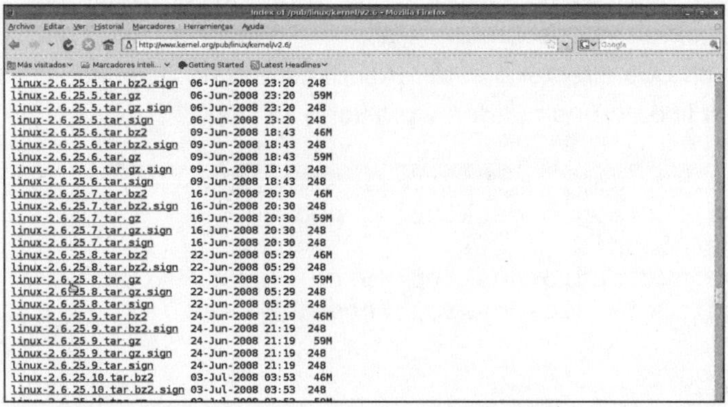


***Figura 11.** Para descargar el archivo correspondiente, hacemos clic en **linux-X.X.XX.X.tar.gz**. Las X serán reemplazadas por los números correspondientes a la versión del kernel.*

Existen otras alternativas para descargar el núcleo vanilla. La dirección web **www.kernel.org/mirrors** nos entrega un listado oficial de servidores espejo, desde los cuales es posible realizar la descarga.

Una vez que el código fuente del kernel haya sido descargado desde la web al directorio **/home**, debemos ubicar el archivo en la carpeta adecuada. Para realizar estas acciones debemos seguir las indicaciones del siguiente paso a paso.

## ■ Ubicar el kernel en la carpeta adecuada — PASO A PASO

**1** Primero debe abrir una consola de comandos. Si usa el entorno de escritorio Gnome haga clic en **Aplicaciones/Accesorios/Terminal**, o también puede utilizar otras alternativas como **Guake** o **Tilda**.

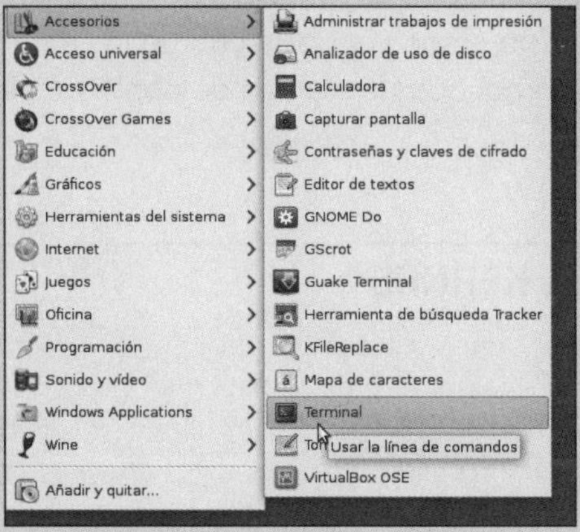


▶

**2** Luego asegúrese que se encuentra en el directorio **/home**, en donde está el archivo del kernel ya descargado. Para esto puede utilizar el comando **pwd**, que le indicará en qué directorio está. Si el directorio no es el adecuado, escriba **cd /home** en la línea de comandos y presione **ENTER**.

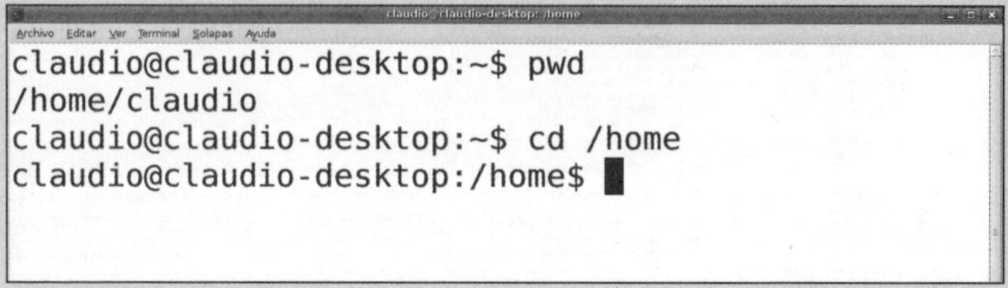


**3** Para continuar, debe obtener privilegios de superusuario. Para esto escriba el comando **su** e ingrese la contraseña de **root** cuando sea necesario.

**4** Para mover el kernel a la ubicación adecuada ingrese el comando **mv linux2.6.15.2.tar.gz /usr/src**, reemplazando los números de identificación por los que correspondan al kernel descargado. Un mensaje de error puede indicar que el nombre del kernel no ha sido bien escrito o que no nos encontramos en el directorio adecuado.

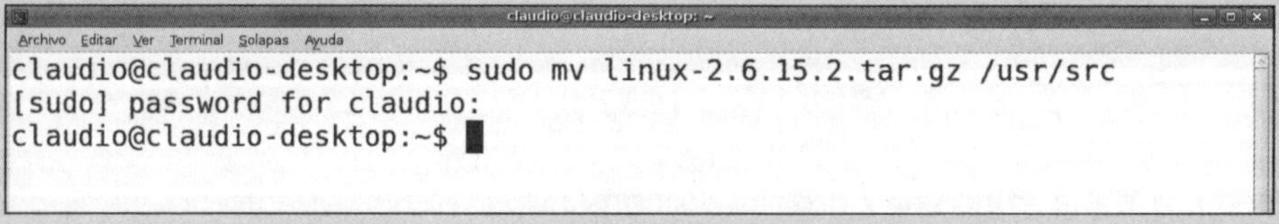


**5** Para verificar que el kernel haya sido ubicado en el directorio correcto, escribimos **cd /usr/src** y presionamos **ENTER**. Después, escribimos **ls –l** y presionamos **ENTER** nuevamente. Podremos ver un listado de los archivos que se encuentran en esta carpeta ( el kernel que acabamos de copiar debiera ser el único).

## CAMBIOS EN EL KERNEL

Podemos acceder a un listado de los cambios, actualizaciones y nuevas características que trae determinada versión del kernel accediendo al archivo llamado **ChangeLog**, que puede ser descargado en formato de texto plano desde la página oficial del proyecto, **http://kernel.org**.

Una vez que hayamos ubicado el kernel en la carpeta **/usr/src** debemos descomprimirlo y para esto utilizamos el comando **tar xvzf linux-2.6.XX.X.tar.gz**, reemplazando las **X** por los números que correspondan a la versión descargada. La descompresión tardará un momento en completarse.
Para continuar debemos instalar algunas herramientas que son necesarias para que los procedimientos posteriores se realicen de forma adecuada. Éstas son: tk8.2, libncurses5-dev, make, gcc, bin86, libc6-dev y kernel-package. Para instalarlas podemos abrir una consola de comandos, escribir lo siguiente: **sudo apt-get install tk8.2 libncurses5-dev make gcc bin86 libc6-dev kernel-package**, presionar **ENTER** y esperar mientras las operaciones se realizan.

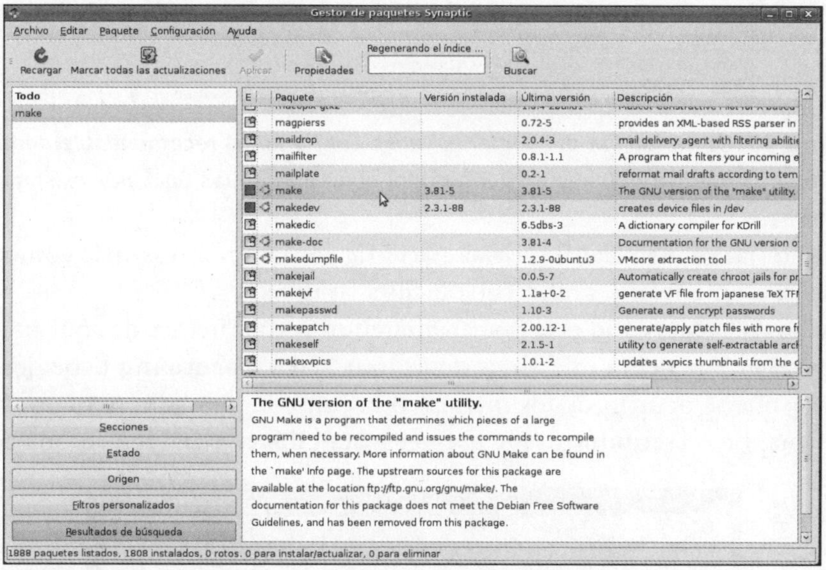


***Figura 12.*** *También podemos utilizar el gestor de paquetes Synatic u otro similar, para marcar cada uno de los paquetes necesarios para su posterior instalación.*

Es importante destacar que el paquete **libncurses5-dev** está orientado a la utilización de la herramienta de configuración del kernel en línea de comandos, mientras que **tk8.2** está orientada al uso de una interfaz gráfica para este trabajo. Por esto, podemos seleccionar la instalación de uno u otro, pero se recomienda la instalación de ambos para luego elegir el método adecuado en la configuración del kernel.

## Configuración y compilación del kernel

Existen tres formas que podemos utilizar para configurar las diversas opciones disponibles en el kernel de Linux: **make config**, **make menuconfig** y **make xconfig**.
Si deseamos ir paso a paso debemos recorrer todas las opciones una por una. Escribimos **make config** en una consola de texto y presionar **ENTER**.

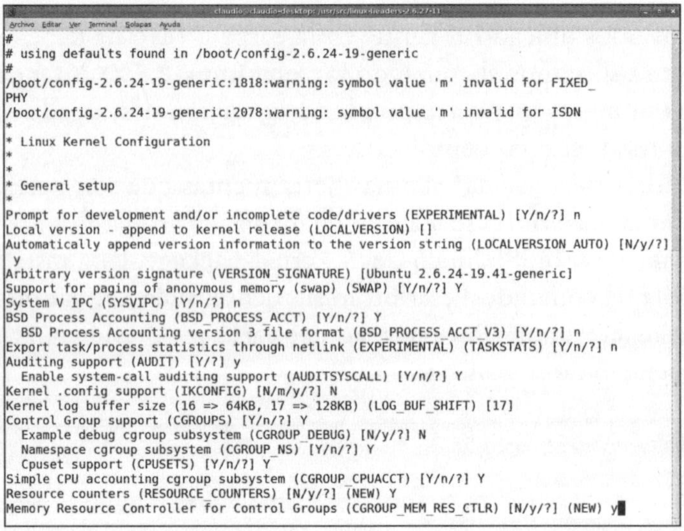


***Figura 13.*** *La utilización del comando make config no es recomendable: tomará un largo tiempo ya que nos preguntará por cada una de las opciones existentes.*

Las opciones **make menuconfig** y **make xconfig** son alternativas más cómodas porque presentan un entorno gráfico que facilita su uso.

La opción **make menuconfig** es la que analizaremos y utilizaremos de aquí en adelante. Debemos tener en cuenta que antes de utilizar **make menuconfig** debemos instalar las librerías que se ocupan de los menús en la consola, llamadas **ncurses**. Para esto usamos Synaptic o escribimos **sudo apt-get install libncurses5-dev** en una consola.

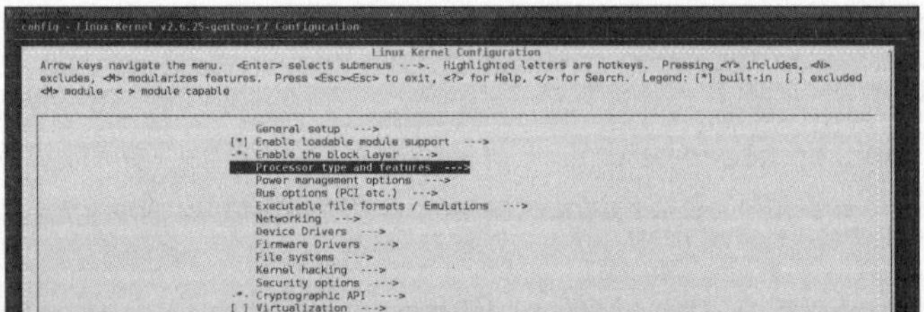


***Figura 14.*** *Para usar la opción mediante menús usamos el comando make menuconfig. Gracias a él accederemos a una pantalla que nos permitirá navegar por las diversas opciones disponibles.*

Antes de usar el comando **make menuconfig** debemos asegurarnos de que nos encontramos en el directorio que contiene el código fuente del kernel descargado. En la **Tabla 1** podremos revisar los distintos puntos que componen el menú de configuración del kernel.

| NOMBRE DEL APARTADO | DESCRIPCIÓN | EJEMPLOS DE LAS OPCIONES EXISTENTES |
|---|---|---|
| Code maturity level options | Sólo posee una opción que nos ayuda a desarrollar o utilizar drivers que de otra forma no funcionarían. | Prompt for development and/or incomplete code/drivers |
| Loadable module support | Presenta opciones que tienen relación con el uso y la configuración de módulos. | Enable loadable module support.<br>Set version information on all module symbols. Kernel module loador. |
| Processor type and features | Este apartado presenta opciones para el manejo del procesador y la memoria RAM de la computadora. | High Memory Support.<br>Math emulation.<br>MTRR (Memory Type Range Register) support.<br>Symmetric multi-processing support.<br>Local APIC support on uniprocessors. |
| General setup | Entrega opciones generales para configurar el kernel de Linux. Entre éstas opciones encontramos la posibilidad de acceso a redes y la conexión de dispositivos PCI, entre otras. | Networking support.<br>PCI support.<br>PCI access mode.<br>PCI device name database.<br>EISA support.<br>MCA support.<br>Support for hot-pluggable devices.<br>PCMCIA/CardBus support.<br>Support for PCI Hotplug.<br>System V IPC.<br>BSD Process Accounting.<br>Sysctl support.<br>Kernel core (/proc/kcore) format.<br>Kernel support for a.out binaries.<br>Kernel support for ELF binaries.<br>Kernel support for MISC binaries.<br>Power Management support.<br>ACPI support.<br>Advanced Power Management BIOS support. |
| Parallel port support | Posee opciones para configurar el uso de puerto paralelo. | Parallel port support.<br>PC-style hardware.<br>Multi-IO cards.<br>Use FIFO/DMA if available.<br>SuperIO chipset support. |

| NOMBRE DEL APARTADO | DESCRIPCIÓN | EJEMPLOS DE LAS OPCIONES EXISTENTES |
|---|---|---|
| | | Support foreign hardware.<br>IEEE 1284 transfer modes. |
| Plug and Play configuration | Opciones que corresponden a la configuración del hardware Plug & Play. | Plug and Play support.<br>ISA Plug and Play support. |
| Block devices | Opciones muy específicas, entre las que se encuentra el uso de la disquetera. | Normal PC floppy disk support. |
| Multi-device support (RAID and LVM) | Opciones que permiten configurar el uso de un disco duro RAID. | |
| Networking options | En este apartado encontraremos opciones que nos permiten configurar diversas tareas de red. | Packet socket.<br>Packet socket: mmapped IO.<br>Netlink device emulation.<br>Network packet filtering (replaces ipchains).<br>Socket Filtering.<br>Unix domain sockets.<br>TCP/IP networking.<br>Asynchronous Transfer Mode (ATM).<br>802.1Q VLAN Support.<br>The IPX protocol.<br>Appletalk protocol support.<br>DECnet Support.<br>802.1d Ethernet Bridging.<br>CCITT X.25 Packet Layer.<br>WAN router.<br>Fast switching.<br>Forwarding between high speed interfaces. |
| Telephony Support | Opciones que permiten configurar una tarjeta de teléfono. | |
| ATA/IDE/MFM/RLL support | Opciones para el uso y la configuración de interfaces de conexión ATA, IDE, MFM y RLL, entre otras opciones similares. | ATA/IDE/MFM/RLL support.<br>IDE, ATA and ATAPI Block devices.<br>Enhanced IDE/MFM/RLL disk/cdrom/tape/ floppy support.<br>Use old disk-only driver on primary interface.<br>Include IDE/ATA-2 DISK support.<br>Use multi-mode by default.<br>Include IDE/ATAPI CDROM support.<br>Include IDE/ATAPI TAPE support.<br>Include IDE/ATAPI FLOPPY support.<br>SCSI emulation support. |
| SCSI support | Opciones relacionadas con los dispositivos SCSI. | SCSI support.<br>SCSI disk support. |

| NOMBRE DEL APARTADO | DESCRIPCIÓN | EJEMPLOS DE LAS OPCIONES EXISTENTES |
|---|---|---|
| | | Maximum number of SCSI disks that can be loaded as modules.<br>SCSI tape support.<br>SCSI CD-ROM support.<br>Enable vendor-specific extensions (for SCSI CDROM).<br>Maximum number of CDROM devices that can be loaded as modules.<br>SCSI generic support.<br>Probe all LUNs on each SCSI device.<br>Verbose SCSI error reporting (kernel size +=12K).<br>SCSI logging facility.<br>SCSI low-level drivers. |
| Fusion MPT devide support | Mediante este apartado podremos configurar el hardware Fusión MPT. | |
| IEEE 1394 (FireWire) support | Mediante este apartado podremos configurar el hardware Firewire. | |
| Network device support | Opciones relacionadas con los dispositivos de red conectados a la computadora. | Network device support.<br>ARCnet devices.<br>Dummy net driver support.<br>Bonding driver support.<br>EQL (serial line load balancing) support.<br>Universal TUN/TAP device driver support.<br>Ethertap network tap.<br>Ethernet (10 or 100Mbit).<br>Ethernet (1000 Mbit).<br>FDDI driver support Fiber Distributed Data Interface (FDDI).<br>HIPPI driver support High Performance Parallel Interface (HIPPI).<br>PLIP (parallel port).<br>PPP (point-to-point protocol) support.<br>SLIP (serial line) support.<br>Wireless LAN (non-hamradio).<br>Token Ring devices.<br>Fibre Channel driver support.<br>Red Creek Hardware VPN.<br>Traffic Shaper.<br>Wan interfaces. |

| NOMBRE DEL APARTADO | DESCRIPCIÓN | EJEMPLOS DE LAS OPCIONES EXISTENTES |
|---|---|---|
| Amateur Radio support | Opciones que permiten conectar la computadora a una radio. | |
| IrDA (infrared) support | Opciones utilizadas para que la computadora pueda conectarse usando wireless. | |
| ISDN subsystem | Opciones adecuadas para configurar el uso de diversos dispositivos, tales como modem RDSI. | |
| Old CD-ROM drivers | Soporte para unidades de CDROM que no son SCSI o IDE/ATAPI. | |
| Input core support | Soporte para dispositivos USB Human Interface Device (HID). | |
| Character devices | Diversas opciones que manejan el soporte a consolas virtuales, mouse, joystick, puertos paralelos y tarjetas gráficas, entre muchas otras. | Virtual Terminal.<br>Support for console on virtual Terminal.<br>Standard/generic (8250/16550 and compatible UARTs).<br>Support for console on serial port.<br>Extended dumb serial driver options.<br>Non-standard serial port support.<br>Unix98 PTY support.<br>Maximum number of Unix98 PTYs in use (0-2048).<br>Parallel printer support.<br>Support for console on line printer.<br>Support for user-space parallel port device drivers.<br>I2C support. |
| Multimedia devices | Opciones que permiten trabajar con video, radio y TV en Linux. | Video For Linux.<br>Radio Adapters. |
| File systems | En este apartado podremos configurar los sistemas de archivos que serán soportados por el kernel de Linux. | Quota support.<br>Kernel automounter support.<br>Kernel automounter version 4 support (also supports v3).<br>Reiserfs support.<br>ADFS file system support.<br>Amiga FFS file system support.<br>Apple Macintosh file system support.<br>BFS file system support.<br>Ext3 journalling file system support.<br>DOS FAT fs support.<br>EFS file system support (read only). |

| NOMBRE DEL APARTADO | DESCRIPCIÓN | EJEMPLOS DE LAS OPCIONES EXISTENTES |
|---|---|---|
| | | Compressed ROM file system support CramFS.<br>Virtual memory file system support (former shm fs).<br>Simple RAM-based file system support.<br>ISO 9660 CDROM file system support.<br>Microsoft Joliet CDROM.<br>Transparent decompression extensión.<br>FreeVxFS file system support (VERITAS VxFS(TM) compatible).<br>NTFS file system support (read only).<br>NTFS write support (DANGEROUS). |
| Console drivers | Opciones que se relacionan con el uso de Linux en modo texto. | VGA text console.<br>Video mode selection.<br>MDA text console.<br>Frame-buffer support. |
| Sound | Este apartado nos permitirá configurar las diversas opciones de sonido en el kernel de Linux. | |
| USB support | Opciones que permiten soportar dispositivos USB. | |
| Bluetooth support | Opciones que entregan soporte para utilizar Bluetooth. | |
| Kernel hacking | Opciones avanzadas orientadas a desarrolladores de drivers o administradores, por lo cual no existen opciones relevantes para usuarios. | |

***Tabla 1.** Puntos del menú de configuración del kernel de Linux junto con sus respectivas descripciones y ejemplo de las opciones con que cuenta cada uno de ellos.*

Una vez que ya conocimos en forma general las diversas opciones disponibles, gracias a la utilización del comando **make menuconfig**, podremos revisar la forma de navegar y adaptar el kernel. También revisaremos las opciones más importantes. Una vez que el comando **make menuconfig** haya sido ejecutado, debemos utilizar las teclas especificadas en la **Tabla 2** para agregar o quitar las opciones del kernel.

## III DISPOSITIVOS PERIFÉRICOS

Los **dispositivos periféricos** son aquellos que permiten a la computadora comunicarse con el exterior, es decir, mediante los cuales la máquina realiza operaciones de entrada y de salida de información. Por ejemplo, el teclado y el monitor se encuentran dentro de esta categoría.

| ACCIÓN A REALIZAR | TECLA QUE DEBEMOS PRESIONAR |
|---|---|
| Ingresar en uno de los menús o submenús disponibles. | ENTER |
| Incluir la opción seleccionada como parte del kernel. | Y |
| Incluir la opción seleccionada como un módulo. Se compilará aparte y no ocupará espacio dentro del kernel. | M |
| Quitar la opción seleccionada del kernel. | N |

***Tabla 2.** Acciones que podemos realizar después de ejecutar el comando make menuconfig, junto con las teclas necesarias.*

En las siguientes líneas revisaremos en detalle algunas de las opciones más relevantes que podemos encontrar en **menuconfig**.

En el apartado **Loadable Module Support** tendremos varias opciones, entre las que están **Enable loadable module support**, que nos permitirá utilizar los módulos.

**Set version information on all module symbols**: activando esta opción podremos posibilitar que los módulos sean siempre compilados aunque cambiemos de kernel, sólo debemos incluirla si estamos completamente seguros.

**Kernel module loader**: esta opción debe ser incluida ya que hace posible que el kernel pueda cargar los módulos en caso de necesitarlo.

En el apartado **Processor type and features** encontramos las opciones relacionadas con las características del procesador.

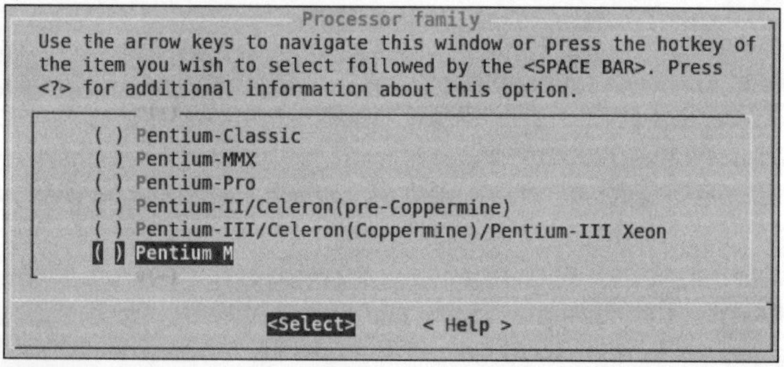


***Figura 15.** La primera opción nos permite especificar el tipo de procesador que utilizamos. Debemos seleccionarlo desde el listado correspondiente.*

Las siguientes opciones presentan valores específicos para diversos tipos de procesadores. Es necesario estudiar muy bien estas especificaciones. Luego de ellas, encontramos las opciones que definen el uso de la memoria RAM:

**High Memory Support**: en esta opción debemos especificar el valor **off** si poseemos menos de 960 MB de memoria RAM, **4GB** si poseemos entre 1 y 4 GB de RAM y **64GB** si tenemos más de 4 GB de memoria RAM.

**Math emulation**: esta opción debe ser habilitada solamente en el caso que nuestra computadora no posea un co-procesador matemático.

**MTRR (Memory Type Range Register) support**: es recomendable activar esta opción ya que ayuda a mejorar el rendimiento gráfico de la computadora.
**Symmetric multi-processing support**: debemos activar esta opción sólo si poseemos una máquina con dos o más procesadores.

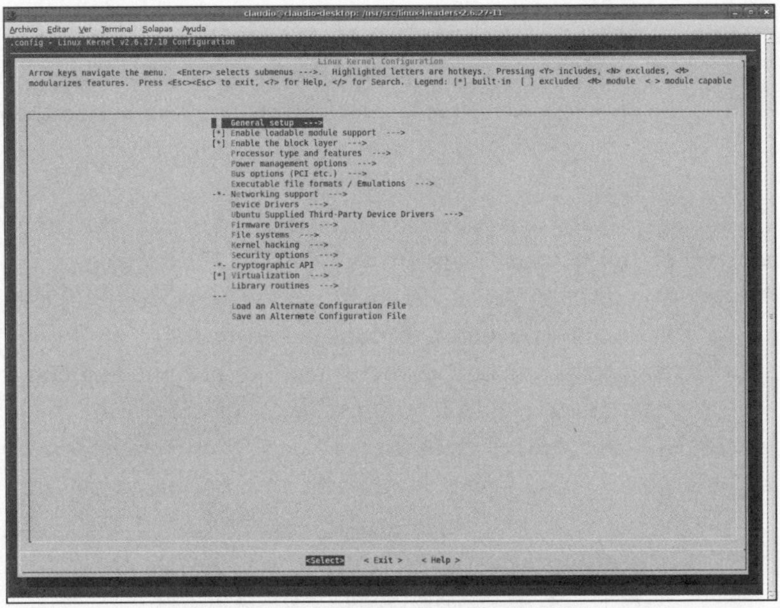


***Figura 16.** En el apartado **General Setup** encontramos diversas opciones, entre las que se encuenrtan **PCI support** y **ACPI support**.*

**Networking support**: esta opción debe ser activada en el caso que la computadora posea una conexión a Internet.

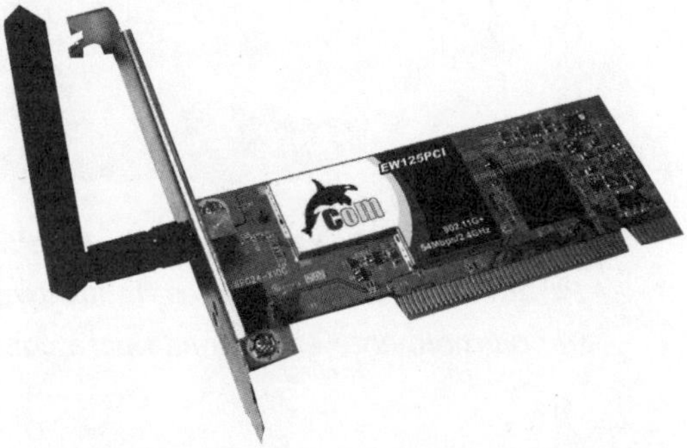


***Figura 17.** Es recomendable mantener activada la opción **PCI support**, ya que permitirá que sea reconocido el hardware PCI que se encuentre conectado a la computadora, por ejemplo, tarjetas de red, de sonido o video.*

**PCI access mode**: es recomendable especificar **Any**, ya que de esta forma el kernel intentará detectar el hardware PCI. Si no lo logra será utilizado el BIOS del sistema.
**PCI device name database**: esta opción se encarga de habilitar una base de datos de todos los dispositivos PCI conocidos.
**EISA support**: esta opción sólo debe activarse en el caso que pensemos utilizar el kernel en una computadora basada en EISA.

**Support for hot-pluggable devices**: la activación de esta opción nos permitirá conectar dispositivos sin que sea necesario apagar el sistema.

***Figura 18.*** *Entre los dispositivos que se benefician con la activación de la opción Support for hot-pluggable devices encontramos tarjetas PCMCIA, teclados, mouse y dispositivos USB.*

Si tenemos una placa madre que posea soporte para realizar la conexión de tarjetas PCI en caliente debemos activar la opción **Support for PCI Hotplug**.
**System V IPC**: esta opción debe ser activada, ya que se trata de librerías que permiten que los diversos procesos puedan comunicarse entre sí.
**BSD Process Accounting**: esta opción permite que el kernel pueda guardar información sobre los procesos que ejecutan las aplicaciones. Es recomendable activarla.
**Kernel support for MISC binaries**: es recomendable activar esta opción, ya que nos permitirá utilizar intérpretes como Java o Pitón, así como también máquinas virtuales.

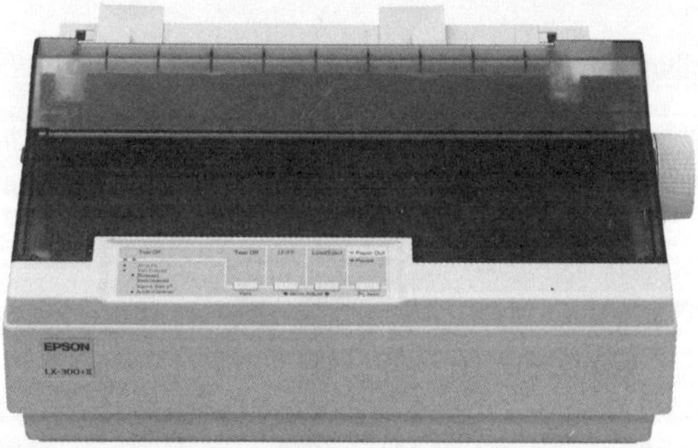


***Figura 19.*** *En el apartado Parallel support activamos las opciones Parallel port support y PC-style hardware si deseamos usar el puerto paralelo, que normalmente es asignado para conectar una impresora o escáner antiguos.*

## TIPOS DE DISPOSITIVOS PERIFÉRICOS

Existen muchos tipos de **dispositivos periféricos**, entre ellos podemos encontrar periféricos de entrada, periféricos de salida, periféricos de almacenamiento y periféricos de comunicación. Estos dos últimos, a su vez, se clasifican como periféricos de entrada y salida.

El en apartado **Plug and Play configuration** debemos activar la opción **Plug and Play support** si deseamos que Linux se encargue de configurar el hardware Plug and Play que se conecte a la computadora. La opción **ISA Plug and Play support** debe ser activada en caso de que se utilicen hardware ISA Plug and Play.

***Figura 20.** En Block devices es importante activar la opción Normal PC floppy disk support, ya que esto permitirá que cualquier disquetera conectada a la computadora pueda ser utilizada.*

En el apartado **Networking options** existen muchas opciones importantes, entre las cuales mencionaremos las siguientes:
**Packet socket**: debemos marcar esta opción si utilizamos Internet, ya que permite que las aplicaciones se comuniquen directamente con la red.
**Socket Filtering**: esta opción es importante si pretendemos realizar una conexión mediante PPP.
**Unix domain sockets**: debemos marcar esta opción ya que permite acceder a la red utilizando el estándar Unix.
**TCP/IP networking**: es recomendable seleccionar esta opción ya que nos permite realizar conexiones utilizando el protocolo TCP/IP.
**Asynchronous Transfer Mode (ATM)**: debe seleccionarse para que la computadora pueda conectarse a una red LAN.

***Figura 21.** La opción Apple talk protocol support debe ser activada si Linux se instalará en una computadora Apple y ésta se conectará a una red que utilice el protocolo Appletalk.*

En el apartado **ATA/IDE/MFM/RLL support** encontraremos muchas opciones, entre las cuales se destacan las siguientes:

**IDE, ATA and ATAPI Block devices**: esta opción permite configurar las interfaces IDE, ATA y ATAPI presentes en la computadora.

**Enhanced IDE/MFM/RLL disk/cdrom/tape/floppy support**: esta opción debe mantenerse activada.

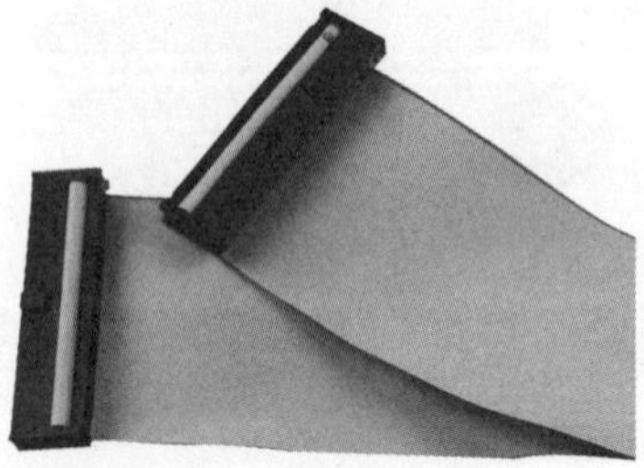

***Figura 22.*** *La opción* ***ATA/IDE/MFM/RLL support*** *nos permite utilizar las interfaces ATA, IDE, MFM o RLL que se encuentran presentes en la mayoría de las computadoras. En la imagen vemos un cable típico para conexiones IDE.*

**Include IDE/ATA-2 DISK support**: esta opción nos permitirá dar soporte a los discos duros MFM/RLL/IDE.

**Include IDE/ATAPI CDROM support**: esta opción debe ser seleccionada si posee un CDROM IDE/ATAPI.

**Include IDE/ATAPI TAPE support**: esta opción debe ser activada en caso de que utilicemos una grabadora de cintas magnéticas.

***Figura 23.*** *En el caso de que deseemos activar el uso de las interfaces SCSI, tendremos que activar la opción* ***SCSI support****, que se encuentra dentro del apartado* ***SCSI support****. En la imagen vemos una tarjeta que provee un puerto SCSI a la computadora.*

Para dar soporte a los discos duros SCSI debemos activar la opción **SCSI disk support**. La opción **SCSI tape support** permite entregar soporte a los lectores de cintas magnéticas SCSI.

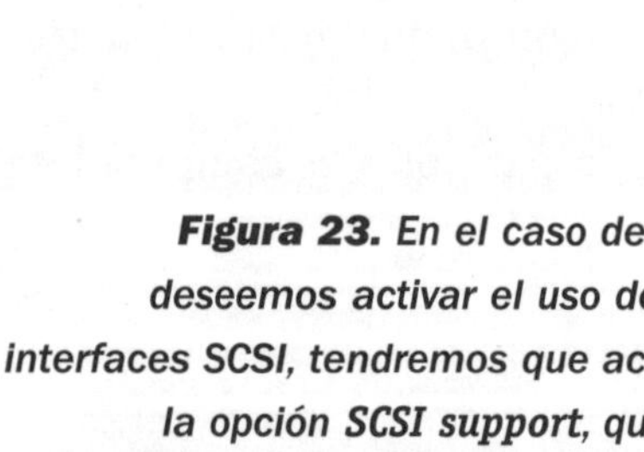

***Figura 24.*** *Podemos configurar el uso de hardware Firewire en la computadora utilizando las opciones presentes en el apartado* ***IEEE 1394 (FireWire) support****. En la imagen podemos ver un cable de conexión para dispositivos Firewire.*

En el apartado Network device support encontramos muchas opciones importantes para configurar el uso de componentes de red, por ejemplo, las opciones Ethernet **(10 or 100Mbit)** y **Ethernet (1000 Mbit)** nos permiten configurar el uso de tarjetas de red, y **PPP (point-to-point protocol) support** nos permite realizar conexiones a la red con PPP.
Otras opciones importantes de este menú son:
**Red Creek Hardware VPN**: activa los drivers adecuados para el hardware encargado de proporcionar redes privadas virtuales.

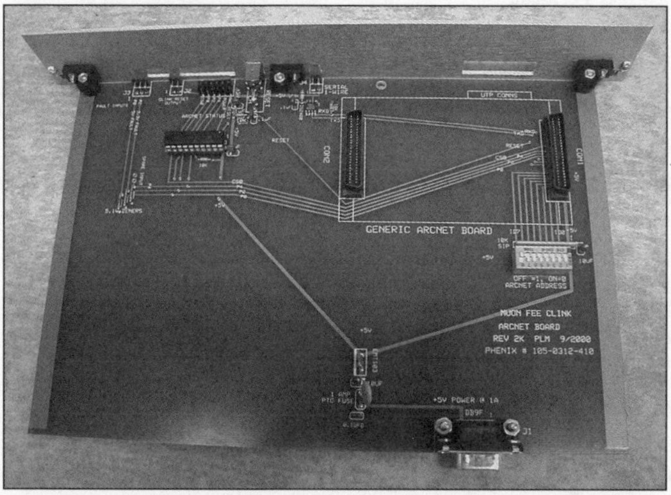


***Figura 25.** El uso de las tarjetas Arcnet puede configurarse utilizando la opción **ARCnet devices**, que se encuentra dentro del apartado **Network device support**.*

**Wireless LAN (non-hamradio)**: permite configurar una red utilizando wireless.
**PLIP (parallel port)**: si activamos esta opción será posible conectar dos computadoras mediante un puerto paralelo.
Para utilizar impresoras conectadas a través de un puerto paralelo debemos activar la opción **Parallel printer support**, dentro del apartado **Character devices.**
Dentro de **Character devices**, además del soporte para impresoras paralelas, podemos destacar las opciones **Support for user-space parallel port device drivers**, que permite que las aplicaciones tengan acceso al puerto paralelo y **Support for console on serial port**, que proporciona soporte para utilizar una impresora conectada al puerto serie de la computadora.

***Figura 26.** La utilización de Joystick conectados a la computadora debe ser activada y configurada con la opción **Joysticks**, dentro del apartado **Character devices**.*

El apartado **File Systems** proporciona algunas opciones interesantes:

**Quota support**: nos permite limitar el espacio de disco usado por los usuarios.

**Kernel automounter support**: si activamos esta opción podremos utilizar una herramienta que nos permitirá montar automáticamente sistemas de archivos remotos.

**Kernel automounter version 4 support (also supports v3)**: es una versión mejorada de la opción **Kernel automounter support**.

**Reiserfs support**:esta opción deberá estar marcada, ya que proporciona soporte a los sistemas de archivos ReiserFS.

**ADFS file system support**: si marcamos esta opción podremos dar soporte al sistema de archivos del sistema operativo RiscOS.

**Amiga FFS file system support**: esta opción nos permite leer y escribir en Fast File System de Amiga.

**Apple Macintosh file system support**: entrega soporte para el sistema de archivos propio de Macintosh.

**BFS file system support**: esta opción nos ofrece el soporte necesario para el sistema de archivos de SCO UnixWare.

**Ext3 journalling file system support**: esta opción es muy importante, ya que Ext3 es uno de los sistemas operativos más utilizados en Linux.

**DOS FAT FS support**: si deseamos acceder a particiones FAT propias de Windows, esta opción debe estar activada.

**Compressed ROM file system support CramFS**: nos permite dar soporte a CramFS.

**ISO 9660 CDROM file system support**: opción que debe estar activada, ya que entrega soporte para los CD-ROMs creados bajo el estándar ISO 9660.

**Microsoft Joliet CDROM extensions**: si activamos esta opción obtendremos soporte para CD Joliet, opción utilizada por algunos discos ópticos.

**Minix FS support**: con esta opción activada nuestro kernel podrá dar soporte al sistema de archivos de Minix.

**NTFS file system support (read only)**: es recomendable activar esta opción, ya que entrega soporte para el sistema de archivos de Windows NT.

**OS/2 HPFS file system support**: esta opción nos brinda soporte para el sistema de archivos conocido como HPFS de OS/2.

## III PARCHEAR EL KERNEL LINUX

Frecuentemente es necesario aplicar **parches de seguridad** o correcciones. Para esto debemos descargar y ubicar el parche correspondiente en el directorio **/usr/src/**. Luego procedemos a descomprimirlo con **bzip2 -d patch-x.x.x.tbz** y lo aplicamos con **patch -p0 < patch-x.y.z. 2> err.z**.

***Figura 27.*** *La utilización de una tarjeta de televisión, radio o una webcam podrá realizarse desde la opción **Video For Linux**, que podemos encontrar en el apartado **Multimedia devices**.*

Otros apartados interesantes son **Sound**, que nos permitirá configurar diversos dispositivos de sonido y **USB support**, mediante el cual daremos soporte a dispositivos USB. El apartado **Bluetooth support** nos entrega las opciones necesarias para que nuestro sistema soporte la utilización de dispositivos Bluetooth.
Además de las múltiples opciones comentadas, existe una gran variedad de ellas, las cuales debemos activar dependiendo de las características que deseemos agregar o quitar de nuestro kernel Linux.
Una vez que recorrimos las diversas opciones a las que podemos acceder gracias al comando **make menuconfig**, continuaremos los pasos del proceso de compilación para obtener la nueva configuración.

## Compilar la configuración seleccionada

Cuando hayamos activado las opciones necesarias en el kernel Linux debemos proceder a realizar la compilación para obtener la versión deseada.

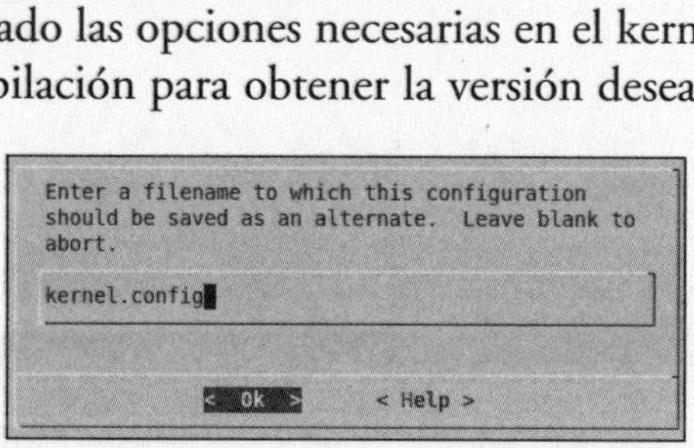


***Figura 28.*** *Para realizar la compilación seleccionamos la opción **Save an Alternate Configuration File**, que se encuentra al final del menú de opciones.*

Escribimos un nombre de archivo con la extensión .config y presionamos **ENTER** para guardarlo. Seleccionamos la opción **Exit** para salir del menú de configuración y volver a la consola de comandos.

Para continuar con el proceso debemos escribir los siguientes comandos en la consola y presionar **ENTER** después de cada uno de ellos:

**make dep**: nos permite realizar el proceso de configuración de las dependencias necesarias del kernel.

**make clean**: nos permite limpiar la configuración del kernel Linux.

**make bzImage**: nos permite crear una imagen comprimida del kernel usando **bzip2**, el cual deberá estar previamente instalado en el directorio adecuado.

**make modules**: esta alternativa nos brinda la posibilidad de compilar las opciones que hemos seleccionado como módulos.

**make modules_install**: nos permite instalar los módulos seleccionados.

Es posible agrupar todos los comandos en una sola orden, utilizando **&**, por ejemplo, **make dep && make clean && make bzImage && make modules && make modules_install**.

Para limpiar la configuración debemos ejecutar el comando **make mrproper**.

## Usar el nuevo kernel compilado

Para lograr que nuestro sistema arranque con la compilación del kernel que acabamos de realizar debemos modificar el archivo lilo.conf (en el caso de que utilicemos lilo como cargador de arranque). Para esto ejecutamos los siguientes comandos y presionamos **ENTER** después de dada uno de ellos:

**mv /usr/src/linux/arch/i386/boot/bzImage /boot/linux-2.6.15.2**: nos permite mover la imagen que acabamos de crear al directorio /boot.

**mv /usr/src/linux/System.map /boot**: nos permite mover System.map al directorio **/boot**.

**gedit /etc/lilo.conf**: nos permite editar el archivo lilo.conf.

Añadimos las líneas **image = /boot/linux-2.6.15.2** y **label = Linux** al final del archivo.

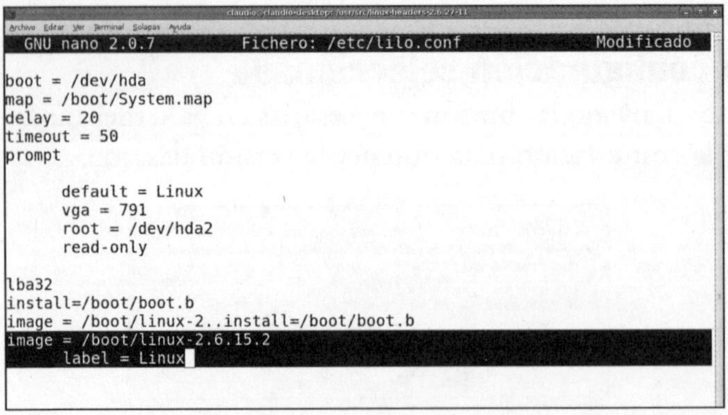


***Figura 29.*** *El archivo lilo.conf quedaría conformado como el ejemplo que se encuentra en la imagen. Para terminar, guardamos los cambios y salimos del archivo.*

Para probar la carga y funcionamiento de la compilación que hemos creado es importante mantener la carga del kernel anterior. Para esto debemos modificar el archivo **lilo.conf** una vez más, tal como vemos a continuación.

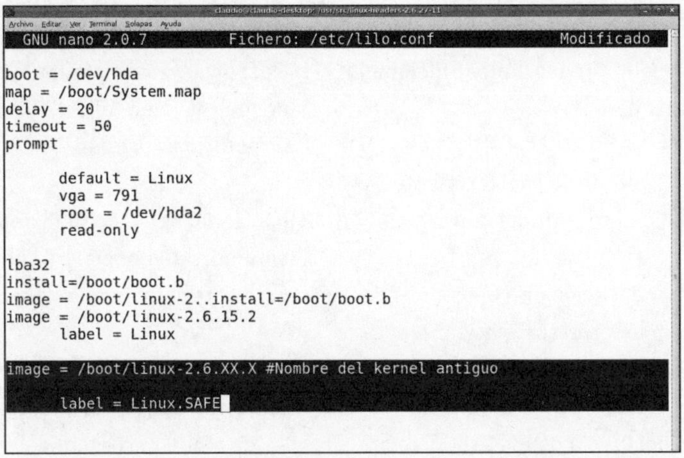


***Figura 30.** Para mantener la carga con el kernel antiguo agregamos a lilo.conf las líneas destacadas que se muestran en la imagen.*

Escribimos **lilo -C /etc/lilo.conf** para cargar la nueva configuración en **lilo.conf**. Si utilizamos el cargador de arranque **GRUB** tenemos que escribir en una consola el comando **sudo nano /boot/grub/menu.lst**, presionamos **ENTER** y agregamos:

**title Nuevo kernel**
**root (hd0,1)**
**kernel /boot/kernel-2.6.15.2 root=/dev/hda2 ro**
**initrd /boot/kernel-2.6.15.2.img**
**savedefault**
**boot**

Estas líneas deben ser escritas después de **## ## End Default Options ##**. A continuación, guardamos los cambios efectuados y cerramos el archivo.

## ... RESUMEN

**En este capítulo revisamos las funciones principales de un kernel. Vimos los distintos tipos de núcleos existentes y revisamos ejemplos de sistemas operativos que los utilizan. Caracterizamos el núcleo Linux utilizado por las diversas distribuciones y aprendimos la forma adecuada de agregarle o quitarle características y también módulos. Describimos como compilar la nueva configuración para utilizar las opciones seleccionadas en un nuevo núcleo y modificamos la configuración de lilo y grub.**

## ACTIVIDADES

### TEST DE AUTOEVALUACIÓN

**1** ¿Qué es el kernel o núcleo y que funciones generales cumple?

**2** Mencione los tipos de kernel existentes y sus características más importantes.

**3** Realice una comparación entre los tipos de kernel usados por diversos sistemas operativos en la actualidad.

**4** ¿Cual es la importancia de los exonúcleos?

**5** ¿Qué funciones específicas cumple el kernel Linux?

**6** ¿De qué forma se pueden obtener los archivos fuentes del kernel Linux?

**7** Mencione las aplicaciones que deben estar instaladas en el sistema, para proceder a configurar y compilar el kernel Linux.

**8** ¿Qué opciones y comando existen para configurar el kernel?

**9** Mencione y explique algunas de las opciones más importantes en la configuración del kernel.

**10** ¿Qué comandos son importantes para realizar la compilación del kernel?

### EJERCICIOS PRÁCTICOS

**1** Descargue los archivos fuentes del kernel desde su web oficial y ubíquelos en el directorio adecuado.

**2** Utilizando el comando make menuconfig configure las opciones según el hardware y características que desee agregar.

**3** Consulte las características de algunas opciones dentro de menuconfig utilizando la letra que corresponda.

**4** Realice el procedimiento necesario para compilar la imagen del kernel con las modificaciones que hayan sido seleccionadas.

**5** Agregue las líneas correspondientes a lilo o grub, para así arrancar utilizando el nuevo kernel.

Apéndice

# Alojamiento de software y Grupos de usuarios

Este apartado nos permite revisar conceptos que son importantes una vez que nuestra distribución de Linux está creada. Sourceforge es una alternativa que nos ofrece alojamento para que nuestro proyecto esté en la web y pueda ser descargado. También analizaremos las características de los grupos de usuarios que se forman alrededor de los proyectos de software libre y, en especial, de las distribuciones Linux.

# ALOJAMIENTO DE SOFTWARE

Al igual que en todo proyecto de software libre, después de finalizar la etapa de creación o modificación de una distribución Linux nos enfrentaremos a un reto elemental: la forma en que compartiremos nuestra creación con el mundo.
Si trabajamos en una versión propia de Linux para satisfacer necesidades personales, es posible que no sea necesario distribuirla. Por otro lado, en este punto podremos tomar la decisión de ofrecer copias de nuestra versión dentro de nuestro entorno cercano y para esto sólo bastarán algunos discos y un programa de grabación.
Para compartir nuestro Linux con una mayor cantidad de usuarios debemos utilizar un servicio de alojamiento de software, que nos permita ponerlo a disposición de otros, para que la descarga se haga de una manera simple.

## Sourceforge.net

**Sourceforge.net** es un espacio donde cualquier desarrollador puede dar a conocer sus proyectos de software libre, sean éstos aplicaciones grandes o pequeñas, como también distribuciones Linux completas. Si no somos programadores, mediante el uso de sourceforge.net podremos acceder a las aplicaciones alojadas en él y cooperar en el desarrollo de proyectos comunitarios.

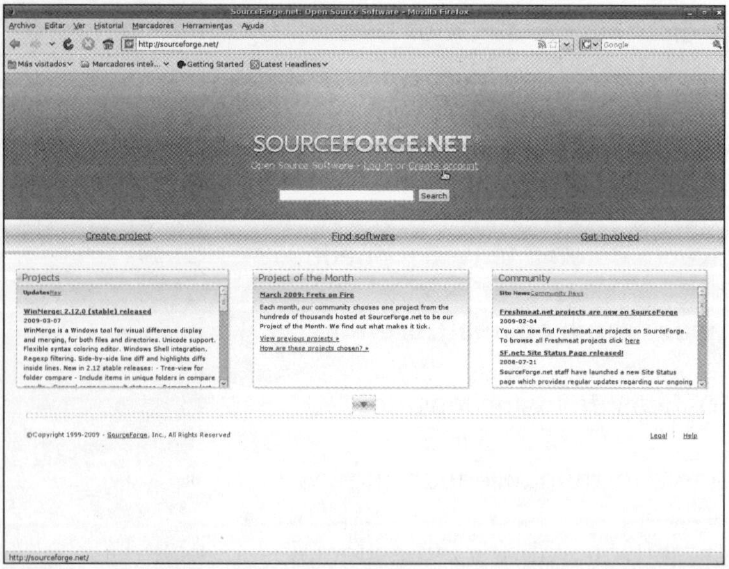


***Figura 1.*** *Para acceder a Sourceforge ingresamos en* ***http://sourceforge.net****. Podremos registrarnos al hacer clic en el enlace* ***Create Account****.*

En líneas generales, Sourceforge.net es un sitio que proporciona una forma gratuita de alojar proyectos de **software libre** y se configura como un canal de comunicación entre

los diversos desarrolladores que participan en un determinado proyecto. También ofrece una forma eficiente de encontrar aplicaciones libres para realizar su descarga.
Algunos de los servicios adicionales que ofrece Sourceforge.net requieren que los desarrolladores paguen una suma de dinero, que permiten a este servicio sustentarse. También admite donaciones de los visitantes que deseen cooperar para que este servicio se sostenga en el tiempo.
La empresa detrás de Sourceforge.net es la llamada **Open Source Technology Group**, que está comprometida con el movimiento de software libre y también es responsable de otros proyectos relacionados.
Uno de los puntos más importantes a la hora de tomar la decisión de alojar nuestro proyecto en Sourceforge.net es la posibilidad de que miles de usuarios puedan revisar y probar nuestra distribución. De esta forma, podemos beneficiarnos con los comentarios y recomendaciones, para que los errores puedan ser corregidos y nuevas características sean añadidas.
Sourceforge.net no sólo beneficia a quienes desean alojar las diversas versiones de sus aplicaciones libres, sino que también ayuda a quienes buscan ideas para mejorar sus proyectos y a los que sólo desean masificar sus creaciones.
La web de Sourceforge.net se encuentra disponible en inglés, pero la navegación es muy sencilla. A través de página de inicio podemos acceder a diversas secciones, tales como novedades de proyectos en desarrollo y categoría de programas, entre otras.

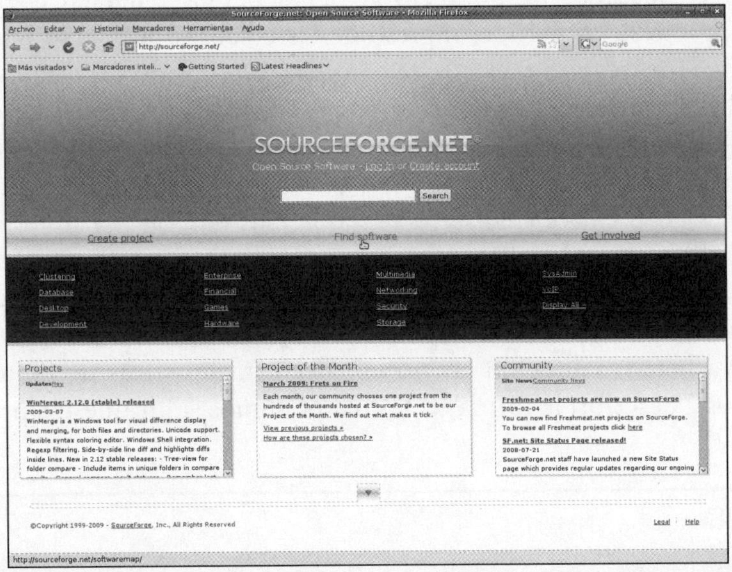


***Figura 2.** Para acceder a un listado de las categorías de las aplicaciones alojadas en Sourceforge.net, debemos hacer clic en el enlace **Find software**.*

Una opción muy interesante y eficiente de este sitio es su buscador integrado, el cual nos permite, en pocos pasos, encontrar y descargar las aplicaciones que necesitemos.

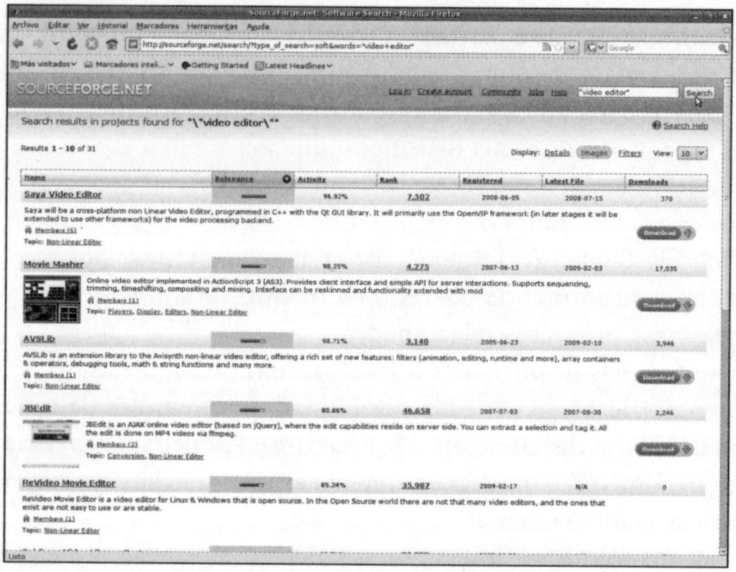

***Figura 3.** El funcionamiento del buscador es muy sencillo: en la página de inicio de **Sourceforge.net** debemos ubicar el recuadro de búsqueda, ingresar el texto y presionar el botón **Search**. Inmediatamente aparecerá una página mostrando los resultados relacionados.*

Para utilizar el buscador de Sourceforge.net debemos tener en cuenta algunos puntos importantes. Primero, el ingreso de las palabras que serán buscadas debe hacerse en inglés y, segundo, el uso de comillas encerrando los términos de nuestra búsqueda nos entregará resultados más precisos. Si hacemos clic en el botón **Advanced**, podremos realizar búsquedas personalizadas, gracias a la utilización de diversas opciones adicionales.

Si hacemos clic en el enlace **Find software**, podremos navegar por un listado de categorías que clasifican las aplicaciones alojadas en Sourceforge.net. Entre estas categorías se encuentran: **Clustering**, **Database**, **Desktop**, **Development**, **Enterprise**, **Financial**, **Games**, **Hardware**, **Multimedia**, **Networking**, **Security**, **Storage**, **SusAdmin** y **VoIP**.

Ahora que ya hemos conocido las principales características de Sourceforge.net procederemos a describir la forma en la cual podemos subir nuestro proyecto para

## SVLUG

El SVLUG es el grupo de usuarios Linux más antiguo y más grande que existe. Fue creado por la **Sillicon Valley Computer Society** como un grupo de interés especial. Daniel Kionka lo formó pensando en entregar ayuda sobre Xenix y sistemas PC Unix. Luego se enfocó completamente en la asistencia sobre el uso de sistemas Linux.

ponerlo a disposición de los demás usuarios. Para esto debemos seguir las indicaciones que se detallan en el siguiente paso a paso:

## Subir un proyecto a Sourceforge.net PASO A PASO

1 Antes de utilizar los servicios que ofrece Sourceforge.net deberá registrarse. Para esto acceda al sitio **www.sourceforge.net**, haga clic en el botón **Create Account**, complete los datos requeridos y presione el botón **Register for Sourceforge.net**. Los campos marcados con * son obligatorios. No olvide marcar las casillas **I accept the Terms and Conditions and Privacy Policy** y **I am at least 18 years old or have consent from my Parent or Guardian**.

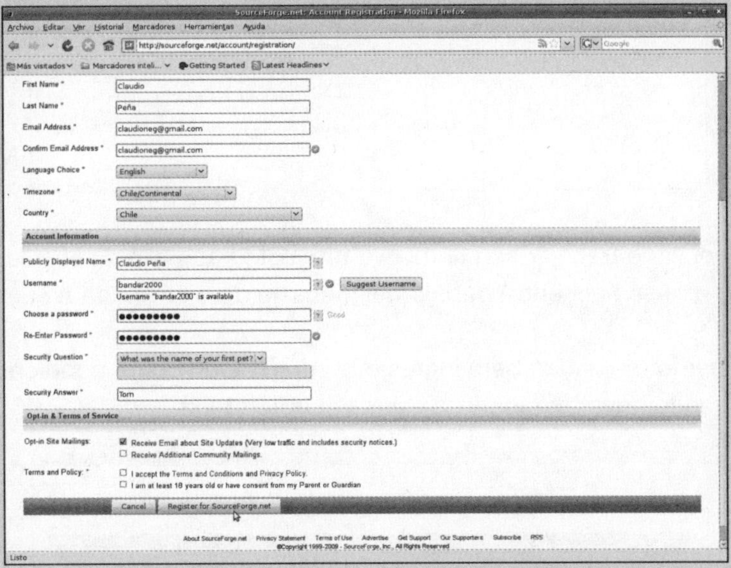


2 En su cuenta de correo recibirá un mensaje titulado **SourceForge.net Account Details**. Dentro del correo busque el enlace que permitirá activar su cuenta de ▶

## SITIOS DE REUNIÓN PARA GRUPOS DE USUARIOS

Los grupos de usuarios de Linux se reúnen en ubicaciones diversas, por ejemplo, el **SVLUG de Silicon Valley** se reunió por cerca de diez años en la parte trasera de un restaurante llamado Carl´s. También usaron una sala ubicada en Cisco Systems. El grupo BALUG se reunió por mucho tiempo en el restaurante Four Seas de San Francisco.

Sourceforge.net y haga un clic sobre él. Se abrirá una página que le informará que su cuenta ha sido activada: podrá leer el mensaje **Your account is now Approved**.

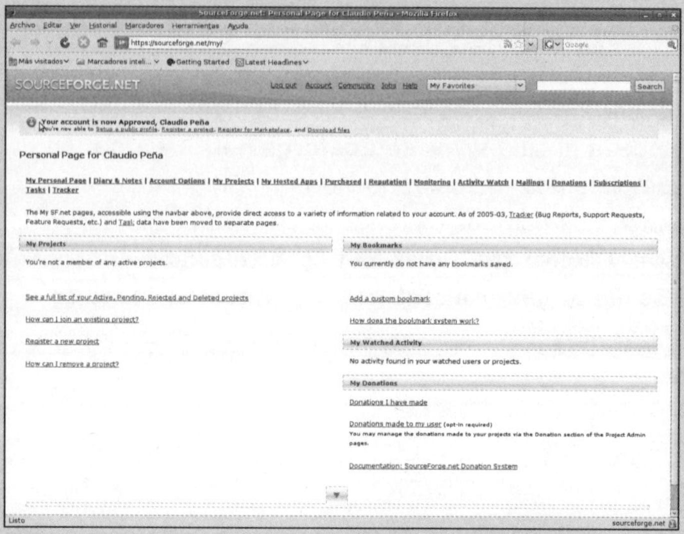


**3** Para comenzar a trabajar con un nuevo proyecto haga clic en el enlace **Register a Project**, que se encuentra debajo del mensaje de bienvenida a su cuenta.

**4** En el primer formulario deberá ingresar la información correspondiente a su proyecto. Cuando haya terminado presione el botón **Next**.

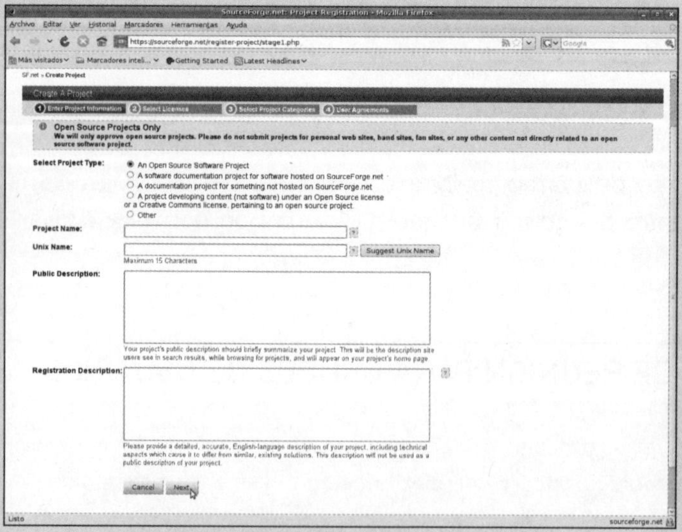

**5** Para continuar, deberá seleccionar el tipo de licencia correspondiente a su proyecto de software. Las opciones son **GNU General Public License (GPL)**, **GNU Library or Lesser General Public License (LGPL)**, **BSD License**, **Public Domain**, **MIT License**, **Apache License V2.0**, **Artistic License**, **Mozilla Public License 1.1 (MPL 1.1)** y **Academic Free License (AFL)**. Marque la casilla adecuada y presione el botón **Next**.

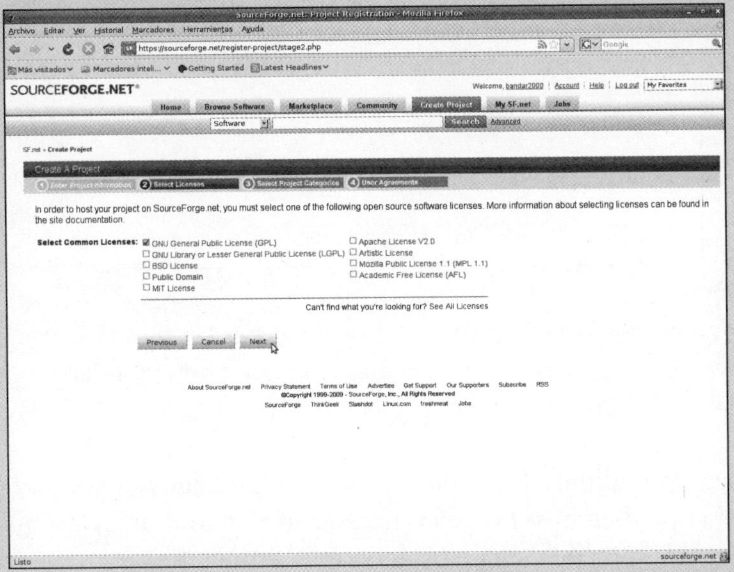


**6** En el formulario siguiente deberá seleccionar las categorías a las cuales pertenece su proyecto. Cuando haya finalizado, presione el botón **Next**.

**7** Acepte los términos marcando las casillas **I have read and Agree to the Open Source Definition**, **I have read and Agree to the Terms of Service** y **I have read and Agree to the Hosting Requirements**. Presione el botón **Submit For Aprobal**.

## PROYECTOS MÁS DESCARGADOS DESDE SOURCEFORGE

Entre los proyectos más descargados durante toda la historia del sitio web Sourceforge.net encontramos las aplicaciones: **eMule**, **Ares Galaxy** y **Azureus**, que registran más de quinientos millones de descargas y se configuran como las aplicaciones más requeridas por los usuarios.

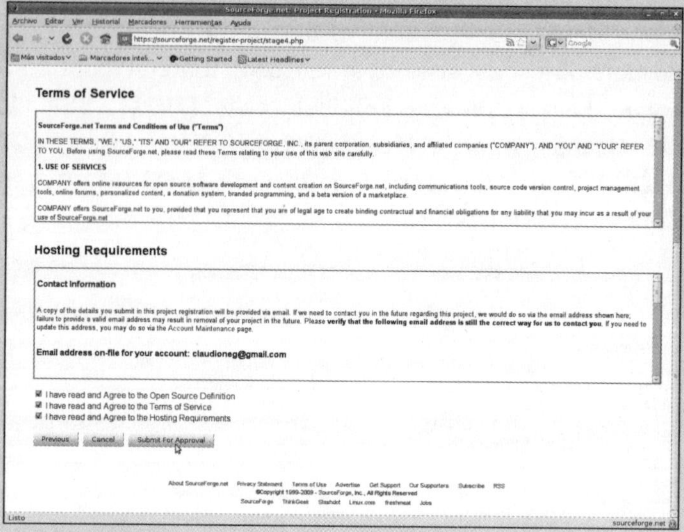

**8** Cuando su proyecto sea aprobado, podrá utilizar las herramientas disponibles en el sitio para subir y organizar los archivos que correspondan.

Ahora que ya aprendimos la forma en la cual podemos alojar un proyecto en Sourceforge.net, revisaremos los pasos necesarios para descargar un proyecto desde este sitio. El proceso de descarga es mucho más simple, pero es necesario seguir los pasos detallados a continuación.

## Descargar un proyecto de Sourceforge.net — PASO A PASO

**1** Para descargar un proyecto desde Sourceforge.net no es necesario que esté registrado en dicho sitio como usuario. El primer paso que debe realizar es dirigirse a **www.sourceforge.net** y gracias a la utilización de las herramientas que

### IMPORTANTES CONFERENCIAS EN LUG

Las reuniones de diversos grupos de usuarios Linux han contado con la participación de importantes personajes dentro del movimiento de software libre. **Linus Torvalds** ha dado conferencias en los grupos SVLUG y BALUG y **Hans Reiser**, creador de ReiserFS, comentó sus planes de diseño en una reunion de SVLUG.

ofrece, deberá buscar la aplicación que desee. Una vez que la encuentre haga clic sobre el botón **Download** que corresponda.

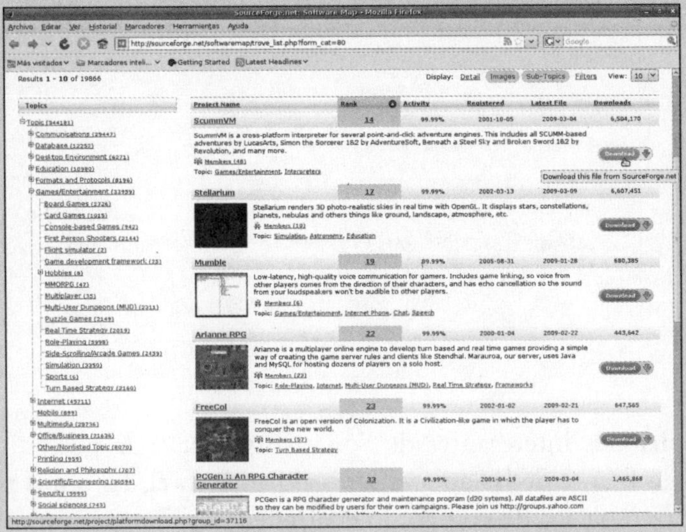


2 En el listado que se presenta deberá ubicar el paquete adecuado y hacer clic sobre el botón **Download**.

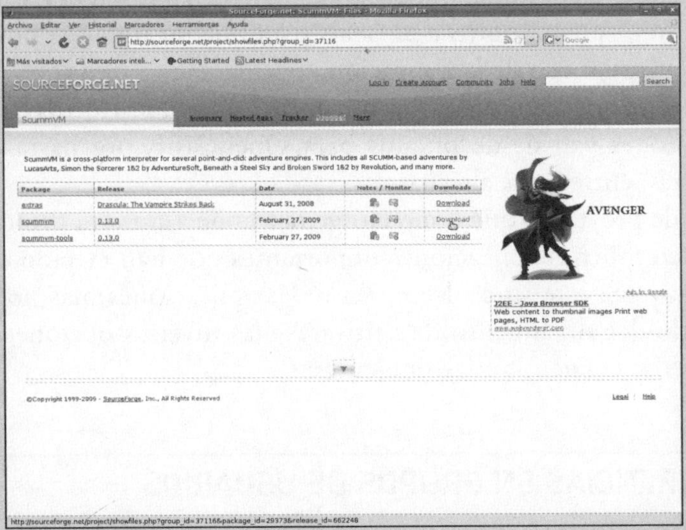


3 Seleccione el paquete y la extensión que corresponda al sistema operativo que usted utiliza y haga clic sobre él para proceder.

**4** Presione el botón **Aceptar** en el cuadro de diálogo correspondiente, para que el archivo sea descargado a su computadora.

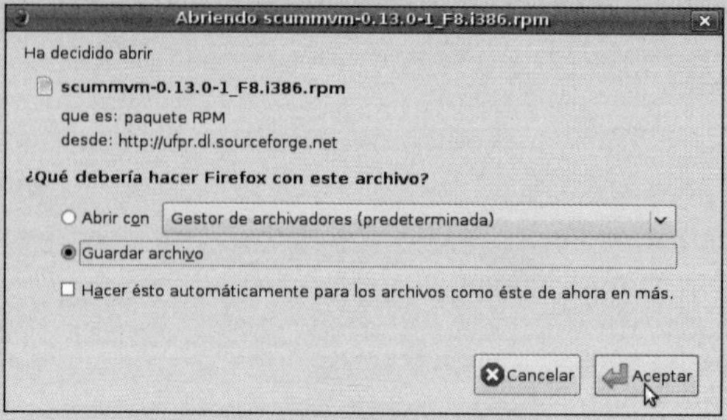


Otra de las funciones interesantes de Sourceforge.net es la posibilidad de revisar partes del código fuente de las aplicaciones alojadas en él. Esto nos permite revisar y estudiar ciertos espacios de código, lo cual puede ser interesante para implementar alguna función o herramienta que sea de nuestro agrado dentro de las aplicaciones que estemos desarrollando.

Sourceforge.net ofrece herramientas que les permiten a los desarrolladores mantenerse comunicados y coordinar todos sus esfuerzos para obtener aplicaciones que resulten eficientes. Además, ofrece espacios para que los usuarios puedan informar sobre fallas relativas al uso de la aplicación.

Sourceforge.net brinda alojamiento para más de cien mil proyectos de software libre y estas aplicaciones van desde plugins para OpenOffice.org hasta distribuciones Linux completas, entre otras alternativas.

La diversidad de proyectos que Sourceforge.net pone a nuestra disposición es muy amplia y existen muchas aplicaciones importantes que han crecido de la mano de las herramientas que este sitio ofrece. Entre las aplicaciones más populares que se han beneficiado del alojamiento de software y las diversas opciones ofrecidas por Sourceforge.net se encuentran las siguientes:

## III CONFERENCIAS EN GRUPOS DE USUARIOS

Las conferencias en las reuniones de grupos de usuarios Linux no sólo son dictadas por personas reconocidas dentro de la comunidad, sino que pueden ser efectuadas por cualquiera que lo desee. El único requisito es entregar contenido técnico interesante para los asistentes.

**Ares Galaxy** (conocido también como Ares P2P o Ares): es una aplicación creada en el año 2002 para compartir archivos por Internet.

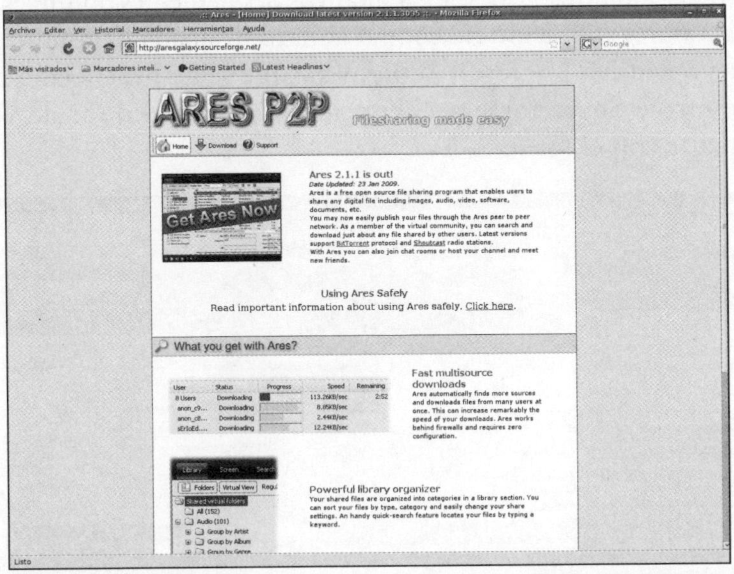


***Figura 4.** El sitio web de Ares Galaxy es **http://aresgalaxy.sourceforge.net**. Desde aquí podremos descargar una copia de esta aplicación.*

Ares se distribuye como software libre y para su desarrollo es utilizado el lenguaje de programación Delphi. Esta aplicación ha sido desarrollada para funcionar bajo Microsoft Windows. Para acceder a la red P2P en GNU/Linux es posible usar GiFT o instalar Ares Galaxy gracias a la aplicación Wine.

Ares Galaxy posee diversas características que posibilitan que los usuarios accedan a opciones interesantes. Entre estas características encontramos las siguientes:

Colas de espera reducidas. A diferencia de otras redes de intercambio P2P, Ares Galaxy posee algoritmos lo bastante flexibles como para ofrecer tiempos mucho menores en sus colas de espera. Por un lado, esto produce que los tiempos de descarga sean breves para las bajadas que se inician, pero aumentan el tiempo necesario para descargar archivos grandes.

Posibilidad de previsualizar archivos multimedia. Esta aplicación integra un reproductor multimedia que les permite a los usuarios previsualizar archivos multimedia, aun cuando la descarga de estos haya sido finalizada.

Compatibilidad con BitTorrent. Ares Galaxy tiene la capacidad de procesar y descargar archivos con extensión .TORRENT.

Compatibilidad con radio en Internet. Ares Galxy permite sintonizar cualquier emisora de radio que transmita a través de Internet mediante Shoucast.

Además de las ya comentadas, Ares Galaxy posee herramientas que nos permiten compartir archivos detrás de un firewall, utilizar varias ventanas de búsqueda a la vez,

organizar archivos mediante una biblioteca de gestión, comunicarse mediante un sistema de mensajería entre dos usuarios, soporte para hashlinks o identificadores únicos de archivo y posibilidad de descargar archivos desde fuentes múltiples, entre otras.
**VirtualDub**: es una aplicación de código abierto diseñada para funcionar dentro de un sistema operativo Microsoft Windows y que se ha beneficiado de las herramientas que ofrece Sourceforge.net. Funciona como un editor de video que es capaz de trabajar con el formato AVI.

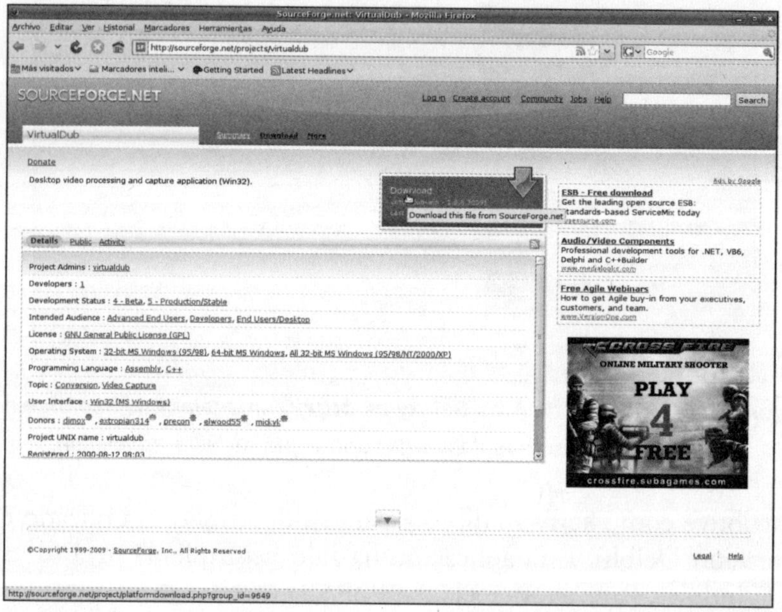


**Figura 5.** *El sitio web de VirtualDub es* ***http://sourceforge.net/projects/virtualdub****. Para descargar esta aplicación podemos hacer clic en el enlace* ***Download****.*

VirtualDub fue desarrollado por Avery Leed y se ampara bajo la licencia GNU. Una de las características interesantes de esta aplicación es que permite leer los archivos .GVI de Google Video y también convertirlos a otros formatos.
También existe una versión portátil de este programa que nos permite utilizarla desde una memoria USB sin necesidad de realizar una instalación.
**Audacity**: es una aplicación multiplataforma distribuida bajo una licencia de tipo GPL. Este programa permite grabar y realizar tareas de edición sobre archivos de audio. Está disponible para los sistemas operativos Microsoft Windows, Mac OS 9, Max OSX, Unix, Linux y Solaris 10.
Entre las características de este programa encontramos las siguientes:
Facilidad de uso y posibilidad de expandirlo mediante el empleo de plugins.
Es una aplicación multiplataforma y está disponible en idioma español.
Es software libre y puede ser utilizado de forma completamente gratuita.
Permite grabar sonido en tiempo real y trabajar con múltiples pistas de audio.

Permite convertir grabaciones analógicas en grabaciones digitales.
Soporta la conversión entre los formatos de audio MP3, Ogg Vorbis y WAV.
Posibilita editar archivos de tipo Ogg Vorbis, MP3, WAV, AIFF, AU y LOF e importar MIDI y RAW.
Permite copiar, cortar, pegar y mezclar diversos sonidos, también amplificar, ecualizar, eliminar ruidos, modificar tonos y cambiar la velocidad.
Gracias a la utilización de Xlisp, es posible programar efectos musicales o sonoros.

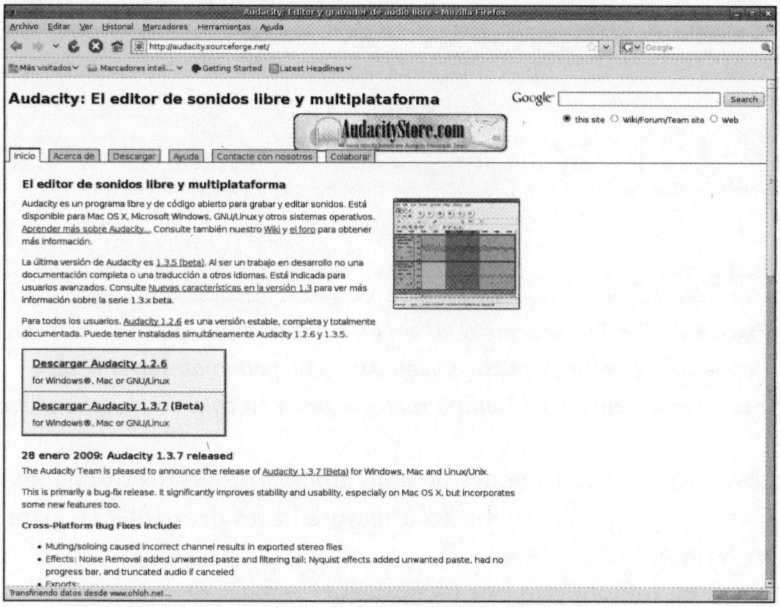


***Figura 6.** El sitio web de Audacity se encuentra disponible en la dirección **http://audacity.sourceforge.net**. A través de ella podemos descargar una copia de este editor de audio.*

**Filezilla** es una aplicación que funciona como cliente FTP, se caracteriza por ser de código abierto, multiplataforma y completamente gratuito. Está disponible para los sistemas operativos Microsoft Windows, Linux, FreeBSD y Mac OSX. El sitio web de esta aplicación es **http://filezilla.sourceforge.net**.

## GRUPO DE USUARIOS LINUXCHIX

Algunos grupos de usuarios existentes alrededor de Linux han sido formados por la insatisfacción que predomina en los grupos de usuarios locales. **LinuxChix** es un grupo de mujeres usuarias de Linux, que fue creado después de la agresividad que percibieron en diversos foros de discusión.

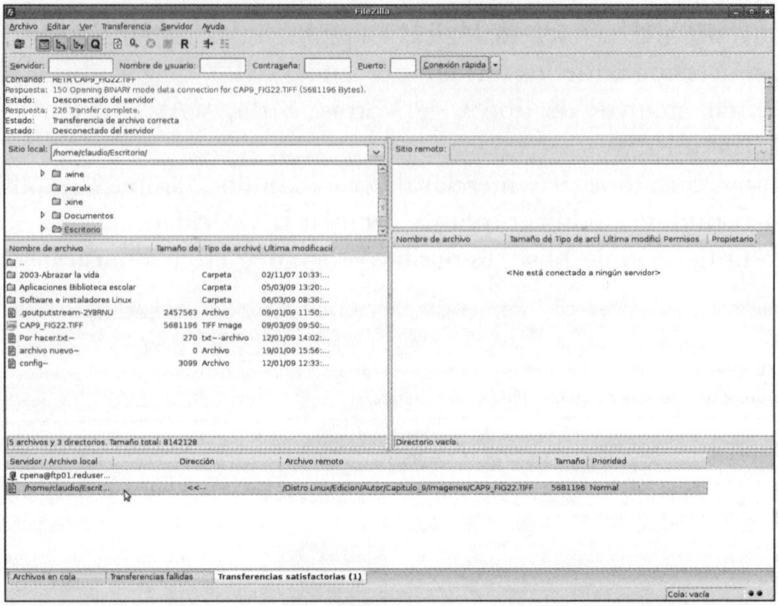

***Figura 7.** Filezilla, gracias a su sencilla interfaz, nos permite realizar conexiones en unos pocos pasos. Además, podemos ver el estado de las transferencias en tiempo real gracias a su cola de transferencia.*

Como hemos visto, Sourceforge.net no sólo alberga proyectos diseñados para sistemas Linux, sino que también recibe aplicaciones libres desarrolladas para funcionar en Microsoft Windows.

Sourceforge.net, en un empeño por incentivar el trabajo de los desarrolladores, cada mes elige un proyecto entre todos los disponibles. El seleccionado pasa a denominarse el proyecto del mes y, entre otras cosas, se beneficia con la promoción adicional que la web realizará sobre la aplicación. Para tomar esta decisión, Sourceforge.net evalúa aspectos tales como la calidad y la originalidad del software.

Cuando una aplicación es elegida como el proyecto del mes, además de ser promocionada en la página principal de Sourceforge.net, se realizan entrevistas a los responsables de su desarrollo y se publica una pequeña descripción del programa.

Entre los proyectos que han sido nombrados como proyecto del mes encontramos los siguientes: **PearPC**, **RSSOwl** y **BZFlag**.

## Alternativas a Sourceforge.net

Aunque Sourceforge.net es el sitio más popular entre los desarrolladores de software libre, existen otras alternativas destinadas a entregar espacio para alojar este tipo de aplicaciones. **BerliOS (http://developer.berlios.de)** y **Savannah (http://savannah.gnu.org)** son sitios muy interesantes que entregan diversas herramientas destinadas a los desarrolladores de software libre.

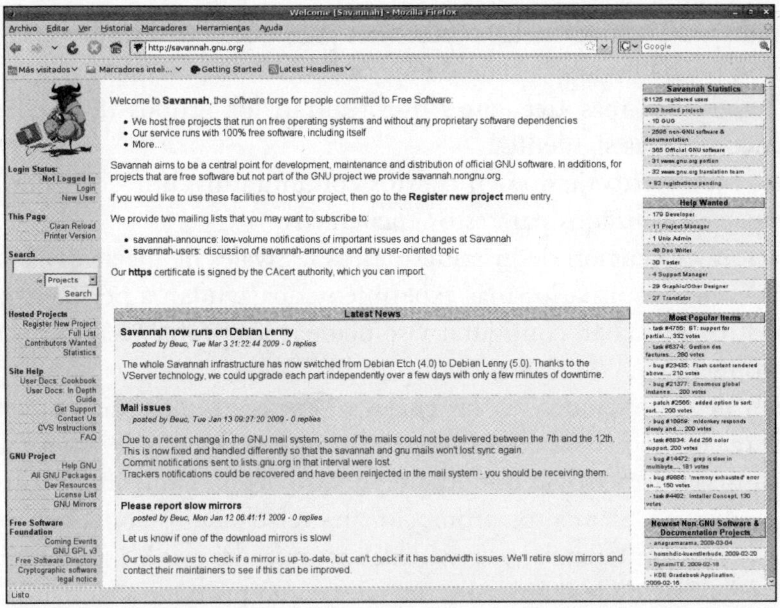


***Figura 8.** El sitio de Savannah en inglés está basado en la versión 2.0 de Sourceforge.net y también se orienta sólo a proyectos libres.*

# GRUPOS DE USUARIOS

Un **GUL** o **grupo de usuarios de Linux** se caracteriza por ser una agrupación de usuarios que difunde el uso de este sistema operativo en general o de una distribución en particular. Un GUL es una agrupación sin fines de lucro que además de promover el uso de Linux en general y de una distribución específica en particular, se configura como un punto de apoyo para los usuarios menos experimentados. Aunque el término GUL se utiliza comúnmente para referirse a las agrupaciones locales o regionales que se forman en torno de la utilización de una distribución en particular, también es muy extendido el uso de este término para destacar grupos de usuarios que funcionan en línea. Este modo de operar permite conformar grandes grupos de usuarios que no se basen en encuentros físicos entre sus participantes.

## Grupos de usuarios locales

Los grupos de usuarios locales se reúnen cada cierto tiempo para realizar actividades que promuevan el uso de aplicaciones libres a potenciales usuarios. La importancia de estos grupos de usuarios es evidente, ya que Linux no se encuentra amparado bajo el alero de una institución predominante. De esta forma, los grupos de usuarios son las instancias más importantes para que los inexpertos obtengan la ayuda necesaria y puedan canalizarse las sugerencias pertinentes para que el desarrollo de la aplicación o distribución pueda llevarse a cabo de mejor forma.

Entre las actividades más frecuentes que realizan los grupos de usuarios locales podemos encontrar las siguientes:

- Reuniones cada cierto tiempo en centros comunitarios, universidades, institutos u otros espacios utilizados para estos encuentros.
- Organización y ejecución de installfest: estos festivales de instalación son reuniones en las cuales los usuarios más experimentados ayudan a personas con menos conocimientos a instalar, configurar y solucionar los problemas típicos que el uso de Linux presenta.
- Realización de exposiciones, en las cuales se entregan antecedentes sobre nuevas características implementadas en Linux, así como también se llevan a cabo presentaciones formales de personas importantes dentro del movimiento de software libre.
- Entrega de discos y elementos promocionales relacionados con Linux a los usuarios que asisten a conferencias y actividades organizadas por los grupos de usuarios.
- Desarrollo de actividades comunitarias, tales como proporcionar ayuda a escuelas e instituciones sin ánimo de lucro, en el uso e instalación de tecnologías libres.

## Grupos de usuarios en línea

Los grupos de usuarios en línea hacen uso de las listas de correo, canales de chat y foros de discusión, entre otras herramientas para mantener espacios de comunicación entre sus miembros.

Las reuniones en espacios físicos se realizan de una forma poco frecuente y en algunos casos prácticamente no existen.

Aunque los grupos de usuarios que se forman en torno de diversas distribuciones Linux mantienen la difusión del uso del software libre en general, en ellos predomina el interés por difundir las cualidades de la distribución en la que se basa el grupo. Actualmente, son muchos los grupos de usuarios que funcionan como grupos locales, pero que también basan su funcionamiento a través del uso de Internet. Algunos de ellos se muestran en la **Tabla 1**.

### INSTALLFEST DE ALCANCE INTERNACIONAL

Algunas actividades organizadas por grupos de usuarios Linux han tenido un alcance internacional. Entre ellos, **Bellingham Linux User Group** realiza un installfest anual que reúne a participantes de Estados Unidos y Canadá. El evento recibe el nombre de **Linuxfest Norhwest**.

| NOMBRE DEL GRUPO DE USUARIOS | DESCRIPCIÓN GENERAL DEL GRUPO DE USUARIOS | DIRECCIÓN DEL SITIO WEB |
|---|---|---|
| CafeLug | Grupo de usuarios Linux de Argentina. Realiza reuniones, actividades y presenta temas de interés en su web. | www.cafelug.org.ar/modules/news |
| Grupo Linux de Occidente | Grupo de usuarios Linux de México. Realiza diversas actividades para promover el uso del software libre entre los usuarios y expone información interesante en su sitio | web. http://glo.org.mx |
| Linux en Yucatán | Grupo de usuarios Linux de Yucatán, México. Proporcionan ayuda a los usuarios noveles y realiza diversas actividades para promover el uso de Linux y el software libre. | www.geocities.com/linuxenyucatan |
| Grupo de Usuario de Bajío | Grupo de Usuarios Linux en México. Funciona como una comunidad en línea donde se entrega soporte a los usuarios sobre el uso de Linux en general. | www.glib.org.mx |
| SlackwareCL | Grupo de usuarios de la distribución Slackware Linux en Chile. Proporciona soporte a los usuarios y ayuda en la solución de problemas. | www.slackware.cl |
| Gulix | Grupo de usuarios Linux de la Novena Región de Chile. Realiza diversas actividades destinadas a promover el uso de software libre y distribuciones Linux. Lleva a cabo diversas actividades y entrega soporte informal en el uso de Linux. | www.gulix.cl |
| GNUSal | Grupo de usuarios de El Salvador. Su principal meta es aportar al desarrollo tecnológico del país y promover el uso de todas las distribuciones Linux y el software libre en general. | www.gnusal.org/wjava/index.php |
| Asociación de Usuarios Linux de El Salvador | Grupo de usuarios Linux de El Salvador. Promueve el uso de software libre y distribuciones Linux en General | www.linux.org.sv |
| OpenSolaris Proyect | Agrupación de usuarios del proyecto OpenSolaris. Desde su web es posible acceder a contenido interesante, así como también descargar el código fuente del sistema y compartir opiniones con otros integrantes. | http://es.opensolaris.org |
| Gula | Asociación de usuarios de software libre de Alicante. Promueve el uso de software libre a través de diversas actividades para los entusiastas y usuarios registrados. | www.gula.es |

| NOMBRE DEL GRUPO DE USUARIOS | DESCRIPCIÓN GENERAL DEL GRUPO DE USUARIOS | DIRECCIÓN DEL SITIO WEB |
|---|---|---|
| Gulex | Grupo de usuarios Linux de Extremadura, España. Realiza reuniones y actividades para promover el uso del software libre y distribuciones Linux en general. | www.gulex.org |
| Eslack | Grupo de usuarios de la distribución Slackware Linux. Proporciona ayuda a los usuarios menos expertos en el uso de esta distribución y comparte experiencias e ideas sobre su desarrollo y utilización. | www.eslack.org |
| GPUL | Agrupación de programadores y usuarios de Linux. Realiza diversas actividades, tales como jornadas de introducción para principiantes y usuarios no expertos. | www.gpul.org |
| LinVx | Grupo de usuarios de Linux en Valencia, España. Proporciona ayuda a usuarios novatos en el uso de las distribuciones Linux en general. | http://linvx.org |
| Ubuntu Nicaragua | Grupo de usuarios de la distribución Linux: Ubuntu. Presenta temas interesantes con relación a esta distribución y entrega ayuda a los usuarios principiantes. | www.ubuntu.org.ni |
| Ubuntu Uruguay | Grupo de usuarios de la distribución Ubuntu en Uruguay. Entrega soporte y ayuda a los usuarios de Ubuntu Linux. | www.ubuntu.org.uy/main |

***Tabla 1.** Ejemplos de grupos de usuarios que se han desarrollado en torno de diversas distribuciones Linux.*

# Servicios al lector

En el último apartado de este libro, encontraremos un índice temático con acceso directo a las palabras más significativas de la obra.

# ÍNDICE TEMÁTICO

## ¡Léalo antes Gratis!

En nuestro sitio, obtenga GRATIS un capítulo del libro de su elección antes de comprarlo.

### Servicio Técnico de PC

Ésta es una obra que brinda las herramientas para convertirnos en expertos en el soporte y la reparación de los componentes internos de la PC. Está orientada a quienes quieran aprender o profundizar sus conocimientos en el área.

→ COLECCIÓN: MANUALES USERS
→ 320 páginas / ISBN 978-987-1347-89-6

### Solución de Problemas PC

En esta obra encontraremos un material sin desperdicios que nos permitirá entender los síntomas que presentan los problemas graves, solucionarlos en caso de que algún imprevisto nos sorprenda y, finalmente, evitar que se repitan.

→ COLECCIÓN: MANUALES USERS
→ 336 páginas / ISBN 978-987-1347-88-9

### Diseño Gráfico

Esta obra es una herramienta imprescindible para dominar las principales herramientas del paquete más famoso de Adobe y para conocer los secretos utilizados por los expertos del diseño para trabajar de manera profesional.

→ COLECCIÓN: DISEÑO
→ 320 páginas / ISBN 978-987-1347-87-2

### 200 Respuestas Redes

Esta obra es una guía básica que responde, en forma visual y práctica, a todas las preguntas que necesitamos plantearnos para conocer y dominar el mundo de las redes hogareñas, tanto cableadas como Wi-Fi.

→ COLECCIÓN: 200 RESPUESTAS
→ 320 páginas / ISBN 978-987-1347-86-5

### 200 Respuestas Office

Una guía básica que responde, en forma visual y práctica, a todas las preguntas que necesitamos conocer para dominar la versión 2007 de la popular suite de Microsoft. Definiciones, consejos, claves y secretos, explicados de manera clara y didáctica.

→ COLECCIÓN: 200 RESPUESTAS
→ 320 páginas / ISBN 978-987-1347-85-8

### Finanzas con Microsoft Excel

Este libro es una obra con un claro enfoque en lo práctico, plasmado en ejemplos no sólo útiles sino también reales; orientada a los profesionales que tienen la necesidad de aportar a sus empresas soluciones confiables, a muy bajo costo.

→ COLECCIÓN: PROFESSIONAL TOOLS
→ 256 páginas / ISBN 978-987-1347-84-1

usershop@redusers.com

# ¡Léalo antes Gratis!

En nuestro sitio, obtenga GRATIS un capítulo del libro de su elección antes de comprarlo.

## 101 Secretos de Vista

Una obra absolutamente increíble, con los mejores 101 secretos para dominar la última versión de Windows. En sus páginas encontraremos un material sin desperdicios, ideal para quienes quieren llevar el rendimiento de su PC al límite.

→ COLECCIÓN: MANUALES USERS
→ 352 páginas / ISBN 978-987-1347-80-3

## Excel 2007: Guía de funciones

Este libro es una guía de referencia y consulta permanente que brinda acceso instantáneo a las funciones de Excel 2007, y sin duda se convertirá en un material indispensable para quienes quieran potenciar sus planillas de cálculo.

→ COLECCIÓN: MANUALES USERS
→ 368 páginas / ISBN 978-987-1347-79-7

## El gran libro de la vida digital

Ésta es una obra visual y práctica, en la que aprenderemos a usar los principales dispositivos tecnológicos de la actualidad. Un libro fundamental para estar preparados y ser partícipes del cambio tecnológico que estamos viviendo.

→ COLECCIÓN: MANUALES USERS
→ 320 páginas / ISBN 978-987-1347-78-0

## Electrónica digital

Una obra ideal para quienes desean conocer el mundo de la electrónica digital, y la simulación de circuitos y componentes. Un repaso de los principios de electricidad y electrónica, explicando en detalle las herramientas e instrumentos más importantes.

→ COLECCIÓN: MANUALES USERS
→ 352 páginas / ISBN 978-987-1347-73-5

## 200 Respuestas Fotografía digital

Esta obra es una guía básica que responde en forma visual y práctica a todas las preguntas que se nos plantean sobre la fotografía digital. Definiciones, consejos, claves y secretos de los profesionales, explicados de manera clara, sencilla y didáctica.

→ COLECCIÓN: 200 RESPUESTAS
→ 320 páginas / ISBN 978-987-1347-71-1

## Desarrollo Web profesional

Este libro resulta una herramienta imprescindible, de consulta permanente, que brinda las técnicas, claves y consejos que permitirán desarrollar sitios profesionales y perfeccionar nuestra labor en las principales tecnologías: XHTML, CSS, JavaScript y AJAX.

→ COLECCIÓN: DESARROLLADORES
→ 400 páginas / ISBN 978-987-1347-70-4

usershop@redusers.com

# usershop.redusers.com

### Armado Profesional de PC

En las páginas de este libro, encontraremos cada procedimiento para aprender a armar computadoras de manera profesional. Todo detallado paso a paso, acompañado de consejos, técnicas y secretos de los máximos expertos en el área.

→ COLECCIÓN: MANUALES USERS
→ 320 páginas / ISBN 978-987-1347-69-8

### Office 2007

Este manual ofrece un recorrido visual y práctico por cada aplicación de Office 2007, mediante explicaciones teóricas, guías visuales y procedimientos paso a paso. Con él aprenderemos a obtener el máximo provecho de todos sus programas.

→ COLECCIÓN: MANUALES USERS
→ 400 páginas / ISBN 978-987-1347-68-1

### Ruby

Este manual presenta Ruby, uno de los lenguajes de programación más flexibles y poderosos de la actualidad para el desarrollo de aplicaciones de escritorio o web. Por su sencillez, es ideal para aprenderlo rápidamente, aun sin tener grandes conocimientos de programación.

→ COLECCIÓN: DESARROLLADORES
→ 432 páginas / ISBN 978-987-1347-67-4

### PHP Master

Este libro acerca al trabajo diario del desarrollador los avances más importantes incorporados en las últimas versiones de PHP. En sus páginas se exponen las técnicas actuales que permiten potenciar el desarrollo de sitios Web.

→ COLECCIÓN: DESARROLLADORES
→ 400 páginas / ISBN 978-987-1347-61-2

### Reparación de componentes

En las páginas de este libro se detalla en profundidad el desarme de cada pieza de hardware, la metodología para realizar el diagnóstico y efectuar la reparación. Un material imperdible que incluye técnicas para convertirse en un profesional.

→ COLECCIÓN: MANUALES USERS
→ 240 páginas / ISBN 978-987-1347-58-2

### Fotografía digital

El objetivo de este libro es brindar las herramientas y los conocimientos necesarios para comprender a fondo la fotografía digital y aprender a realizar tomas con la calidad que nuestros recuerdos se merecen. ¡Con guías paso a paso y a todo color!

→ COLECCIÓN: MANUALES USERS
→ 320 páginas / ISBN 978-987-1347-60-5